Lübisches Recht

in Pommern.

Von

G. v. Wilmowski,
Justizrath.

Berlin,
Verlag von J. Guttentag.
1867.

Vorwort.

Dem berechtigten Streben nach Einheit in der deutschen Gesetzgebung könnte ein Werk über lübisches Recht in Pommern nicht mehr zeitgemäß erscheinen. So wünschenswerth — und hoffentlich jetzt erreichbar — aber eine einheitliche deutsche Gesetzgebung im Civilprocesse, Strafrecht und Untersuchungsverfahren ist, so hat doch im materiellen Civilrechte außerhalb des Obligationenrechts die Einigung sowohl für Deutschland, als auch nur für Preußen, aus natürlichen Gründen voraussichtlich noch für lange Zeit keine Aussicht auf Erfolg. Im ehelichen Güterrechte und im Erbrechte findet der Jurist vorzugsweise die Zweige, in denen selbst die meisten Unitarier „berechtigte Eigenthümlichkeiten schonen" wollen, und in denen auch das alte Preußen in sich noch keine Einheit hergestellt hat. Auf dem dritten deutschen Juristentage wurden trotz der Einheitstendenz des Juristentags die Anträge von Geck, ein materiell einheitliches Ehegüterrecht anzustreben und als solches die innere Gütergemeinschaft anzuerkennen, ausdrücklich als unberechtigt abgelehnt, und zwar aus den materiellen Gegengründen von Unger, Ihering und Heydemann, weil die Verschiedenheit der Systeme auf diesem Gebiete eine berechtigte sei. Verhandl. Bd. 2 S. 71. 203—217. Das lübische Recht in Pommern hat aber fast nur noch im Ehegüterrechte und Erbrechte seine Bedeutung. Auch unser schnelllebiges Zeitalter wird daher dem Thema des Werks schwerlich ein schnelles Ende bereiten. Zudem möchte es materiell mindestens bedenklich sein, die Vorschriften des preuß. Landr. namentlich für den Fall des Todes eines Ehegatten unter Conservirung aller vormundschaftlichen Beschränkungen als Uniform-Schablone aufzustellen und den lübischen Rechtsverhältnissen vorzuziehen. Ohnehin ist das lüb. R. für Erb- und Ehegüterrecht auch außerhalb Pommern in Norddeutschland, Mecklenburg, Holstein, Preußen in ziemlich gleichem Geltungs-Umfange, wie in Pommern, weit verbreitet.

Daß eine eingehende Bearbeitung des lüb. R. der pommerschen Städte, zumal auch in seinem Verhältnisse zum preuß. Landr., Noth thut, wird kein pommerscher Jurist verkennen. Die litterarischen Hülfsmittel sind so wenig bekannt und verbreitet, daß in unzähligen Fällen der Richter, namentlich in Altpommern, wenn er nach lüb. R. entscheiden will, nicht einmal weiß, wo er sich nach näherer Belehrung umsehn soll. Die Entscheidungen des Obertribunals, welche so oft verführen, genau in den Fußtapfen des höchsten Gerichtshofes denken zu wollen, geben kein ausreichendes Licht, da sie theils einander widersprechen, §§. 5. 6. 27. 28, theils für wichtige Präjudizien die Gründe nicht veröffentlicht haben, §§. 41. 73, theils über die erheblichsten Cardinalfragen — Verhältniß der s. g. lübischen Gütergemeinschaft zur landrechtlichen, Verwaltungsbefugniß des Mannes in der Ehe 2c. — sich überhaupt nicht eingehend verbreiten, und durchgehends die Entscheidungen des OAGerichts zu Lübeck ignoriren.

Dies Sachverhältniß hat zugleich den Plan des Werkes dahin bestimmt, für den Inhalt möglichst auf die Quellen und die Litteratur zu verweisen, wenngleich dadurch die Citate vermehrt werden mußten, und bei Controversen mit möglichster Objectivität die Gründe der verschiedenen Ansichten vorzutragen. Die eigne Meinung zurückzuhalten, habe ich nicht vermocht, indeß erstreben wollen, daß sich auch eine abweichende Ansicht aus sachlichen Gründen gewinnen ließe. Die hauptsächlich benutzten Werke habe ich nachstehend angemerkt.

Wenn einige lübische Bestimmungen des Obligationenrechts, welche in Neuvorpommern sich noch vor dem gemeinen Rechte erhalten haben, nicht behandelt sind, und dennoch der allgemeine Titel: „Lübisches Recht in Pommern" beibehalten ist, so bitte ich diese Benennung a potiori zu entschuldigen, zumal da jene Bestimmungen nicht umfassend sind und da voraussichtlich gerade statutarische Vorschriften des Obligationenrechts bald vor einem allgemeinen deutschen Obligationenrechte verschwinden werden.

Für meinen Beruf kann ich mich nur darauf berufen, daß mich eine fast 18jährige Praxis in Pommern und der Mangel eines ähnlichen Werkes zwang, den meisten Fragen zur eignen Belehrung näher zu treten, und daß die Erfahrung häufig zeigte, daß Fragen des lüb. R. nur deshalb unrichtig gelöst wurden, weil den Richtern kein genügendes Material zur Erkennung des Rechts vorlag. Das Werk entstand aus solchen Vorarbeiten, welche zu den verschiedensten Zeiten für einzelne Gebiete und Fragen gemacht wurden, und wurde auch bei der Schluß-Redaction und Verbindung der Theile vielfach durch die praktische Thätigkeit unterbrochen. Das Buch mag die Spuren hiervon verrathen und bitte ich dies mit der Absicht zu entschuldigen, Gutes gewollt zu haben. Möge das Werk meinen Collegen im Richter- und Anwaltstande nützliche Anregung geben!

Schlawe. März 1867.

Der Verfasser.

Inhalt.

I. Geschichte und Geltung des lübischen Rechts in Pommern.

II. Erbgüter.

III. Baurecht.

IV. Verjährung.

V. Eigenthumsverfolgung und Obligationenrecht.

VI. Eheliches Güterrecht.

A. Allgemeines.

B. Schulden der Eheleute.

C. Verwaltungsrechte.

VII. Erbrecht.

Litteratur.

Dav. Mevii commentar. in jus lubecense; zuerst Leipzig 1642 und 1643.

Joachim Luc. Stein Abhandlung des lübischen Rechts 1738—1745.

J. C. H. Dreyer Einleitung zur Kenntniß der geistlichen und bürgerlichen Verordnungen des Raths zu Lübeck 1769.

Mehlen die gesetzliche Erbfolge nach lüb. R. Stralsund und Greifswald 1798.

Carsten Beiträge zur Erläuterung des lübischen Rechts. Lübeck 1814.

Heise und Cropp jurist. Abhandl. mit Entscheid. des Oberappellationsgerichts der 4 freien Städte. Hamburg 1827. 1830.

Behm eheliches Güterrecht nach lüb. R. Lübeck 1830.

Dr. Bornemann Rechtsfälle und Rechtsbestimmungen aus den Akten des Oberapp.- und Höchsten Gerichts zu Greifswald. Erstes Heft: lübisches Recht. Berlin 1832.

Das Statutar. Recht der Städte des Herzogthums Altvor- und Hinterpommern; aus amtlichen Quellen (von Zettwach — ohne Gesetzeskraft). Stettin 1836.

Revid. Entwurf des Provinz. R. d. Herzogthümer Altvor- und Hinterpommern; und Motive zum revid. Entwurfe. Berlin 1836.

J. Fr. Hach das alte lüb. Recht. Lübeck 1839.

C. W. Pauli Abhandl. aus dem lüb. R. Lübeck. 3 Theile. 1837. 1840. 1841.

C. A. T. Bruhn Sammlung von Entscheid. des Oberappellationsgerichts zu Lübeck in Lübecker Rechtssachen. 2 Bände. Lübeck 1858.

J. F. Kierulff Sammlung der Entscheid. des O.A.Gerichts zu Lübeck. Jahrgang 1865. Hamburg 1865.

Entscheidungen des K. Obertribunals zu Berlin 1837—1867 (55 Bände).

Striethorst Archiv für Rechtsfälle (Entscheid. des K. Obertribunals. 1851. bis 1867. 62 Bände).

Abkürzungen.

A. L. R. = Hach altes lübisches Recht.
Lüb. R. ohne Zusatz = Revid. Statut von 1586.
Landr. = Allgem. Preuß. Landrecht.
Entsch. oder E. = Sammlung der Entscheidungen des K. Obertribunals.
Born. = Bornemann's vorgedachtes Heft über lüb. Recht.
Runde ohne Zusatz = Chr. L. Runde deutsches eheliches Güterrecht. 1841.
A. G. O. = allgemeine preußische Gerichts-Ordnung.
Gütergem. oder G. G. = Gütergemeinschaft.

Berichtigungen.

Seite 31	Zeile 22	von unten:	„protimiscos"	statt protemisios
„ 67	„ 13	von oben:	„No. 8—18 zu lib. III tit. 12 art. 8"	statt lib. 3 III. 12 art. 8.
„ 73	„ 17	von oben:	„nach Jahr"	statt noch Jahr
„ 80	„ 20	von oben:	„Stein II §. 23"	statt §. 22
„ 178	„ 12	von unten:	„an"	statt von
„ 258	„ 5	von unten:	„seine"	statt keine
„ 277	„ 1	von oben:	„daran"	statt davon
„ 285	„ 8	von unten:	„andrerseits ist dort"	statt anderweit ist

I.

Geschichte und Geltung des lübischen Rechts in Pommern.

§. 1. Die Entstehung des lübischen Rechts.

Die Stadt Lübeck erhielt 1158 und 1163 von Heinrich dem Löwen in Folge des damaligen Wiederaufbaues der Stadt nach ihrem Abbrande Privilegien, welche Kaiser Friedrich I 1188 bestätigte. Es wird gestritten, ob Lübeck damals das Soester Stadtrecht verliehen erhielt, welches schon im zwölften Jahrhundert lateinisch aufgezeichnet wurde. Zoepfl deutsche Rechts-Gesch. §. 43. V. B. Stein Bd. 1. S. 3 ff. Die Frage ist jedoch unerheblich, da schon das älteste bekannte lübische Recht vom Soester Stadtrechte bedeutend abwich; vermuthlich beeinflußt von der Rücksicht, daß in der neuen Stadt Wenden mit den Sachsen zusammensaßen und slavische Rechtsnormen zur Geltung brachten. Hach A. L. R. S. 15—19. Unzweifelhaft ist, daß das lübische Rechtsstatut unter der Regierung und Autorität Heinrichs des Löwen entstanden ist, wahrscheinlich schon vor 1170. Ebenso ist unzweifelhaft, daß der Einfluß des slavischen oder wendischen Rechts sich nur auf die älteste Redaktion erstreckte und daß sich später das lüb. R. als Zweig des deutschen, namentlich des sächsischen Rechts ausbildete; seit Anfang des funfzehnten Jahrhunderts insbesondere unter dem Einflusse des verwandten Hamburger Rechts. Hach Einl. §. 2. 3.

Die ältesten Redaktionen des lübischen Stadtrechts sind in lateinischer Sprache als der damals üblichen Schriftsprache abgefaßt. Von den noch erhaltenen lateinischen Codices soll nach Hach: „das alte lüb. R." der Urtext der ältesten — von Westphalen monumenta inedita Tom. III p. 620—32 abgedruckten — codices von Kiel, von Oldenburg und von Tondern noch der Zeit Heinrichs des Löwen angehörig sein. Dem Alter nach folgt dann — nach Hach — der von Dreyer Vermischte Abh. Th. 1. S. 445—72 und von Hach als Codex I abgedruckte, früher auf dem Archive zu Lübeck befindliche, dann von Dreyer der Bibliothek zu Göttingen geschenkte s. g. Danziger Codex; darauf ein, von Gütschow in Falks staatsbürg. Magaz. Bd. 4. S. 68—81 abgedruckter Lübecker; demnächst ein Codex der Breslauer Bibliothek und zuletzt eine, 1506 zu Cracau gedruckte, meistens mit der Breslauer übereinstimmende lateinische Recension, welche sich auf der Berliner Bibliothek befindet. Hach Einl. §. 4. 5. Pauli I. §. 2. Nach der geschichtlichen Entwickelung, nach welcher das Hoheitsrecht auf erblose Verlassenschaften zuerst ein königliches Recht war, dann zur Hälfte an die königliche Gewalt, und zur Hälfte an die Stadt fiel, und zuletzt der Stadt allein zufiel, scheinen die Gütschowsche und die Breslauer Handschrift jedoch älter zu sein, als die von Westphalen und Dreyer abgedruckten Codices. §. 98. Pauli III. S. 153.

Von den vorhandenen deutschen Recensionen existiren drei officielle Codices. Die älteste ist im Codex von 1240 enthalten; von Westphalen Monum. Tom. III. p. 637—72 abgedruckt, früher Eigenthum der Stadt Lübeck, jetzt zu Kiel. Dann sind zwei deutsche Codices vorhanden, welche beide officiell zum Gebrauche der Stadt Lübeck geschrieben sind; der eine 1294 vom Lübecker Kanzler Albrecht von Bardewich; der andere 1348 vom Lübecker Bürgermeister Thideman Güstrow veranstaltet. Ersterer ist von Hach im A. L. R. als Codex II abgedruckt. Hach Einl. §. 7—10. Der Zeit vor 1240 gehören noch ein von Westphalen benutzter vormaliger Kieler Codex (jetzt verschwunden) an; ferner die Urtexte des ersten der drei von Brockes sel. obs. for. append. abgedruckten Codices; während ein deutscher, in Oldenburg befindlicher Codex, von Christiani in Schleswig-Holst. Geschichte Th. 2. S. 521—551 abgedruckt, wahrscheinlich erst dem vierzehnten Jahrhunderte angehört. Hach §. 11 ff.

Dem funfzehnten und sechszehnten Jahrhundert gehören sodann diejenigen deutschen Redaktionen an, welche das Hamburger Recht mitaufgenommen haben, theils nur als Anhang wie ein Göttinger deutscher Codex (von Dreyer geschenkt) aus der ersten Hälfte des funfzehnten Jahrhunderts, von Hach als Codex III abgedruckt; ein jüngerer Seegeberger Codex und der s. g. Stiten'sche; theils mit lüb. R. geradezu vermischt, wie die zwei andern der von Brockes publicirten Codices und viele andere. Hach Einl. §. 18, 19. Das Rechtsbuch des Dr. Joachim Kolle (Kollius), welches von Mevius und Stein allein zur Belegung des alten lüb. R. citirt wird, und dasjenige erschöpft, was diesen Commentatoren als altes lübisches Recht bekannt war, ist eine unzuverlässige Sammlung, welche Kolle 1586 einige Monate vor dem revidirten Statute herausgab und welche durch andere lüb. Rechtsbücher jener Zeit veranlaßt, vielfach fremdes, namentlich römisches Recht aufnahm. Hach Einl. §. 22. Von mir wird das alte lüb. R. lediglich nach dem Werke von Hach citirt werden, welches mit sorfältiger Kritik den Vorzug verbindet, außer dem vollständigen Abdrucke der oben bezeichneten drei Codices alle Varianten der übrigen Texte zu bringen.

So wie alle deutschen Stadrechte des Mittelalters, so hatte auch das lübische Stadtrecht einerseits durch den zunehmenden Einfluß des röm. und canon. R., andererseits durch die rechtsbildende Kraft der Rechtsgewohnheiten und Judikate allmälig bedeutende Aenderungen bis zum sechszehnten Jahrhundert erlitten. Die deutsche Rechtsgeschichte des Mittelalters besteht bekanntlich namentlich in den Städten im Kampfe altgermanischer Rechtsinstitute mit der vermehrten Geltung römisch-rechtlicher Begriffe. Das Resultat dieses Kampfes, welches vorzugsweise das sechszehnte Jahrhundert herbeiführte, war eine Theilung des Streitgebiets unter beiden Rechtssystemen. Die (reformirten) Stadtrechte und Landrechte des funfzehnten und sechszehnten Jahrhunderts entsprachen meistens dem Bedürfnisse, deutsche und lokale Rechtsverhältnisse zu fixiren und der Praxis zu erhalten, unter der Voraussetznng, daß daneben und subsidiär das gemeine römische und kaiserliche Reichsrecht galt. Diesen Rechtsverhältnissen verdankte auch das lübische Stadtrecht seine revidirte Redaktion von 1586, nachdem es bereits an der Ostsee, in Liefland, Preußen, Pommern, Mecklenburg und Holstein weit verbreitet war.

Die Vorrede des revidirten lübischen Stadtrechts von 1586 bemerkt: die Revision sei erfolgt, weil mannichfache Kritik das lüb. R. theils zu scharf, theils zu gelind gefunden hätte, allerlei unrichtige geschriebene und gedruckte Exemplare verbreitet seien und viele Städte und Communen den Druck des lüb. R. beim Rath zu Lübeck beantragt hätten. Der Rath habe deshalb das Stadtrecht „auf das Neue wiederum übersehn, was darinnen antiquirt und sich der Zeit halber nicht wohl leiden wollen, abgethan, und Alles, welches hiebevorn vermenget gesetzt, in eine richtige Ordnung deutsch und lateinisch verfassen lassen.“ Es werde Jedermann finden, daß solch Recht größerntheils „den beschriebenen Kaiser- sowohl auch den sächsischen

Rechten und Gewohnheiten nicht allerding ungemäß, und obwohl darin etzliche specialia in Absonderung der Kinder, zugebrachtem Gut der Frauen, welche die Kaiserrechte sonderlich favorisiren, in Erbtheilungen und andern wenig Punkten begriffen, welche von den beschriebenen Rechten discrepiren, und dem Leser zu geschwinde und scharf zu sein mögten: so ist aber solches alles also befunden, darzu täglich in viridi observantia gehalten und praktizirt worden, daß es sich zu ändern keineswegs gebühren wollen." Als Hauptgrund gegen desfallsige Aenderungen wird angegeben, daß Lübeck als Kaufmannsstadt auf Treu und Glauben halten müsse und eher Privatpersonen, sonderlich die Frauen, an ihrem Gut etwas Schaden leiden könnten, als der Glaube in Kaufhändeln zu schwächen sei. Die Vorrede bittet schließlich, durch die nöthige Eile zu entschuldigen, wenn nicht Alles an der richtigen Stelle gesetzt sei.

Die Revision erfolgte in den Jahren 1582 bis 1586 durch den Bürgermeister Joh. von Ludwighausen, Syndicus Calixtus Schein und Senator Gottschalk von Stiten als Commissarien des Raths. Die Folgeordnung des revid. Stat. ist die der Institutionen von Justinian. Stein Vorber. §. 15. Die erste Ausgabe des revid. lüb. R. ist gedruckt zu Lübeck durch Joh. Balhorn 1586. Nur die Rubriken der Bücher und Titel sind auch lateinisch verfaßt, der Text selbst nur deutsch. Die durch die Vorrede veranlaßte Meinung, daß das ganze Werk auch lateinisch redigrt sei, ist unrichtig. Der lateinische Text im Commentar von Mevius ist eine, von diesem selbst verfaßte Uebersetzung. Dreyer Einl. S. 255. Mehlen S. 36. Anm. 1. Das revid. Statut ist seitdem amtlich öfter gedruckt, die letzte officielle Ausgabe von 1728 ist zuletzt beim Rathsbuchdrucker Schmidt in Lübeck 1829 wieder abgedruckt. Auf die Bedeutung des angegebenen Revisionszwecks für die Interpretation ist später zurückzugehen.

§. 2. Verbreitung in Pommern.

Das lüb. R. ist in den meisten pommerschen Städten schon im dreizehnten und vierzehnten Jahrhunderte eingeführt. Die Landesherrn (in frühern Zeiten die Kaiser) gaben dem Orte, welchen sie zur Stadt erhoben, das Stadtrecht. Die Ortsgemeinde erhielt dadurch die rechtliche Eigenschaft einer Gemeinde freier Leute mit dem Rechte eigener Gerichtsbarkeit und Verwaltung in ihrem Weichbilde und zugleich das Recht, Märkte abzuhalten, Handel und zünftige Gewerbe zu treiben. Dabei bestimmten die Landesherren zugleich als gesetzgebende Macht das in der Stadt zu benutzende Recht. Nur die freien Reichsstädte hatten, als selbst souverain, unbedingtes Gesetzgebungsrecht. In dieser Weise ist den meisten pommerschen Städten das lüb. R. verliehen. In einigen ist es nach alter Rechtsgewohnheit, welche bekanntlich nach dem Rechte des Mittelalters genügende Rechtsquelle ist, in Gebrauch gewesen, ohne daß die Bewidmung mit dem lüb. R. dort urkundlich nachweisbar wäre — Mev. Quaest. prael. II. — Die Wahl des, einem Orte bei der Erhebung zur Stadt zu verleihenden, Stadtrechts wurde indeß nicht lediglich durch das Belieben des Landesherrn bestimmt, sondern hing thatsächlich von den Bürgern der Stadt, ihren bisherigen Rechtsgewohnheiten und ihrer Abstammung ab. Die meisten pommerschen Städte sind erst in Folge der deutschen Einwanderung, welche im zwölften Jahrhunderte begann und in den folgenden, von den Herzögen und der Geistlichkeit begünstigt, fortdauerte, zu Städten erhoben oder von Unternehmern neu angelegt. Die Einwanderer brachten schon aus ihrer Heimath Rechtsgewohnheiten und Normen mit, nach denen sie sich in ihrem Verkehre richteten, noch bevor sie die landesherrliche Anerkennung der staatlichen Selbstständigkeit ihrer Gemeinde als städtischer mit eigener Jurisdiktion bekamen. Ebenso war es natürlich, daß bei Anlage neuer Städte der Unternehmer und die von ihm zum Zuzuge veranlaßten Bürger seines Heimathslandes einen entscheidenden Einfluß auf die Bestimmung des Stadtrechts gewannen. Aus natürlichen Gründen wurde das Gewohnheitsrecht der Mehrzahl der neuen Bürger zum Stadtrecht. Klempin Einl. zu Kratz Städte der Provinz Pommern. 1865. S. XXXV, XXXIX ff. Hierdurch erklärt sich auch, wie wahrscheinlich in Folge des Wechsels der (gewünschten oder wirklichen) Bürger einige Städte Anfangs mit brandenburgischem oder magdeburgischem Stadrechte bewidmet wurden und doch später lüb. R. recipirten. Es war begreifliche Folge der überwiegenden Geltung, welche Lübeck selbst als Handelsstadt schon früh in den Gestaden der Ostsee gewann, daß die lübischen Rechtsnormen in Folge von Colonisation oder vom Handelsverkehre dort sich verbreiteten, namentlich auch früh in den mecklenburgschen Seestädten (Rostock) Geltung gewannen. Wenn nicht von Lübeck direkt, so doch von den Städten aus, welche sich schon lübischen Rechts bedienten, wurden die pommerschen Städte meistens gegründet und erhielten demgemäß lübisches Recht. So erhielten Stralsund und Triebsees das lüb. R., wie es Rostock besaß. Vor den heimischen städtischen Gerichten, welche nach lüb. R. erkannten, wurde in zweiter Instanz nach Lübeck appellirt, wenn nicht eine andere Appellationsinstanz, etwa des Gerichts der Mutterstadt eingeführt war, wie z. B. lange Zeit vom Stralsunder Gerichte die Appellation nach Rostock und von da erst nach Lübeck ging.

I. In einigen Städten sind entschieden nur die lübischrechtlichen Vorschriften über Intestaterbfolge und eheliche Gütergemeinschaft aufgenommen oder in Kraft geblieben. Dies ist namentlich der Fall in:

1. Bahn, nach Observanz laut Bericht des Magistrats vom 12. Juni 1780. Pomm. Statutar. Recht S. 7. 8. Brüggemann Beschreibung von Vor- und Hinterpommern Th. II. S. 65.
2. Greiffenhagen, nach Observanz laut Bericht des Magistrats vom 19. Juli 1780. Vergl. Kratz Pomm. Städte S. 180. 181.
3. Jarmen, nach Observanz laut Bericht des Magistrats vom 5. Mai 1780.
4. Labes, nach Observanz laut Mag. Bericht vom 23. Januar 1780. Eine Urkunde von 1348 erwähnt schon des lübischen Rechts. Kratz S. 241.
5. Neuwarp, laut Privilegium des Herzogs Joachim von 1442.
6. Regenwalde, laut Bericht des Mag. vom 23. Januar 1780 und des Stadtgerichts vom 16. Februar 1833. Pomm. Statut. S. 11. 12.
7. Swinemünde, erst in der Mitte des achtzehnten Jahrhunderts gegründet, laut Hofrescripts vom 22. Juli 1767.
8. Ukermünde, laut Privileg. der Herzöge Georg und Barnim von 1524, bestätigt 1663.
9. Wollin, laut Ber. des Mag. vom 15. Juni und 26. September 1780 und des Stadgerichts vom 25. Januar 1833.
10. Außer den vorgenannten Städten von Altvor- und Hinterpommern gilt auch noch in Bergen auf der Insel Rügen laut Privileg. vom 19. Juni 1613 und Vergleich vom 23. Juni 1616 lüb. R. nur in Erbfällen, Testamenten und Schenkungen, sonst rügenscher Landesbrauch. Kratz S. 40. 41. Bornem. S. 3.
11. In Garz auf der Insel Rügen gilt schwerinsches Recht nach dem Stadtbuche von 1353. Kratz S. 155. Einl. S. XL.

    Nach der dortigen Stadtgerichtsordnung vom 2. Oktober 1749 Tit. von Urteln §. 2 ist das lüb. R. nur in Erb- und Sterbefällen recipirt. Born. S. 4.

II. In den meisten pommerschen Städten ist dagegen das lüb. R. ohne diese Einschränkung eingeführt.

Dahin gehören namentlich von Altvor- und Hinterpommern:

1. Anclam, seit vor 1292, wahrscheinlich durch Privileg. des Herzogs Barnim I.
2. Bärwalde, laut Observanz.
3. Belgard, durch Privileg. des Herzogs Bogislav IV. 1299.
4. Bublitz durch Privileg. des Bischofs Friedrich von Eickstädt von Cammin 1350. Brüggemann.
5. Cammin, durch Privileg. des Herzogs Barnim I vom 12. Januar 1274.
6. Cörlin, laut Observanz.
7. Cöslin, durch Privileg. des Bischofs Hermann von Cammin 1266.
8. Colberg, durch Privileg. des Bischofs Hermann von Cammin und des Herzogs Wratislav 1255.
9. Daber, durch Observanz laut Ber. des Mag. vom 10. Juni 1780, des Burggerichts vom 19. Juli 1780 und des Stadtgerichts vom 28. März 1833.
10. Demmin, durch Privileg. der Herzöge Bogislav und Otto 1292.
11. Freienwalde, durch Observanz laut Ber. des Burggerichts vom 28. Juli 1780 und des Stadtgerichts vom 20. März 1833.
12. Greiffenberg, durch Privileg. des Herzogs Barnim I von 1264.
13. Gollnow, durch Privileg. des Herzogs Otto von 1314.
14. Massow, durch Privileg. des Bischofs Hermann von Cammin 1286, bestätigt vom Herzog Bogislav 1501.
15. Naugard, durch Privileg. des Grafen v. Eberstein vom 20. December 1574.
16. Neustettin, laut Observanz.
17. Pencun, der Magistrat behauptete 4. August 1780 Bewidmung mit magdeburgischem Rechte. Die Justizvisitation 1789 hat nichts zur Unterstützung dessen ermittelt, und Rescripte der Regierung zu Stettin und des Justizministerii vom 11. und 23. März 1789 haben das revidirte lüb. R. von 1586 als jus scriptum vorgeschrieben.
18. Plathe, durch Stiftungsurkunde des Ritters Dubislav v. Wotuch (Woedtke) 1277.
19. Pollnow, laut Observanz.
20. Polzin, desgleichen.

21. Ratzebur, desgleichen.
22. Rügenwalde, laut Privileg. der 3 Söhne Swenzo's, Peter Graf von Neuenburg, Johann oder Jasco von Schlawe und Lorenz (von Rügenwalde) Herren der Länder Schlawe und Rügenwalde vom 21. Mai 1812. Kratz S. 328. Entscheid. Bd. 13. S. 385.
23. Rummelsburg, laut Observanz.
24. Schlawe, durch Privileg. der Brüder Peter, Jasco und Lorenz (siehe Rügenwalde) vom 22. Mai 1317.
25. Stargard, durch Privileg. der Herzöge Bogislav, Barnim und Otto 1292.
26. Stolp, laut Privileg. der Markgrafen Waldemar und Johann von Brandenburg 1310 (Statut; cfr. Stat. R. S. 16).
27. Tempelburg, laut Observanz.
28. Treptow an der Rega. Urkunden des Herzogs Bogislav IV von 1285 und 1287. Ueber das besondere Municipalrecht vergleiche Pomm. Statutarrecht S. 12. 13.
29. Treptow an der Tollense, bestätigt im Privileg. des Herzogs Bogislav von 1466.
30. Usedom, Privileg. der Herzöge Barnim und Wratislaw von 1399, bestätigt 1663. Nach den Berichten des Mag. vom 12. August 1780 und des Stadtgerichts vom 25. Januar 1833 ist das lüb. R. nur in beschränktem Umfange in Gebrauch.
31. Wangerin, durch Observanz laut Ber. des Burggerichts vom 19. December 1780.
32. Zanow, durch Privileg. des Ritters Peter von Pollnow August 1343. Kratz S. 561.

Vergleiche im Allgemeinen das pomm. Statutarrecht der Städte von Altvor- und Hinterpommern. Stettin 1836. S. 1—17. 19—21.

III. In den Städten Neuvorpommerns ist das lüb. R. überall eingeführt mit alleiniger Ausnahme von Franzburg und Richtenberg, wo gemeines Recht gilt.

Bornemann S. 4. Mehlen S. 33.

Lüb. R. gilt demnach in:

1. Barth, im Vertrage vom 17. April 1255 zuerst erwähnt. Kratz S. 25.
2. Cammin, durch Privileg. des Herzogs Barnim I vom 2. Januar 1274. Kratz S. 58.

3. Dammgarten, laut Privileg. des Fürsten Jaromar II von Rügen von 1258. Kratz S. 105.
4. Demmin, 1249. Kratz S. 114.
5. Greifswald, laut Privileg. des Herzogs Wartislav III vom 14. Mai 1250. Kratz S. 188.
6. Grimmen, Ende des dreizehnten Jahrhunderts, bestätigt 1349. Kratz S. 225.
7. Gützkow, laut Observanz. Kratz S. 230.
8. Lassan, laut Observanz. Kratz S. 243.
9. Loitz, laut Privileg. von Johann von Mecklenburg von 1242. Krätz S. 255.
10. Stralsund, laut Privileg. des Fürsten Wizlaw I von Rügen vom 31. Oktober 1234. Kratz S. 434. Daselbst wird das lüb. R. in allen den Fällen nicht angewendet, in denen Mevius in seinem Commentar den Nichtgebrauch für Stralsund bezeugt hat. Balthasar von auswärtigen Rechten in den pomm. Städten §. 69. Not. 6. Born. S. 3.
11. Tribsees, laut Privileg. des Fürsten Wizlaw II vom 18. März 1285.
12. Wolgast, laut Privileg. des Herzogs Bogislav IV vom Mai 1282. Vergl. Ausnahme zu lüb. R. I. 5. Art. 7. Born. S. 3.

Bergen und Garz sind bereits zu I Nr. 10. 11. erwähnt.

Ueber einzelne Modificationen der Geltung vergl. Bornemann S. 2 folg.

Bekanntlich gilt in Neuvorpommern, welches nach dem Aussterben der pomm. Herzöge 1637 bis 1814 in schwedischem Besitze blieb, als subsidiäres Recht das gemeine deutsche bezieh. römische Privatrecht noch gegenwärtig; dagegen in Hinterpommern und Altvorpommern das Allgem. preuß. Landrecht. Die im §. VII des Public. Patents vom 1. Februar 1794 angeordnete Suspension der ersten drei Titel vom zweiten Theile des Landr. ist bereits durch Rescr. vom 20. Juli 1795 für die damalige Provinz Pommern aufgehoben.

§. 3. Pommersche Städte ohne lübisches Recht.

Außer dem lüb. R. haben sich in einzelnen Städten der jetzigen Provinz Pommern noch mit den deutschen Einwanderern andere Stadtrechte verbreitet, namentlich das Magdeburger Recht (auf das Landrecht des Sachsenspiegels gegründet) und dessen beide Nebenformen, welche in der Mark als brandenburgisches Recht und in

Preußen als culmisches Recht entstanden. Unzweifelhaft gilt nicht lüb. R. in folgenden pommerschen Städten.

1. Bütow. Die Grafschaft Lauenburg und Bütow war schon zu Anfang des vierzehnten Jahrhunderts aus dem Besitze der pommerschen Herzöge an den deutschen Orden gelangt. Dieser gründete 1341 Lauenburg, 1346 Bütow und 1357 Leba und bewidmete sie mit culmischem Rechte. Die Landeshoheit der ganzen Herrschaft ging in Folge der Kriege zwischen dem Orden und Polen (1410—1466) mit dem Frieden zu Thorn 1466 auf Polen über, von dessen Königen die pommerschen Herzöge das Land zu Lehn erhielten. Nach dem Aussterben der pommerschen Herzöge 1637 zog Polen das Land ein und trat es 1657 dem Kurfürsten Friedrich Wilhelm von Brandenburg (zunächst als Lehn bis 1773) ab. Die Herrschaft wurde mit Westpreußen verwaltet und ist erst 1815 der Provinz Pommern zugelegt. In Folge dessen war in den Städten Bütow, Leba und Lauenburg das preußische Landrecht von 1721 eingeführt. Durch das Gesetz vom 4. August 1865 ist dies aufgehoben und das allgemeine preuß. Landrecht nebst dessen Ergänzungen (auch die landrechtliche Gütergemeinschaft) an die Stelle des Provinzialrechts von 1821 getreten.
2. Callies. In den früher zur Neumark gehörigen, durch Verordnung vom 30. April 1815 der Provinz Pommern zugelegten Städten Callies, Dramburg, Falkenburg, Nörenberg und Schievelbein gilt das neumärkische Provinzialrecht. Callies hat 1303 von dem Markgrafen von Brandenburg Stadtrecht erhalten.
3. Damm. Es gilt magdeburgisches Stadtrecht laut Vergleich von 1297, ist aber nur noch auf das Institut der Gerade und Heergeräthe anwendbar.
4. Dramburg, wie Callies (Brandenb. Recht 1297) Pomm. Stat. R. S. 107.
5. Falkenburg, wie Callies (Brandenb. R. 1333) P. Stat. R. S. 107.
6. Fiddichow. Bei Erbfällen unter Eheleuten gilt die märkische Joachimsche Constitution. Pomm. Stat. R. S. 107.
7. Franzburg. Vergl. Kratz S. 137—140.
8. Garz a. d. Oder hat magdeburgisches Recht laut Privileg. des Herzogs Barnim von 1240.

9. Grabow a. d. Oder, früher Dorf wie Jacobshagen. Kratz S. 163. Deutsche Gerichts-Zeitung 1866 S. 75.
10. Jacobshagen. Für die Güterverhältnisse der Eheleute und die Erbfolge gilt die pommersche Bauernordnung vom 30. December 1764. P. Stat. R. S. 107.
11. Lauenburg wie Bütow.
12. Leba wie Bütow.
13. Nörenberg, wie Callies. P. Stat. R. S. 107.
14. Pasewalk, durch Privileg. der Markgrafen Otto und Waldemar von 1306 mit „brandenburgischem Rechte" bewidmet, gebraucht die Joachimsche Constitution hinsichtlich der vermögensrechtlichen Verhältnisse der Eheleute und magdeburgisches Recht hinsichtlich des Instituts der Gerade und des Heergeräthes. Vergl. Pomm. Stat. R. S. 106. 114—123.
15. Pölitz. Es gelten Magdeburger Recht und Stettiner Statuten.
16. Pyritz, wie Damm.
17. Schievelbein, wie Callies.
18. Stettin. (Magdeburger Recht und Stettiner Statutarrecht.)
19. Zachau, wie Jacobshagen. Vergl. Pomm. Stat. R. Einl. §. 5—7.

§. 4. Umfang der Geltung des lübischen Rechts.

Wie aus Vorstehendem hervorgeht, ist fast überall, wo das lüb. R. durch Privilegien der früheren Landesherren eingeführt ist, dies schon im dreizehnten, vierzehnten und funfzehnten Jahrhundert geschehen. Später sind nur Naugard 1574, Bergen 1613 und Swinemünde 1767 mit lüb. R. bewidmet und für Pencun ist erst 1789 die Geltung des lüb. R. definitiv festgestellt. Auch in denjenigen Städten, deren Bewidmung mit lüb. R. nicht urkundlich zu beweisen ist und in denen sich die Geltung auf alte Observanz stützt, hat diese Geltung erweislich schon seit dem vierzehnten und funfzehnten Jahrhundert bestanden. Für die ganze Anwendbarkeit des lüb. R. in den pommerschen Städten ist daher die sehr bestrittene Frage, in welchem Umfange dasselbe gilt.

Das pommersche Statutarrecht §. 3 S. 17 stellt an die Spitze: es ist ein unbezweifelter Rechtsgrundsatz, daß das lüb. R. in den pommerschen Städten nur insoweit und in denjenigen Materien Anwendung findet, in welchen dasselbe recipirt ist und in welchen dasselbe sich in Observanz erhalten hat. Er ist dabei auf v. Balthasar von auswärtigen Rechten in pommerschen Städten und Mevius, comment. Quaest. praelim. II Nr. 3. Bezug genommen.

Das Obertribunal adoptirt in Entsch. Band 18. S. 402 diesen Grundsatz unter gleicher Bezugnahme als einen unzweifelhaften und in der gerichtlichen Praxis unabänderlich befolgten. Man wird diesen Grundsatz als einen allgemeinen auch gelten lassen müssen, schon mit Rücksicht darauf, daß bis zur Einführung des Landr. nach dem gemeinen Rechte die Rechtsgewohnheit und der Gerichtsgebrauch unzweifelhaft rechtsbildende Macht hatte und selbst bestehenden Gesetzen derogirte. Zur Anwendung jenes Grundsatzes ist es jedoch von größter Wichtigkeit, die beiden Momente zu trennen, welche darin enthalten sind, nemlich:

I. die erste Frage, wieweit das lüb. R. überhaupt in einem Orte früher durch Gesetzgebungsakt, Privileg oder Observanz recipirt ist, und

II. die fernere Frage, was von dem recipirten lüb. R. seitdem wieder aufgehört hat, dort Rechtens zu sein, entweder in Folge specieller Gesetzgebungsakte oder durch Observanz.

Wer die Anwendbarkeit eines lüb. Rechtsgrundsatzes oder Rechtsinstituts behauptet, hat zu beweisen, daß das lüb. R. hinsichtlich der streitigen Materie oder im Allgemeinen recipirt ist. Dieser Beweis liegt Jedem ob, der sich auf Statutarrechte und Gewohnheiten stützt. A. G. O. I. 10. §. 54. 55. Strieth. Archiv. Bd. 12. S. 162. B. 20. S. 135. Dagegen kann von ihm nicht zugleich der Nachweis verlangt werden, daß der streitige lübische Rechtsgrundsatz sich auch dort in Observanz e r h a l t e n hat. Vielmehr muß dann, wenn die Reception des lüb. R. an einem Orte ohne Einschränkung oder in bestimmten Materien feststeht, derjenige, welcher die Unanwendbarkeit einzelner Rechtsgrundsätze davon behauptet, nachweisen, daß und wodurch sie aufgehoben sind. Es besteht keine Vermuthung dafür, daß Particularrecht im Ganzen oder in einzelnen Bestimmungen wieder aufgehoben ist und eine angebliche Wiederaufhebung muß daher nach allgemeinen Rechtsregeln von demjenigen, der sich darauf stützt, nachgewiesen werden, A. G. O. I. 13. §. 28. Landr. Einl. §. 59. Im Gegentheile spricht in dem Falle, wenn in einer Stadt das lüb. R. ohne Einschränkung aufgenommen ist, die stärkste Vermuthung dagegen, daß eine einzelne Bestimmung, welche überall sonst im Bereiche der Geltung des lüb. R. gilt, an einem einzelnen Orte unanwendbar geworden sein sollte. In Uebereinstimmung hiermit verlangt auch das Obertribunal zu Berlin für Städte, welche mit dem lüb. R. in dessen ganzen Umfange ausdrücklich beliehen sind, nicht den Nachweis der Reception der einzelnen Vorschriften, sondern vom Gegner den Nachweis gesetzlicher Außerkraftsetzung. Entsch. Bd. 10. S. 235.

§. 5. Reception des Statuts von 1586.

I. Hinsichtlich der erstern Frage, wieweit das lüb. R. an einzelnen Orten eingeführt ist, ist im Allgemeinen auf das oben im §. 2 Bemerkte zu verweisen; außerdem auf die nachstehenden Bemerkungen bei einzelnen Rechtsinstituten. In den im §. 2 zu II und III genannten Städten ist das lüb. R., wo die Einführung durch Privileg des Landesherrn erfolgt ist, ohne Einschränkung eingeführt. Auch von denjenigen zu II und III genannten Städten, worin die Reception auf Observanz beruht, muß die allgemeine Einführung des lüb. R. behauptet werden. Die allgemeinen Ausdrücke, worin die observanzmäßige Geltung des lüb. R. seit Jahrhunderten, namentlich auch von Schriftstellern aus der Zeit vor Publikation des preuß. Landr., Brüggemann, Stein, Mevius bestätigt wird, lassen die Annahme einer nur theilweisen Einführung nicht zu.

Die Bewidmung mit lüb. R. ist indeß in den bei weitem meisten Orten schon vor der Revision von 1586 erfolgt; und ebenso hat die observanzmäßige Einführung des lüb. R., wo eine Verleihung urkundlich wenigstens nicht nachweisbar ist, meistens schon vor 1586 stattgefunden. Es entsteht daraus die weitere Frage, ob nur dasjenige lüb. R., welches zur Zeit der Einführung galt, gilt oder ob im Allgemeinen das revidirte Statut von 1586 anwendbar ist. Sie ist meines Erachtens zu Gunsten der Geltung des revidirten Statuts zu entscheiden und folgt dies aus der historischen Entwickelung des lüb. R. bis 1586 und aus der Art der Entstehung des revidirten Statuts.

Das lüb. R. ist nicht vom dreizehnten und vierzehnten Jahrhundert ab bis 1586 unabänderlich in allen Bestimmungen dasselbe gewesen und ist nicht 1586 durch das revid. Statut mit einem Male geändert und neu gemacht, sondern es hat sich namentlich in jener Zeit allmälig durch Observanz, Rechtssprechung und den Einfluß des gemeinen R. geändert, wie alle Partikularrechte. Es ist dies gerade im lüb. R. fast in allen Materien an der Rechtssprechung und den veröffentlichten Verträgen, Testamenten und andern Urkunden nachweisbar. Die Revisoren, welche das Statut 1582—1586 redigirten, hatten auch nicht den Auftrag oder den Beruf, ein neues Recht zu schaffen, und haben dies auch nicht beabsichtigt. Wie sie selbst in der Vorrede sagen, haben sie Alles „so befunden", es ist in täglicher „viridi observantia" gewesen und so praktizirt. Ihr Zweck war also nur, das damals — 1586 — geltende lüb. R. darzustellen, wie das Werk auch nur durch den Wunsch einer zuverlässigen Darstellung des wirklichen lüb. R. gegenüber irrigen Exemplaren veranlaßt ist; und nur dasjenige aus dem ältern Rechte fortzulassen, was „antiquiret und sich der Zeit halber nicht wohl leiden wollen" d. h. was schon durch die Observanz der bisherigen Zeit außer Geltung gekommen war. Pauli III. S. 430. 431.

Andrerseits war es bei der Bewidmung der pommerschen Städte mit lüb. R. unzweifelhaft nicht die Absicht, daß das lüb. R. genau so, wie es am Tage der Bewidmung bestand, als ein unabänderliches für alle Zukunft geltend bleiben sollte. Es wurde nicht als eine fertige Codification Gesetzbuch; sondern es hieß bei den Bewidmungen: die Stadt soll das lüb. R. gebrauchen; bezieh. das Recht und die Gewohnheiten, welche Lübeck, Rostock, Greifswald ... haben; Demmin: dantes civitati Demmin totum jus, quod Lubecke habet, ita quod dicta civitas integraliter ipso jure utatur, quod civitas Lubecke verum esse dixerit sive justum. Gollnow: inhabitatores jus lubecense observabunt, u. s. w. Zum jus lubecense gehört aber ebenmäßig auch, daß durch neuere Observanzen ältere antiquiren, welche sich der Zeit halber nicht „mehr leiden", und daß in solchem Falle nur die Entscheidung nach dem neuern lüb. R. eine Entscheidung nach jus lubecense ist, nicht die nach den antiquirten vormaligen, oft kaum noch bekannten, Rechtsnormen. Im Allgemeinen ist auch nur anzunehmem, daß die Aenderungen, welche das lüb. R. im Laufe der Zeit zu erleiden hatte, gleichmäßig im Bereiche des lüb. R. eintraten und angewendet wurden. Dafür sorgte schon die Appellation, welche von den Stadtgerichten an die Gerichte zu Lübeck und in andern, mit lüb. R. bewidmeten Mutterstädten, namentlich Rostock und Greifswald, ging.

Demgemäß ist auch allgemein in den Städten lübischen Rechts nach dem Erscheinen des revidirten Statuts dieses der Rechtssprechung zu Grunde gelegt und dessen Geltung auch hierdurch sanctionirt.

Auch das höchste Gericht zu Greifswald hat diesen Grundsatz angenommen dahin, daß selbst denjenigen Artikeln, welche erst 1586 hinzugefügt oder abgeändert worden, bis zum Beweise des Gegentheils gesetzliche Kraft beizulegen sei. Bornemann S. 1.

Dem ist auch das Königliche Obertribunal in Entsch. Bd. 10. S. 64 und Entsch. Bd. 13. S. 387 ff. beigetreten und bemerkt: Die Vermuthung der Geltung auf den Umfang des lüb. R. zur Zeit der Annahme zu beschränken, „könne für Pommern nicht als richtig angenommen werden. Abgesehen von den Appellationen, welche von vielen Städten Pommerns an den Rath zu Lübeck gingen, und von dem dadurch begründeten Einfluß des dort gültigen revidirten Rechts, ingleichen davon, daß sich wohl in keiner Stadt Pommerns eine irgend bestimmte Nachricht über den Umfang des recipirten Rechts als Maßstab seiner Gültigkeit erhalten hat, wurde auch schon 1586, 1594 und 1595 das revidirte lüb. R. in Stettin zum Gebrauch für Pommern besonders gedruckt; Riccii Entwurf von Stadtgesetzen S. 90. §. I, und fand seitdem wohl entschieden bei allen Gerichten alleinige Berücksichtigung." „Die Behauptungen: der Art. (13. III. Tit. 12) habe in den Städten Hinterpommerns keine praktische Geltung erlangt, und das lüb. R. sei in den Städten Hinterpommerns niemals vollständig recipirt, erscheinen bei den angegebenen Verhältnissen als unerheblich. Es hätte darauf nur dann Gewicht gelegt werden können, wenn — mit Angabe von Beweismitteln — behauptet wäre, daß in Rügenwalde der gedachte Artikel von der Reception ausgeschlossen oder etwa später außer Gebrauch gekommen sei," „auf solche Weise außer Kraft getreten, auf welche überhaupt Gesetze aufhören, wirksam zu sein."

Mevius setzt als selbstverständlich voraus, daß da, wo das lüb. R. recipirt ist, im Allgemeinen das Statut von 1586 gilt und commentirt er nur dies Statut als lüb. R. Andrerseits erklärt der Bericht des Hofgerichts Coslin von 1780, daß, wenn über die Explication des Gesetzes nach lüb. R. Streit entsteht, dem Commentario von Mevii nachgegangen wird. In den pommerschen Gerichtsbibliotheken ist auch notorisch wohl das revidirte Werk von 1586 und Mevii commentar. vorhanden; dagegen möchten vom alten Rechte kaum an mehr als 2 — 3 Orten Exemplare vorhanden sein. Ebenso bemerkt Stein (1738) nur beiläufig in der Vorrede S. 12: das revidirte lüb. R. sei in den Gerichten außerhalb Lübeck recipirt.

Hierdurch dürften die entgegengesetzten Grundsätze, welche in einer neuern Enscheidung Bd. 18. S. 402 ausgesprochen sind, für widerlegt zu erachten sein. Vergl. §. 6. Nr. 1.

§. 6. Ausnahmen.

Um auch den Ausnahmen ihr Recht zu lassen, ist zu erwähnen:

1. Erweislich haben die Revisoren in manchen Fällen das damals geltende lüb. R. mißverstanden und in ihrer Redaktion andere als die damaligen Rechtsgrundsätze aufgenommen. So ist dies hinsichtlich der activen Testamentsfähigkeit (testamenti factio) der Ehefrauen der Fall. §. 99. Auch in solchen Fällen sind meistens die Rechtsgrundsätze des revidirten Statuts in Folge gleichmäßiger Rechtssprechung nach demselben allgemein im Bereiche des lüb. R. eingeführt und dadurch auch lüb. R. für die pommerschen Städte geworden. Hierfür ist aus obigen historischen Gründen bis zum Beweise des Gegentheils die Vermuthung Bornemann S. 1. In vereinzelten Fällen, wie z. B. hinsichtlich der Testamentifaction der Ehefrauen, sind jedoch die Grundsätze des revidirten Statuts nur in Lübeck, und nicht in den, dem lüb. R. seit älterer Zeit folgenden, Städten, namentlich auch nicht in den pommerschen Städten befolgt. §. 99. In solchen Ausnahmefällen sind unzweifelhaft derartige Rechtsnormen in den pommerschen Städten nicht anwendbar, einmal weil die Stadt Lübeck an sich kein Souveränetäts- und Gesetzgebungsrecht über die pommerschen Städte hatte, und dann, weil jedenfalls durch Rechtsgewohnheit der vom Lübecker revidirten Rechte abweichende Rechtszustand maßgebend geworden ist. Zu beachten ist dabei nur, daß dies hinsichtlich des revidirten Statuts eine vorkommenden Falls nachzuweisende Ausnahme ist und daß als Regel die Anwendbarkeit des revidirten Statuts zu behaupten ist. In den Entsch. Bd. 18. S. 402 ist zwar in den Gründen der an sich richtigen Entscheidung erklärt: Gollnow sei 1319 mit dem lüb. R. bewidmet; „nur von dem, zu dieser Zeit geltend gewesenen lüb. R. kann daher ausgegangen und am wenigsten zulässig befunden werden, so ohne Weiteres auf das fast drei Jahrhunderte später entstandene revidirte lüb. R. zurückzugehen, da das letztere bekanntlich das bis dahin geltend gewesene alte lüb. R. vielfach abgeändert hat.“ Ferner, nachdem bemerkt ist, daß ein Grundsatz nur dem revidirten, nicht dem ältern lüb. R. angehöre: „Deshalb hätte besonders nachgewiesen werden müssen, daß jener Grundsatz des revidirten lüb. Statuts in Gollnow aufgenommen worden und zur Observanz geworden; ein solcher Beweis ist nicht angetreten.“ In diesen Sätzen ist das Verhältniß der Regel zur Ausnahme umgekehrt

und die Entscheidung über die Beweislast nach dem Vorstehenden m. E. unrichtig. Es kann nicht einmal hinsichtlich derjenigen Punkte, worin das revidirte Statut von dem ältern Rechte, soweit dies bekannt geworden ist, abweicht, eine Regel dahin aufgestellt werden, daß die Aufnahme der neuen Abweichung nachgewiesen werden müßte. Die Versicherung der Revisoren, daß das von ihnen dargestellte Recht die bestehende Rechtsübung wiedergebe, §. 1, verdient den Glauben an ihre Richtigkeit, wo nicht aus besonderen Gründen daran zu zweifeln ist. Selbst Pauli, der gründliche Kenner der innern Geschichte des lüb. R., welcher den Revisoren manche Mißverständnisse nachgewiesen hat, erkennt doch an, daß die Feststellung des revid. Statuts in Ermangelung besonderen Beweises als damaliges Recht anzusehen sei. Da die letzten officiellen Redaktionen des alten lüb. R. von 1240, 1294 und 1348 und selbst der erste Codex von Brockes Jahrhunderte vor der Revision entstanden sind, so ist es ohnehin nur natürlich, daß die Entwickelung der Rechtsverhältnisse inzwischen nicht stillstand, und 1586 vielfach ein anderes Recht bestand, als die älteren Codices angeben.

Die Beweislast ist hier um so erheblicher, als schwerlich in jeder Stadt alle einzelnen Rechtsgrundsätze erweislich zur Entscheidung, zumal in judicando gediehen sind. Wenn auch nur in solchen Fällen, wo das revid. Statut vom ältern Rechte abweicht, die Anwendung des erstern durch Observanz nachgewiesen werden müßte, so würde eine bedauerliche Rechtsunsicherheit stattfinden, zumal in den meisten Fällen die ältern Rechtsnormen durch Observanz unanwendbar und dem allgemeinen Rechtsbewußtsein fremd geworden sind und doch feststeht, daß lüb. R. in der Materie anwendbar erachtet ist.

2. Unzweifelhaft sind dagegen die nach der Revision von 1586 erlassenen Verordnungen des Raths von Lübeck, welche das lüb. R. modificirt haben, nicht in den Gerichten außerhalb Lübeck recipirt. Stein Verordn. S. 11, 12. Ihre Nichtreception ist auch begreiflich, da im revid. Statut zunächst eine feste vollständige Redaktion vorlag, welche den damaligen Rechtsverhältnissen genügte, da ferner das daneben subsidiarisch geltende gemeine Recht eine immer weiter greifende Bedeutung erlangte, und da namentlich die durch den dreißigjährigen Krieg und den westphälischen Frieden eigentlich schon begründete Souveränetät der Landesherrn und deren überwiegender Einfluß die Rechts- und Staatsentwickelung der Einzelstaaten in ihnen mehr concentrirte; so daß sich auch das lübisch-rechtliche

Pommern bald davon entwöhnen mußte, in Lübeck den Mittel- und Gipfelpunkt seiner Jurisprudenz zu finden.

§. 7. Rechtsgebiete, in welchen lübisches Recht nicht gilt.

II. Hinsichtlich der zweiten Frage: welche Bestimmungen des lüb. R. in den pommerschen Städten wieder ihre Geltung verloren haben, sind zunächst mehrere große Rechtsgebiete auszuscheiden, in denen unzweifelhaft das lüb. R. nicht mehr gilt.

1. Zunächst gilt es nur zur Entscheidung von Privatrechts-Angelegenheiten, und nicht hinsichtlich aller Bestimmungen über staatsrechtliche, polizeiliche und communale Verhältnisse. Preußen hat nur ein einheitliches Staatsrecht. — Die staatsrechtlichen Rechte und Pflichten sind für Alle ohne Statuirung provinzialrechtlicher oder statutarischer Verschiedenheiten dieselben. Von diesem Grundsatze ist auch das K. Obertribunal in Entsch. Bd. 6. S. 82—92 und in Strieth. Arch. Bd. 18. S. 306 ausgegangen; und ist dabei das Publikationspatent vom 5. Februar 1794 §. III richtig dahin ausgelegt, daß die „Rechtsangelegenheiten", welche zunächst nach den Statuten und Provinzialgesetzen und erst subsidiarisch nach dem allgemeinen Landrechte zu entscheiden sind, nur Privat- und Vermögensrechte betreffen. Ebenso Koch Lehrb. Bd. 1. S. 10. Alle lübisch-rechtlichen Bestimmungen hinsichtlich der städtischen Communalverfassung und der Folgen des städtischen Bürgerrechts sind auch durch die Städteordnung vom 19. Novbr. 1808 Einl. aufgehoben.

2. Aus demselben Grunde der staatsrechtlichen Einheit gilt nicht das Strafrecht des lüb. R., wie auch schon vor der Publikation des Landr. II. 20 die peinliche Halsgerichtsordnung Karls V galt. Mevius praelim. 7. No. 25, 26. Born. S. 2. Provinzial- und Statutar-Strafgesetze gelten neben dem jetzigen Strafgesetzbuche vom 14. April 1851 in den durch dasselbe vorgesehenen Materien, nur soweit dasselbe darauf Bezug nimmt. Einführ. Ges. Art. I. II. Entsch. des Obertrib. vom 28. September 1853. Oppenh. S. 2. Nr. 3. Vergl. Entsch. Bd. 6. S. 82.

3. Unanwendbar sind ferner alle Bestimmungen, welche die Gerichtsorganisation und das Prozeßverfahren betreffen, da, soweit deren Aufhebung nicht schon früher erfolgt ist, die preußische Gerichtsordnung und zwar schon das corpus juris Friedericianum erstes Buch (Prozeßordnung) laut Patent vom 26. April 1781 nicht bloß subsidiarische, sondern ausschließliche Geltung erhielt; sowie

später die Allgemeine Gerichtsordnung laut Public.-Patent vom 6. Juli 1793, desgleichen für Neuvorpommern (Bezirk des Appellationsgerichts zu Greifswald) die Verordnung vom 21. Juli 1849 (Einl.). Born. S. 2.

4. In Vormundschafts-Angelegenheiten galt schon vor der Einführung des Landrechts die preußische Vormundschafts-Ordnung vom 23. September 1718, publicirt 26. November 1718, im damaligen preußischen Pommern (Bericht des Hofgerichts zu Cöslin vom 9. Oktober 1780 S. 15). Daß mit der Einführung des Landr. in Altpommern auch die landrechtliche Vormundschaftsordnung ausschließlich gilt, ist als unzweifelhaft anzunehmen. Sie läßt die Curanden unter Aufsicht und Fürsorge des Staats stehen und erklärt, daß die Vormünder und Curatoren vom Staate in Folge seiner Fürsorgepflicht beauftragt werden. Landr. II. §§. 1 bis 5, 28 ff. Das Vormundschaftsgebiet ist demgemäß ein staatsrechtliches, in welchem die hinsichtlich der Privatrechte sonst derogirenden Provinzialgesetze nicht anwendbar sind. Der landrechtliche Majorennitätstermin und die Vorschriften des Landr. II. 18. §§. 695, 728—735 sind durch Verordnung vom 6. Juni 1831 auch in Neuvorpommern und Rügen eingeführt. Die Geschlechtsvormundschaft, welche nach lüb. R. dergestalt nöthig war, daß unverheirathete Frauenspersonen und Wittwen nur mit Einwilligung eines obrigkeitlich bestellten Curators, Ehefrauen nur mit Zuziehung ihrer Männer als Curatoren Geschäfte von Wichtigkeit oder gerichtliche Angelegenheiten verhandeln durften, ist für die Städte Neuvorpommerns durch Gesetz vom 6. März 1855, G.S. S. 176, förmlich aufgehoben. In Altvorpommern und Hinterpommern war sie mindestens schon seit mehreren Jahrzehnten vorher niemals mehr in Anwendung gewesen. Statut. R. S. 27—29. Der Bericht des Hofgerichts Cöslin vom 9. Oktober 1780 (4) bezeichnet die Geschlechtsvormundschaft als damals noch anwendbar, jedoch mit der Beschränkung, daß sich die Frauenspersonen den Curator selbst wählen können, eine gerichtliche Bestätigung nicht nöthig ist und daß bei gerichtlichen Verordnungen von Todeswegen ein Curator in der Praxis nicht nöthig gefunden werde.

5. In Wechselsachen ist die allgemeine deutsche Wechselordnung mit Ausschluß aller Provinzialrechte in Kraft. „Die Wirksamkeit der bisherigen Wechselordnungen erlischt.“ §. 1, Einführ. Ges. v. 6. Januar 1849 und 15. Februar 1850.

6. In Handelssachen und Seerechtsangelegenheiten hat ebenso

das allgemeine deutsche Handelsgesetzbuch ausschließliche Geltung. Art. 60. No. 1. 3. Einführungsgesetz vom 24. Juni 1861.

7. Für das Verhältniß des Gesindes zur Herrschaft ist die Gesindeordnung vom 8. November 1810 für den ganzen Umfang der damaligen Monarchie unter ausdrücklicher Aufhebung der Provinzial- und Statutar-Rechte (Einl. Nr. 1) eingeführt.

8. Auch die Vorschriften des lüb. R. I. 4. Art. 1—5 „von Verlöbniß- und Ehesachen" sind nicht mehr anwendbar. Diese Angelegenheiten gehörten in Pommern zum Ressort des Consistorii und dieses richtete sich für die desfallsigen Rechtsverhältnisse nach der Kirchenordnung von 1533, den spätern Constitutionen über Ehe- und Verlöbnißsachen und den Consistorialordnungen. An deren Stelle ist jetzt in Hinter- und Altvorpommern das Landrecht getreten. Pomm. Statut. R. S. 18.

9. Für die Form der Verträge (namentlich Grundstückskäufe) und Testamente und deren Publikation sind jetzt in Hinterpommern und Altvorpommern gleichfalls die Vorschriften des Landrechts und der Gerichtsordnung und deren Abänderungen getreten. Im zweiten Theil der Gerichtsordnung sind die Formvorschriften von Verträgen und Testamenten theils enthalten, theils die im L. R. enthaltenen in Bezug genommen; und die ganze Gerichtsordnung ist nicht bloß als subsidiarisches, sondern als allgemeines und principales Recht promulgirt. Publ. Pat. vom 6. Juli 1793. Publ. Pat. vom 5. Februar 1794 Art. 11. 12. Gesetz vom 23. April 1821.

10. Die Beschränkungen der Erwerbsfähigkeit, die Vorschriften über Unterthänigkeit, Abzugs-, Abschoß-, Verkaufs- und Näherrechte, Vorkauf und Aufkauf, Theilbarkeit der Grundstücke, Gewerbe und Verkehr sind durch die Edikte vom 9. Oktober 1807, 2. und 20. November 1810 und 7. September 1811 für die damalige Monarchie aufgehoben. Für Neuvorpommern und Rügen vergl. Gewerbeordnung vom 17. Januar 1845 und Gesetz vom 2. März 1850.

§. 8. Antichretische Pfandnutzung.

Nach dem lüb. R. I. 2. Art. 5 konnten Fremde (Nichtbürger) keine Grundstücke kaufen oder als Erben behalten. Die Bestimmung selbst ist hier nicht mehr anwendbar. §. 7. Nr. 10. Sie ist indeß noch von Interesse durch die Wirkungen, welche ihre Umgehung in der frühern Zeit ihrer Geltung bis in die neueste Zeit gehabt hat und noch hat.

Der Verkehr hatte schon früher dahin geführt, den Fremden, welche städtische Grundstücke zu besitzen wünschten und sie nach jener Bestimmung rechtlich nicht kaufen konnten, den thatsächlichen Eigenthumsbesitz auf Umwegen zu verschaffen. Am häufigsten geschah dies dadurch, daß der Besitzer eines Grundstücks dasselbe dem Fremden für ein Darlehn verpfändete und in antichretische Pfandnutzung gab. Größtentheils wurden dabei die Zinsen des Capitals gegen die Nutzungen des Grundstücks kompensirt und auf Rechnungslegung über die Benutzung theils ausdrücklich, theils stillschweigend und thatsächlich verzichtet. Unzählige solcher Grundstücke erbten mehrere Generationen hindurch vom ersten Pfandnehmer auf dessen Erben und Erbeserben, ohne eingelöst zu werden. Nachdem durch das Edikt vom 9. Oktober 1807 die Erwerbsunfähigkeit Fremder im Gebiete des lüb. R. aufgehört hatte, war die Umgehung des Verbots durch antichretische Pfandverträge nicht mehr nöthig. Zwar wurde in den nächstfolgenden Jahren noch mehrfach der alten Gewohnheit gemäß antichretische Pfandnutzung statt Eigenthums übertragen, doch verschwand nach einigen Jahren diese Art der Disposition zu Gunsten des gewöhnlichen Verkaufsverkehrs. Mangelhafte Pfandscheine, namentlich der Mangel einer ausdrücklichen Verabredung über Compensation der Nutzungen und der Wunsch der Erben, Grundstücke in der neuern Zeit höherer Werthsgeltung wieder für geringere Beträge einzulösen, führten vielfache Prozesse herbei. Andererseits waren die wirklichen Besitzer solcher Grundstücke, welche sich nur durch Pfandscheine legitimiren konnten, in der Unmöglichkeit, den Besitztitel für sich berichtigen zu lassen, oder Schulden hypothekarisch darauf eintragen zu lassen; nicht das Eigenthum der Grundstücke konnte durch Kauf übertragen werden, sondern nur das antichretische Pfandrecht ererbt und cedirt werden. Die Grundstücke waren dem Verkehr in vielfacher Weise entzogen. Noch jetzt befinden sich eine Menge von Grundstücken in Händen von Erbeserben von Pfandnehmern, während im Hypothekenbuche noch die Besitzer eingetragen sind, welche bei der ersten Anlegung des Hypothekenbuchs zu Ende des vorigen Jahrhunderts das Grundstück besaßen, deren Erben aber oft kaum mehr zu ermitteln sind und häufig keine Kenntniß der Sachlage haben.

Zur Hebung dieser Mißstände erging für Altpommern die Verordnung vom 26. September 1845, G.S. S. 678. Sie bestimmt:

§. 1. Wer Eigenthumsansprüche auf Grundstücke zu haben glaubt, welche in den Feldmarken lübisch-rechtlicher Städte Altpommerns von ihm oder seinem Rechtsvorgänger vor dem 1. Januar 1808 ohne ausdrücklichen Vorbehalt der Rechnungslegung über Früchte und Einkünfte in Pfandbesitz gegeben und bisher belassen sind, muß binnen 5 Jahren nach Publikation des Gesetzes entweder:

1) die Einlösung der Pachtgrundstücke bewirken oder
2) in Ermangelung gütlicher Einigung dem Pfandbesitzer das Pfandkapital kündigen und ihn zugleich — wozu er ohne Rücksicht auf die kontraktliche Einlösungsfrist berechtigt sein soll — auf Rückgabe des Eigenthums nach Ablauf jener 5 Jahre gegen Zahlung der Einlösungssumme belangen, oder so fern er dies nicht will,
3) seine Eigenthumsansprüche unter Bezeichnung des Grundstücks und des Pfandkontrakts bei der Hypothekenbehörde anmelden, welche dem Pfandbesitzer die Meldung abschriftlich mittheilt.

§. 2. Eigenthumsansprüche, welche nicht in vorgedachter Art und Frist geltend gemacht werden, oder für welche im Fall zu 2 „die Klage durch Zurücknahme der Klage oder Reposition der Akten erlischt“, erlöschen, ohne daß es eines Erkenntnisses bedarf, auch wenn sie hypothekarisch eingetragen sind.

§§. 3. 4. Ansprüche, welche nach §. 1. Nr. 3 angemeldet sind, können vom Pfandbesitzer durch Zahlung von 2 % des letzten Pfandschillings, oder wenn dieser nicht zu ermitteln, des taxmäßigen Grundstückwerths abgelöst werden; und wenn nur einer von mehreren Eigenthumsberechtigten seinen Anspruch geltend gemacht hat, durch Zahlung eines seinem Eigenthumsantheile entsprechenden Theils der Ablösungssumme. Der Pfandbesitzer kann auch den Prätendenten, dessen Ansprüche er nicht anerkennt, durch Provokation nach G.O. I. 32. §. 30. 26—29 zur Ausführung seiner Ansprüche anhalten. Competent ist zur Entscheidung hierüber und über Streitigkeiten wegen der Ablösungssummen das forum rei sitae.

§. 5. Wenn erst nach Publikation des Gesetzes auf Rückgabe oder Rücknahme solcher Grundstücke geklagt wird, kann der Eigenthümer nicht Rechnungslegung über die Nutzungen verlangen; sondern werden sie mit den Zinsen kompensirt.

§. 6. Durch die Erlöschung, §. 2, und die Ablösung, §. 3, wird das Grundstück freies Eigenthum des Pfandbesitzers und wird dieser dadurch zugleich wegen seiner Forderung für befriedigt erachtet.

Die Praxis hat über die Anwendbarkeit des Gesetzes noch

Zweifel für den Fall hervorgerufen, wenn ein solches antichretisches Nutzungsrecht vor 1808 eingeräumt war und nach 1808 dem Pfandbesitzer noch ein ferneres Darlehn unter wiederholter antichretischer Verpfändung dazu gegeben ist. Man hat dann mitunter angenommen, daß in solchem Falle nach dem Gesetze von 1845 nicht die nach 1808 entstandene Verpfändung zu beseitigen sei, daß dann zwar ein, nach jenem Gesetze zu beseitigendes früheres, aber zugleich ein demselben nicht mehr unterworfenes späteres Pfandverhältniß vorläge, und daß letzteres den Besitzer hindere, es nach diesem Gesetze aufzulösen oder darnach Eigenthümer zu werden. Indeß die einzige Bedingung, welche das Gesetz selbst aufstellt, besteht darin, daß das Grundstück vor 1808 in Pfandbesitz ohne Vorbehalt der Rechnungslegung gegeben und bisher belassen ist.

Es ist daher auf alle Fälle anzuwenden, in denen der Pfandbesitz vor 1808 begonnen und seither keine Einlösung erfolgt ist. Das hierdurch entstandene Recht des Besitzers wird durch ein späteres Darlehn nicht geändert, sondern dies hat nur den Einfluß, daß es bei der Ablösung zur Bestimmung des „letzten Gesammtpfandschillings" §. 3 mitzuberechnen ist. Nur dann, wenn die frühere Verpfändung durch Einlösung beseitigt war und erst darauf ein neuer Pfandbesitz nach 1808 begann, ist die Verordnung unanwendbar. Das Königl. Appellationsgericht zu Cöslin, früher der ersteren Ansicht, hat sich in neuerer Zeit ebenfalls der letztern Auslegung angeschlossen. Vergl. Grundakten des Königl. Kreisgerichts zu Schlawe über die Kaveln nach Reddichow Nr. 106 und 107. — Leider existiren ohnehin noch eine Menge antichretisch benutzter Grundstücke, deren Pfandbesitz erst nach 1808 (—1815) begründet ist und deren gesetzliche Eigenthumserben unbekannt sind.

§. 9. Gewohnheitsrechtliche Aufhebung.

Von dem übrigen Inhalte des lübischen Privatrechts wird mehr oder weniger allgemein Manches ebenfalls nicht mehr bei Entscheidung von Civilrechtsstreitigkeiten angewendet. Schon das pommersche Statutarrecht von 1836 bemerkt S. 20: die Vergleichung der Berichte, welche die Gerichte 1780 über die pommerschen Statutarrechte erstattet hätten, mit den 1830 und 1833 über denselben Gegenstand eingegangenen Berichten zeige, daß viele Bestimmungen des lüb. R., welche 1780 noch unbezweifelt als bestehend betrachtet seien, nicht mehr von den Gerichten angewendet und anwendbar befunden würden. Seitdem hat notorisch die praktische Anwendung sowohl dieser, als auch anderer Bestimmungen des lüb. R. abgenommen. Manche Vorschriften, welche noch im pomm. Statut. Recht als gültig oder wenigstens als zweifelhafter Geltung aufgeführt werden, sind unzweifelhaft in den letzten Decennien nicht mehr angewendet. Der Hauptgrund wird S. 20 a. a. O. wohl richtig darin gefunden, daß nicht immer beachtet ist, daß das Allg. LR. nur subsidiarisch gelten soll. Die aus natürlichen Gründen mit der seltenern Anwendung wachsende Unbekanntschaft mit dem lüb. R., der verhältnißmäßige Mangel an wissenschaftlicher Bearbeitung desselben im Gegensatze zur wachsenden wissenschaftlichen Ausbildung landrechtlicher Jurisprudenz und das ziemlich allgemeine odium in Betreff aller Partikularrechte sind sehr mächtige Gegner des lüb. R. geworden. Indeß sind die Gesetze zu halten und anzuwenden, so lange sie gesetzlich gelten; und weder der Wunsch der Abschaffung, noch die bloße Ignorirung und Nichtanwendung sind seit der Einführung des Landrechts geeignet, Statutarrechte aufzuheben.

Was freilich vom lüb. R. bereits bis zur Publikation des Landrechts 1794 durch entschiedene Observanz aufgehoben war, ist unter der damaligen subsidiären Herrschaft des gemeinen Rechts, welches dem Gewohnheitsrechte derogirende Kraft gewährt, auf gesetzgültige Weise aufgehoben. Wer in Streitsachen eine derartige Aufhebung einzelner Bestimmungen behauptet, muß sie beweisen.

Jedoch genügt es zur Aufhebung von Statutarbestimmungen durch Observanz nicht, daß Juristen oder selbst Behörden im Allgemeinen versichern, die Anwendung eines Rechtsgrundsatzes sei nicht mehr üblich. Ebenso genügt es nicht, daß andere, etwa gemeinrechtliche oder später landrechtliche Grundsätze ohne Widerspruch der Betheiligten oder mit ihrer Genehmigung in Angelegenheiten, welche ohne Prozeß erledigt sind, zur Anwendung gebracht sind. Vielmehr ist nachzuweisen, daß in mehreren Fällen verschiedener Zeit gleichförmig durch Entscheidungen nach kontradiktorischem Verfahren ausdrücklich die Nichtanwendbarkeit des lüb. R. ausgesprochen ist. Diese gemeinrechtlichen Erfordernisse sind schon von Mevius quaest. praelim. 7. No. 16—23. 27—29. quaest. 9. No. 65. 70 und Stein I. S. 16 hervorgehoben. Damit harmonirt auch die Rechtssprechung des OAGer. zu Lübeck, welches geeignete thatsächliche Angaben zur Erkennung der Bildung eines Gewohnheitsrechts verlangt. Kierulff Lüb. Entsch. I. S. 59. 71; desgleichen die Rechtsprechung des Ob. Trib. zu Berlin, welche allgemeine Zeugnisse von Magistraten und

Gerichten nicht berücksichtigt, sondern ihre Begründung „durch Angabe einzelner gleichförmig entschiedener, die entgegenstehende Observanz bestätigender Fälle“ erfordert. Entsch. Bd. 10. S. 240. Bd. 13. S. 389. 393.

In dieser Beziehung ist hervorzuheben, daß das pommersche Statutarrecht, Stettin 1836, zwar aus „amtlichen Quellen“ insofern herrührt, als Zettwach darin aus den Berichten der Magistrate und Gerichte über die Anwendung der lübischen Vorschriften geschöpft hat, daß diese Berichte aber ohne nähere thatsächliche Begründung nur im Allgemeinen über die Ueblichkeit oder Nichtüblichkeit lübischer Rechtsgrundsätze sich aussprechen, sowie auch die in jenem Werke enthaltene materielle Darstellung keine Gesetzeskraft hat, sondern nur eine, im Auftrage des Justizministerii zur legislatorischen Codificirung des Provinzialrechts bestimmte, Privatarbeit ist. Siehe Vorwort am Schlusse und „Motive zum revid. Entwurf des Provinzialr. von Altvor- und Hinterpommern 1836.“

Der vom Hofgericht zu Cöslin erstattete Bericht vom 9. Okt. 1780 über die Geltung des lüb. R. im Bereiche des Cösliner Departements scheint für diesen Bezirk den Nachweis bequem zu machen, was vom lübischen Rechte als damals, also kurz vor Einführung des Landrechts, geltend anzunehmen sei. Dieser Bericht (im Jahre 1854 nochmals amtlich abgedruckt, Cöslin bei Hendeß) ist jedoch unzuverlässig. Dies ist schon im Justiz-Minist. Rescripte vom 23. Okt. 1810 angenommen, vom Hofgerichte 1811 anerkannt und in neuerer Zeit vom Appellationsgerichte zu Cöslin am 22. Okt. 1838 in Sachen Adam wider Lietz wiederholt anerkannt. Entsch. Bd. 13. S. 384 ff. Indeß dürfte diese Unzuverlässigkeit zu beschränken sein auf die Behauptungen des Hofgerichts, daß das lüb. R. in einzelnen Materien und Artikeln nicht mehr gälte, indem nicht alle Fälle der Anwendung zur Cognition des Hofgerichts gekommen sein werden und leicht die Meinung erregt wird, daß eine Bestimmung nicht mehr praktisch sei, von welcher der Berichtende keine thatsächliche Anwendung kennt. Entschieden wird aber in Betreff der positiven Behauptungen des Hofgerichts, daß das lübische Recht in einer Materie anwendbar sei, anzunehmen sein, daß diese auf bestimmter Kenntniß thatsächlicher Anwendung in contradictorio seitens des Hofgerichts beruht und ein Irrthum darin nicht wahrscheinlich ist.

Ueber die Nichtanwendbarkeit einzelner Theile des lüb. R. in Neuvorpommern vergl. Bornem. S. 1—4.

§. 10. Verhältniß des lübischen Rechts zum Landrecht.

Seit der Einführung des Landrechts gilt dasselbe in Hinter- und Altvorpommern als subsidiäres Recht. Publ.Pat. vom 5. Febr. 1794. §. III ff. Vergl. §. 2 am Schlusse. Das lübische Statutarrecht ist als principales Recht bestehen geblieben. Es hat seitdem nach §. 59—61 Einl. Landr. durch neuere Gesetze nur aufgehoben werden können und sollen, wo „dies deutlich angeordnet ist", dagegen durch „Gewohnheiten, Meinungen der Rechtslehrer, Erkenntnisse der Richter" überhaupt nicht mehr aufgehoben werden können. Die Praxis aus der Zeit nach Einführung des Landrechts würde daher allein nicht darüber entscheidend sein, ob eine nicht angewendete Bestimmung des lübischen Rechts auf gesetzliche Weise durch Observanz aufgehoben ist.

Selbstverständlich gelten, soweit das lüb. R. gilt, nicht nur dessen wörtliche Bestimmungen, sondern auch dasjenige, was daraus mit logischer und juristischer Consequenz folgt. Hinsichtlich des erheblichsten Gebiets des geltenden lüb. R., nemlich der ehelichen Güterverhältnisse, bestimmt das L.R. II. 1. §. 360:

„Wo Verträge, Statuten oder Provinzialgesetze nicht ein Andres ausdrücklich verordnen, da finden wegen der Gütergemeinschaft und deren rechtlichen Folgen, nachstehende allgemeine Vorschriften Anwendung." Demgemäß sind die desfallsigen landrechtlichen Vorschriften in dieser Materie neben denen des lüb. R. anwendbar, und zwar soweit, als das lüb. R. nicht direkt etwas Anderes festsetzt oder nach seinen Bestimmungen auf Principien schließen läßt, welche von denen des Landrechts abweichen. Vergl. §. 43.

Erheblich ist endlich die Frage, ob und wieweit solche provinzial- oder statutarrechtlichen Bestimmungen, welche aus dem römischen oder sächsischen oder andern frühern gemeinen subsidiarischen Rechten aufgenommen sind, nach der Einführung des Landrechts noch Geltung haben. Das Obertribunal hat (namentlich mit Rücksicht auf das westpreuß. Landrecht von 1721) den Grundsatz aufgestellt: in den Provinzen, wo das Provinzialrecht in ein in sich abgeschlossenes System aufgenommen ist und dies Provinzialrecht ein besonderes Gesetzbuch bildet, sind auch diejenigen Grundsätze, welche lediglich aus dem römischen oder sächsischen Rechte entnommen sind, als Provinzialgesetze zu betrachten und kommen daher, insofern sie vom allg. Landr. abweichen, vor diesem zur Anwendung. Präj. Nr. 432 vom 26. Febr. 1838. Plenarbeschluß vom 8. April 1839,

Entscheid. Bd. 3. S. 292. Bd. 4. S. 422 ff. Justizminist.-Bl. 1839 S. 356. Koch tritt dem bei. Beurth. S. 194. 298. Auch Bornemann System Bd. 1. S. 16 in der 2ten Ausg. hält solche Provinzialgesetze einzelner Territorien, welche für das ganze Rechtssystem oder einzelne Theile desselben bestimmte Vorschriften enthalten, hinsichtlich der darin aufgenommenen Bestimmungen der frühern subsidiären Rechte nicht für aufgehoben; solche Vorschriften hätten vielmehr durch die provinzialrechtliche Feststellung den Charakter eines principalen Rechts für den betreffenden Landestheil angenommen, seien mithin nicht mehr unter die, im §. I des Publ.Pat. vom 5. Februar 1794 aufgehobenen subsidiarischen Rechte zu rechnen. Man muß diesen Gründen beitreten; und finden sie auch namentlich auf das lübische Recht in den pommerschen Städten Anwendung, soweit das lüb. R. in einzelnen Rechtsmaterien ein vollständiges System unter Mitaufnahme gemeinrechtlicher Grundsätze enthält, und in der betreffenden Rechtsmaterie recipirt ist. Die Zerreißung eines derartigen systematischen Zusammenhangs unter Beibehaltung nur der, vom frühern gemeinen Rechte abweichenden Grundsätze, unter Absonderung der damit übereinstimmenden und unter Einfügung der für letztere landrechtlich angeordneten würde eine vollständige Verkennung der juristischen Zusammengehörigkeit und systematischen Verbindung von Rechtsgrundsätzen sein. Der Zusammenhang eines derartigen Rechtssystems ist ein gedanklich untheilbarer und die Provinzial- und Statutarrechte haben nicht bloß in ihren, ausdrücklich abweichenden, Absonderlichkeiten und Curiositäten conservirt werden sollen, sondern in ihren Rechtsgrundsätzen, welche in ihrem betreffenden Rechtsgebiete ein particulares Rechtsbewußtsein darstellen. Soweit sie zusammengehören, um das bestimmt ausgeprägte particulare Recht zu bilden, soweit bilden sie ein einheitliches Gebäude, auch wenn einzelne Bausteine dazu aus dem, nun aufgehobenen, früher subsidiären sächsischen oder römischen Rechte ursprünglich genommen sind. Dies findet für das lüb. R. namentlich im ehelichen Güterrecht und in den Erbfolgerechten, so hinsichtlich der Rechte in der sog. fortgesetzten Gütergemeinschaft Anwendung. §. 73—77.

Soweit aber neben diesem particularen Rechte früher das gemeine Recht als subsidiäre Ergänzung oder als allgemein derogirendes Reichsgesetz galt, wird diese Ergänzung jetzt durch das Allg. Landr. und dessen spätere allgemeine Aenderungen gebildet. Daher tritt hinsichtlich des aus dem gemeinen Rechte gegen die Principien des lüb. R. in dessen Gebiete aufgenommenen Repräsentationsrechts der Descendenten und Geschwister bei der Intestaterbfolge das Landrecht an die Stelle des gemeinen Rechts. §. 93. 94.

§. 11. Geltung für verschiedene Einwohnerklassen.

„Das lübische Recht erstreckt sich in unserer Stadt und in den Städten, da lübisch Recht gebraucht wird, sofern als unser und ihr Weichbild, Feldmark und Landwehr reichet."

Vorwort zum revid. Statut von 1586.

Dem lübischen Rechte waren unterworfen:

1. die Grundstücke, welche in den Städten lüb. R. und den zu denselben gehörigen sog. Kämmereidörfern liegen, und deren Rechte und Pflichten, soweit sie sich nach den leges rei sitae zu richten haben;
2) die Personen, welche der städtischen Gerichtsbarkeit unterworfen und nicht von derselben eximirt waren.

Soweit die leges rei sitae anwendbar sind, ist ihre Geltung eine absolute, so daß sie auch hinsichtlich der Rechte und Pflichten von Eximirten gelten. Mev. quaest. praelim. III. V. VI. Die Frage, ob in Erbfällen hinsichtlich der Nachlaßgrundstücke die Gesetze des letzten Wohnorts des Erblassers oder der belegenen Sache zur Anwendung kommen, wird unten im Erbrechte näher erörtert. §. 61. Das lüb. R. enthält keine speciellen Bestimmungen, welche Lokalrechte zur Anwendung kommen, wenn in Folge des Verkehrs mit Auswärtigen das heimische Stadtrecht mit auswärtigen Rechten collidirt, und es setzt voraus, daß der lübische Richter über Alles, worüber von ihm zu entscheiden ist, nach seinem Stadtrechte zu erkennen hat. Die Entscheidung über die Anwendbarkeit collidirender Lokalrechte ist daher nach den allgemeinen Rechtsgrundsätzen des gemeinen Rechts bezieh. des Landr. zu finden. Vergl. Landr. Einl. §. 23 bis 33. I. 5. §. 111—115.

Soweit hiernach das Recht einer lübisch-rechtlichen Stadt als Lokalrecht zur Anwendung kommt, gilt es noch jetzt nur für diejenigen dortigen Grundstücke und Einwohner, welche nach frühern Bestimmungen nicht von der stadtgerichtlichen Gerichtsbarkeit eximirt waren. Durch die Verordnungen vom 2. Januar 1849 (und 26. April 1851) ist zwar der eximirte und privilegirte Gerichtsstand für Personen und Grundstücke allgemein aufgehoben, §. 9; aber zugleich bestimmt, §. 15, daß, so lange noch statutarische Rechte bestehen, „welche auf die, nach den zeitherigen Bestimmungen vom ordentlichen Gerichtsstande eximirten Personen und Sachen nicht Anwendung gefunden haben, diese Anwendung auf solche Personen und Sachen auch ferner ausgeschlossen bleibt." Das lüb. R. in Altpommern ist hauptsächlich noch hinsichtlich der Bauanlagen und einzelner dinglicher Rechte und Pflichten von Grundstücken, ferner für das eheliche Güterrecht, und für das Erbrecht anwendbar. Es bleibt daher in ersterer Beziehung nur für etwanige eximirte Grundstücke ausgeschlossen; ferner im ehelichen Güterrechte alsdann, wenn der Ehemann zu den vormals Eximirten gehören würde, falls der eximirte Gerichtsstand noch bestände; im Erbrechte, falls der Erblasser zu den sonst Eximirten gehörte. Landr. II. 1. §. 346. Entsch. Bd. 42. S. 26 — 34. Ueber die Exemtionen in Neuvorpommern vergl. Bornem. S. 4—10.

II.

Erbgüter.

§. 12. a. Aelteres Recht.

Der Erörterung der noch anwendbaren Disciplinen des lüb. R. muß eine kurze Darstellung der lübischen Grundsätze über Erbgut und wohlgewonnen Gut vorangeschickt werden. Obgleich diese Lehre in Pommern als antiquirt zu erachten ist, so ist ihre Kenntniß zum vollen Verständniß der andern Rechtsverhältnisse, besonders des ehelichen Güterrechts und des Erbrechts unentbehrlich.

Quellen:

Hach A. L. R. Cod. I. art. 1. 4. 5. 6. 15.
— — — Cod. II. art. 28. 29. 41. 44.
— — — Cod. III. art. 250. 253. 282—284.
— Rev. St. I. 9. art. 2. 4. 5.
— — — I. 10. art. 2. 3. 4. 6.
— — — III. 7 art. 1. 2.

Die vielfach bestrittene Materie der Erbgüter ist durch die gediegene Abhandlung von Pauli (Th. I, ferner Th. II. §. 23. 27) mit umsichtlicher Benutzung der Einschreibungen im Stadtbuche zu Lübeck aufgeklärt. Diese Abhandlung ist daher hier vorwiegend zu Grunde gelegt.

Unter Erbgut im Allgemeinen, Ervegod, Arf, Torfacht eigen, bona hereditaria verstand das lüb. R. alle Immobilien. Insbesondere, jedoch nicht ausschließlich, wurden darunter die zu vollem Rechte besessenen Grundstücke im Gegensatz zu Lehn- und Fideikommißgütern verstanden. Der Grundbesitz war namentlich im ältern lüb. R. um so wichtiger, als nach demselben nur ein mit Eigen Angesessener fähig war, im Echteding zu erscheinen, Zeuge oder Schöffe im Gerichte zu sein oder in den Rath gewählt zu werden. Diese Bestimmungen waren schon zur Zeit des revidirten Statuts nicht mehr anwendbar; und war damals die Bedeutung des Grundeigenthums in Lübeck wie in allen Handelsstädten gegen Umfang und Wichtigkeit des Mobiliarvermögens sehr zurückgetreten. Im engern Sinne ist Erbgut im lübischen Rechte nur von demjenigen verstanden, was Jemand durch gesetzliches Erbrecht ererbt hat. Im Gegensatz zum Erbgut in diesem Sinne, rechnete das lübische Recht alles andere Gut zum wohlgewonnenen Gute. Es gestattete über letzteres dem Eigenthümer völlig freie Verfügung; verbot dagegen das Erbgut ohne Genehmigung der nächsten Erben zu veräußern; dasselbe sollte vielmehr beim Erbgange bleiben. Diese Dispositionsbeschränkung betraf nach älterem Rechte nur Immobilien und, wenn ein Grundstück gegen eine jährliche Rente ausgegeben war — welche Disposition zulässig war — die an Stelle des Grundstücks tretende Rente; nicht aber Mobilien (fahrende Habe). Sie betraf nicht gekauftes oder geschenktes Gut und nicht solches, welches durch Testamente ohne gesetzliche Nothwendigkeit vermacht war; dagegen alle Immobilien, welche Jemandem als dem gesetzlich nächsten Erben durch gesetzliche Erbfolge oder damit übereinstimmende letztwillige Verfügung anheimgefallen sind; auch die vom unbeerbten Ehegatten oder aus dem Sammtgute beerbter Eheleute auf den überlebenden Ehegatten vererbten; ebenso die den Kindern zur Erbabsonderung oder Aussteuer gegebenen, weshalb auch Grundstücke, welche eine Ehefrau als Aussteuer bekam, von ihrem Manne nur mit Genehmigung seiner Frau und ihrer Kinder veräußert werden konnten.

Dieser Umfang des Begriffs der Erbgüter war im Wesentlichen auch noch zur Zeit des revidirten Statuts derselbe geblieben; nur war darin (absichtlich, vergl. Pauli I. S. 200) Gut, welches einem Ehegatten von seinem Gatten anfiel, von der Qualität eines Erbguts ausgeschlossen und war dasselbe beschränkt auf „Gut, welches einem Menschen anfallen mag von seinen Eltern oder Blutsfreunden in aufsteigender, niedersteigender, oder Seidtlinien." Rev. St. I. 10. art. 6.

Verboten war es, das Erbgut zu verkaufen, zu vergeben (dare), letztwillig darüber zu verfügen, dasselbe titulo gratuito an Dritte zu übertragen, oder zu Gelde zu machen, es zu verpfänden, für persönliche Schulden den Erben gegenüber zu verpflichten, und überhaupt dasselbe in rechtlicher Beziehung deterioris conditionis zu machen. Nicht verboten war, es gegen jährliche Rente auszugeben. Außer im Falle der Genehmigung des nächsten Erben, welche auch dadurch erfolgte, daß er bei desfallsiger Mittheilung des Veräußerers schwieg, lüb. R. I. 9. art. 5, war eine Veräußerung nur im Falle sog. echter Noth erlaubt. Als Fall echter Noth galt außer der Gefangenschaft, welche Auslösung nöthig machte, der höchste Grad der Verarmung; und mußte sie nöthigenfalls durch eidliche Bestärkung erwiesen werden.

Im Falle des Verkaufs aus echter Noth hatten die nächsten Erben nur ein Retraktrecht, gegen Erstattung des Kaufpreises vom Erwerber das Erbgut zurückzufordern (Kauf-Einstandsrecht, Vorkaufsrecht, jus protemiseos, lüb. R. III. 7. art. 1. 2. I. 10. art. 6). Nach der Fassung des revid. Stat. III. 7. art. 1 scheint den Erben das Näherrecht in Bezug auf alle Immobilien, nicht blos auf Erbgüter zuzustehn; indeß beruht diese Fassung nur auf Mißverständniß der Revisoren und ist nicht praktisch geworden. Pauli I. S. 125—129. 182. Auch Mevius (ad III. 7. art. 1) versteht jenen Artikel als unzweifelhaft nur hinsichtlich der Erbgüter gültig.

Das Recht ist als eigentliches Vorkaufsrecht nur im Falle eines Verkaufs oder Angabe an Zahlungsstatt, nicht aber bei andern Veräußerungen zulässig. Mevius ad III. 7. art. 1. No. 17—32.

Gegen Veräußerungen ohne echte Noth hatte der nächste Erbe ein unbedingtes Widerspruchsrecht; sie waren ohne seine Genehmigung null und nichtig. Der nächste Erbe konnte das veräußerte Erbgut dem Erwerber wieder entziehen und Aufhebung der Veräußerung erlangen, ohne dem Erwerber den Preis zu erstatten. Nach Mevius ad I. 10. art 6. No. 92 ist diese stricta juris ratio, daß der nächste Erbe den Kaufpreis nicht zu erstatten brauchte, vom Gerichtsgebrauch bei bona fides des Erwerbers nicht aufgenommen. Im Uebrigen sind die Commentatoren darüber einig, daß, eben weil Veräußerungen von Erbgütern ohne Consens der nächsten Erben unzulässig sind, in selbstverständlicher Folge hiervon der nächste

Erbe sie als nichtig anerkannt wissen und als Resultat seines Angriffs die Wiederaufhebung des Geschäfts erlangen kann. Mevius ad I. 10. art. 6. No. 83—92. Stein Th. II. §. 71. Fraglich bleibt, ob der anfechtende Erbe dann das Erbgut für sich behalten kann, oder dasselbe dem Veräußerer, so lange derselbe lebt, belassen muß. Die Rechtsquellen enthalten in dieser Beziehung keine direkten Bestimmungen über die Folgen und Rechte, wenn außer dem Falle der Veräußerung aus Noth das eigentliche Widerspruchsrecht der nächsten Erben verletzt wird; Pauli (I. S. 133, 134) erklärt dies wohl mit Recht daraus, daß in Lübeck bei der Nothwendigkeit, Grundstücke öffentlich vor dem Rath, später durch Einschreibung ins Stadtbuch zu veräußern, alle Veräußerungen bekannt waren und unzulässige gar nicht zugelassen wurden; also früher nicht vorkommen konnten. Mevius und Stein geben in solchem Falle dem nächsten Erben direkt die Vindikationsklage und damit die Befugniß, das Erbgut für sich zu behalten und dies ist auch wohl als Praxis des neuern lübischen Rechts ihrer Zeit anzusehen. Pauli stellt dagegen als consequente Folge der Grundprincipien des Rechtsverhältnisses für das ältere Recht mit Recht auf, daß der nächste Erbe das revocirte Erbgut bei Lebzeiten des Veräußerers, seines Erblassers nicht für sich behalten durfte. Vergl. Bornem. S. 138—142.

Zum Widerspruch beziehungsweise zum Retraktrecht berechtigt sind diejenigen, welche zur Zeit, wo Widerspruch oder Retrakt geltend gemacht werden mußten, die nächsten gesetzlichen blutsverwandten Erben des Veräußerers waren (Ehegatten eingerechnet); indeß genügte es, wenn vor der Veräußerung dieselbe von denjenigen bewilligt wurde, welche zur Zeit der Zustimmungserklärung die nächsten Erben waren. Wenn nach dem Tode des Erblassers eine Verfügung desselben angegriffen werden kann und soll, so sind diejenigen berechtigt, welche ohne letztwillige Verfügung seine nächsten gesetzlichen Erben sind.

Das Widerspruchs- und Retraktsrecht der Erben mußte durch Klage binnen Jahr und Tag (366 Tage) nach der gerichtlichen Uebertragung, — Auflassung, Verlassung — des Grundstücks geltend gemacht werden; nachher waren die Rechte der Erben verjährt; vor der öffentlichen Auflassung war überhaupt keine gültige Uebertragung erfolgt. Im Falle der Abwesenheit des nächsten Erben begann die Verjährung gegen ihn erst von dann ab, daß ihm die Veräußerung mitgetheilt wurde; spätestens mit der Zeit seiner Rückkehr. Im Uebrigen wurde der Beginn der Verjährung gehindert durch

Gründe, welche gemeinrechtlich jeden Verjährungsanfang hindern; daher begann gegen nicht bevormundete Minorenne keine Verjährung. Pauli Bd. I. S. 170—180. Mevius ad III. 7. art. 1. No. 74—78. Vergl. §. 25. 26. Ueber das Verhältniß mehrerer nächsten Erben zu einander und zur Geltendmachung der Rechte vergl. Mevius zu III. 7. art. 1. No. 42—47. Bruhn Lüb. Entsch. Bd. 2. S. 541.

Was das Verhältniß des Veräußernden zum Erwerber betraf, so hatte unstreitig letzterer, wenn ihm vom nächsten Erben das Erbgut entzogen wurde, seinen Regreß an seinen Veräußerer, welcher ihm nach lüb. R. Jahr und Tag Gewähr für den Kauf leisten mußte. Auch wenn im Falle einer Veräußerung aus echter Noth der Erbe sein Retraktrecht geltend machte, und dem Käufer den gegebenen Kaufpreis erstatten mußte, hatte dieser gegen seinen Veräußerer nach altem Rechte einen Regreßanspruch dahin, daß der Veräußerer beeiden mußte, er sei außer Stande, dem Käufer das verkaufte Grundstück zu gewähren und daß er dann doch dem Käufer den 10ten Theil der Kaufsumme vergüten mußte. Nach dem revidirten Statute (III. 6. art. 18. und Mevius ad h. t. Pauli I. S. 157 ff.) muß der Verkäufer, wenn er ein verkauftes Grundstück dem Käufer nicht gewähren kann, ihm $\frac{1}{10}$ der Kaufsumme zahlen und kann unter dieser Bedingung selbst zurücktreten, so lange er Kaufgeld noch nicht empfangen hat; ebenso kann aber auch der Käufer gegen Erlegung von $\frac{1}{10}$ der Kaufsumme zurücktreten, wenn er das Grundstück noch nicht in Besitz genommen (befahren) hat.

Mevius (No. 83. 92. ad I. 10. art. 6) giebt im Falle einer, von den Erben nicht consentirten Veräußerung von Erbgut sogar dem Veräußernden selbst das Recht, das Erbgut gegen Erstattung des Kaufpreises zu vindiciren, weil die Veräußerung nulla sei. Dies widerspricht indeß so entschieden den Contraktsverhältnissen und der Gewährspflicht des Veräußerers, daß man (beim Stillschweigen der Rechtsquellen über die Folgen der Nichtbeachtung des Veräußerungsverbots) aus allgemeinen Rechtsgrundsätzen mit Stein (II. §. 71) annehmen muß, der Veräußerer habe nicht revociren können, außer in dem eben erwähnten Falle des ausdrücklich zugelassenen Rücktrittes vor der Annahme von Kaufgeld.

§. 13. b. Neueres Recht in Lübeck.

Im Allgemeinen wird die vorstehende Darstellung des Rechtsverhältnisses der Erbgüter dasjenige darstellen, was nach dem revid.

lüb. Stat. v. 1586 damals Rechtens war und als Recht praktisch galt. Schon im 17ten Jahrhunderte indeß war die Lehre so controversenreich, daß Mevius sie die bestrittenste nennt, No. 1. Sie hat dann das Schicksal gehabt, mit der Zeit noch immer mehr an Controversen zu wachsen, weil sie mit der Entwickelung der Verkehrsverhältnisse in immer größern Contrast trat.

Einerseits änderte sich das Verhältniß der Wichtigkeit von beweglichem und unbeweglichem Vermögen. Das bewegliche Vermögen wurde namentlich in einer Handelsstadt wie Lübeck mindestens ebenso erheblich; dies führte dazu, daß die Bestimmungen des lübischen Rechts auch auf bewegliches Vermögen angewendet wurden. Mevius rechnet zu den Erbgütern des revid. Stat. zwar nur Immobilien. No. 48—50. 69. ad I. 10. art. 6. Er folgt darin dem, von Pauli eruirten, ältern Rechte, gestützt auf die von ihm bezeugte Praxis (freilich außerhalb Lübeck) und darauf, daß das Statut selbst die fahrende Habe als Gegensatz des Erbguts aufstellt. Lüb. R. I. 5. art. 8. 9. I. 9. art. 4. Stein dagegen, welcher fast 80 Jahre später schrieb (Bd. II. 1741. §. 62—67) erklärt auch bewegliches ererbtes Gut für Erbgut im Sinne des lübischen Rechts. Er stützt sich hauptsächlich auf den Wortlaut des I. 10. art. 6 „Allerhand Gut" und bemerkt, daß in Lübeck sowohl bewegliche als unbewegliche Güter zu den Erbgütern gerechnet würden, §. 64; bei den beweglichen Sachen sei zu beobachten, daß ihr Werth beim Erbgange belassen bleiben müsse, §. 70. 71. Kurze Zeit nachher erging die authentische Deklaration des Raths zu Lübeck vom 24. April 1754 welche attestirt: „daß unter dem Erbgute, welches nach lübischem Rechte bei dem Erbgange bleiben muß, alle unbewegliche und bewegliche, folglich auch die baar vorhandenen und ausstehenden Gelder ... verstanden werden; auch dieses die tägliche Praxis seit undenklichen Jahren außer allen Widerspruch gesetzet."

Andererseits wurde die Beschränkung, welche alle Veräußerungen unter Lebenden verbot und sofortiger Anfechtung aussetzte, zu einem Verkehrshemmniß, welches mit dem steigenden Verkehre immer fühlbarer werden mußte. Die Unmöglichkeit, die Bestimmungen des ältern Rechts auf Mobiliarvermögen unbedingt anzuwenden, hatte dasselbe in den Begriff der Erbgüter schon nur mit der Modifikation hineinziehen lassen, daß der nächste Erbe bloß verlangen konnte, daß ihm der Werth des beweglichen Erbguts beim Tode des Erblassers blieb. Dem geschichtlichen Drange nach Verkehrsfreiheit folgend, beschränkte die Praxis in Lübeck dann auch in gleicher Weise das Recht des nächsten Erben bei unbeweglichem Erbgute. Nach dem jetzigen lübischen Rechte, wie es in Lübeck angewendet wird, ruht das Recht der nächsten Erben völlig, so lange der Eigenthümer lebt. Derselbe kann vielmehr bei Lebzeiten über das Seine frei verfügen. Nur darf er nicht letztwillig über sein ererbtes Vermögen verfügen und muß dessen Werth ungeschmälert beim Erbgange lassen. Pauli I. 182—199. — Wenn der Erblasser dies Recht seiner nächsten Erben verletzt und ihnen nicht soviel hinterläßt, wie er als selbstererbtes bewegliches oder unbewegliches Gut erhalten hatte, sondern über sein Vermögen letztwillig zu Gunsten andrer verfügt, so können die nächsten Intestaterben (auch wenn sie nicht pflichttheilsberechtigt sind) von dem testamentarischen oder sonst letztwilligen Besitzer des Nachlasses aus demselben den Werthbetrag des Erbguts verlangen, soweit nicht bei Lebzeiten des Erblassers eine Verringerung durch casus oder durch eine nach älterm Rechte zulässige Veräußerung erfolgt war. Pauli III. S. 234—240. Falls indeß die vererbten Immobilien noch im Nachlasse in natura vorhanden sind, so erkennt die Praxis des OAGerichts zu Lübeck noch jetzt das Recht der nächsten Erben als begründet an, die Immobilien selbst und nicht bloß deren Werth zu erlangen. Bruhn Lüb. Entsch. Bd. 1. S. 305. Bd. 2. S. 535. Zum Erbgut wird dabei alles gerechnet, was der Erblasser als gesetzlicher Erbe vor oder nach dem Tode seines Erblassers erhalten hat, auch Alles, womit ein Kind von seinem Vater bei dessen Lebzeiten ausgesteuert oder abgefunden ist; und namentlich auch Grundstücke, welche ein Kind durch eine gewöhnliche Gutsabtretung von seinem Vater bei dessen Lebzeiten gegen Altentheil und Geschwisterabfindungen erhält. Derartige Gutsübertragungen werden als anticipirte Erbfolge angesehen. Bruhn II. S. 542. Im Erkenntnisse vom 16. Okt. 1847 (Bruhn II. S. 544) wird übrigens noch vom OAGericht zu Lübeck als „sehr fraglich" hingestellt, ob nicht rechtlich der nächste Erbe noch jetzt ein Widerspruchsrecht gegen Veräußerungen ererbter Immobilien unter Lebenden, wenigstens auf dem Lande habe. Daß in der Stadt solche Anfechtungen nicht vorkommen, ist dort ebenfalls bestätigt.

§. 14. c. Neueres Recht in Pommern.

In Pommern sind alle Bestimmungen über Erbgüter entschieden außer Observanz gekommen.

Wie stark die Neigung war, sich von der Fessel der Dispostionsbeschränkung zu befreien, ergiebt sich schon daraus, daß die Grundprincipien der Materie schon zur Zeit von Mevius in den vielfachsten Beziehungen durchbrochen wurden. So bemerkt er, daß bei Verpfändungen das Verbot des lüb. R. nicht beobachtet würde, Nr. 80 und addit. pg. 331, ad lib. I. 10. art. 6, obgleich die lateinischen Codices, welche den ältesten Text des lüb. R. enthalten, gerade diese Disposition ausdrücklich verboten: hereditaria bona id est torfhach eigen nemo potest impignorare, vendere, dare praeter heredum conniventiam. Hach A. L. R. Cod. I. Art. 4. Pauli I. S. 16. 4. 103—114. Ebenso bemerkt Mevius, daß an vielen Orten, namentlich Rostock, Wismar, Stralsund, Greifswald und anderen testamentarisch über Erbgüter verfügt werden könne, Nr. 81. Vergl. Bornemann lüb. Rechtsfälle S. 2 u. 138 bis 142. Vom Rechtsstandpunkte aus bestreitet Stein (Note zu §. 70 und §. 64 Th. I) mit Recht diese Beschränkungen der Rechte des nächsten Erben, welche dadurch ganz eludirt würden und verlangt für alle Observanzen gegen das Gesetz den strikten Nachweis für jeden einzelnen Ort. Auch Güter, welche ein Erbe in der Theilung zum Alleineigenthum übernommen hat, rechnet Mevius als gekaufte, nicht mehr als Erbgüter (Nr. 30, 124—126 ad h. t.), obgleich in richtiger Consequenz der Grundsätze von Erbgütern mindestens der, dem übernehmenden Erben selbst gehörige, aliquote Antheil als Erbgut zu rechnen ist. Pauli I. S. 93—100. Die letzterwähnte, von Mevius behauptete Modifikation des Begriffs der Erbgüter scheint indeß allgemein in Observanz gekommen zu sein. Im Berichte des Hofgerichts Cöslin von 1780 ist namentlich als unzweifelhaft angegeben: „dergleichen Immobilia hören auf, Erbgüter zu sein, wenn sie aus dem Erbgange gekommen, z. E., wenn bei Auseinandersetzungen einem derer Erben das immobile pro pretio aestimato zugeschlagen wird und er die übrigen Erben auszahlen muß, oder wenn einer Wittwe das immobile angewiesen worden und sie die Kinder mit Geld abfindet." Ebenso ist schon oben §. 12 erwähnt, daß Mevius nach der Gerichtspraxis den Erben für verpflichtet erklärt, dem bonae fidei Erwerber den Kaufpreis zu erstatten.

Nach dem Berichte des Hofgerichts zu Cöslin vom 9. Oktober 1780 ist die lübischrechtliche Lehre von den Erbgütern in den Städten des Departements Cöslin unzweifelhaft damals noch in Kraft gewesen. Zwar nicht juristisch präcise, aber im Verhältniß zur sonstigen Bündigkeit des Berichts ausführlich wird erörtert, daß außer dem Falle der Noth die nächsten Erben den Veräußerungen widersprechen, auch binnen Jahr und Tag nach der Verlassung den Verkauf revociren oder doch das „Näher- oder Vorkaufsrecht exerciren“ können. Der Bericht erwähnt am Schlusse, S. 26, wenn Streit entstehe, werde dem Commentar des Mevii nachgegangen. Es geht hieraus hervor, daß die Lehre mit den Principien, wie sie oben als die des lüb. revid. Stat. angegeben sind, und mit den Einschränkungen von Mevius, namentlich mit der Beschränkung auf immobilia offenbar praktisch war. Außer der oben angegebenen Modifikation, daß Grundstücke, welche ein Erbe in der Erbtheilung allein übernahm, als aus dem Erbgang gekommen angesehen wurden, ist aus dem Berichte von 1780 nur noch hervorzuheben, daß „das Recht des nächsten Erben nur von städtischen Immobilien zu verstehen ist, nicht von Pertinenzien der Eigenthumsdörfer.“ Dies soll wohl heißen, daß alle Grundstücke in den Stadtdörfern, in denen an sich als zum städischen Weichbilde gehörig das lüb. R. ebenfalls gilt, doch nicht dem Rechte der Erbgüter unterworfen sind; auch nicht, wenn sie Städtern gehören und Pertinentien städtischen Grundbesitzes sind.

Seitdem ist im Wege der Gesetzgebung nur das Vorkaufsrecht im Falle eines Verkaufs aus Noth aufgehoben. Ges. vom 2. März 1850 Nr. 3233. §. 2 Nr. 6 und §. 4 (auch für Neuvorpommern geltend). Dagegen ist ebenso, wie die lehnrechtlichen Revokations- und Reluitionsrechte durch das Gesetz vom 2. März 1850 nicht aufgehoben sind, Entsch. Bd. 36. S. 131 ff., auch das Revokationsrecht des nächsten Erben im Falle einer Veräußerung ohne Noth nicht durch dies Gesetz aufgehoben. Dies ist kein „Retrakt- oder Näherrecht“. Darunter sind nur dingliche, gegen den Käufer wirksame Vorkaufsrechte zu verstehen, mit der Pflicht verbunden, an Stelle des Käufers die Kaufbedingungen zu erfüllen; wobei die Zulässigkeit des Verkaufs an sich durch das Retraktrecht nicht in Frage gestellt wird. Kunde deutsches Privatrecht §§. 193—197. Jenes Revokationsrecht ist dagegen mit ganz verschiedenen Wirkungen verbunden und besteht auf Grund einer gesetzlichen Dispositionsbeschränkung, welcher der Eigenthümer eines Erbguts zu Gunsten seines nächsten Erben unterworfen ist. Auch das Culturedikt vom 14. September 1811, §. 1, hat die gesetzlichen Eigenthumsbeschränkungen zu Gunsten Dritter nicht aufheben wollen, vergl. Landr. I. 8. §. 191; I. 22, sondern nur die aus staatlichem Oberaufsichtsrecht bisher zu Gunsten umfangreicheren Grundbesitzes verbotenen „aus der bisherigen Verfassung entspringenden" Beschränkungen des Grundeigenthums betreffs der beliebigen Veräußerung, Parzellirung und Verschuldung.

Wenn gleich hiernach durch die Gesetzgebung eine Aufhebung der Rechte auf Erbgüter, abgesehen vom Vorkaufsrechte, nicht erfolgt ist, so wird das lüb. R. darüber in Pommern entschieden nicht angewendet. Für Neuvorpommern bemerkt Bornemann S. 2, daß der Art 6. I. 10 unzweifelhaft keine Anwendung findet, indem zwischen wohlgewonnenen und Erbgütern nicht unterschieden wird, über diese vielmehr, wie über jene verfügt werden kann. (Der von ihm citirte Mev. Nr. 81 ad Art. 6 bezeugt freilich nur, daß die Ausschließung testamentarischer Verfügungen über Erbgüter an mehreren Orten nicht im Gebrauch sei, was Bornem. S. 138 selbst für Wismar widerlegt.) Das pommersche Stat. R. S. 30. 31 nennt in Altpommern Anclam, Demmin, Treptow an der Tollense und Stargard als Städte, in welchen jener Unterschied niemals hergebracht war. Dasselbe bezweifelt, ob er in Altpommern noch irgendwo praktisch sei, bemerkt aber, daß Massow noch nach dem Berichte des dortigen Stadtgerichts von 1833 die Erbgüter des lüb. R. kennt, und daß in Treptow an der Rega die Veräußerungen unter Lebenden zwar unbeschränkt, aber die Schenkungen und letztwilligen Verfügungen über Erbgüter dem Rechte der nächsten Erben unterworfen seien. Bei dem amtlichen Wiederabdruck des Cösliner Hofgerichtsberichts von 1780 (1854) ist bemerkt, die Bestimmungen des lüb. R. über Erbgüter sind außer Observanz gekommen.

Schon Mehlen (1798) erklärt den Unterschied für Pommern wegfallend, S. 44. Die ganze Lehre ist dem Bewußtsein der Laien und mit seltenen Ausnahmen auch den Juristen entfallen; und Niemand denkt daran, Ansprüche daraus geltend zu machen. Die freien Verkehrsverhältnisse der neueren Zeit und die kurze Verjährung von Jahr und Tag haben sie verschwinden lassen. Wenn freilich dennoch derartige Ansprüche versucht würden, so würde es große Schwierigkeiten haben, auf juristisch genügende Weise, §. 9, nachzuweisen, daß in den Städten, wo die Lehre der Erbgüter früher gesetzlich war, namentlich im Cösliner AGBezirke, dieselbe durch Gewohnheitsrecht aufgehoben ist. In den meisten Städten wird die Nichtanwendung keinen andern Grund gehabt haben, als daß sie von Parteien nicht angezogen sind, in Vergessenheit gerathen sind, und namentlich mit dem Eintritt jüngerer Juristen die Bekanntschaft mit den Vorschriften immer seltener wurde. Contradiktorische Entscheischeidungen über die Unzulässigkeit solcher Ansprüche sind eben deshalb schwerlich zu ermitteln. Ohnehin ist nicht anzunehmen, daß in den wenigen Jahren seit dem Cösliner Berichte von 1780 bis zur Einführung des Landrechts eine Aufhebung durch Observanz erfolgt ist.

Von Interesse ist es, wie der echt deutsche Gedanke, Grundbesitz für die Familie zu sichern, aus der zweifachen germanischen Liebe für die Familie und für Grundbesitz hervorgegangen, welcher auf dem Lande in so vielfachen Formen für höhere und niedere Stände seinen Ausdruck gefunden hat, in der lübischen Lehre von Erbgütern in den Städten sich versucht hat; und welche Wandlungen der geschichtliche Gang des Verkehrslebens diesem Versuche bereitet hat. In Pommern hat derselbe zu Gunsten der unbeschränkten Verkehrsfreiheit keine Spuren zurückgelassen. In Lübeck ergreift der Versuch zunächst auch das Mobiliarvermögen und erhält sich als Pflichttheils-Erbrecht der nächsten gesetzlichen Erben, während die Beschränkung der Verfügung unter Lebenden sich hier ebenfalls nicht zu behaupten vermocht hat.

III.

Baurecht.

§. 15. Bau bis zur Grenze.

A. L. R. Cod. I. art. 62. 93. 94. Cod. II. art. 167. 172. Cod. III. art. 108. 117. Revid. Stat. III. 12. art. 3. 7.

Nach lüb. R. kann Jeder auf seinem Grunde Gebäude bis unmittelbar an die Grenze seines Nachbars errichten. Die gemeinrechtlichen und landrechtlichen Vorschriften über den Abstand neuer Gebäude — l. 13. Dig. fin. regund. X. 1; L. R. I. 8. §§. 139, 140 — kommen nach lüb. R. nicht zur Anwendung.

Das pommersche Statutarrecht erwähnt dies nicht als Abweichung vom Landrecht. Jedoch ist jener Grundsatz mit Recht darin ausgesprochen, daß das lüb. R., obgleich es detaillirte und selbständige Vorschriften über das Bauen giebt, dem Eigenthümer nur auferlegt: er solle auf seinem Grund und Boden bleiben, seinem Nachbar nicht zu nahe sein, d. h. nicht auf seines Nachbarn

Grunde bauen, und ihm nicht Schaden oder Nachtheil zufügen, art. 3. 7. d. h. nicht damnum injuria datum verursachen, nicht jura quaesita des Nachbarn verletzen. Dagegen braucht der Bauende nicht darauf Rücksicht zu nehmen, ob er seinem Nachbar Luft, Licht oder Wind nimmt, was derselbe bisher genossen hat, oder sonst ihm Nachtheile zufügt, sofern der Bauende in den Schranken seines Rechts bleibt, Traufrechte oder andere Servituten oder gesetzliche Rechte seines Nachbarn nicht verletzt, art. 3. 7. 8. So werden die lübischen Vorschriften namentlich von Mevius ausgelegt, ad III. 12. art. 3. Nr. 1—3. 11 und ad art. 7 h. t. Nr. 1—5. 7. 8—17. mit dem ausdrücklichen Bemerken, daß die gemeinrechtliche Vorschrift über den Abstand neuer Gebäude von der Grenze nicht gelte, Nr. 11 ad Art 3. Daß die Artt. 3 und 7 die Bedeutung haben, daß der Eigenthümer nicht über seine Grenze, aber bis zu derselben bauen kann, geht auch aus den, denselben zu Grunde liegenden Bestimmungen des alten lübischen Rechts deutlich hervor. A. L. R. Cod. I. art. 93.: Si quispiam alii vel per sudes vel per aedificia tellurem suam occupaverit et super hoc coram judice pulsatus fuerit et si expedit ei spatium telluris occupatum 60 sol. componet. Si autem est supra terram, erunt 4 sol. art. 94. Si domus inclinat super aliquem vel fastigia stillant, si super hoc pulsatus fuerit, 4 sol. componet art. 62 . . . si alius superius sursus edificavit sua aedificia, superius extendendo nimis prope super vicinum ejus . . . locum superius occupatum vicino suo expediet et tunc ille sursum potest aedificare cum voluerit. Ebenso Cod. II. art. 167. 172; Cod. III. art. 108. 117. Auch durch die Ausnahme im Art. 10 (§. 76) ist als positiv zugelassen bestimmt, daß sonst bis zur Grenze gebaut werden darf. Unter gleicher Auslegung hält das Appell. Ger. zu Greifswald (1812) Bauten auf eigenem Grunde zulässig, selbst wenn dem Nachbar für seine Windmühle der Zugang des Windes von jener Seite verbaut würde. Bornemann S. 28. 32. In Uebereinstimmung damit hat auch das Obertribunal (Entsch. Bd. 10. S. 235, Strieth. Arch. Bd. 5. S. 278) den Bau nach lüb. R. bis an die Grenze statthaft erklärt.

Dies Recht, bis an die Grenze zu bauen, hört als Eigenthumsrecht nicht schon dadurch auf, daß davon auch die längste Zeit hindurch kein Gebrauch gemacht ist; es ist res merae facultatis, ob Jemand auf seinem Grund bauen will. Nur dadurch, daß der Nachbar seinerseits ein positives entgegenstehendes Recht erwirbt, daß namentlich der Nachbar durch ausdrückliches Verbot und dazukommende rechtsverjährte Beruhigung ein Verbietungsrecht erwirbt — negative Servitut des gemeinen Rechts, Mevius Nr. 13—16 ad art. 8 h. t., Untersagungsrecht des Landr. I. 9. §§. 305—307; I. 7. §§. 86. 128 — kann das Recht des Eigenthümers zum Bau bis zur Grenze verloren oder beschränkt werden. Inwiefern der Nachbar durch Servituten, welche er erwirbt (Fensterrechte, Tropfenfall), das Recht erlangt, aus diesem Grunde einem Bau bis zur Grenze zu widersprechen, vergl. §. 20.

§. 16. Privete (und Dunggruben).

A. L. R. Cod. I. art. 126. Cod. II. art. 205. Cod. III. art. 77. Rev. St. III. 12. art. 10.

Eine gesetzliche Ausnahme von der Regel des Baus bis zur Grenze statuirt das lüb. R. im Art. 10. III. 12. „Privet oder Heimlichkeiten" dürfen nur fünf Fuß von Kirchhöfen und Straßen, und drei Fuß von den Nachbarn entfernt gebaut werden (Fuß = Werkschuh = ½ Elle nach Mevius Nr. 2 ad art. 10).

Das alte lüb. R. normirte dieselbe Entfernung, wenn Jemand aram porcorum sive privetam edificare voluerit Cod. I. art. 126; ene priveten unde enen svinestal schal man nicht negher maken der straten oder dem kerchove mer vif vote, eneme naburn nicht negher dan dre vote, Cod. II. art. 205, „van der hemlichkeit unde svinestall". Ebenso Cod. III. art. 77. Da im revid. Statute der Schweinestall aus der Vorschrift fortgelassen ist, so wird er nicht durch eine ausdehnende Interpretation des Begriffs vom „Privet oder Heimlichkeiten", wie die Primärausgabe von 1586 schreibt, wiederhineingebracht werden dürfen. Analogie und ausdehnende Auslegung sind bei dem Charakter der Vorschrift als Eigenthumsbeschränkung und Verbotsgesetz ohnehin ausgeschlossen. Sie ist daher auf Abtritte zu beschränken. Andrerseits ist im Art. 10 die Entfernung von drei Fuß von allen Grundstücken des Nachbarn vorgeschrieben, wie auch Mev. Nr. 5 hervorhebt und womit auch das alte Recht übereinstimmt.

Nach Präj. 1339 (Präj. S. 26. 279) ist bei Messung der Entfernung von der Grenze die Stärke der Umfassungsmauer der Grube mitzumessen.

Das pomm. Stat. R. §. 17 erwähnt die Vorschrift hinsichtlich der Entfernung von den Nachbarn nicht als noch geltend; vielleicht wegen der ziemlich gleichartigen Vorschrift des Landr. I. 8. §§. 125, 127.

Indeß bestehen immerhin Unterschiede zwischen den Bestimmungen des Art. 10, welcher die Entfernung von allen Grundstücken des Nachbars, aber nur für Latrinen verlangt, und den §§. 125, 127, welche nur von vorhandenen Gebäuden, Mauern, Scheunen und Bäumen des Nachbarn die Entfernung vorschreiben, zugleich jedoch nicht bloß für Latrinen, sondern für Schweineställe, Kloaken, Dünger- und Lohgruben und alle ähnliche, den Gebäuden schädliche Anlagen. Die Geltung des Art. 10 zu bezweifeln, ist an sich kein Grund vorhanden. Vgl. Bericht des Hofgerichts Cöslin S. 25. Bei den Unterschieden der beiden Bestimmungen ist zu entscheiden, ob im Gebiete des lüb. R. noch neben dem Art. 10 auch die §§. 125, 127 anwendbar sind. Dies muß bejaht werden. Soweit es sich um gesetzliche Einschränkungen des Eigenthums zum Besten des Nachbarn handelt, findet das lüb. R. hinsichtlich der von demselben vorgeschriebenen Einschränkungen Anwendung; außerdem finden bei der subsidiarischen Geltung des Landr. auch diejenigen landrechtlichen Eigenthumsbeschränkungen Anwendung, welche nicht durch das lüb. R. oder dessen Principien ausgeschlossen sind. Eine Ausschließung der landrechtlichen Bestimmungen durch das lüb. R. läßt sich jedoch nicht behaupten, zumal letzteres über andre Eigenthumsbeschränkungen als über Bauten (III. 12) nichts Besonderes bestimmt. Hinsichtlich anderer Anlagen, welche nicht in Bauten bestehen, kam das gemeine Recht zur Anwendung, daher auch das preuß. Landrecht in dessen Bezirk. Die Praxis wendet da, wo es sich um Latrinengebäude handelt, den Art. 10 h. t. des lüb. R. an; außerdem bei Düngergruben und ähnlichen Anlagen den §. 125, sowie aus gleichem Grunde auch die Bestimmungen des L. R. I. 8. §§. 185—188 für anwendbar in lübischrechtlichen Gebieten gelten. — Aus den Entsch. Bd. 29. S. 56. ist nicht zu ersehen, weshalb dem Antrage, die Düngergrube um drei Fuß zu entfernen, nicht stattgegeben ist, obgleich die lübischrechtliche Verjährung unanwendbar erachtet ist, da die Düngergrube kein Gebäude sei. Vergl. Entsch. Bd. 17. S. 392.

So wie von der Vorschrift des Landr. I. 8. §. 125 die Befreiung zu Gunsten einer geringern Entfernung durch Verjährung erworben werden kann, Strieth. Arch. Bd. 11. S. 58, so kann der Nachbar auch nach lüb. R. die Befreiung von der Vorschrift des Art. 10 durch Verjährung erwerben, wenn er Heimlichkeiten rechtsverjährte Zeit hindurch näher an der Grenze gebaut hat. Stein erklärt dazu für hinreichend, wenn er sie entweder mit Wissenschaft und Erdulbung des Nachbarn in der lübischrechtlichen Frist von Jahr und Tag oder, falls jene Wissenschaft und Erduldung nicht nachgewiesen werden könnte, nach dem subsidiarisch geltenden gemeinen Rechte per tempus immemoriale besessen hat. Stein III. §§. 233, 234. Ueber die Verjährung vergl. §§. 27—31.

Das Landrecht bestimmt außerdem noch I. 8. §. 126, daß Gruben und Behältnisse, wie sie der §. 125 bezeichnet, von Grund aus aufgemauert werden müssen. Diese Vorschrift, aus welcher der Nachbar auf Abstellung klagbar werden kann (Strieth. Arch. Bd. 38. S. 202), ist jedoch nicht lediglich im Interesse der Nachbarn, sondern zugleich zur öffentlichen Sicherheit gegeben, und gilt daher als Polizeivorschrift unbedingt, so daß dagegen eine Verjährung unzulässig (Landr. I. 8. §. 190), und die Vorschrift auch im Gebiete des lübischen Rechtes anwendbar ist. Entsch. Bd. 29. S. 56. — (Strieth. Arch. Bd. 31. S. 48.)

§. 17. Neue Fenster, Thüren u. dergl.

Nach Buch III. Tit. 12. Art. 13 darf der Eigenthümer eines Grundstücks auf demselben ohne Einwilligung seines Nachbarn keine, denselben belästigenden, neue Gänge (Zugänge), Keller, Fenster, Thüren, „Schuren", Schornsteine und Feuerstätten anlegen, wo vormals keine gewesen sind.

Irrthümlich ist diese Bestimmung im Berichte des Hofgerichts zu Cöslin von 1780, S. 25 als nicht mehr anwendbar bezeichnet. In den Entsch. Bd. 13. S. 384 ist aus den früher hervorgehobenen allgemeinen Gründen die Anwendbarkeit derselben für Pommern festgestellt. Vergl. oben §. 9 und Präj. vom 29. Oktober 1845 No. 1627. Präjudicien S. 279. Auch im Statut. Recht §§. 12 u. 26 ist sie angenommen. Sie ist auch erfahrungsmäßig in allgemeiner praktischer Geltung. Für Neuvorpommern vergl. Born. S. 87.

Die Bedeutung des, nicht präcis redigirten, Artikels 13 (welcher sich im alten lüb. R. vor dem revid. Stat. noch nicht findet, Hach A. L. R. S. 627) geht nicht dahin, daß dem Eigenthümer untersagt wird, das Grundstück seines Nachbarn oder den Luftbereich über demselben zu benutzen. Jede Benutzung des Nachbargrundstücks ist ohnehin schon dem Nichteigenthümer gesetzlich nicht erlaubt. Der Artikel ist vielmehr, obgleich er es nicht ausdrücklich sagt, eine Baubeschränkung hinsichtlich der Bebauung des eignen Grundstücks zu Gunsten des Nachbarn, welcher daraus eine s. g. Legalservitut im Sinne des Landr. I. 8. §. 191. erhält. Es ist damit zwar nicht eine eigentliche Grundgerechtigkeit (Servitut) im strengen Begriffe dieses Wortes geschaffen, Entsch. Bd. 21, S. 404; indeß ein subjektiv und objektiv dingliches Recht jedes Nachbarn gegen seinen Nachbarn auf Untersagung bestimmter Anlagen (Landr. I. 2. §§. 125 ff.), welche die gemeinrechtliche Jurisprudenz nach dem Wesen der Servituten behandelte. Die Wiedergewinnung der Eigenthumsrechte gegen den Art. 13 ist dann auch als Erwerbung einer entgegengesetzten Servitut angesehen; weil eben die gesetzliche Beschränkung des Art. 13 hindert, eine Befreiung davon als einen Ausfluß des Eigenthums anzusehen. So auch das O. A. Gericht zu Lübeck in Bruhn lüb. Entsch. Bd. 2. S. 520. 521. Als Beschränkung der natürlichen Freiheit und der Eigenthumsrechte gestattet die Bestimmung des Art. 13 keine Analogie und ist strictissime zu interpretiren. Mevius Nr. 32 ad h. t.

Verboten sind durch dieselbe die bestimmten, darin angegebenen Einrichtungen und auch diese nur unter der Bedingung, daß der Nachbar dadurch Schaden hat. Das Interesse des Nachbarn und damit auch sein Recht zu solchen Legalbeschränkungen hört auf, wenn er keinen Nachtheil durch eine derartige Einrichtung hat. So legen Mevius Nr. 22 und addit. zu Nr. 23 fin. ad h. t. und Stein III. §. 227 aus; ebenso das O. A. Gericht zu Greifswald 1780 und 1788; Born. S. 89. 90—94; desgleichen das Obertribunal zu Berlin Präj. Nr. 750 vom 25. Oktober 1839, Präj. Nr. 279 und Strieth. Arch. Bd. 39. S. 183. Man muß dem um so mehr beitreten, als diese Bedingung ein in der Natur der Sache liegendes Requisit und die einzige natürliche ratio legis ist. Aus diesem Grunde bilden der Nachtheil und die Belästigung des Nachbarn zugleich den Maßstab für den Umfang des Rechts des Nachbarn. Die Gefährlichkeit nahe gelegener Feuerstätten und Schornsteine, die Aussichtsbelästigung durch Fenster und Altane, die Besorgniß schädlicher Einwirkung durch neue Zugänge, Thüren, Fenster u. s. w. werden mit Recht als Grund der Beschränkung angegeben und bestimmen damit die Anwendbarkeit der Vorschrift. Mevius Nr. 2—20 ad h. t. Born. S. 87—94. In der Natur der Sache liegt es, daß die Entscheidung über die Anwendbarkeit und den Umfang der Geltung in dieser Beziehung größtentheils vom Ermessen des Richters (unter Umständen der Sachverständigen) nach dem concreten Sachverhältnisse abhängt.

Nur dem Eigenthümer des Grundstücks, welches unmittelbar

an das Grundstück des Bauenden grenzt, steht das Widerspruchsrecht zu. Wer davon durch eine Straße oder durch zwischenliegende Grundstücke getrennt ist, gehört nicht zu den „Nachbarn“, deren „Vergünstigung“ der Art. 13 erfordert. So auch das O. A. Gericht Lübeck 1841. Bruhn lüb. Entsch. Bd. 2. S. 359. Ebenso Mev. Nr. 30 ad h. a. Die Praxis schließt auch unzweifelhaft namentlich diejenigen, welche durch eine Straße getrennt sind, sowie dasjenige, was nach der öffentlichen Straße zu gebaut wird, vom Widerspruchsrechte aus, wenngleich in dem vorhergehenden Art. 12 die Nachbarn, welche gegen s. g. unleidlichen Handwerksbetrieb protestiren können, von der Nachbarschaft im weitern Sinne, soweit sie dadurch belästigt wurde, von der Praxis verstanden wurden. Mev. Nr. 21. 22 zu Art. 12. Stein III. §. 228. Born. S. 64. 65. In Bruhn's lüb. Entsch. Bd. 2. S. 359 ist auch hinsichtlich des Art. 12 diese Ausdehnung bestritten. Jedenfalls ist für unsern Art. 13 in der Praxis von der möglichst einschränkenden Anwendung der Eigenthumsbeschränkung nicht abzuweichen. Dagegen ist zum Widerspruche nicht nöthig, daß die streitigen Einrichtungen selbst unmittelbar an der Grenze des Nachbarn getroffen werden; Born. S. 89. Dies ergiebt die ratio legis. Nur ist bei Anlagen an der unmittelbaren Grenze die Benachtheiligung des Nachbarn am leichtesten erweislich.

Die verbotenen Bauten sind Gänge, nach Mev. Nr. 2—7 Nachbarsteige, Zwischenräume zwischen Gebäuden zum Ein- und Ausgange; ferner Wohnkeller, Fenster — wozu Oeffnungen aller Art, auch Luken, gerechnet werden — (Mev. Nr. 13), Thüren, Schuren (projecta d. i. Altane, Balcone, Gallerien, Mev. Nr. 15) Schornsteine und Feuerstätten. Mevius erläutert zum Begriffe der Fenster, es seien Oeffnungen verboten, unde in solum vicini prospectus esse queat Nr. 13; indeß ist die Belästigung des Nachbarn durch die Aussicht für die Zulässigkeit des Widerspruchs nicht allein maßgebend, sondern auch gegründete Besorgniß andrer schädlicher Einwirkungen genügt zur Begründung des Widerspruchs, was auch die Praxis annimmt. Born. S. 87 ff. Unter den „Schuren“ werden Bauten zum Ausschauen („Schauer“) Balcone verstanden. Mev. Nr. 15. Nach der Bemerkung in Bruhn's lüb. Entsch. Bd. 2. S. 359, der Artikel sei auf den gebauten Balcon anzuwenden, „da sich über demselben ein Dach befinde“, werden in Lübeck nur bedeckte Altane darunter begriffen.

Endlich sind dergleichen Anlagen nur verboten, „da vormals keine gewesen“. Es ist daher unzweifelhaft gestattet, an Stelle eines niedergerissenen oder untergegangenen Gebäudes ein anderes mit gleicher Fenster- oder Thürenanlage zu errichten. Entsch. Bd. 37. S. 58. Mevius No. 13: vicini servitutem habent in aedibus atque parietibus vicinorum, ne ultra antiquum modum aperiantur. Eine durch Größe oder Lage offenbar verschiedene neue Anlage, welche dem Nachbar ein neues incommodum bereitet, braucht sich derselbe als Substituirung einer alten Anlage nicht gefallen zu lassen, sondern kann mit der Klage aus Art. 13 deren Beseitigung verlangen. Born. S. 87 ff. Preuß. Anwaltszeit. 1864 S. 119. 120. 125 ff. Eine unbedeutende Aenderung ohne Benachtheiligung des Nachbarn erklärt jedoch Mevius für statthaft. No. 22 und addit. ad No. 23.

§. 18. Fortsetzung.

Zweifelhafter war es, wie bald nach dem Abbruche oder Untergange eines Gebäudes ein anderes mit dem Rechte auf dieselben Fenster-, Thüren- und sonstigen Anlagen errichtet werden mußte, um noch die Rechte des alten Gebäudes auf Ausschließung des Art. 13 zu genießen. Es wurde mehrfach sogar angenommen, daß, wenn erst Jahr und Tag nach dem Untergange des alten Gebäudes ein neues an derselben Stelle errichtet wurde, die Rechte des alten Gebäudes mit der lübischen Verjährung durch non-usus erloschen seien, und die Anlagen als neue im Sinne des Art. 13 anzusehen und verboten seien.

Indeß schon Mevius führt mit Bezug auf den Wortlaut des Gesetzes: „wo vormals keine gewesen" mit Recht aus, daß, wenn Fenster oder Thüren zu irgend einer frühern Zeit an einem Orte gegen die Vorschrift des Art. 13 zu Recht bestanden haben, wenn auch vor 100 Jahren, oder der längsten Zeit, alsdann mit Rücksicht auf diese Stelle der Art. 13 überhaupt keine Anwendung mehr findet. Dieser fundus ist dann von der Legalservitut frei und dessen Eigenthümer kann das Recht, eine gleiche Anlage dort wieder zu errichten, zu jeder Zeit als res merae facultatis ausüben oder beliebig lange ruhen lassen. Durch non-usus geht dies Recht (Fenster oder Thüren zu haben, wo früher welche gewesen sind) wie alle res merae facultatis überhaupt nicht verloren; der Nachbar müßte ausdrückliches Verbot und rechtsverjährte Beruhigung seines Nachbarn nachweisen, wie Mevius meint, (d. h. also, er müßte seinerseits eine neue Servitut de non faciendo durch Verjährung erwerben, welche dann eben nicht die Legal-Servitut des Art. 13 wäre). Mevius No. 23—29. Dieselbe Ausführung eignet sich auch das Obertrib. an, Entsch. Bd. 37. S. 58—63; und ebenso harmonirt damit das O. A. Ger. zu Lübeck 1847. Bruhn lüb. Entsch. II. S. 517 ff. Sie entspricht auch allerdings dem Wortlaute des Art. 13 und dem Wesen der Bestimmung als einer Eigenthumsbeschränkung. Der Art. 13 findet nicht Anwendung, wo nicht alle Bedingungen desselben vorhanden sind, und zu diesen Bedingungen gehört, daß auf dem Streitorte vormals dergleichen Anlagen nicht gewesen sind. Wenn dort vormals dergleichen waren, wenn also der Art. 13 nicht anwendbar ist, so kann der Nachbar nur dann der Anlage widersprechen, wenn er durch Vertrag oder Verjährung in sonst gesetzlicher Weise ein Recht (Servitut) zum Widerspruche erworben hat, welches dann als selbstständiges, vom Art. 13 verschiedenes Recht zu begründen wäre. Nicht der Baulustige hat dann durch Verjährung ein Recht zum Bauen zu erwerben, sondern der Nachbar muß ein Widerspruchsrecht erworben haben. Stein III. §. 232 will das Recht, an Stelle alter derartiger Bauanlagen neue gleichartige zu errichten, durch zwanzigjährigen Nichtgebrauch erlöschen lassen. Er begründet dies aber nur durch die Analogie aus Art. 12 desselben Titels, wonach die Häuser, welche das Recht zu sogenannten gefährlichen und unleidlichen Handwerken hatten und dasselbe zwanzig Jahre lang nicht benutzten, dies Recht verloren. Eine Analogie aus dieser singulären Vorschrift ist überhaupt nicht zulässig. Vergl. Bruhn II. S. 520.

Die Beweislast in einem Prozesse aus Art. 13 regelt sich durch die Natur der Klage. Der Nachbar, welcher ein Untersagungsrecht gegen die Anlage von Fenstern, Thüren u. s. w. gemäß Art. 13 klagbar geltend machen will, erhebt die Klage auf Beseitigung der Anlage auf Grund seiner Legalservitut, actio confessoria utilis des gemeinen Rechts, vergl. Mevius No. 13. Er hat außer der Legitimation die Requisite des Art. 13, also eine gesetzwidrige neue Anlage, welche ihn Belästigungen aussetzt, zu beweisen. Daß früher dort gleichartige andere Anlagen gewesen, ist nicht zu vermuthen. Die Negative, daß keine dort waren, hat Kläger nicht zu beweisen. Wenn Verklagter behauptet, daß früher gleichartige Anlagen dort waren, so ist dies ein Einwand, welchen der Verklagte zu beweisen hat. Preuß. Anwaltszeitung. 1864. S. 128. 120. Bruhn lüb. Entsch. II. S. 522. Andrerseits liegt der Grund des gesetzlichen Widerspruchsrechts nicht darin, daß aus den verbotenen Anlagen unbedingt ein Nachtheil entstehen muß, sondern darin, daß der Nachbar möglichen Belästigungen betreffs der Aussicht, leichter Zugänglichkeit des Grundstücks, größerer Feuersgefahr ausgesetzt ist.' Mehr braucht also Kläger nicht zu beweisen, als daß die Fenster Aussicht nach seinem Grundstücke geben, oder die Besorgniß anderer Einwirkung begründen, daß die Thüren oder Feuerungsanlagen dem Nachbar nahe liegen, u. s. w. Es ist wieder Sache des Einwands, wenn der Verklagte zur Begründung einer Ausnahme vom Gesetz behaupten will, daß in casu die Anlage nicht belästigend sein kann. Wenn in einer Entscheidung des Obertribunals vom 16. April 1863 (Preuß. Anwaltszeit. 1864. S. 120) bemerkt ist, daß nicht der Kläger die Schädlichkeit der Anlage, sondern der Verklagte die Unschädlichkeit als Ausnahme vom Gesetz nachzuweisen habe und wenn darin gemeint sein soll, daß der Kläger selbst in Betreff seiner möglichen Benachtheiligung keinen Beweis anzutreten brauche, so ignorirt dies ein nothwendiges Requisit, welches im Art. 13 zwar nicht wörtlich angegeben ist, aber zu dessen Anwendbarkeit nach Obigem entschieden erforderlich ist.

Das Untersagungsrecht des Nachbarn aus Art. 13 erlischt:

a) Durch dessen eigene Einwilligung. Mevius No. 29 erklärt eine stillschweigende Einwilligung schon deshalb für nicht genügend, weil der Art. 13 ausdrücklich Willen und Vergünstigung der Nachbarn verlange. Da an sich auch stillschweigende concludente Willenserklärungen die Vergünstigung des Nachbarn ausdrücken können, so ist die Ansicht von Mevius nach gemeinem Rechte nicht richtig. Mühlenbruch Pand. Bd. 1. §. 98. 119. Nach Landr. I. 5. §. 135. I. 16. §. 378 ff. 381 würde eine ausdrückliche und zwar schriftliche Erklärung nöthig sein, da sie eine Entsagung auf die Geltendmachung des Widerspruchsrechts ist. Das Obertribunal hatte früher 1848 angenommen, daß nach Landr. I. 8. §. 191 und I. 22. §. 43 mündliche Genehmigung der Anlage genüge, da Grundgerechtigkeiten erlöschen, wenn der Berechtigte wissentlich Einrichtungen geschehen läßt, welche die Ausübung des Rechts unmöglich machen. Entsch. Bd. 21. S. 402. Rechtsf. Bd. 4. S. 211 ff. Indeß hat dasselbe später 1851 diese Anwendbarkeit des §. 43 cit. treffend durch die Erwägung widerlegt, daß das Errichten der streitigen Bauanlage dem Nachbarn überhaupt erst die Gelegenheit und das Recht zur Ausübung des Untersagungsrechts giebt und dasselbe erst möglich macht, nicht aber eine Anstalt ist, welche dasselbe unmöglich macht. Entsch. Bd. 21. S. 404. 405. Strieth. Arch. Bd. 1. S. 276 ff.

b) Das Untersagungsrecht erlischt ferner durch Nichtausübung.

Eine sofortige Geltendmachung desselben ist nicht vorgeschrieben; es ist aber durch Verjährung beseitigt, wenn es nicht binnen Jahr und Tag geltend gemacht ist. §. 27—31. Lüb. R. I. 8. Art. 2. — Entsch. Bd. 21. S. 405. 406.

§. 19. Unleidliche Gewerbe.

Das lüb. R. III. 12. Art. 12 hat die besondere Bestimmung, daß ohne Genehmigung der Nachbarn sogenannte unleidliche Handwerke wegen des damit verbundenen Geräusches oder Geruchs oder ihrer Gefährlichkeit in keinem Hause betrieben werden durften, worin dies zuvor nicht geschehen war, daß die Nachbarn hiergegen ein Untersagungsrecht geltend machen konnten, und selbst wenn ein Haus eine „Gerechtigkeit" zur Betreibung solcher Handwerke gehabt hat, dieselbe durch zwanzigjährigen Nichtgebrauch verloren geht. Stein III. §. 228—232. Bornemann S. 45—86.

Diese Beschränkung ist durch die jetzige Gewerbe-Gesetzgebung in Preußen aufgehoben: für Altvorpommern und Hinterpommern durch das Edikt vom 2. November 1810 §§. 2. 16. 17. 31. Plenarbeschluß des Obertrib. vom 19. Oktober 1840 Präj. 919. Entsch. Bd. 7. S. 170; für Neuvorpommern und Rügen durch die Gewerbeordnung vom 17. Januar 1845 gemäß Erkenntniß des Obertrib. vom 15. Mai 1851. Entsch. Bd. 21. S. 127.

Die Begründung dieser Präjudicate des Obertrib., welche sich — den früheren Ausführungen der Appellationshöfe in Greifswald und Cöslin entgegen — für die Aufhebung jener Beschränkung entscheiden, ist zwar vom juristischen Standpunkte aus immerhin zweifelhaft. Vergl. Statut. R. §. 41 zu Landr. I. 22. Indeß sind in dieser Frage das Interesse des freien Verkehrs und die Autorität des Obertrib. so entschieden machtvoll gewesen, daß weder Juristen noch Laien an eine Wiederbelebung jener Beschränkungen irgend denken. — In Lübeck selbst sind die Bestimmungen noch praktisch. Bruhn lüb. Entsch. Bd. 1. S. 108. 140. 422. Bd. 2. S. 163. 382.

§. 20. Servituten. Rechte vorhandener Fenster 2c.

A. L. R. Cod. II. art. 171. Cod. III. art. 117. Rev. St. III. 12. Art. 8. 14.

Außer den vorerwähnten gesetzlichen Eigenthumsbeschränkungen erwähnt das lüb. R. nur im Allgemeinen im Titel von Gebäuden und Bausachen: „wenn Einer von seinem Hause oder Mauern nach seines Nachbars Seiten einen Trüppenfall, Abzug oder andere jura und Gerechtigkeiten hat; will dann der Nachbar bauen, so soll es mit der Maße geschehen, daß der Trüppenfall, Abzug und andere Gerechtigkeit und jura frei und unverkürzt bleiben." Art. 8. III. 12. Eine Anwendung davon enthält Art. 14; darnach soll, wenn einer an der Grenze ein Gebäude mit Traufrecht „über die Mauer" hat, der Nachbar, welcher ebendort bauen will, weder das Traufrecht verletzen, noch verlangen können, daß Jener „mit ihm eine Mauer legt".

Sonstige besondere Vorschriften über Servituten — mit Ausnahme der noch besonders zu behandelnden Verjährung — hat das lüb. R. nicht.

Der Sinn des Art. 8 ist klar: Der Nachbar muß bei seinem Bau die schon bestehenden Rechte seines Nachbarn respectiren, er muß z. B. beim Traufrecht desselben das Wasser aufnehmen und darf nur so bauen, daß dies nach wie vor geschieht und der Bauende die dazu nöthigen neuen Anstalten, Rinnen u. s. w. herzustellen und zu unterhalten hat. Mevius Nr. 1--4. ad h. a. Strieth. Arch. Bd. 5. S. 278. Pomm. Statut. R. §. 43. 44. zu Landr. I. 22.

Zu praktischen Zweifeln hat nur die Frage Veranlassung gegeben, wie sich der Bauende mit Rücksicht auf Fenster und Oeffnungen zu verhalten hat, welche im Gebäude seines Nachbarn bereits sich befinden. Unzweifelhaft darf der Bauende eigentliche Servituten nicht verletzen, welche demselben auf das zu bebauende Grundstück zustehen, wenn dieser z. B. schon vorher ein Recht gewonnen hat, in den Raum des Bauenden sein Dach rc. zu erstrecken, oder über denselben (durch eine Thür an der Grenze) zu gehen u. s. w. Der Streit erhebt sich aber hautsächlich darüber, ob der Art. 8. nur Servituten des Nachbarn schützt, oder auch Anlagen, welche der Nachbar in Ausübung seines Eigenthümerrechts auf seinem eigenen fundus errichtet hat, und für welche er etwa gegen Art. 13 seinem Grundstücke das Recht der eigenen Freiheit wieder gewonnen hat.

Mevius Nr. 5. 6 ff. 16 ad Art. 8 hält den Art. 8 nur zum Schutz von Servituten gegeben; und nimmt an, daß der Bauherr nur beschränkt sei, wenn sein Nachbar eine wirkliche Servitut erworben habe; falls der Nachbar eine „positive" Servitut „quia in vel versus alienum quid aedificatum habuerit" z. B. fenestras in aream vicini apertas durch Ausübung von Jahr und Tag erworben hat, oder eine negative Servitut „quia vicinus in suo non aedificaverit" (durch Verbot und hinzukommende rechtsverjährte Beruhigung, da zum Erwerb eines Verbietungsrechts bloßer Nichtgebrauch eines Rechts merae facultatis nicht genügt) erlangt hat. Nr. 10—16. Andernfalls könne Jeder auf seinem Grunde bauen, wie er will und selbst hundertjährige Fenster seines Nachbarn verbauen. Nec interest, an aedificando noceatur commoditatibus vicini, quibus ante usus est. Hinc si quis fenestras habeat versus aream vicini etsi vel centum annis ibidem habitae fuerint, vicino tamen permissum est, aedificando in suo fundo obscurare lumina aedium illius et nullo tempore ab ea licentia excludatur, nisi semel prohibitioni factae jure communi inter praesentes per decennium vel ex nostro statuto per annum et diem acquieverit. Nr. 16. Wenn also auch Jemand die Freiheit seines Grundstücks, gegen Art. 13 Fenster anzulegen, erworben hätte, so würde er dadurch allein nach Mevius noch keine Servitut und kein Recht erlangt haben, zu verlangen, daß der Nachbar beim Bauen darauf Rücksicht nehme. cfr. Mev. Nr. 23—29. ad Art. 13.

Dem entgegen bemerkt das Oberapp.-Gericht zu Greifswald (1820. Born. S. 37—45):

Das jus in proprio pariete versus aream vicini fenestras habendi sei eine eigenthümliche servitus des lüb. R. und gegen die Vorschrift des Art. 13 zu erwerben; und wenn dies Recht einmal irgendwie begründet sei, so dürfe es nach Art. 8 nicht durch Verbauen unwirksam gemacht werden; das jus luminum sei mit dem Rechte, beeinträchtigendes Bauen dem Nachbar zu verbieten (ne luminibus officiatur) gesetzlich verbunden. Durch Art. 13 werde für den Nachbar eine negative Servitut (non aperiendi fenestras) begründet; wenn der Nachbar aber durch Einwilligung oder Verjährung (= stillschweigende Entsagung) diese Servitut verliert, so werde dadurch nicht bloß die natürliche Freiheit des Eigenthümers des benachbarten Hauses wieder hergestellt, sondern auch dem letztern eine neue affirmative Servitut aperiendi fenestras erworben, indem der Nachbar nun leiden müsse, was er sonst gesetzlich nicht brauche; so wie durch Aufhebung eines vertrags- oder verjährungsmäßigen jus non altius tollendi eine wahre servitus altius tollendi entstehe. Der Nachbar könne daher nach Art. 8 verlangen, daß seinen Fenstern das erforliche Licht durch Bauten nicht entzogen werde.

Dem letztern Resultate, zu welchem auch Baleke diss. de differ. juris comm. Lubec. et Rostoch. 1759 und Mensching diss. de servit. gelangen, muß auch beigestimmt werden. Zwar hat Mevius nicht, wie Born. S. 44 angenommen wird, seine Behauptung nur in Bezug auf das römische Recht, sondern Nr. 16 fin. ausdrücklich auch für das lüb. R. aufgestellt. Ebenso ist die Wiedergewinnung der Freiheit, gegen die Vorschrift des Art. 13 Fenster nach des Nachbars Seite hin anzulegen, dadurch allein noch keine eigentliche Servitut im römisch rechtlichen Sinne. Indeß ist das Recht jedenfalls eine, gegen das sonst allgemeine Verbot des Art. 13 erworbene „Gerechtigkeit im Sinne des Art. 8 und nach der Ausdrucksweise des lüb. R. Dasselbe nennt auch im Art. 12 das Recht eines Hauses, gegen das sonstige Verbot ein unleidliches Handwerk zu betreiben, eine „Gerechtigkeit", obgleich es begriffsgemäß auch nur das wiedergewonnene natürliche Eigenthumsrecht ist. Ebenso wird im Art. 5 das Miteigenthum an einer gemeinschaftlichen Mauer eine „Mauergerechtigkeit" genannt. Der Art. 8 h. t. versteht und schützt daher als „jura und Gerechtigkeiten" nicht bloß eigentliche Servituten, sondern alle positiven Rechte eines Gebäudebesitzers gegen Bauten des Nachbarn. Das alte lüb. R., dessen Art. 171. Cod. II. und Art. 117. Cod. III. nur den Tropfenfall und den Fall des Art. 14. III. 12. behandeln, trägt hier zur Aufklärung nichts bei.

Wieweit thatsächlich der Bauherr durch berechtigte Fenster des Nachbarn im Bau gehindert ist, richtet sich gemäß der ratio legis nach den Verhältnissen, so daß den Fenstern das nach ihren Zwecken nöthige Licht nicht entzogen werden darf, und ihre „Gerechtigkeit" zum Fenster nicht illusorisch wird. — Das Vorstehende gilt aus gleichen Gründen auch zum Schutze anderer Bauanlagen, welche Jemand gegen den Art. 13 zu haben berechtigt ist.

§. 21. Grenzen des lübischen Rechts und Landrechts.

Der Grundsatz, daß gesetzliche wie vertragsmäßige Eigenthumsbeschränkungen und Verbotsgesetze möglichst einschränkend auszulegen sind, schließt eine analogische Anwendung und ausdehnende Interpretation der vorgedachten Vorschriften §. 15—20 aus. Mev. No. 32. ad art. 13. Wenn daher andere Baubeschränkungen als gesetzlich behauptet werden, so muß dafür ein locales Gewohnheitsrecht nachgewiesen werden. Bruhn lüb. Entsch. Bd. 2. S. 120.

Das lüb. R. hat über „Privatgebäude und Bausachen" lib. III. tit. 12 und die damit zusammenhängenden Licht-Fensterrechte, Thüren und dergl. detaillirte selbstständige Bestimmungen. Es folgt daraus, daß die Vorschriften des Landr. über diesen Gegenstand, namentlich Landr. I. 8. §. 137—148 neben dem lüb. R. nicht anwendbar sind.

Dem §. 137 widerspricht Art. 13 direkt; §. 138 ist nur eine Beschränkung des §. 137, wogegen nach Art. 13 dergleichen Fenster da, wo früher keine waren, überhaupt nicht angelegt werden dürfen; hingegen da, wo früher welche waren, sie in der frühern Beschaffenheit ohne anderweite Beschränkung wieder angelegt werden dürfen. §. 18. Die Nichtanwendbarkeit der §§. 139. 140 ist schon im §. 15 hervorgehoben.

Berechtigte Fenster sind ferner nicht nur nach zehnjährigem Bestehen und nicht nur unter den Beschränkungen der §§. 142—147, sondern überhaupt zum Schutz gegen Bauten in dem im §. 20 angegebenen Maße berechtigt. — Der §. 148 enthält keine Abweichung vom lüb. R.

Andererseits enthält das lüb. R. über andere Eigenthumseinschränkungen, welche nicht Baubeschränkungen sind, keine besondern hier anwendbaren Bestimmungen. Die darüber gegebenen Vorschriften des Landrechts sind daher durch lüb. Rechtsgrundsätze nicht ausgeschlossen, sondern anzuwenden; insbesondere also I. 8. §. 118—122. 124. 128 ff., ferner §. 125 ff. in dem schon im §. 16 erörterten Umfang.

§. 22. Gemeinrechtliche Mauern und Scheidungen.

1. Das lüb. R. enthält in Art. 4—6. III. 12 besondere Vorschriften über die Rechte und Pflichten an gemeinschaftlichen Scheidungen, insbesondere über „gemeine" (gemeinschaftliche) Mauern. Die Vorschriften sind aber nicht so umfassend, daß nicht das subsidiäre gemeine Recht und preußische Landrecht zur Ergänzung heranzuziehen sind.

Darüber, wenn eine Mauer gemeinschaftlich ist, wird nichts besonderes bestimmt. Mevius (addit. ad Nr 2 zu Art. 4) nimmt dafür allgemeine thatsächliche Gesichtspunkte mit Rücksicht auf Zweck, Nutzen, Erbauung, ursprüngliche Kostenausgabe in Bezug; Stein (III. §. 239. Note) sachverständigen Augenschein. Im Gebiete des Landrechts gelten dafür die Vorschriften des Landrechts I. 8. §. 159—161.

Bei gemeinschaftlichen Mauern besteht die gesetzliche Vermuthung, daß sie den Miteigenthümern, den beiderseitigen Nachbaren, pro diviso gemeinschaftlich gehören, wovon auch Art. 4 ausgeht; und zwar präsumtiv Jedem bis zur Hälfte der Dicke. Mevius No. 4. 11. 12 ad art. 4. Stein III. §. 237. Hiermit stimmt auch das Landrecht I. 8. §. 135. I. 17. §. 2 überein.

Von mehreren Miteigenthümern kann keiner eine Wand ohne Genehmigung des Andern niederreißen Art. 6 — den Fall der Nothwendigkeit natürlich ausgenommen, Stein III. §. 239 — und überhaupt nichts gegen den Willen des Andern an der Mauer ändern oder thun, außer zu dem Zwecke, wozu sie bestimmt ist. Mevius No. 6—8 ad art. 4. Sofern zu dem gemeinschaftlichen Zwecke Kosten aufzuwenden sind, namentlich also zur nothwendigen Neuerrichtung oder Reparatur, so sind diese Kosten von Beiden gleichmäßig pro parte zu tragen. Art. 4. 5. und Mevius ad art. 5. No. 3. 4. 5.

Jeder ist berechtigt, die gemeinschaftliche Mauer an seiner Seite „auf seiner Grund Seiten" (und zwar bis zur Hälfte der Dicke beim präsumtiven Miteigenthume zur Hälfte) zum Auf- oder Anbau zu benutzen. Er muß dies aber nur dergestalt thun, daß sein Nachbar keinen Schaden dadurch hat; und muß die Kosten einer solchen, zu seinem alleinigen Nutzen dienenden, Anlage allein tragen Art 4. — Mevius No. 9—16. — Wenn der Eine in dieser Weise über der gemeinschaftlichen Wand höher gebaut hat, so bleibt darum der vorher schon gemeinschaftliche Theil der Mauer auch nach wie vor gemeinschaftlich; ebenso auch die Verpflichtung beider Nachbarn, diesen Theil der Mauer auf gemeinschaftliche Kosten zu unterhalten und zu repariren, da diese Verpflichtung eine nothwendige Folge des Eigenthums ist. Nur wenn der gemeinschaftliche Theil der Mauer erweislich durch den Aufbau reparaturbedürftig geworden ist, muß der Aufbauende die desfallsigen Reparaturkosten allein tragen, da sie dann zu den Kosten seiner ihm allein nützenden Anlage gehören. Mevius No. 17 und addit. ad No. 2.

2. Die vorstehenden Vorschriften weichen von denen des gemeinen Rechts und des preuß. Landr. und überhaupt von den begriffsgemäßen Folgen des Miteigenthums beider Nachbarn an einer Mauer nicht ab. Dagegen enthält das lüb. R. III. 12. Art. 5 eine singuläre Vorschrift:

Wenn eine gemeinschaftliche Brandmauer zwischen zwei Nachbarn nothwendig gebaut (reparirt oder eine zusammengestürzte ganz neu wieder aufgebaut, Mevius No. 12—15) werden müßte, und wenn dann der eine von den Nachbarn nicht bauen will, so ist der andere berechtigt, nach vorgängiger Ankündigung und nach Gestattung einer einjährigen Frist, seinem Nachbarn, falls derselbe auch nach Ablauf des Jahres noch nicht mitbauen will, die Mauer und alles Recht darauf zu entziehen, dieselbe allein zu bauen und zu seinem Alleineigenthum zu machen. Falls indeß der beraubte Nachbar noch binnen Jahr und Tag nachher (nach der wirklichen Entziehung und Alleinherstellung) seinem Nachbar die Hälfte der Kosten erstattet, so ist jener berechtigt, hierdurch seine alten Rechte wieder zu gewinnen. Im letztern Falle ist er aber verpflichtet, den Bau so zu genehmigen und zu belassen, wie sein Nachbar gebaut hat. Er tritt in das Miteigenthum hinsichtlich des neu an Stelle der frühern Mauer vorhandenen Werkes ein, hat kein Recht, dessen Errichtung ungeschehen zu machen und muß sich auch eine etwa kostspieligere Herstellung und Unterhaltung gefallen lassen. Mevius No. 24. 25. ad h. art.

Die ganze Verordnung ist, wie Stein mit Recht bemerkt, „demjenigen, der bauen will, zum Besten gesetzt". Sie will ihm also ein Recht geben, nicht eine Pflicht auferlegen. Der Baulustige braucht daher, wenn er nicht will, nicht die Mauer für sich allein zu gewinnen und zu behalten; sondern er behält alternativ das Recht, durch Prozeß zu erzwingen, daß die nothwendige Herstellung der Mauer auf Beider gemeinschaftliche Kosten erfolgt, und daß, wenn der Baulustige den Bau selbst veranlaßt und die nöthigen Kosten ausgelegt hat, der Nachbar ihm die Hälfte der Kosten erstatten muß. Stein III. §. 240. Dies Recht des socius, welches Art 4 bestätigt, hat ihm durch das ausgedehntere Recht, welches ihm Art. 5. einräumt, nicht entzogen werden sollen; sondern letzteres ist ihm noch außer den allgemeinen Vorschriften als Recht eingeräumt. Auch Mevius Nr. 4 — 7 ad Art. 5 stimmt dem bei.

Mevius ist der Meinung, daß die vor dem Rechtsverlust abzuwartende Frist von einem Jahre nach der ersten Aufforderung zur Ueberlegung und zur Beschaffung der Baumaterialien dienen solle; daß dieselbe aber nicht abzuwarten ist, wenn der Andere nach der Aufforderung schon früher erklärt, er wolle nicht bauen, oder wenn die Nothwendigkeit so groß sei, daß wegen drohenden Einsturzes Gefahr im Verzuge vorläge. Nr. 20. 23. Meines Erachtens ist jedoch auch in diesen Fällen und überhaupt bei der bestimmten Vorschrift des Art. 5 unter allen Umständen die Frist von einem Jahre abzuwarten, ehe der Verlust des Rechts zur Mauer erfolgen kann. Die Vorschrift ist zu außerordentlich, um wegen einer imputirten, immerhin sehr zweifelhaften ratio legis den Verlust des Rechts über die ausdrückliche Vorschrift hinaus eintreten zu lassen. Im Gegentheil ist nach Art. 5 der Mitbesitzer, auch wenn er auf die erste Aufforderung direkt erklärt hat, nicht bauen zu wollen, falls dann der Andere das folgende Jahr abwarten will, dennoch im Laufe dieses Jahres stets berechtigt, seine Weigerung zu widerrufen. Nur derjenige „qui recusat aedificare, si ante annum necessitatis denunciatio praecesserit, jus muri amittito" latein. Text von Mev. In gleicher Weise interpretirt auch das pomm. Stat. R. §. 20. Freilich ist die Vorschrift nicht mehr praktisch, weil der Bau erst verlangt werden kann, wenn erweisliche Nothwendigkeit vorhanden ist und weil alsdann nicht leicht vorauszusehen ist, ob er noch ein Jahr aufgeschoben werden kann, auch meistentheils entweder die Lust zum Warten fehlt, oder die Dringlichkeit der Sache einen schnellern Bau veranlaßt. Indeß dann mag sich Jeder mit den allgemeinen Rechten jedes Miteigenthümers begnügen lassen, den Bau auf gemeinschaftliche Kosten oder bei alleinigem Bau die Erstattung der halben Kosten zu erzwingen. Jedenfalls fehlt jeder Grund zu einer, der Bestimmung selbst widersprechenden, ausdehnenden Erklärung.

Die Vorschrift des Art. 5 ist in ihrer jetzigen Eigenthümlichkeit im alten lüb. R. vor dem revidirten Statut noch nicht enthalten. Der von Hach A. L. R. S. 627 angegebene Art 163. Cod. II und Art. 41. Cod. III lassen, wenn sich eine Mauer auf die Seite gelegt hat, den Nachbar aufbauen und verpflichten den andern, wenn er sie mitgebrauchen will, die Hälfte der Kosten zu erstatten. Von einer Ankündigung ein Jahr zuvor, und von einem Verluste des Rechts an der Mauer, ist dort noch keine Rede. Erst im Segeberger Cod. Art. 92 (Hach A. L. R. S. 391 zu Art. 41) ist gesagt, daß der eine Nachbar dem andern helfen muß, wenn es ihm dieser ein Jahr zuvor gesagt hat; wenn nicht, so kann er nur auf seine Kosten in früherer Höhe wieder aufbauen, und soll ihm sein Nachbar die Hälfte der Kosten nach Jahr und Tag bezahlen, d. h. wohl, wenn er ein Mitrecht daran haben will. Diese Bestimmung hat dann anscheinend zum Art. 5 geführt.

3. Der Art. 5 fügt der vorgedachten Bestimmung hinzu: „die gemeinen Glinde aber der Schedelmauern sein beide Nachbarn, so oft es die Noth erfordert, zugleich aufzubauen schuldig." Mevius übersetzt: Quidquid ad limites distinguendos et dividendas areas vicinorum habetur, quoties opus est, utrique vicinorum extruere incumbit. An sich bedeutet der Ausdruck: gemeine Gelinde nur einen gemeinschaftlichen Bretterzaun und ist das Wort: Gelin-

de, Gelindwerk (Geländer?) in dieser Bedeutung in Lübeck noch gebräuchlich. Bruhn lüb. Entsch. Bd. 1. S. 357—362. Die Scheidemauern sind darnach im Art. 5 nicht wörtlich, sondern von allen Scheidungen zu verstehen. Mevius setzt als selbstverständlich voraus, daß dasjenige, was zur Scheidung der Grenzen und Plätze der Nachbarn dient, wirklich beiden Nachbarn gemeinschaftlich ist; Nr. 26. ad Art. 5. In Bruhn lüb. Entsch. Bd. 1. S. 359 ist es vom O. A. Gericht zu Lübeck 1832 als zweifelhaft hingestellt, ob nicht unter den gemeinen Gelinden nur solche Gelinde bezeichnet sein sollen, welche wirklich gemeinschaftliches Eigenthum sind; zugleich wird es aber S. 360 als natürliche Regel aufgestellt, daß „einfache Gelinde, wodurch die Grundflächen zweier Nachbarn getrennt und gleichmäßig befriedigt werden, in dubio gemeinschaftliches Eigenthum beider Nachbarn und von ihnen gemeinschaftlich zu unterhalten sind." Auch in Pommern gilt praktisch die Regel und die Vermuthung, daß die Grenzscheidungen zwischen Gärten, Höfen und andern Plätzen gemeinschaftlich sind; und sind dabei die Vorschriften des Landr. I. 8. §. 154—158. 162 ff. nicht anwendbar. Das pomm. Statut. R. bemerkt I. §. 30: daß Scheidungen zwischen städtischen Grundstücken und Gärten der Regel nach von beiden Nachbarn gemeinschaftlich unterhalten werden müssen; daß aber ausnahmsweise observanzmäßig in Treptow a. T., Labes und Greiffenberg der Grundsatz des §. 162. L. R. I. 8 gilt.

§. 23. Bauen auf fremdem Grunde und an der Grenze.

Nach gemeinem Rechte gehört bekanntlich ein Gebäude, welches jemand auf fremdem Grund und Boden errichtet, dem Eigenthümer des fundus. Solo cedit quod solo inaedificatur. Der bonae fidei possessor kann aber die nothwendigen und nützlichen Kosten erstattet fordern und deshalb retiniren; der malae fidei possessor hat keine Entschädigungsansprüche. §. 30. 29 Instr. de rer. divis. II. 1. — l. 7. §. 12. Dig. 41. 1. de acquir. rer. dom.

Das lüb. R. bestimmt III. 12. Art. 2: Baut oder bessert „Jemand" auf einem zu einer gemeinschaftlichen Erbmasse gehörigen Grunde „auf gemeiner Erben Grunde", so bleibt das Gebäude Eigenthum der Erben; dieselben müssen aber dem Bauenden die nöthigen und nützlichen Baukosten, desgleichen die mit Bewilligung der Erben gemachten erstatten. Mevius findet hierin mit Recht nur eine Anwendung der gemeinrechtlichen Grundsätze sowohl von der

Aedifikation, als auch von den Rechten der Miteigenthümer, von denen keiner gegen den Willen der andern disponiren kann. Ebenso findet Stein (III. §. 242 und Noten dazu) darin auch nur das gemeine Recht, aus welchem er namentlich Recht und Umfang der Kostenerstattung ergänzt wissen will. Stein bemerkt mit Recht, (S. 354. 355. Note 5), daß der Art. nur den Fall betreffen soll, wenn ein Miterbe baut, will ihn aber auch anwenden, wenn ein Anderer auf fremdem Grunde baut, obgleich dann nicht abzusehen wäre, weshalb die Bestimmung nur für „gemeiner Erben Grund" gegeben wäre. Jedenfalls ist der Art. 2 nicht über die, darin ausdrücklich angegebenen Voraussetzungen hinaus anwendbar, und gelten da, wo diese nicht zutreffen, die subsidiären allgemeinen Gesetze. Dagegen ist kein Grund, den Art. 2 innerhalb seiner Bedingungen nicht anzuwenden, wenngleich ihn der Bericht des Hofgerichts zu Cöslin von 1780 nicht unter den anwendbaren aufführt. Vergl. §. 9—10. Ob da, wo das Landr. gilt, die Bestimmung des Landr. I. 9. §. 332 auch dann anwendbar ist, wenn ein Miteigenthümer baut, wie das Obertribunal Strieth. Arch. Bd. 11. S. 216 annimmt, oder ob nicht vielmehr richtiger die andern Miteigenthümer nach Landr. I. 17. §§. 10. 56. 115, auch wenn sie nicht sogleich nach erhaltener Nachricht widersprechen (weil sie den Bau als zum gemeinschaftlichen Besten ausgeführt annehmen und genehmigen) den verwendeten Grund und die Gebäude für die Gemeinschaft verlangen können, oder sogar nach §. 10 ff. den Abbruch der Gebäude fordern können, ist hier nicht der Ort, näher zu erörtern.

Wenn jemand ein Gebäude an seiner Grenze aufführen will, so gelten in Betreff unberechtigter Grenzüberschreitungen das gemeine Recht beziеh. Landr. I. 9. §. 340—342, da das lüb. R. darüber keine besondere Bestimmung enthält. Strieth. Arch. Bd. 41. S. 36—39.

Mevius deducirt hierüber unter Bezugnahme auf gemeinrechtliche Rechtsvorschriften, daß der Eigenthümer in continenti die Fortnahme der Gebäude verlangen könne, daß aber, falls derselbe geringen oder keinen Nachtheil davon habe, er überhaupt nur Entschädigung fordern könne. ad art. III. 12. art. 3. No. 3—6; und ad art. 7. No. 41—44. Stein III. §. 236 billigt dies.

Daß lüb. R. III. 12. Art. 15 als bloße Prozeßvorschrift und Art. 1. 9. 11 als Polizeivorschriften nicht mehr anwendbar sind, ist selbstverständlich.

Wegen der Verjährung vergl. §. 29.

IV.

Verjährung.

§. 24. Allgemeines. Jahr und Tag.

Jede Gesetzgebung erkennt an, daß durch die Zeit die thatsächlichen Verhältnisse geheiligt und zum Werthe von Rechtsverhältnissen erhoben werden. Der Charakter der Handelsstadt Lübeck führte zu einer so kurzen Frist von Jahr und Tag, wie sie als allgemeine Verjährungsfrist sonst kaum besteht und selbst in unserer schnelllebigen Zeit von verschiedenen Gebieten zurückgedrängt wird, in der Erkenntniß, daß der Werth der Zeit für die verschiedenen Rechtsgebiete selbst ein verschiedener ist.

Das lüb. R. enthält auch über Verjährungen kein erschöpfendes System, sondern nur einzelne Vorschriften, welche die Zeitdauer betreffen. Es gelten also daneben alle Vorschriften des allgemeinen Rechts, bez. preuß. Landr. über die Erfordernisse und Bedingungen der Verjährung, über Besitz, dessen Fortdauer oder Unterbrechung, Erwerbstitel bei Ersitzungen, bona fides und über Hindernisse und Unterbrechungen bei Verjährungen. Stein (Bd. 2. §. 10. 11) sowie Mevius (No. 8—26 ad lib. I. tit. 8. — No. 32—41 ad art. 1) bemerken ausdrücklich, daß die gemeinrechtlichen Vorschriften über Verjährungen zur Anwendung kommen, soweit nicht das Statut ausdrückliche Specialvorschriften enthält; jura statutaria seien stricte zu interpretiren, daß sie dem juri communi soviel möglich conform bleiben. Zu beachten ist, daß zur Zeit der Redaktion des lüb. R. und der Commentirung durch Mevius unter Verjährungen, Präscriptionen ebenso wie noch zur Zeit der Redaktion des preuß. Landr. sowohl die Ersitzung als Eigenthums- und Rechtserwerb, Acquisitiv-Verjährung, Verjährung durch Besitz, als auch die Klagenerlöschung, Verjährung durch Nichtgebrauch, Extinctivverjährung begriffen wurden. — Mevius hebt im Vorvermerk seines Commentars zum tit. 8. lib. 1 ausdrücklich hervor: im alten römischen Rechte habe sich die usucapio, welche Eigenthum gab, von der praescriptio, welche nur einen Einwand begründete, unterschieden; aber tandem Justiniani constitutione in l. un. Cod. de usuc. transf. jura usucapionum et praescriptionum longi temporis plane confusa sunt.

Quo rubrica h. tit. sine dubio respicit, dum de praescriptionibus solum est, quae quatenus generis nomen obtinet, germanica voce: Vorjahrung indigitatur. nota 6. 7 zu lib. I. tit. 8.

Als „Jahr und Tag" wird im lüb. R. genau der Zeitraum von einem Jahre und 24 Stunden gerechnet, 366 Tagen (im Schaltjahr 367 Tagen), gemäß allgemeiner Usual-Interpretation des lüb. Rechts. Stein Bd. 1. §. 86. Bd. 2. §. 11. Mevius nota 16 fin. ad I. 8. art. 1. Pauli Bd. I. S. 174.

Die Berechnung weicht von der Bedeutung der Frist von Jahr und Tag im sächsischen Recht ab, worin bekanntlich die Frist von 1 Jahr 6 Wochen 3 Tagen als Jahr und Tag gerechnet werden. Zur Aufklärung der Hinzufügung des einen Tages bemerkt Mevius No. 12 ad art. 1 h. t.: er sei hinzugefügt zur Beseitigung von Zweifeln, ob die Berechnung des Jahres a momento in momentum geschehen soll oder ob der ganze letzte Tag vollständig gerechnet werde und mitverflossen sein müsse. Indeß abgesehen davon, daß in dieser Beziehung der — nach den allgemeinen Rechtsbestimmungen zu lösende — Zweifel derselbe bleibt, die Frist mag auf ein Jahr oder auf 1 Jahr und 1 Tag bestimmt sein, so ist in der That Bedeutung und Ursprung der eigenthümlichen Frist von Pauli Bd. I. S. 171—174 aus dem frühern Gerichtsverfahren historisch richtiger erklärt. Vor das Gericht des Grafen und zwar vor das gewöhnliche Echteding, in welchem ohne besondre Vorladung jeder Besitzer einer Feuerstelle nach altem Rechte erscheinen mußte, gehörten namentlich diejenigen Rechtsgeschäfte und Rechtsstreitigkeiten, welche Freiheit und echtes Eigenthum betrafen. Es fand dreimal im Jahre zu bestimmten Zeiten statt; so namentlich in Lübeck Montags nach Quasimodogeniti, Montags nach Remigii und Montags nach trium regum. An diesen ungebotenen Gerichtstagen erfolgte die Ueberlassung von Grundstücken. A. L. R. Cod. I. art. 2. 3. Nach dem altgermanischen Grundsatze einer dreifachen Frist war gestattet, eine Eigenthumsüberlassung in den auf dieselbe folgenden 3 nächsten Gerichtstagen anzufechten, so daß der Ablauf des 3ten Gerichtstags, — denjenigen der Ueberlassung selbst nicht mitgerechnet, — die äußerste Frist zur Anfechtung enthielt. Dies war ohne Zweifel die alte Bedeutung von Jahr und Tag. Das sächsische Recht fügte dann noch die 3fache Frist der Vorladung zum gebotenen Dinge (14 Nächte und 1 Tag) mit 6 Wochen 3 Tagen hinzu.

Da im lübischen Rechte unzweifelhaft unter: „Jahr und Tag"

ein Jahr und 24 Stunden zu verstehen sind, so findet die Bestimmung des Landr. I. 3. §. 49, welche ein Jahr und 30 Tage rechnet, hier keine Anwendung. Für die Computation des Zeitraums gilt in Betreff der Verjährung durch Nichtgebrauch die Vorschrift des Landr. I. 9. §. 547—549, daß die Frist allemal mit dem Ablaufe des letzten Tages des Zeitraums endet; und in Betreff der Ersitzung die Civilcomputation, wie im röm. R., daß das Rechte am Beginne des letzten Tages für erworben erachtet wird. Landr. I. 3. §. 46.

Auch nach lüb. R. verjähren nicht alle Ansprüche in Jahr und Tag. Die Frist ist daher nicht über die Fälle auszudehnen, für welche sie gegeben ist. Mev. No. 18 zu I. 8. art. 1. Born. S. 105.

§. 25. Ersitzung beweglicher Sachen.

Der Besitz von Jahr und Tag genügt nach lübischem Rechte zum Erwerbe von beweglichen Sachen. Der art. 1. lib. I. tit. 8 bestimmt:

„Alles das Gut, welches in diese Stadt kommt, doch nicht über See und Sand und ein Mann bei sich hat Jahr und Tag, mag er solches beweisen, so kann ihm das Niemand mit Rechte abgewinnen oder vor gestohlen und geraubt Gut ansprechen; doch sofern derjenige, der solch Gut ansprechen will, auch binnen Landes gewesen."

Die Ausschließung der Sachen, welche über See und Sand kommen, hat nur die Bedeutung, daß für diese Sachen nicht der Art. 1 h. t. sedes materiae ist; vielmehr sind dafür die besondern Vorschriften des Seerechts VI. 3. art. 4 und 5 maßgebend. Danach ist bei solchen Sachen schon der Nachweis des redlichen Erwerbs zur Ausschließung der Ansprüche Anderer genügend; und wenn dieser nicht nachgewiesen werden kann, der Besitz von Jahr und Tag genau ebenso, wie Art. 1 h. t. für andere Sachen bestimmt. Stein II. §. 14. — Mevius will hinsichtlich der über See und Sand kommenden Sachen den Art. 1 h. t. dahin verstehn, daß die Verjährung von Jahr und Tag ausgeschlossen sei, wenn sie von einem malae fidei possessor zur Stadt eingebracht würden; und daß sie nach VI. 3. art. 4. 5 zulässig sei, wenn sie ein bonae fidei possessor zur Stadt einbringe. No. 28—30 zu art. 1. Indeß giebt der Wortlaut der Bestimmungen zu einer solchen Unterscheidung keinen Grund, und ist bei allen Sachen in beiden Bestimmungen der

Besitz in gutem Glauben gleichmäßig Voraussetzung, wie Mevius selbst Nr. 38—40 ausführt.

Zur Ersitzung nach art. 1 h. t. sind außer dem Besitze von Jahr und Tag auch die übrigen allgemeinen Requisite der ordentlichen gewöhnlichen Ersitzung nöthig: bona fides, possessio continua, justus titulus (ein zur Erlangung des Eigenthums geschickter Titel) und die Abwesenheit von allgemeinen Ersitzungshindernissen. Soweit nemlich das Statut als lex specialis nicht ausdrücklich Abweichungen sanctionirt, bleiben die allgemeinen Rechtsvorschriften der Materie maßgebend. Mevius No. 32—41. Stein II. §. 10. 14. und Anm. Nach der ausdrücklichen Vorschrift des Art. 1 reicht diese kurze Verjährung auch nur inter praesentes aus, „wenn derjenige, der solch Gut ansprechen will, binnen Landes gewesen ist.“ Mevius erklärt die Beantwortung der Frage, ob Jemand binnen oder außer Landes gewesen ist, von der Anwesenheit in demselben Gerichtsbezirke abhängig, indem so auch sonst in Deutschland der Umfang der „Provinz“ in Bezug auf Verjährung angenommen werde, deren Fristen auch nach röm. R. nach An- und Abwesenheit in eadem provincia l. 12. Cod. VII. 33 bestimmt wurden. Demgemäß sei auch entschieden, daß ein Domicil in einer andern Stadt derselben Provinz Pommern schon den Fall der Abwesenheit begründe. Mevius No. 31 ad h. art. und No. 27—29 ad III. 6. art. 3. — Der lateinische Text des Art. 1 h. t. übersetzt binnen Landes mit dem Ausdruck des röm. R. für die gleiche Unterscheidung: in eadem provincia; ebenso im Verjährungsfalle des lib. I. 6. art. 2, und Stein II. §. 18 und I. §. 179 will dies wörtlich auch so gelten lassen, so daß die „Provinz“ entscheide. Indeß möchte die Unterscheidung von Mevius der gemeinrechtlichen Praxis mehr entsprechen. Im Gebiete des preuß. Landr. wird die Abwesenheit außerhalb des Distrikts desselben „Landesjustizkollegii“ (Appellationsgerichts) nach Landr. I. 9. §. 622 die Anwendbarkeit des Art. 1 ausschließen; da diese landrechtliche Bestimmung im Gebiet des preuß. Landr. an die Stelle der gemeinrechtlichen Vorschrift über An- und Abwesenheit in eadem provincia getreten ist und den Umfang der „Provinz“ definitiv normirt und da bei fehlender lübischer Bestimmung die allgemein rechtlichen Vorschriften anzuwenden sind. Dagegen kann der Art. 1 im Falle der Abwesenheit nicht etwa nach Analogie des Landr. I. 9. §. 621 unter Verdoppelung der einfachen Frist zur Anwendung kommen. Die Analogie findet überhaupt zur Ausdehnung solcher statutarischen Specialvorschriften nicht statt. Das lübische Recht kennt keine Fristverdoppelung für den Fall der Abwesenheit, sondern giebt den Abwesenden die Frist von Jahr und Tag von der Zeit der Rückkehr oder a tempore scientiae gerechnet, so namentlich bei der Ersitzung von Grundstücken, und bei Geltendmachung des Retraktsrechts bei Erbgütern und in andern Fällen. III. 6. art. 3. — V. 6. art. 1. — Pauli I. S. 170—180. Stein I. §. 179 und Anm. — Mevius No. 29 ad III. 6. art. 3. Dies ist daher als allgemeiner lübischer Grundsatz über den Anfang der Verjährung zu erachten, und wird auch hier gelten müssen, zumal da der Abwesende von seiner Rückkehr an ein Anwesender wird, auf welchen dann Art. 1 anwendbar ist und da die Wissenschaft von der Sachlage nach der ratio legis besonders bei unsern heutigen Verkehrsverhältnissen als geistige Anwesenheit anzusehen ist.

Die lüb. Verjährung von Jahr und Tag tritt an die Stelle der gemeinrechtlichen gewöhnlichen Verjährung. Sie ist also nicht anwendbar, wo nach gem. Rechte bez. preuß. Landr. gegen bestimmte Rechtssubjekte, Fiskus, Kirchen u. s. w. oder wegen der Qualität der Sachen [gestohlner und geraubter], wegen des Fehlens eines Titels oder sonst aus besondern Gründen entweder überhaupt keine Verjährung oder nur eine außerordentliche Verjährung in längerer Zeit stattfindet. In solchen Fällen gelten die Vorschriften des subsidiären allgemeinen Rechts. Mevius No. 19—22 ad art. 1. — Stein II. §. 22. Für gestohlene und geraubte Sachen hält Stein II. §. 16 die Verjährung von Jahr und Tag nach Art. 1 dadurch für anwendbar erklärt, daß nachher Niemand „die Sachen als gestohlen oder geraubt ansprechen" dürfe. Mevius bemerkt auch (Zusatz zu No. 26 ad art. 1), daß nach der Gerichtspraxis in Lübeck selbst gestohlene oder geraubte Sachen von einem bona fidei possessor gemäß Art. 1 in Jahr und Tag verjährt wurden. Indeß Mevius selbst (not. 22—27) und ebenso Stein (II. §. 17), obgleich sie über einzelne Gründe streiten, halten beide die gewöhnliche Verjährung gestohlener und geraubter Sachen wegen der peinl. Halsgerichtsordnung Karls V art. 209 ausgeschlossen; soweit nicht gewohnheitsrechtlich das aus älterer Zeit stammende lübische Recht sich in diesem Punkte erhalten hat. Mevius bemerkt, daß gemäß der Praxis in Stralsund und andern lübischrechtlichen Orten gestohlene und geraubte Sachen nur durch 30jährige Verjährung ersessen werden. Wir müssen auch der Ausschließung des Art. 1 für solche Sachen beistimmen und halten auch nur die außerordentliche Verjährung des gemeinen resp. preuß. Rechts (I. 9. §. 584. 648) für anwendbar;

weil die neuern allgemeinen Verbotsgesetze der Carolina und des Landr. derogiren; weil Art. 1 allgemein für Fälle außerordentlicher Verjährung nicht gilt und durch die Ausdrucksweise für die Wirkung der Verjährung keine ausdrückliche Bestimmung darüber gegeben ist, für welche Sachen die Vorschrift gelten soll; hauptsächlich jedoch — da die Sache nach der Fassung des Art. 1 und dessen Auslegung in Lübeck allerdings zweifelhaft ist — weil die Praxis außerhalb Lübeck entschieden gestohlene Sachen von der Verjährung von Jahr und Tag ausschließt. — Auch der Bericht des Hofgerichts zu Cöslin vom 9. Oktober 1780 erklärt von der Verjährung in Jahr und Tag gestohlene und geraubte Sachen (nach lib. 3. tit. 4. art. 8. 9) für ausgeschlossen. Vergl. Pomm. Stat. R. §. 32.

§. 26. Ersitzung von Immobilien.

Auch Immobilien werden nach lüb. R. durch Ersitzung in Jahr und Tag erworben. III. 6. art. 13. Bemerkenswerth ist dabei der nöthige Titel. Nach dem revid. Stat. war zur Eigenthumsübertragung von Immobilien, „liegenden Gründen und stehenden Erben, fundi et domus" an Stelle der früher im ungebotenen Echteding erfolgten Verlautbarung nothwendig, daß öffentlich „das Grundstück vor dem Rathe erlassen", „aufgelassen", d. h. vor Gericht von den Contrahenten die Uebereignung erklärt und dieselbe „eingeschrieben", d. i. ins Ober-Stadtbuch eingetragen wurde. Ein abgeschlossener Kaufkontrakt war zwar auch ohne Verlassung und Einschreibung verbindlich; aber letztere, welche der Käufer vom Verkäufer verlangen konnte, gaben den Vorzug vor andern Prätendenten und nach Besitz von Jahr und Tag unantastbares Eigenthum. III. 6. art. 1. 2. V. 6. art. 1 und Mevius ad h. t. Der Verkäufer braucht aus demselben Grunde dem Käufer nur Jahr und Tag nach der gerichtlichen Verlassung Gewähr zu leisten. Art. 1. Vergl. A. L. R. Cod. I. art. 78. Cod. II. art. 23. 34—36. Cod. III. art. 248. 334. — Im Wortlaute der positiven Bestimmung über die Ersitzung von Immobilien Art. 3 ist nicht ausdrücklich erklärt, daß ein Titel zur Verjährung von Jahr und Tag nöthig ist und wie dieser beschaffen sein muß; indeß aus denselben Gründen, wie bei der Ersitzung von beweglichen Sachen, sind auch hier die allgemeinen Requisite der ordentlichen Ersitzung außer dem Ablauf der Zeit maßgebend, und ist schon deshalb ein justus titulus nothwendig. Aus dem Zusammenhange der Art. 1. 2. 3. III. 6. und Art. 1. V. 6. folgt ferner, daß die gerichtliche Verlassung von Grundstücken, von welcher an gerechnet der Verkäufer noch Gewähr leisten muß, zum Titel behufs der Ersitzung in Jahr und Tag nöthig ist; und wird dies auch von allen Lehrern lübischen Rechts als selbstverständlich angenommen. Mevius No. 13. 14. ad art. 1. III. 6. No. 3 sq. ad art. 3. — Stein II. §. 11. 19.

Was die heutige Anwendbarkeit betrifft, so sind hinsichtlich der Form der Verträge und der Wirkung ihrer Nichtbeobachtung an sich jetzt die landrechtlichen Vorschriften maßgebend. §. 7. No. 9. Es bleibt aber zunächst das Requisit bestehen, daß zur lübischrechtlichen Ersitzung von Immobilien im Gebiete des Landrechts ein Titel erforderlich ist, wie er zur gewöhnlichen landrechtlichen Verjährung durch Besitz nöthig ist, also ein formell und materiell zum Eigenthumserwerbe geschickter Titel. Landr. I. 9. §. 579. Just. Minist. Bl. 1841. S. 160. — Es ist dann ferner noch jetzt nöthig, daß dieser Titel ein gerichtlicher sein muß; denn nur für die, vor dem Rathe, d. i. gerichtlich verlassenen, Immobilien und nur für die, im Oberstadtbuche eingetragenen, Geschäfte ist nach V. 6. art. 1 und III. 6. art. 1. 2. 3 die Anfechtung nach Jahr und Tag ausgeschlossen. Das Oberstadtbuch nahm die, früher vor dem ungebotenen Ding zu verhandelnden, Rechtsgeschäfte, namentlich über echtes Eigenthum und Erbschaften auf. A. L. R. Cod. I. art. 3. Pauli I. S. 5. ff. Dem Oberstadtbuche entsprechen also jetzt unsere Gerichtsakten über derartige Geschäfte. Die Verjährungsbedingung des lüb. R. fallen zu lassen, sind wir natürlich nicht berechtigt, wenn dasselbe anwendbar sein soll, und es kann hierauf keinen Einfluß haben, welchen Bedingungen die für Verjährung gleichgültige Vertragswirkung unterliegt.

Im Uebrigen gilt für diese kurze Ersitzung von Immobilien hinsichtlich der übrigen allgemeinen Requisite, bona fides, Besitzfortdauer, Abwesenheit allgemeiner Ersitzungshindernisse, Anwesenheit desjenigen, gegen welchen verjährt werden soll und Geltung außerhalb des Gebiets außerordentlicher Verjährungen ganz dasselbe, was §. 25 von der Ersitzung beweglicher Sachen gesagt ist.

Ohne Grund ist im pomm. Statut. R. diese lübische Ersitzung nicht erwähnt; sie ist für anwendbar zu erachten, soweit nicht gewohnheitsrechtliche Aufhebung nachgewiesen wird. Der Bericht des Hofgerichts Cöslin von 1780 erwähnt auch noch ausdrücklich, daß die Verjährung binnen Jahr und Tag geschieht „b. bei Immobilien, wenn diese gehörig vor- und abgelassen sind." S. 16.

§. 27. Gebäude-Verjährung.

Das lüb. R. I. 8. Art. 2 bestimmt:

„Wann über Jahr und Tag ein Gebäude unangesprochen gestanden, das kann nach Jahr und Tag nit mehr angefochten werden.“

Latein.: Mev.: Aedificii nomine, quod per annum et diem sine interpellatione constitit, deinceps omnis actio vel querela cessato.

Als Grundsätze, welche dem Inhalte des Art. 2 entsprechen, sind aufzustellen:

1. Servituten, deren eine Bauanlage als praedium dominans genießt, werden durch Ersitzung in Jahr und Tag erworben;
2. Servituten des Nachbargrundstücks, deren Ausübung durch eine Bauanlage auf dem dienenden Grundstücke unmöglich oder beschränkt wird, erlöschen in so weit durch Verjährung in Jahr und Tag.
3. Ebenso erlöschen die, aus Art. 10 und 13. III. 12 und sonstigen gesetzlichen Eigenthumsbeschränkungen begründeten, Widerspruchsrechte gegen bauliche Anlagen des Nachbars durch Nichtausübung in Jahr und Tag.

Umfang und Bedeutung der Vorschrift des Art. 2 sind namentlich in neuerer Zeit durch widersprechende Erkenntnisse in Zweifel gestellt. Das Obertribunal wollte in Entsch. Bd. 17. S. 388 ff. den Art. 2 nur von der Extinctivverjährung für nachbarliche Bauwiderspruchsrechte verstehn. Das O.A.Gericht zu Lübeck will durch den Art. 2 nur Servituten, welche durch eine bauliche Einrichtung bewirkt werden, erwerben lassen; den Art. aber nicht auf Erlöschung erworbener Servituten anwenden. Bruhn lüb. Entsch. Bd. 2. S. 519. Das O.A.Gericht zu Greifswald erklärte den Art. 2 sowohl für Acquisitiv- als auch für Extinctivverjährung von Gebäudeservituten anwendbar. Born. S. 20—28.

Der letzteren Annahme müssen wir uns im Allgemeinen anschließen. Sowohl die Auslegung der ältern Commentatoren und die frühere Praxis, als auch der Inhalt des Art. 2 sprechen dafür. Das ältere lüb. Recht, in welchem sich die Vorschrift des Art. 2 nicht ausgesprochen findet, trägt freilich zur Aufklärung nichts bei.

Mevius erörtert außer der richtigen Bemerkung, daß der Artikel nur privatrechtliche Verhältnisse betrifft, nicht aber Fälle, in denen aus Gründen des Gemeinwohls über Gebäude zu verfügen ist. (Nr. 4.) zum art. 2:

Libertatem et servitutem praediorum urbanorum hic art. concernit. Eae ex jure communi per longum tempus praescribuntur; sed hic is modus eaque forma aedificiis relinquitur, quo quaeque per annum et diem sine contradictione constiterint. Quocirca novi operis nunciatio hoc jure intra praefatum tempus fieri debet, postea excluditur; sicut nec mandatum eo elapso impetratur. Idque ad omnes causas spectat, ex quibus aedificatio impugnari solet, de quibus vide infra tit. 12. lib. 3.

Außerdem behandelt Mevius die Ersitzung und Verjährungsverlust von Gebäudeservituten in No. 8—18 zu lib. 3. III. 12. art. 8 und das Erlöschen des nachbarlichen Widerspruchsrechts gegen neue Fenster, Thüren u. s. w. in No. 23—29 zu III. 12. art. 13. Er bemerkt unter Bezugnahme auf I. 8. art. 2: Gebäudeservituten werden nach lüb. Recht durch Ausübung binnen Jahr und Tag erworben. Positive Servituten im Sinne des gemeinen Rechts, welche Jemand deshalb prätendirt, weil er in vel versus alienum quid aedificatum habuerit, werden erworben, wenn er Jahr und Tag in vicini fundo jus quoddam actu habuit et exercuit (Servituten, die in patiendo bestehn. Negative Rechte des Landr. I. 7. §. 81). Verba juris (I. 8. art. 2) requirunt aedificatum fuisse idque anno et die constitisse. Si quis igitur tanto tempore altius sublatas aedes, fenestras in aream vicini apertas, moeniaka, projectum, tignum immissum in praedium vicinum, onus parieti impositum, stilicidium, cloacam, cisternum, aliquid unde luminibus aut prospectui vicini officiatur, vel simile, quod servitutis speciem continet, habuerit, und wenn dann Besitz und Verjährung in Jahr und Tag nicht unterbrochen sei, so sei der Besitzer durch Verjährung geschützt und es stehen ihm die Rechtsmittel zum Schutze von Servituten zu. Negative Servituten, welche Jemand prätendirt, weil sein Nachbar in suo non aedificaverit (servitutes de non faciendo, Untersagungsrecht des Landr. I. 7. §. 86. 127. 128) würden dadurch allein nicht erworben, daß Jemand von einem jus merae facultatis nicht Gebrauch macht, und seien auch vom art. 2 cit. nicht betroffen; sie würden indeß durch Verbot und hinzugekommene rechtsverjährte Beruhigung seitens des Belasteten binnen Jahr und Tag erworben. In gleicher Art hören Prädialservituten durch usucapio libertatis seitens des bisher Belasteten binnen Jahr und Tag auf; also positive Rechte im obigen Sinne durch Zuwiderhandlung oder Verhinderung, falls der frühere Berechtigte Jahr und Tag darauf ohne Verfolgung seines Rechts vergehn läßt, und Untersagungsrechte, wenn der bisher Belastete demselben zuwider handelt, ohne daß der Berechtigte binnen Jahr und Tag sein Recht geltend macht. In letzterer Weise höre auch das gesetzliche Untersagungsrecht gegen neue Fenster, Thüren u. dgl. dem Nachbar gegenüber III. 12. Art. 13 durch Nichtausübung binnen Jahr und Tag nach Einrichtung einer, dem Untersagungsrecht widersprechenden, baulichen Anlage auf. So Mevius zum lüb. R. III. 12. Art. 8. und 13.

Dies ist auch im Wesentlichen die gemeinrechtliche Lehre von Erwerbung und Erlöschung von Gebäudeservituten durch Verjährung, nur mit dem Unterschiede, daß nach Mevius bei der Acquisitiv- wie bei der Extinctivverjährung aller Gebäudeservituten die lüb. kurze Frist von Jahr und Tag gilt. Durch diese Ausführungen erläutert Mevius seine obenerwähnte Inhaltsangabe, „libertatem et servitutem praediorum urbanorum hic art. (I. 8. art. 2) concernit" dahin: die Freiheit und Befreiung der Gebäude von Servituten (auch von gesetzlichen Eigenthumsbeschränkungen und Untersagungsrechten) und ebenso der Erwerb von Gebäudeservituten erfolgt nach lüb. Recht durch Verjährung in Jahr und Tag. In diesem Umfange hat seither die Gerichtspraxis im Allgemeinen nach dem Vorgange von Mevius den Art. 2 verstanden; und ist dies auch unseres Erachtens durch den Wortlaut des Art. 2 mit einer gleich zu erwähnenden Modifikation begründet. Aus der Fassung des Art. 2 folgen nach natürlicher Wortauslegung als Inhalt die vorangestellten Grundsätze:

Ein Gebäude, welches mit einer baulichen Einrichtung eine Servitut ausübt und hinsichtlich seines Zustandes Jahr und Tag unangefochten bleibt, kann in Betreff jener Prädialservitut nicht mehr angefochten werden.

Wenn durch ein Gebäude eine Servitut des Nachbarn unmöglich gemacht oder beschränkt wird, und wenn das Gebäude Jahr und Tag unangefochten bleibt, so bleibt dasselbe berechtigt, und die Servitut ist insoweit durch Verjährung erloschen. Dasselbe gilt, wenn ein Gebäude gegen die sog. Legalservituten §§. 16. 17. — III. 12. Art. 10. 13. errichtet ist oder für ein Gebäude Einrichtungen gegen die gesetzlichen Eigenthumsbeschränkungen getroffen sind. Entsch. Bd. 29. S. 56. — Strieth. Arch. Bd. 17. S. 158. Gegen die Bemerkung von Mevius, daß daher die novi operis nunciatio binnen

Jahr und Tag geschehen müsse, haben zwar Stein II. §. 21 und Heineccius de praescr. ann. §. 28, was den Wortsinn anbetrifft, darin Recht, daß die operis novi nunciatio des römischen Rechts sofort erfolgen mußte, wenn ein Gebäude angefangen ist oder erst angefangen werden soll. Dieselbe ist allerdings mit der Wirkung, den sofortigen Weiterbau zu verhindern, ein nicht hierher gehöriges Rechtsmittel und ist nicht damit zu verwechseln, daß ein Widerspruchsrecht zeitig geltend gemacht werden muß, um nicht durch Verjährung verloren zu werden. Mühlenbruch Pandekten Bd. II. §. 463. Offenbar ist dies letztere von Mevius gemeint und ist jedenfalls nur dies die wirkliche Bedeutung des Art. 2.

Aus der Wortfassung des Art. 2 folgt dagegen nicht der, ebenfalls von Mevius behauptete, Grundsatz, daß alle Servituten, welche einem Gebäude als berechtigten Grundstücke zustehn, durch usucapio libertatis in Jahr und Tag verloren gehn, auch wenn die Handlungen, welche die usucapio libertatis begründen, nicht in Errichtung andrer Bauanlagen bestehn, welche nach Jahr und Tag berechtigt wären. Freilich hat die Usual-Interpretation auch dies angenommen, gestützt darauf, daß die Frist von Jahr und Tag die allgemeine lüb. Verjährungsfrist sei. Bruhn lüb. Entsch. Bd. I. S. 267. Jedoch können wir weder diesen Grund für richtig halten (§. 24 Schluß), noch diese offenbare Ausdehnung über den Inhalt des Art. 2 für zulässig erachten.

Außer Mevius nehmen auch alle andern ältern Commentatoren des lüb. Rechts an, daß Erwerb und Verlust von Prädialservituten nach lüb. R. durch Verjährung von Jahr und Tag gemäß dem Art. 2 erfolgt. So Stein Th. II. §. 11. 19. 20. Th. III. §. 243. 231. Ebenso Gerdes dissert.: de differ. jur. comm. et lub. §. 60: Jure lubecensi servitutes praediorum urbanorum anno et die praescribi, — so daß actiones confessoriae et negatoriae wegfallen — aperte patet ex art. 2. tit. 8. lib. 1, qui (wörtlich mit Mevius) ad omnes causas spectat, ex quibus aedificatio impugnari solet.

Heineccius diss. de praescr. annali j. l. §. 28. p. 45: At omnes eas actiones, — act. negatoria zur Wahrung der Freiheit des Eigenthums und Unterbrechung der erwerbenden Verjährung von Servituten, act. confessoria zur Geltendmachung von Servituten vor ihrer Erlöschung durch Verjährung, interd. quod vi aut clam und andre Rechtsmittel zum Schutze von Servituten —

jus lubecense intra annum et diem jubet institui et alias exceptione praescriptionis submotum iri actorem minatur.

Bornemann (Rechtsfälle lüb. R. S. 20—28) berichtet über einen Prozeß: A behauptet das Recht, sein Hofwasser nach dem Hofe des B durch eine Rinne abzuleiten. B macht den Abfluß dadurch unmöglich, daß er vor der Oeffnung einen mit Feldsteinen ausgedämmten Stall errichtet. Abgesehen von dem Streite, ob eine Servitut für A bestehe, excipirte B: daß sie durch Verjährung erloschen sei. Der erste Richter hatte hierfür den Nachweis 10jährigen Nichtgebrauchs verlangt und angenommen, daß nach art. 2 h. t. nach Jahr und Tag nur eine actio negatoria, ein Widerspruch gegen eine, durch den Bau etwa geschehene, Beeinträchtigung der natürlichen Freiheit des Klägers fortfalle. Das Oberapp.Ger. zu Greifswald entschied jedoch 1817 und 1818: Verklagter müsse nachweisen, daß Fußboden und Damm seines Stalles schon über Jahr und Tag vor dem Rechtsstreite eine Ausübung jener Gerechtigkeit unmöglich gemacht habe. Die Vorschrift des Art. 2 laute so allgemein, daß darnach alle und jede Klagen wegen Beeinträchtigungen, die Jemand durch die, von einem Andern gemachten, Baueinrichtungen erlitten zu haben vermeint, gänzlich wegfallen, sobald diese Einrichtungen über Jahr und Tag unangefochten bestanden haben. Diesem entspreche auch der lateinische Text: omnis actio vel querela cessat. Nicht nur actio negatoria, sondern auch confessoria seien nach Jahr und Tag erloschen, mithin per indirectum nach jener Frist jede durch den Bau unmöglich gemachte Servitut erloschen. Die Ansicht des ersten Richters beschränke die Worte des Statuts auf die Hälfte ihres wahren Inhalts. Ueber beide, Acquisitiv- und Extinctivverjährung der Servituten, finde sich im lüb. R. keine ausdrückliche allgemeine Bestimmung; für beide sei aber art. 2 per indirectum auf gleiche Weise maßgebend.

Auch das Obertribunal zu Berlin hatte nicht nur in der Plenarentscheidung vom 3. März 1851 (Strieth. Arch. Bd. 1. S. 276) angenommen, daß das Widerspruchsrecht gegen neue Fensteranlagen des Nachbarn aus Art. 13. III. 12 in Jahr und Tag nach art. 2. h. t. erlösche, sondern auch in dem Senatserkenntnisse vom 27. December 1859 (Strieth. Arch. Bd. 36. S. 112), daß, wenn eine Bauanlage über Jahr und Tag unangefochten gestanden, dadurch die Anfechtungsklage des Nachbarn ausgeschlossen wird, ferner Grundgerechtigkeiten, soweit sie die natürliche Freiheit des Nachbargrundstücks beschränken, durch Ersitzung erworben werden und die dem

Nachbargrundstücke zustehenden Servituten, soweit deren Ausübung durch die Bauanlage unmöglich gemacht oder beschränkt wird, durch Verjährung aufgehoben oder beschränkt werden. Hierfür wird auf das Provinzialrecht von Neuvorpommern und Rügen und Bornemanns Rechtsfälle S. 20 ff. Bezug genommen.

Wenn hiernach für unsre Auffassung, daß der Art. 2 sowohl erwerbende als erlöschende Verjährung betrifft, die Uebereinstimmung der allgemeinen Praxis und der Literatur festgestellt ist, so wird sie durch zwei widersprechende Erkenntnisse des Obertribunals nicht widerlegt. Ein älteres Erkenntniß vom 13. Februar 1849 (Entsch. Bd. 17. S. 388—392) entscheidet: der Art. 2 enthalte nur eine Extinctivverjährung gegen das nachbarliche Widerspruchsrecht aus Art. 13. III. 12; und handele nur von der Eigenthumsausdehnung auf eignem Grunde; er enthalte dagegen nicht eine Acquisitivverjährung für Rechte über den nachbarlichen Grund und Boden; und daher werde das Recht, Fensterladen über das nachbarliche Grundstück hinweg zu öffnen und aufzuschlagen, nicht durch Annalpräscription erworben. Das abgedruckte Erkenntniß enthält gar keine Gründe für diese Annahme. Da es dem Wortlaute des Art. nicht entspricht, derselbe vielmehr jede Anfechtung des Gebäudes, wie es Jahr und Tag mit seinen Einrichtungen stand und benutzt ist, also auch die Anfechtung mit der actio negatoria nach Jahr und Tag verbietet, und da die Praxis und die einstimmige Auslegung aller Commentatoren entgegenstehn, so wird der Entscheidung vom 13. Februar 1849 kein Gewicht beizulegen sein. — In einer neuern Obertribunalsentscheidung vom 12. März 1861 (Strieth. Arch. Bd. 41. S. 36 ff) ist derselbe Grundsatz, daß Art. 2 nur eine Extinctiv-Verjährung gegen das nachbarliche Widerspruchsrecht enthalte, wiederholt; aber ebenfalls keine Begrundung versucht, sondern nur auf jenes Erkenntniß von 1849 verwiesen. Es ist kein Versuch gemacht, die Differenz der Entscheidungen von 1849, 1859 und 1861 zu erklären und ist wohl beim Erkenntnisse von 1859 an dasjenige von 1849 nicht gedacht und bei der Entscheidung von 1861 wieder die frühere von 1859 vergessen*).

In entgegengesetzter Richtung hat das O. A. Gericht zu Lübeck 1847 gelegentlich erwähnt, daß nach dem Art. 2 eine Servitut, welche durch eine bauliche Einrichtung bewirkt werde, erworben, nicht aber eine erworbene Servitut verloren werde. Bruhn lüb.

*) In dem eben erschienenen Bd. 55 der Entsch. S. 29—34 ist die, im Jahre 1849 angenommene Auslegung des Art. 2 aufgegeben.

Entsch. II. S. 519. Auch diese Ansicht muß durch das früher Bemerkte für widerlegt erachtet werden, soll übrigens an jener Stelle nur den richtigen Grundsatz erhärten, daß da, wo früher ein Hausbesitzer gegen die Bestimmung des Art. 13. III. 12 Fenster gehabt hat, der Nachbar deren Erneuerung auf Grund des Art. 2. I. 8 nicht schon deshalb verbieten kann, weil sie Jahr und Tag nicht mehr bestanden haben. Vergl. §. 18.

§. 28. Was bedeutet ein Gebäude?

Zur Präcisirung des Gebiets für den Art. 2. I. 8 wird noch eine nähere Erörterung nöthig, in welchen Beziehungen „Gebäude" zu den zu erwerbenden oder zu verlierenden Rechten stehen müssen, um die Anwendbarkeit des Art. 2 zu begründen und was unter „Gebäuden" zu verstehen ist. Das Obertribunal erklärt in der Entscheidung vom 9. Februar 1849, Entsch. Bd. 17. S. 392ff., im Widerspruche mit dem Appellationsgerichte zu Cöslin: Rinnen, welche auf dem Erdboden liegen, sind nicht zu den Gebäuden zu rechnen, deren Fortbestehn nach lüb. R. durch Widerspruch des Nachbarn nach Ablauf von Jahr und Tag nicht mehr gehindert werden könne; der Art. 2 setze stehende Gebäude voraus, welche über den Erdboden hervorragen. Aus demselben Grunde entscheidet ein Erkenntniß des Obertrib. vom 31. Oktober 1854, Entsch. Bd. 29. S. 58, im Widerspruch mit dem Appellationsgericht zu Stettin: das Bestehen einer Düngergrube in vorschriftswidriger Nähe seit Jahr und Tag begründe nicht nach Art. 2 ein Recht auf den Fortbestand, da sie kein stehendes Gebäude sei. — Dagegen führt das Erkenntniß vom 20. Dezember 1859, Strieth. Arch. Bd. 36. S. 112, in Uebereinstimmung mit dem App. Ger. zu Greifswald und dem zu Stralsund aus: die Wasserabflußgerechtigkeit, das Recht, eine Abflußrinne nach dem fundus des Nachbarn anzulegen, könne durch die Annalpräscription des lüb. R. in Jahr und Tag erworben werden; der Art. 2 sei von jeder Bauanlage, mithin auch von einer Abflußrinne zu verstehn. Zur Begründung wird auf das Provinzialrecht von Neuvorpommern und Rügen Th. 6. §. 148. S. 96. 97 und die darin bezogene oben erwähnte Entscheidung in Born. Rechtsfällen S. 20—28 verwiesen. Unseres Erachtens sind die Gründe der beiderseitigen Obertribunalsentscheidungen, deren Verschiedenheit aufzuklären auch in diesem Falle nicht versucht ist, nicht erschöpfend und nicht hinreichend, um daraus ein Princip zu begründen. Namentlich entscheidet auch das Erkenntniß in Born. Rechtsfällen nichts darüber, ob das Recht einer Abflußrinne durch Verjährung in Jahr und Tag erworben wird, sondern nur dahin, daß ein bestehendes Recht einer Abflußrinne durch Verjährung erlischt, wenn dessen Ausübung durch ein Gebäude, durch einen Stall und dessen Dämmung unmöglich gemacht wird *).

Das Princip wird auch in dieser Beziehung durch die richtige Bemerkung von Mevius ausgedrückt: Libertatem et servitutem praediorum urbanorum hic art. concernit. No. 1 ad art. 2. In Uebereinstimmung mit dem natürlichen Wortlaute des Gesetzes geht die Bestimmung dahin:

1. Gebäude-Servituten, d. h. Servituten, welche einem Gebäude als praedium dominans zustehen, — dies sind eben servitutes praediorum urbanorum — §. 1. 3. Inst. II. 3; l. 1. Dig. VIII. 1 — werden durch Ausübung für das Gebäude in Jahr und Tag erworben. Sie sind ihrer Natur nach als Zubehör der Gebäude anzusehen, aedificiis adhaerentes. §. 1 Inst. cit. Daß sie noch Jahr und Tag bestehen bleiben, gehört daher zum Inhalt des Art. 2 in dessen natürlicher Bedeutung, weil sie Bestandtheil des berechtigten Gebäudes sind. Dies nehmen auch alle Commentatoren, Mevius, Gerdes, Heineccius, Bornemann, nach Obigem an. Dabei ist kein Grund, das Wort: Gebäude, aedificia, in einem außergewöhnlichen Sinne und in einem andern, als dem gewöhnlichen Sprachgebrauche zu verstehen. Ohne Zwang und Deuteln kann man einen Rinnstein oder eine Rinne nicht ein Gebäude nennen; man kann nicht einmal sagen, daß man dergleichen „baut". Im röm. R. werden die Rechte cloacae immittendae, und fluminis recipiendi in aedes vel aream vel in cloacam, bald als servitus praediorum urbanorum angesehen, §. 1 Inst. l. c., bald wird das Recht „cloacam habere licere" als servitus rusticorum praediorum erklärt l. 2. princ. Dig. VIII. 3, während das jus aquam ducendi per fundum alienum im Allgemeinen zu den servitutes praediorum rusticorum gerechnet wird, princ. Inst. II. 3. l. 1 princ. Dig. VIII. 3. Sachgemäß wird mit Rücksicht auf Grund, Ursprung und Zweck der Eintheilung gesagt werden müssen: das Recht, einen Wasserabfluß, Rinnen, Kloaken auf und über fremden Grund zu führen, kann

*) Nach dem so eben erschienenen 55sten Bande der Entsch. S. 29 hat nun das Obertribunal durch eine neuere Entscheidung vom 19. September 1865 unter Aufhebung des Präjudizes vom 9. Februar 1849 den nachstehend zu 1 entwickelten Grundsatz als richtig anerkannt.

eine Gebäudeservitut sein, servitus praedii urbani, wenn es einem wirklichen Gebäude als praedium dominans zusteht, und wird dann nach lüb. R. durch Ersitzung in Jahr und Tag erworben, und dadurch Zubehör des Gebäudes. Das Recht kann aber als Feldservitut vorkommen, wenn das berechtigte Grundstück nicht ein Gebäude, sondern Feld, praedium rusticum ist, und ist dann die Annalpräscription behufs der Erwerbung nicht anwendbar. Bei dieser Entscheidung erleidet auch der Art 2 keinen Zwang. Wenn eine Servitut für ein Gebäude Jahr und Tag ungestört benutzt wird, und Zubehör des Gebäudegrundstücks ist, so hat eben das Gebäude, zu welchem auch die vorhandenen Einrichtungen und Rechte gehören, unangefochten bestanden.

2. Auf das Aufhören der Servituten durch einjährige Extinctivverjährung ist andrerseits nach dem Wortlaute des Art 2 nicht die Qualität des berechtigten Grundstücks, noch jene Eintheilung von Einfluß, sondern der Umstand, ob und wie weit die Ausübung der Servituten durch Gebäude auf dem verpflichteten, dienenden, Grundstücke unmöglich gemacht oder beschränkt wird. Insoweit erlöschen durch die Annalpräscription die Servituten, nicht nur Gebäude-, sondern auch Feldservituten, z. B. Wegerechte. Das hindernde Gebäude kann aus dem Grunde solcher Servituten nicht mehr angefochten werden. Dabei ist als Gebäude wieder nichts Anderes anzusehen, als was der gewöhnliche Sprachgebrauch darunter versteht. Jede andere Auslegung würde willkürlich werden und den Begriff eines Gebäudes deuteln.

3. Das Widerspruchsrecht gegen des Nachbarn Gebäude erlischt, wenn das Gebäude Jahr und Tag unangefochten gestanden hat. Auch in dieser Beziehung kann der Begriff eines Gebäudes nicht anders verstanden werden, als im Sinne des gewöhnlichen Sprachgebrauchs. Es ist dabei zu berücksichtigen, daß die dem lüb. R. eigenthümlichen Widerspruchsrechte nach lüb. R. III. 12. Artt. 10. 13 nur wirkliche Gebäude betreffen, wozu auch Privet und Heimlichkeiten gehören. Dagegen gehört ein Widerspruchsrecht gegen nachbarliche Düngergruben, wie das Landr. I. 8. §. 125 ein solches bestimmt, dem lüb. R. nicht an, §. 16. Die Annalpräscription des Art. 2 konnte also nicht ein Widerspruchsrecht gegen nachbarliche Düngergruben, welche an sich offenbar kein Gebäude sind, betreffen und kann nach der Fassung des Art. 2 nicht auf andre gesetzliche Legalservituten neuern bezüglich landrechtlichen Ursprungs bezogen werden, welche nicht wirklich Gebäude betreffen.

4. Erinnert mag noch werden, daß zwar nicht nach unsrer Ansicht wegen des Wortlauts des Art. 2, aber freilich nach der allgemeinen Usual-Interpretation, wie S. 68. 69 bemerkt, alle Gebäudeservituten durch Extinctivverjährung von Jahr und Tag erlöschen d. h. durch usucapio libertatis, welche Qualification dieser Verjährung jedenfalls sowohl nach gemeinem Rechte l. 6. Dig. VIII. 2. l. 18. §. 2. Dig. VIII. 6, als auch nach Landr. I. 7. §§. 81. 127. 86 beiwohnen muß.

Ein wirkliches Gebäude muß also in den Fällen zu 1 (und 4) Subjekt des Rechts, im Falle zu 3 Objekt des Rechts und im Falle zu 2 Hinderniß der Rechtsausübung sein.

Ob dabei diejenigen Gebäudeeinrichtungen, deren Berechtigung nach einjährigem Bestande aufrecht erhalten werden soll, nothwendige Theile des Gebäudes sind, wie in den Entsch. Bd. 17. S. 388 ff. 392 beiläufig für erforderlich erachtet wird, ist unwesentlich. Für das Bestehen von Servituten ist es nach gemeinem Rechte, l. 15. Dig. de serv. VIII. 1, sowie nach preuß. Rechte, Entsch. Bd. 12. S. 284, nicht erforderlich, daß die Servitut dem berechtigten Grundstücke nothwendig ist. Es genügt, daß sie ihm nützlich ist und der Betheiligte ein Interesse daran hat, und wird eine jede Servitut Zubehör des berechtigten Grundstücks, auch wenn sie für dasselbe nicht nothwendig ist. Das Widerspruchsrecht gegen nachbarliche Baueinrichtungen hat ebenfalls den Charakter einer s. g. Legalservitut. Auch für dies Recht ist so wenig wie hinsichtlich eigentlicher Servituten die Anwendbarkeit des Art. 2 auf den Fall beschränkt, daß die Bauanlagen nothwendig wären.

§. 29. Bau über die Grenze.

Dagegen ist eine andere mitunter versuchte Anwendung des Art. 2 abzuweisen, für den Fall nemlich, wenn Jemand beim Bau eines Gebäudes die Grenzlinie überschreitet und eine Grundfläche seines Nachbarn mit bebaut. Alsdann soll — wie aus Art. 2 zu folgern versucht ist — der seines Besitzes entsetzte Nachbar nach Jahr und Tag nicht mehr den Abbruch des Gebäudes, soweit es auf fremdem Grund steht, verlangen können, sondern nur noch Entschädigung für die entzogene Fläche, Landr. I. 9. §. 340 ff. Die allgemeine Fassung des Art. 2 scheint für die Berechtigung dieser Ausdehnung zu sprechen; ebenso die Bemerkung von Mevius: der Art. 2 betreffe omnes causas, ex quibus aedificatio impugnari solet; desgleichen die Bemerkung des App. Gerichts Greifswald in Vorn.

Rechtsfällen: alle Klagen wegen Beeinträchtigungen fielen weg, welche Jemand durch Baueinrichtungen eines Andern erlitten zu haben vermeine. Trotzdem ist unseres Erachtens der Art. 2 nicht in dieser Weise über den §§. 27. 28 festgestellten Umfang des Servitutengebiets auszudehnen. Es würde durch eine solche Ausdehnung die Ersitzung fremden Grundes durch Bebauung mittelst einjährigen Besitzes ohne Titel sanctionirt und die Extinctiverjährung für die rei vindicatio und actio publiciana mit Jahr und Tag erfüllt sein. Dies widerspricht entschieden den allgemeinen Rechtsgrundsätzen des lüb. und gem. R. über Ersitzung von Grundstücken, §. 26, wonach Grundstücke nur, wenn sie gerichtlich aufgelassen (justo titulo besessen) sind, durch Annalpräscription ersessen werden. Es ist daher von der Regel auszugehen, daß Bestimmungen des Statuts stricte mit möglichst geringer Abweichung vom allgemeinen Rechte auszulegen sind. Der Widerspruch würde hier um so größer sein, als nach gem. R. die inaedificatio ein Erwerbstitel für den Eigenthümer des Grundes und Bodens, nicht für den Bebauer ist. Die Fassung des Art. 2 ist bei aller Allgemeinheit nicht bestimmt genug, und hätte ausdrücklich erklären müssen, daß der Bebauende das Eigenthum der bebauten Grundfläche mit Jahr und Tag erwürbe, um eine solche Ausdehnung gerechtfertigt zu finden. Mit demselben Rechte könnte sonst der Eigenthümer der bebauten Fläche gegen den Art. 2 hier einwenden, er fechte das Gebäude an sich nicht an und wolle es bestehen lassen, aber, so weit es auf seinem Grunde stehe, als sein Eigenthum benutzen und den Nachbar eventuell für seine Baukosten entschädigen. Unzweifelhaft würde er dies können, wenn das ganze Gebäude auf seinem Grunde stände, und es würde, wenn Art. 2 dennoch in obiger Weise auf Eigenthumserwerb Anwendung finden sollte, an jedem Kriterium des Unterschiedes und der Berechtigung fehlen, wenn ein größerer oder kleinerer Theil des Gebäudes auf fremdem Grunde erbaut wäre. Es ist hiernach anzunehmen, daß der Art. 2 nicht den Eigenthumserwerb an Gebäuden oder bebauten Flächen betrifft. Dem entsprechend nehmen auch Mevius Not. 13. 14 zu III. 6. Art. 1 und Not. 3 ff. zu Art. 3. l. c., ebenso Stein II. §§. 11. 19 ausnahmslos an, daß zur Ersitzung von Grundstücken außer dem Besitze von Jahr und Tag ein Erwerbstitel, „Verlassung vor dem Rathe", nöthig ist; sie wenden beide nicht die Verjährung des Art. 2 derartig an, daß der Bau allein Eigenthumserwerb nach Jahr und Tag begründen soll. Stein will gemäß Art. 2 nach Jahr und Tag gegen den Bauenden das interdictum quod vi aut clam cessiren lassen,

Theil II. §. 20; indeß dies interdictum restitutorium, auf Wiederherstellung des bisherigen Besitzstandes gerichtet, hat nicht das Eigenthum, sondern Besitz zur Begründung und zum Objekte, war auch nach gemeinem Rechte nur in einem annus utilis anzustellen und steht der landrechtlichen Besitzstörungsklage gleich.

Ebenso trifft die Meinung von Mevius, daß eine operis novi nunciatio nicht nach Jahr und Tag erfolgen dürfe, nicht die gegenwärtige Frage, ob derjenige, welcher in Jahr und Tag wegen eines Baues auf seinem Grunde keine Besitzstörungs- oder Besitzherstellungsklage angestrengt hat, das Eigenthum der bebauten Fläche und die petitorischen Klagen wegen derselben verliert. Auch das Appell. Ger. zu Greifswald (Born. S. 20—28) sieht den Wegfall der actiones negatoriae als die eine Hälfte, den der act. confessoriae als die andre Hälfte des Art. 2 an, beschränkt ihn sonach auf Servituten. Das Obertribunal zu Berlin (Strieth. Arch. Bd. 41. S. 36 ff.) will durch den Art. 2 einen Erwerb fremden Eigenthums schon deshalb nicht garantirt wissen, weil es den Art. 2 nicht einmal zu Gunsten des Erwerbs von Servituten auf fremdem Grunde, sondern nur zu Gunsten der Rechte auf eignem Grunde auslegt.

In Betreff der Grenzüberschreitungen beim Bau sind sonach das gemeine Recht, bez. das Landr. I. 9. §§. 327 ff. 332. 340 ff. auch hinsichtlich der Verjährung anwendbar. Vergl. §. 23.

§. 30. Anfang der Gebäudeverjährung.

Der Anfangspunkt der Annalpräscription des Art. 2. I. 8 ist durch die Natur der Sache mit der Errichtung der Bauanlage gegeben, welcher die Acquisitivverjährung zu Statten kommen soll, beziehungsweise gegen welche die entgegenstehende Servitut oder das entgegenstehende Untersagungsrecht erlöschen soll. Die Entscheidung des Obertrib. v. 22. Juni 1865 in Strieth. Arch. Bd. 58. S. 358 ff. untersucht mit Rücksicht auf das Widerspruchsrecht gegen neue Fenster, mit welchem Tage die Verjährung beginne, ob sie von der Vollendung des ganzen Gebäudes, worin die nach dem Statute unzulässigen Einrichtungen getroffen sind, oder von der Vollendung dieser Einrichtungen oder von dem Zeitpunkte läuft, wo die neuen Einrichtungen für den Nachbar erkennbar waren. Mit Recht wird für den Beginn der Verjährung mit der Vollendung der unzulässigen Einrichtungen entschieden. Der Wortlaut: ein Gebäude, welches über Jahr und Tag „gestanden hat" führt dazu, daß die Vollendung der Einrichtuug maßgebend ist. Die bloße Erkennbarkeit ist ohnehin ein Punkt, welcher thatsächlich in sehr vielen Fällen schwierig zu unterscheiden ist. Manchen Fachwerksgebäuden läßt es sich schwerlich ansehen, ob unausgefüllte Fächer noch ausgefüllt werden oder Fenster, Thüren und Luken werden sollen. Den Bauplan einzusehen, hat der Nachbar selten Gelegenheit und jedenfalls keine Verpflichtung, dessen Einsicht zu verlangen. Vorzeitigen derartigen Klagen ist in der Praxis oft mit Recht der Einwand entgegengesetzt, daß nach der, der Polizeibehörde eingereichten Bauzeichnung das Gebäude noch nicht vollendet und in den leeren Fächern keine dauernden Oeffnungen beabsichtigt seien. Andererseits entspricht es offenbar dem Sinne und der ratio legis nicht, daß zum Beginne der Verjährung das Gebäude auch in solchen Beziehungen vollendet sein müsse, welche mit der unzulässigen Einrichtung, Thür, Fenster, Luke, in gar keinem Zusammenhange stehn.

Inwiefern jedoch außer der Vollendung der benachtheiligenden baulichen Einrichtungen die Kenntniß des Gegners nöthig ist, um überhaupt eine Verjährung zu ermöglichen, entscheiden die allgemeinenen Rechtsgrundsätze. Vergl. §. 31.

Den Anfang für die erlöschende Verjährung einer Gebäudeservitut, welche nicht wieder durch ein Gebäude, sondern auf andre Weise erfolgen soll, kann nach allgemeinen Rechtsgrundsätzen nur ein wirksames Verbot oder eine thatsächliche Hinderung, welcher der Berechtigte weicht, sein. §. 28 zu 4. Bruhn lüb. Entsch. I. S. 267.

§. 31. Allgemeine Grundsätze bei der Gebäudeverjährung.

Soweit das lüb. R. nicht besondere Abweichungen vorschreibt, kommen auch bei den Gebäudeverjährungen die allgemeinen Bestimmungen des gemeinen Rechts, bez. des Landr., zur Anwendung, §. 25; also sowohl für die Ersitzung, als auch für die Extinctivverjährung von Servituten; und ebenso für das Erlöschen des nachbarlichen Untersagungsrechts gegen neue Bauanlagen.

Es sind daher namentlich die allgemeinen Hinderungsgründe von Verjährungen auch hier maßgebend. In dieser Beziehung ist die Qualifikation der Verjährung für das Widerspruchsrecht gegen nachbarliche Bauanlagen von Wichtigkeit. Dies Recht ist eine gesetzliche Eigenthumsbeschränkung, eine sogenannte Legalservitut im Sinne des gemeinen Rechts, eine „Gerechtigkeit" im Sinne des lüb. R. III. Art. 8. (§§. 17. 20), eine „Grundgerechtigkeit" im Sinne des

Preuß. Landr. I. 22 und I. 8. §. 191. Entsch. Bd. 44. S. 62. Nach gem. röm. R. erlöschen jura praediorum urbanorum nicht lediglich durch Nichtausübung, sondern durch rechtsverjährte usucapio libertatis. §. 28. No. 4. Born. Rechtsfälle lüb. R. S. 24. Das Gleiche muß für die Verjährung jenes Widerspruchsrechts gelten, da es solchen Servituten gleichsteht und dessen Begründung durch Gesetz statt durch Vertrag oder Verjährung keinen Unterschied macht. Nach preuß. Landr. erlöschen gesetzliche sowie sonst constituirte Grundgerechtigkeiten mittelst der Verjährung durch Nichtgebrauch. Landr. I. 8. §. 191. I. 9. §. 502. Entsch. Bd. 44. S. 61. 62. Strieth. Arch. Bd. II. S. 62. Der Besitz des Untersagungsrechts geht aber nur verloren, wenn der Verpflichtete den Besitz des entgegenstehenden s. g. negativen Rechts, das Verbotene zu thun, erwirbt. Landr. I. 7. §§. 86. 128. 81. Zum Besitze dieses entgegenstehenden Rechts de patiendo ist ferner nöthig, daß die Handlung zur Kenntniß des Betheiligten, welcher sie leiden soll, gekommen ist; da man andernfalls nicht sagen kann, daß er sie duldet. Landr. I. 7. §. 81 ff. Strieth. Arch. Bd. 29. S. 143. Bd. 47. S. 195. Entsch. Bd. 18. S. 180. Eine Verjährung gegen einen Widerspruchsberechtigten kann also nicht anfangen, wenn er von der Bauanlage, welcher er widersprechen könnte, keine Kenntniß hat. Dieser Fall tritt namentlich beim Bau von „Privet und Heimlichkeiten" häufig ein, wenn die Höfe zweier Nachbarhäuser durch hohe Mauern oder Gebäudewände getrennt sind, so daß dem Einen leicht lange verborgen bleiben kann, welche Bauanlagen sein Nachbar an der andern Seite der Grenze vornimmt. Vor der Existenz einer gesetzlich untersagten Bauanlage ist das Widerspruchsrecht nur ein hypothetisches; es wird erst ein Recht, welches in thesi geltend zu machen möglich und durch Klage erfolgbar ist, sobald die Bauanlage erfolgt. Gegen denjenigen, welcher von diesem seinem Klagrechte und von den dasselbe begründenden Handlungen und Begebenheiten nicht unterrichtet sein konnte, kann ohnehin keine Verjährung anfangen. Landr. I. 9. §§. 512. 514. Dies ist zwar nicht zu vermuthen, §. 513, indeß braucht auch nicht die absolute Unmöglichkeit, daß der Berechtigte keine Nachricht habe bekommen können, zur Begründung des Einwandes nachgewiesen zu werden; es genügt, daß er mit den, den praktischen Widerspruch begründenden, Handlungen unbekannt blieb, mindestens, daß er ohne eigne Fahrlässigkeit damit unbekannt blieb. Strieth. Arch. Bd. 3. S. 371. 379. Vergl. Strieth. Arch. Bd. 37. S. 182 ff.

§. 32. Verjährung von Erbschaftsansprüchen.

Nach lüb. R. ist als Grundsatz anzunehmen, daß gegen Geschäfte, welche öffentlich vor dem Rathe stattfanden, und welche nachdem spätern Verfahren ins Stadtbuch oder zu gerichtlichem Protokoll niedergeschrieben wurden, Anfechtungen nur binnen Jahr und Tag zulässig waren. Lüb. R. III. 6. Art. 1. 2. 3. V. 6. Art. 1. Dies galt auch für Testamente von ihrer Publikation an und ebenso für das Intestaterbrecht, wenn sich die Erben als die nächsten Verwandten vor dem Rathe hatten bezeugen lassen, was nach lüb. R. geschehen mußte. Born. S. 106. 110. Für die Anfechtung solcher testamentarischen Erbrechte und der, durch gerichtliche Erblegitimation festgestellten Intestaterbrechte hat auch 1812 das O. A. Gericht zu Greifswald die lübische Annalpräscription aus jenen Gründen für zulässig erklärt. Born. S. 105—113.

Die lübische Jurisprudenz hat indeß weitergehend angenommen, daß jeder Erbe binnen Jahr und Tag nach seiner Wissenschaft vom Tode des Erblassers und vom Erbanfalle seine Ansprüche geltend machen müsse und daß diese sonst verjährt sind. Mevius No. 22—24. ad II. 2. art. 32. — No. 64. ad II. 2. art. 33. — No. 16. 17. ad II. 2. art. 14. Stein II. §§. 22. 294. Pauli III. S. 134—137. — I. S. 176—180. Die positiven Gründe für diese Annahme sind indeß hinfällig und bestehen nur in singulären Vorschriften des revidirten Statuts. Nach dem Stat. II. 2. Art. 14 soll eine hereditas jacens, zu welcher Erben nicht bekannt sind, dem Rathe (fiscus) überantwortet werden, und ihm verbleiben, wenn sie nicht binnen Jahr und Tag beansprucht wird (aus dem A. L. R. Cod. I. art. 19. Cod. II. art. 26 herstammmend) und nach II. 1. art. 9 müssen solche, denen testamentarisch ein Legat mit der Bedingung vermacht ist, daß sie sich als die Nächsten (Verwandten) zeugen lassen, dieser Auflage binnen Jahr und Tag genügen, widrigenfalls das Gut dem Fiskus anheimfällt. Beide Bestimmungen können jedoch gesetzlich nicht über die darin vorausgesetzten speciellen Fälle hinaus angewendet werden, wie Mev. selbst erinnert. No. 17. ad art. 14. cit. No. 12. ad art. 9. cit. Daß eine unbedingte Verpflichtung bestand, binnen Jahr und Tag Erbansprüche geltend zu machen oder sich als Erbe zeugen zu lassen, ist nirgends bestimmt. Der von Mev. No. 22. ad II. 2. art. 32 erwähnte Fall aus Lübeck von 1580, worin das Einzeugniß von Erben für unkräftig erklärt ist, weil es erst nach Jahr und Tag geschehen sei, kann jenen allgemeinen

Satz schon deshalb nicht entscheiden, weil die nähern Umstände des Falles nicht bekannt sind. Die Geltung einer allgemeinen Erbschaftsverjährung von Jahr und Tag ist daher auch vom O. A. Gericht zu Greifswald abgelehnt. Born. S. 105—113.

Die preußische Gesetzkommission hatte im Gegentheil am 16. September 1783 entschieden, daß Erbschaftsklagen erst mit der allgemeinen Frist von 30 Jahren verjähren, Kleins Annalen I. 89—92, und mit Bezug hierauf hat auch das pomm. Stat. R. §. 34 dies als lübischen Rechtens vermerkt. Die Gerichtspraxis in Pommern hat dies auch allgemein adoptirt, ohne daß sonst meines Wissens die Frage in judicando ausdrücklich entschieden ist. Wenngleich aber als allgemeiner Grundsatz gelten muß, daß Erbschaftsansprüche der gewöhnlichen Verjährung unterliegen, so sind doch davon die Fälle auszunehmen, in welchen das lüb. R. etwas Anderes ausdrücklich verordnet, also namentlich die erwähnten Fälle des Art. 9. II. 1. und Art. 14. II. 2. Auch die Anfechtung von publicirten Testamenten und gerichtlichen Erbattesten sind mit dem O. A. Gerichte Greifswald zu den Ausnahmen zu rechnen; denn nach Art. 1. V. 6. sind Geschäfte, welche in „des Raths oberstes Stadtbuch" geschrieben sind, nur binnen Jahr und Tag anfechtbar, — für die „außerhalb Landes" Abwesenden a tempore scientiae gerechnet. Dieser Art. ist von den Revisoren, offenbar der damaligen Rechtsübung gemäß, aus dem Hamburger Rechte entnommen. A. L. R. Cod. III. art. 327. Im Lübecker Oberstadtbuch wurden die Rechtsgeschäfte über die vor dem Echteding zu verhandelnden Angelegenheiten eingetragen, also namentlich Rechtsgeschäfte über echtes Eigenthum und über Erbschaften. A. L. R. Cod. I. art. 3. Pauli III. S. 134. I. S. 5 ff. Dem Oberstadtbuche stehen also hinsichtlich der Erbschaften jetzt unsere gerichtlichen Testaments-, Erblegitimations- und Nachlaßakten gleich.

§. 33. Geltung in Pommern.

Im Allgemeinen gelten die vorstehenden lübischen Rechtsgrundsätze, §§. 24—32, auch in Pommern. Außer den gelegentlichen Bemerkungen über die jetzige Anwendung in §§. 28. 32 mögen noch die Notizen des pomm. Stat. R. erwähnt werden. Dasselbe bemerkt S. 39. 40: Im Jahre 1780 seien nach den damaligen Berichten der Gerichtsbehörden nur in Treptow a. d. Tollense die Art. 1. und 2. I. 8. und in Usedom Art. 1 ibid. nicht recipirt erklärt;

im übrigen seien überall die lübischrechtlichen Vorschriften über Verjährung als anwendbar erklärt. In späterer Zeit sollen sie nach den Berichten von 1833 in Anclam überhaupt, in Demmin hinsichtlich des Art. 1 außer Anwendung gekommen sein. In Stargard, wird vom Stadtgerichte berichtet, sei Art. 2 — aber nur für eigentliche Bauanlagen — angewendet; in Naugard werde Art. 2 lediglich bei Gebäuden in Betreff der Verjährungsfrist der Servituten gegen den Nachbar, insbesondere bei Neubauten und Anlagen angewendet. Die Stadtgerichte zu Cammin, Gollnow, Greiffenberg und Usedom erwähnten in ihren Berichten von 1833 unter den, noch anwendbaren, speciell bezeichneten Vorschriften des lüb. R. nicht die Verjährungsbestimmungen. Näheres Prov. R. S. 39. 40. In Stolp wird in Strieth. Arch. Bd. 17. S. 158 ff. der Art. 2. I. 8. für anwendbar erklärt.

Das lüb. R. verordnet noch eine besondere Verjährung von 2 Jahren für den Anspruch auf versprochene Aussteuer:

a) wenn Eltern bei der Verheirathung eines Kindes eine Abfindung versprechen, muß das Kind in 2 Jahren deshalb klagen; andernfalls verliert es den Anspruch, wenn es nicht erweislich die Schuld absichtlich als solche den Eltern auf längere Zeit creditirt hat;

b) der Mann, welchem ein Brautschatz seiner Frau versprochen, muß ihn in 2 Jahren einklagen und hat die praesumtio juris, daß er ihn erhalten hat, in dem Maße gegen sich, daß er, resp. seine Erben, bei Rückgewähr des eingebrachten Vermögens seiner Frau den Betrag mitzurückgewähren muß, auch wenn nur das Versprechen des Brautschatzes nachgewiesen würde. Eine Ausnahme von der Verjährung und von dieser Präsumtion tritt nur dann ein, wenn der Mann den Brautschatz gemahnt (gefordert) und dann absichtlich als Schuld hat stehen lassen, oder wenn er binnen Jahr und Tag gerichtlich protestirt hat, daß er deshalb in Güte gemahnt, aber nichts bekommen hätte.

Lüb. R. I. 5. Art. 1. 2. 3. Bruhn lüb. Entsch. Bd. 1. S. 89.

Nach entschiedener Praxis werden diese Bestimmungen in Pommern nicht mehr angewendet. Vergl. Pomm. Stat. R. S. 52—54.

Ueber Schenkungen unter Eheleuten vergl. §. 58.

V.

Eigenthumsverfolgung und Obligationenrecht.

§. 34. Eigenthumsverfolgung.

Das röm. R. gestattet dem Eigenthümer die Vindication seiner Sache gegen jeden bonae oder malae fidei Besitzer, ohne daß diesem der Eigenthümer den Preis zu erstatten braucht, für welchen der Besitzer etwa die Sachen an sich gebracht hat. Es bevorzugt die Sicherheit des Privateigenthums. Das altdeutsche sächsische Recht gestattet dem Eigenthümer, welcher einem Andern seine Sache anvertraut hat, falls dieser sie veräußert, nicht, dieselbe vom dritten bonae fidei possessor zu vindiciren, sondern überläßt ihm bloß, sich an seinen Contrahenten zu halten: „Hand muß Hand wahren". Es bevorzugt die Sicherheit des Verkehrs auf Kosten der Privateigenthumsrechte; ein echt-deutsches genossenschaftliches Princip gegenüber dem echt-römischen Systeme unbedingter Geltung des Einzelprivateigenthums. Das preuß. Landr. hat in bewußter Abweichung von beiden Rechten (Suarez Schlußrevision Jahrb. Bd. 41. S. 84 ff.) eine besondere Theorie geschaffen. Es bestimmt neben der Unmöglichkeit, baares Geld, geldgleiche Inhaberpapiere oder Sachen zu vindiciren, welche vom Fiskus in öffentlicher Versteigerung oder in Kaufmannsläden verkauft sind, daß der Eigenthümer gegen jeden Besitzer vindiciren kann. Der Eigenthümer kann vom unredlichen Besitzer, ferner von redlichen Besitzern, welche die Sache von einer verdachtigen Person oder unentgeltlich an sich gebracht haben, unentgeltliche Herausgabe verlangen. Er muß aber dagegen einem redlichen Besitzer, welcher sie von einer unverdächtigen Person durch lästigen Vertrag erworben hat, vergüten, was er dafür gegeben oder geleistet hat. Landr. I. 15.

Das lüb. R. folgt dem sächsischen, nähert sich indeß hinsichtlich des redlichen Besitzers schon den Bestimmungen des preuß. Landr.

Als Grundsätze des lüb. R. sind folgende anzunehmen:

Der Eigenthümer, welcher eine bewegliche Sache einem Andern „ausleihet oder anvertrauet", d. h. aus einem Contraktsverhältnisse zum Gebrauch oder zur Verfügung des Empfangenden in dessen eignem

Interesse, accipientis causa, übergiebt, kann von einem dritten redlichen Besitzer, welcher sie contraktlich von dem Contrahenten des Eigenthümers erworben hat, nicht deren unentgeltliche Herausgabe verlangen. Der Eigenthümer kann in diesem Falle die Herausgabe nur gegen Erstattung des gegebenen oder zu schätzenden Werthes verlangen. Ein malae fidei Besitzer hat gegen die Vindication des Eigenthümers keinen Einwand auf Zurückweisung der Vindication oder auf Werthserstattung; desgleichen nicht der Besitzer von Sachen, welche demjenigen, dem sie der Eigenthümer anvertraute, gestohlen oder geraubt sind, oder über welche der Contrahent des Eigenthümers nicht seinerseits contraktlich verfügt hat. Dies ist nach lüb. R. der Sinn der Rechts-Parömien: Hand muß Hand wahren; wo Jemand seinen Glauben gelassen hat, da muß er ihn wiederum suchen. lib. III. tit. 2. art. 1. 2.

Wenn nach Art. 1 h. t. jene Ausschließung der Vindication nur auf den Fall beschränkt scheint, daß der Eigenthümer die Sache ausgeliehen hat d. h. durch Commodat unentgeltlich zum Gebrauche oder zur Nutzung gegeben hat, so bezeichnet Art. 2 durch den Zusatz: geliehen „oder vertraut" eine allgemeinere Anwendbarkeit. Mevius weist auch mit Recht auf lib. III. tit. 4. art. 9 hin, wornach allgemeiner derjenige, welcher eine Sache geschenkt, verpfändet erhalten oder gekauft hat, und seine bona fides eidlich erhärtet, sie wider alle Ansprache behalten kann; gestohlene oder geraubte Sachen ausgenommen. Dem Begriffe des Wortes „vertrauen" folgend, stellt Mevius mit Recht als Requisit der Art. 1. 2 h. t. das oben angegebene Verhältniß auf, daß der Eigenthümer die Sache einem Andern zur Verfügung in dessen eigenem Interesse (accipientis causa) übergiebt. Mevius No. 9—19. ad art. 2. h. t. Namentlich ist also die Vorschrift anwendbar, wenn der Eigenthümer die Sache verpfändet oder vermiethet; nicht aber, wenn er sie behufs der Verarbeitung für sich einem Arbeiter giebt — locatio conductio operarum lib. III. tit. 8. art. 17 —, auch nicht, wenn er sie deponirt. Mevius No. 20. 21. 27. 28 ad art. 2. Stein III. §. 73. S. 118. 119.

Diesem Grundsatze folgt auch das Obertribunal. Entsch. Bd. 53. S. 130—136.

Die Anwendbarkeit ist ferner auf bewegliche Sachen beschränkt: „Gut", res, „Ding oder Gut" im alten lüb. R. Cod. II. art. 75. Cod. III. art. 202. Bei Immobilien hatte in solchem Falle binnen Jahr und Tag der Verkäufer Gewähr zu leisten und dem entsprechend der wahre Eigenthümer unbedingtes Vindicationsrecht. Mev. No. 22 ad art. 2. Lüb. R. III. 6. art. 1. 2.

Dem Inhalte der Art. 1 und 2 gemäß hat nur ein Besitzer, welcher die Sache vom Contrahenten des Eigenthümers durch Contrakt erhalten hat, und dessen Rechtsnachfolger den Einwand der Unzulässigkeit der Vindication. Mevius No. 23. ad art. 2. Aus diesem Erfordernisse des Einwands folgt schon, daß dem Contrahenten des Eigenthümers die Sachen nicht gestohlen oder geraubt sein dürfen. Außerdem wird auf lib. III. 4. art. 8. 9 Bezug genommen, um die Ausnahme gestohlener und geraubter Sachen von der Vorschrift der Art. 1. 2. zu rechtfertigen. Daß unter Diebstahl im Sinne dieser Vorschrift nur das deutschrechtliche furtum rei, nicht auch das römischrechtliche furtum usus vel possessionis, die Unterschlagung des Commodatars, Pfandinhabers oder Miethers selber verstanden ist, wenn gestohlene und geraubte Sachen als ausgenommen bezeichnet werden, ergiebt sich schon aus der Bedeutung der Vorschrift der Art. 1. 2 selber, welche eben nur anwendbar ist, wenn der Commodatar die Sache einem Dritten veräußert. Mevius No. 8 ad art. 1. No. 24—29. ad art. 2. Stein III. S. 114. 119. Entsch. Bd. 53. S. 139. 140. Der in der letzteren Entscheidung S. 140 angezogene Fall des lüb. R. IV. 1. art. 7, daß Schiffer, Fuhrleute oder Boten, welche Sachen transportiren sollen, und unterschlagen, als Diebe bestraft werden sollen, hat mit der Anwendbarkeit der Art. 1. 2 nichts zu thun und ist davon durch das Princip ausgeschlossen, daß der Eigenthümer seine Sache accipientis causa jemandem anvertraut haben muß; wogegen in diesem Falle eine locatio conductio operarum vorliegt.

Daß den Einwand der Unzulässigkeit der Vindication auch nur der bonae fidei possessor hat, welcher beim Erwerbe mit dem Rechte des Eigenthümers nicht bekannt war, folgt aus den allgemeinen Rechtsgrundsätzen, welche anwendbar sind, soweit sie durch die specielle Statutarvorschrift nicht ausdrücklich ausgeschlossen sind, Stein III. S. 115. 116. Mevius No. 29. 30 ad art. 2, und wird auch durch das lüb. R. III. 4. Art. 8. 9 bestätigt. Wenn die Sache im Besitze eines solchen redlichen Besitzers ist, welcher sie durch Contrakt vom Contrahenten des Eigenthümers erworben hat, so kann der Eigenthümer sie nicht unentgeltlich vindiciren; aber er kann deren Herausgabe gegen Erstattung des Preises, welchen der Besitzer dafür gegeben hat, verlangen. Art. 2: „Er muß es selbsten lösen." Mevius No. 35: dum ipsi reservata est reluitio, alteri injuncta est restitutio. Nec audiendus est, qui indemnis dum servatur, alteri rem suam denegare cupit. Ob in dem Falle, wenn der redliche Besitzer die Sache selbst unentgeltlich erhielt, der Eigenthümer die unentgeltliche Herausgabe verlangen kann, scheint im Statute nicht ausdrücklich bestimmt zu sein. Indeß ist anzunehmen, daß auch in diesem Falle der Eigenthümer die Sache nur durch Zahlung des Taxwerthes einlösen kann. Einmal ist der Art. 2 bei jeder „Alienation" seitens des ersten Besitzers, also auch bei Schenkung anwendbar; und muß bei jeder Veräußerung der Eigenthümer vom dritten Besitzer die Sache „lösen". Dann umfaßt der Begriff „lösen" einlösen, nicht bloß das Erstatten des Preises, welchen der Besitzer gegeben hat, sondern auch das Erstatten des Werthes, wenn der Besitzer die Sache unentgeltlich erhielt. Mevius sagt auch mit Recht (No. 30 zu art. 2), daß der bonae fidei possessor den Einwand gegen die Vindication erheben könne; er möge die Sache titulo oneroso oder lucrativo erworben haben; er bezieht sich auf lib. III. 4. art. 5, und könnte sich noch mehr auf art. 9 ib. und die Worte des Art. 2 h. t.: „oder sonsten alienirt" beziehen.

§. 35. Heutige Geltung.

Das pomm. Statutarrecht bemerkt in Betreff der jetzigen Geltung der Grundsätze des Art. 1 und 2 für Altpommern §. 39: Unzweifelhaft seien die Grundsätze früher wenigstens in den meisten pommerschen lübischrechtlichen Städten zur Anwendung gekommen. Zur Zeit werde aber der Grundsatz „Hand muß Hand wahren" in den Städten des Stettiner Departements nicht mehr angewendet; da in keinem Berichte der betreffenden Gerichtsbehörden (von 1833) die Anwendung behauptet werde. Für die Städte des Cösliner Departements sei dies zwar nicht gewiß, aber die Anwendung unwahrscheinlich, da die Vorschrift in den Bemerkungen des Oberlandesgerichts zu Cöslin zum Entwurfe des pommerschen Provinzialrechts, worin die noch für gültig erachteten Bestimmungen des lübischen Rechts verzeichnet sind, nicht erwähnt sei. Zur Bestimmung darüber, ob die Gerichte mit oder ohne Grund die Vorschriften von der Anwendung ausgeschlossen habe, fehle es an Materialien.

Wir verweisen in Betreff der heutigen Geltung auf die allgemeinen Bemerkungen in der Einleitung. In Neuvorpommern gelten die Vorschriften unbedingt vor dem subsidiarischen gemeinen Rechte.

Vergl. Entsch. Bd. 53. S. 129. Für die Städte des Cösliner und Stettiner Departements muß die Geltung bis zum speciellen Nachweise gehöriger gesetzlicher Aufhebung behauptet werden; für die des Cösliner Gerichts um so mehr, als im Berichte des Hofgerichts zu Cöslin vom 9. Oktober 1780. Nr. 10 die Art. 1. 2 ausdrücklich noch als geltend aufgeführt sind, wenngleich ihr Inhalt nur als das Commodatverhältniß betreffend angegeben wird.

§. 36. Obligationenrecht. Zufall, Schenkuugen.

Im Obligationenrecht haben sich in Deuschland überall nur selten Reste von statutarischen Bestimmungen erhalten. Im allgemeinen sind die Grundsätze des, gerade in dieser Beziehung universalen, röm. Rechts als Grundlage adoptirt. Auf die Detailbestimmungen andrerseits haben aber die wechselnden Verkehrsverhältnisse einen zu überwiegenden Einfluß auch außerhalb des Handelsrechts, um alte Lokalbestimmungen zu conserviren. Vom lüb. Stadtrechte hat sich für dies Gebiet namentlich in Altpommern nichts erhalten. Es gilt das allgemeine subsidiäre Recht. Wir haben nur einige singuläre Vorschriften zu registriren, welche mitunter als geltende statutarische Reste erwähnt werden, jedoch in Altpommern ebenfalls nicht mehr anwendbar sind. Vergl. Vorwort.

Stein Th. III. §. 66 sucht aus Art. 1. III. 2 (vergl. §. 34) noch eine Abweichung vom gemeinen Rechte herzuleiten, daß nemlich nach lübischem Rechte der Commodatar, welcher sich zu bestimmten Zwecken oder auf bestimmte Zeit etwas leiht, dem Leihenden, commodans, auch für den Zufall hafte, weil der Art. 1 unbedingt vorschreibe, daß jener das Gut unverdorben wiedergeben, oder wenn es verloren wäre, nach seiner Würde bezahlen müsse. Stein will dies auch bei andern Verträgen gelten lassen, durch welche ein Eigenthümer den Besitz ohne Eigenthumsübertragung eingeräumt habe, außer beim depositum nach lib. III. 3. art. 1 und beim Mandate. Stein §. 73. S. 117. — Indeß diese Ausdehnung auf andere Verträge ist ohnehin eine ungerechtfertigte Folgerung aus dem unrichtigen Grundsatze Steins, daß ein solcher Besitzer das Eigenthum ad interim übertragen bekomme. Auch daß der Commodatar für casus hafte, ist aus Art. 1 nicht zu folgern. Mit Grund macht Mevius Nr. 6—12 geltend, daß zu einer so starken Abweichung vom gemeinen Rechte der Art. 1 nicht ausdrücklich genug laute und nur die allgemeine Verpflichtung zur Rückgabe oder

Vergütung ausspreche, daß aber darin die gemeinrechtliche Ausnahme nicht aufgehoben sei, wonach der Commodatar nicht für zufällige Verschlechterung oder zufälligen Untergang zu haften braucht. Dem altgermanischen Rechte entspricht es allerdings, daß derjenige, welcher kraft eines Vertrags ein fremde Sache besitzt, für den Zufall haftet und die verlorene vollständig ersetzen muß, wenn er unentgeltlichen Gebrauch und Genuß hat; indeß ist dies längst den römischrechtlichen Grundsätzen über casus und culpa gewichen. Albrecht Gewere S. 135. v. Bar Beweisurth. des german. Proz. S. 112. ff. 119. 120. Auch bemerkt Stein selbst III. S. 104: das röm. R., welches den casum fortuitum dem wahren Eigenthümer zur Last lege, habe dies auch da eingeführt, wo lübisches Recht gelte. —

Ueber Schenkungen bestimmt das lüb. R. I. 9. art. 2: „Wer sein wohlgewonnen Gut (im Gegensatz zu Erbgütern) vergaben will, muß seinen nächsten Erben 8 Schill. 4 Pf. zuvor geben."

Die Bestimmung betrifft nur Schenkungen des ganzen Vermögens, Mevius No. 3. 4 ad art. 2; Stein II. §. 39, und namentlich (jedoch nicht ausschließlich) donationes mortis causa. Mev. No. 14 ad I. 9. Die Nothwendigkeit, bei allen letztwilligen Verfügungen über das ganze Vermögen jedem der nächsten Erben 8 Schill. 4 Pf. zu vermachen, das heißt, jedem der nächsten Verwandten durch eine derartige Gabe anzuzeigen, daß an ihn gedacht ist, soll in gleicher Weise von allen Schenkungen des gesammten Vermögens — unter Lebenden, wie von Todeswegen — gelten. §. 101. Mev. ad art. 2. No. 5—7.

Die Vorschrift ist aus denselben Gründen, wie bei Testamenten §. 101 im landrechtlichen Gebiete auch bei Schenkungen nicht mehr anwendbar. In den Städten des Cösliner Departements ist die Bestimmung schon nach dem Berichte des Hofgerichts Cöslin von 1780 nur auf Testamente und donationes mortis causa angewendet.

Nach dem pomm. Stat. R. S. 41 ist die Vorschrift in Treptow a. d. Tollense im ganzen Umfange, also auch auf Schenkungen des ganzen Vermögens angewendet, aber observanzmäßig die Summe von 5 Thlrn. an die Stelle von 8 Schill. 4 Pf. getreten.

Indeß ist darüber nur auf einen Bericht vom 26. Juli 1780 Bezug genommen. Wenn mit der Einführung des Landrechts jetzt nach unserer Ausführung §. 101 die alten Vorschriften über die innere Form derartiger Verfügungen nicht mehr maßgebend sind, so würde sie auch hier fortfallen.

Auch im Uebrigen gelten für die Form von Schenkungen die Vorschriften des subsidiären Rechts. Bei Anwendung der römischen Bestimmung, daß Schenkungen von mehr als 500 solidi gerichtlich zu verlautbaren sind, wird ein solidus = 8 Mark Cour. lüb. gerechnet. Bruhn lüb. Entsch. II. S. 465. Kierulf lüb. E. S. 87.

VI.

Eheliches Güterrecht.

A. Allgemeines.

§. 37. Persönliche Verhältnisse.

Wenn die Verkehrsverhältnisse im Obligationenrechte zur Verallgemeinerung und zu häufigeren Aenderungen in den Principien mit dem Fortschreiten des Verkehrs drängen, so bleibt das Familienrecht im ehelichen Güterrechte und in dem damit verbundenen Erbrechte am meisten von allen Rechtsgebieten beständig. In diesem Gebiete hat sich daher auch das lüb. Recht fast in dessen ganzen Umfange erhalten, wo es überhaupt gilt, und die Anwendung des subsidiären Rechts hat verhältnißmäßig wenig Raum. Nur hinsichtlich der persönlichen Verhältnisse der Eheleute, der Eheschließung und Ehescheidung, der Ehehindernisse und Eheerfordernisse gelten aus Gründen staatsrechtlicher Einheit unbedingt die allgemeinen Bestimmungen des preußischen Kirchenrechts bez. des Landrechts. Die strafrechtlichen Bestimmungen des lüb. R. I. 4. art. 1—5 sind ohnehin nicht in Pommern recipirt gewesen.

Nach älterem lüb. R. erfolgten die civilrechtlichen Wirkungen nicht schon mit der priesterlichen Trauung, sondern in Uebereinstimmung mit Sachsensp. I. 45. §. 1 mit Beschreitung des Ehebettes und Vollziehung des Beilagers. Dies erwähnt auch noch das revid. Statut I. 5 art. 14, indem es die Klage auf einen versprochenen Brautschatz verweigert, wenn die Braut stirbt, „ehe das Beilager vollzogen". Schon damals hatte sich in Lübeck der Gebrauch der Niedersetzung und Beilegung ins Bette durch die Hochzeitsgäste zum Beweise des Beilagers gebildet. Er wurde für Lübeck in der Hochzeitsordnung von 1607 bestätigt, aber schon in der Polizeiordnung von 1612 aufgehoben und wurde in letzterer verordnet, daß sich der Bräutigam zu Ende des Bettes stellen, ihm dort die Braut zugeführt und dies der bisherigen Beilegung gleich gelten sollte. Auch dies ist in Lübeck längst außer Gebrauch gekommen. Pauli II S. 3.

Stein (II. §. 120—122) nimmt an, daß immer der Nachweis der Beschreitung des Ehebettes oder einer, deren Stelle vertretenden symbolischen Handlung nöthig sei, um die bürgerlichen Wirkungen des Beginnes der Ehe, Vermögensverwaltung, Erbrecht, herbeizuführen. Auch Pauli II. S. 3. 4 tritt diesem noch für die jetzige Zeit bei. Mevius dagegen, welcher freilich überhaupt keine besondere Vorliebe für germanische Rechtsinstitute hatte, bemerkt zu I. 5. art. 14: die Worte: ehe das Beilager vollzogen, seien non ita accipienda, quod ipse concubitus et carnalis copulatio praecise requiratur, sed sufficit illuc omnia esse deducta, ut nihil ei amplius obstet et honeste fieri posset. Nr. 14. Für Mevius ist auch die ascensio thalami nicht als civilrechtlicher Anfang der Ehe nöthig. Er betrachtet als solchen nur den consensus solus, Nr. 1—5 und will auch das Recht auf portio statutaria nicht vom concubitus abhängig wissen, Nr. 10—12. Wenn dem Manne das „Brautzeug" bona sponsae zugeführt ist oder wenn die kirchliche Einsegnung stattgefunden hat, oder die Braut in sein Haus — wenngleich nicht ins Ehebette — gekommen ist, so erklärt Mevius die Brautleute für Eheleute. Nr. 253 ff. 272—285 zu II. 2. Art. 12.

Jedenfalls ist in Pommern die Ansicht von Mevius und die Beseitigung der Nothwendigkeit der ascensio thalami und ihres Nachweises längst zur allgemeinen Gerichtspraxis geworden. Auch der Bericht des Hofgerichts zu Cöslin von 1780 erwähnt keine besondere Requisite. Die Bestimmung des Landr. II. 1. §. 173. 136, daß Rechte und Pflichten der Eheleute sogleich nach vollzogener kirchlicher Trauung ihren Anfang nehmen, welche gerade zur Absicht hatte, die ascensio thalami abzuschaffen (Gesetzrevis. Motive zum L. R. II. 1. Abschn. 4. S. 121), ist jetzt als allgemein praktisch auch im Gebiete des lüb. R. anzusehen. Vergleiche Runde deutsches ehel. Güterrecht §. 94.

§. 38. Zur Geschichte des deutschen ehelichen Güterrechts.

Wir müssen auf die geschichtliche Entwickelung der deutschen ehelichen Güterrechtsverhältnisse etwas näher eingehen, weil nur daraus das volle Verständniß für die noch immer controverse Frage gewonnen werden kann, ob und wieweit im lüb. R. eheliche Gütergemeinschaft besteht; und weil aus natürlichen Gründen gerade im Familienrecht ungeachtet der mächtigen Einflüsse des röm. R. sich in Deutschland Vieles auf rein-deutschen Grundlagen erhalten und fortentwickelt hat. Die neuere Jurisprudenz ist mit Recht darüber einverstanden, daß die Grundlage aller deutschrechtlichen ehelichen Güterverhältnisse das ehemännliche Mundium, die Vogtei, die Vormundschaft des Mannes über die Frau und deren Vermögen ist, und darauf die Verfügungsgewalt des Mannes und ihre Verhaftung für seine Schulden basiren. Je nach dem Gange der weitern Entwickelung hat sich diese Grundlage im Nießbrauche des Mannes über das Vermögen der Frau neben dem römischen Dotalsystem getrennter Güter erhalten, oder sie hat zu einer mehr oder minder intensiven Vereinigung des Vermögens beider Ehegatten geführt. Beseler deutsch. Priv. R. §. 136—140. Pauli I. S. 91. II. S. 1—29. Runde deutsches eheliches Güterrecht (1841) §. 6 ff.

Im alten sächsischen Rechte bestand, worüber jetzt wohl die Germanisten einig sind, keine Gemeinschaft des Vermögens der Eheleute. Dasselbe war nur äußerlich zu einem Gute in der ehelichen Were vereinigt. Der Mann hatte in Folge dessen, daß er der Vormund (Vogt) seiner Frau war, ein ausgedehntes — namentlich bei Mobilien ein unbedingtes — Verfügungsrecht. Er bekam das Vermögen der Frau in seine Gewere zu rechter Vormundschaft; Sachsensp. I. 31. §. 2: Swenne en man vif nimmt, so nimmt he in sine gewere al ir gut to rechter vormundscap. Dies war aber keine, auch nur auf die Dauer der ehelichen Vogtschaft ihm zustehende Eigenthumsgewere, wie man sie später bezeichnete. Das Eigenthum blieb vielmehr der Frau und in Folge davon war ihr Consens zur Rechtsbeständigkeit aller von ihr inferirten oder aus ihrem Vermögen stammenden, mit ihrem Gelde angeschafften Grundstücke nothwendig. Aus der ehelichen Genossenschaft folgte, daß die Lasten der Ehe, wenigstens der beerbten während ihrer Dauer auf dem beiderseitigen Vermögen ruhen, und nur diese Bedeutung hatte der Sachsensp. I. 31. §. 1: man und vif ne hebbet nein getrennt gut to iren live (zu ihrem Leben). Jüt. Low. I. art. 36. Mann und Frau „schölen von erer beider gute leven." Ebenso folgte aus der ehelichen Genossenschaft das gegenseitige Erbrecht der Ehegatten. Pauli a. a. O. Runde §. 6—9. Man kann es übrigens dahin gestellt sein lassen, ob praktisch der

Ursprung der Rechte, welche der Mann als Vormund, Hausherr oder Ehegenosse hatte, gesondert wurde. Beseler §. 136. Jedenfalls hatte der altsächsische Rechtssatz, daß Mann und Frau kein getrennt Gut haben, welcher oft als Grundlage wirklicher germanischer Gütergemeinschaft angesehen ist, nicht die Bedeutung, daß das Eigenthum jedes Ehegatten zugleich Eigenthum des andern wird. Ebenso gab die s. g. Gewere zur Vormundschaft dem Manne nur Vormundschafts-Verwaltungsrechte und nicht Eigenthum oder Miteigenthum.

Aus der Controverse über die Bedeutung der „Gewere" kann ein Eigenthumsrecht des Mannes am Vermögen der Frau nicht gefolgert werden, wenngleich der Mann „mit der Frau in der Gewere sitzt". Sachsensp. I. 45. §. 2. Wenn die Gewere ein materielles Recht bedeutet, so ist dies höchstens ein Recht auf Besitz. Albrecht Gewere S. 3 ff. 23 ff. Runde und Pauli a. a. O. Der Ansicht Albrechts folgend, nehmen noch Pauli und Runde an, daß die Gewere ein materielles Recht (Besitzrecht) bedeute. Nach v. Bars gründlicher Untersuchung, Beweisurtheil des german. Proz. 1866 S. 163—228 war das Institut der Gewere nur von prozessualischer Bedeutung. Der B e s i t z, welchen das Wort ursprünglich nur bezeichnete, vertrat bei längerer Dauer im ältern deutschen Rechte die Stelle des Eigenthumsbeweises, gab die Vermuthung für das Eigenthum, und wurde dadurch im Prozesse entscheidend. Die Gewere zu rechter Vormundschaft, welche nach dem sächs. Rechte der Mann hinsichtlich des Vermögens der Frau hatte, bedeutet nach Bar nur die Rechtsvermuthung, welche der Mann als der, gesetzlich zur Vertretung gegen Dritte, zur Verfügung, Verwaltung und Nutzung berechtigte, Vormund der Frau für seinen Besitz hatte. Albrecht mißt zwar der Gewere eine größere materielle Bedeutung bei; aber er gelangte ebenfalls zu dem Resultate, daß das Eigenthum des Vermögens der Frau ihr selbst verbleibt, wenngleich der Mann die Gewere zu rechter Vormundschaft daran hat. Albrecht Gewere S. 258 ff. Pauli unterstützt dies Resultat für Lübeck durch eingehende Untersuchung älterer Urkunden. II. S. 12—29.

So entschieden nun auch nach den Ergebnissen der neuern germanischen Jurisprudenz das System einer nur äußerlich unter Verwaltung des Mannes erfolgenden Vereinigung der Vermögensobjekte beider Eheleute für das ältere deutsche Recht und namentlich für das, in Norddeutschland geltende, sächsische Recht richtig ist, so hat ferner unzweifelhaft die geschichtliche Entwickelung weiter geführt.

Man ist, besonders für Norddeutschland berechtigt, mit Beseler §. 137 zu sagen, daß sich geschichtlich immer mehr die Neigung zeigte, die Gemeinschaft im Vermögen der Eheleute unter ihnen zu verstärken, und über die Dauer der Ehe hinaus zu erhalten, namentlich im Bürgerstande. Diese Neigung, welche zumeist bei beerbten Ehen hervortrat, wurde durch die Entwickelung des Verkehrs unterstützt. Die Verfügungsgewalt des Mannes vergrößerte sich, jemehr zumal in Städten Geldvermögen und bewegliches Vermögen von Wichtigkeit wurde. Die Rücksicht auf den Credit führte dahin, daß das Frauengut, auch soweit es bei Auflösung der Ehe noch vorhanden war, für die Nachlaßschulden des Mannes verhaftet angesehen wurde, ohne daß die Frau persönlich dafür verhaftet war. Die Nichtunterscheidung des Ursprungs des Vermögens gegenüber den Gläubigern und ferner die Folgen der Auflösung der Ehe, wenn der überlebende Theil mit den Kindern in ungetheilten Gütern „sitzen bleibt" und bei Absonderung der Kinder oder bei Theilung mit andern Erben einen aliquoten Theil des Gesanmmtvermögens „behält", führten zur Annahme, daß der Ueberlebende auch schon vorher während der Ehe mit dem Erstversterbenden Eigenthümer der Gesammtmasse gewesen sei. Eine Sonderung des Vermögens wurde wegen der Art der Theilung des Sammtguts nach dem Tode und wegen der Verhaftung desselben für die Schulden sowohl unter den Eheleuten, als auch Dritten gegenüber immer weniger erkennbar. Es entstand die Idee einer innern Verschmelzung der Vermögens beider Eheleute. Beim Eindringen des röm. R. fanden die romanisirenden Rechtsgelehrten eine nach röm. R. nicht zu erklärende Verhaftung des Frauenguts für die Schulden des Mannes vor; ferner ein entschiedenes Erbrecht der Ehegatten, ohne daß der Ehegatte, — wie überhaupt kein Erbe nach altdeutschem Rechte — die Erbschaft anzutreten brauchte. Es wurde begonnen, das vom röm. R. abweichende deutsche Verhältniß als römisches condominium zu erklären. Die Vormundschaft des Mannes über die Frau trat mit dem Eindringen des röm. R. zurück. Die Romanisten betrachteten die Eheleute als eine societas des röm. R., auf Grund deren noch namentlich Mevius die einzelnen Rechtsverhältnisse des lüb. R. erörtert, die Lehre der societas als gemeinrechtliche subsidiarische Ergänzung benutzend. Die Germanisten, welche sich für Conservirung des deutschen Instituts interessirten und schon im Sachsenspiegel: „Mann und Frau haben kein gezweiet Gut bei ihrem Leben" eine materielle Gemeinschaft vorgeschrieben fanden, stellten den Begriff eines deutschen Gesammteigenthums, condominium in solidum, auf, wornach jedem das Ganze eigen sein und Jeder für das Ganze der gemeinschaftlichen Schulden haften soll. So Stein II. §. 108—112. 130. Gegen Ende des vorigen Jahrhunderts, zu welcher Zeit auch das preuß. Landr. redigirt wurde, wurde das Verhältniß als condominium in solidum mit intellectuellen Theilen der Ehegatten aufgefaßt. (Die neuere Theorie von Hasse, welcher eine moralische Person der Ehegatten als ein Rechtssubjekt für die Gütermasse hinstellte, im Widerspruch mit Geschichte und Gestaltung des Verhältnisses, hat praktisch keinen Einfluß gewonnen.) Von allen Seiten wurde das deutsche eheliche Güterrecht immer entschiedener als eigentliche substantielle Gemeinschaft aufgefaßt, worin das Vermögen beider Eheleute als eine Gesammtmasse Beiden gemeinschaftlich gehöre. Unzweifelhaft hat die Entwickelung der Rechtsverhältnisse vielfach bis zu diesem äußersten Ziele einer wahren Gütergemeinschaft geführt. So hat unbestritten der Gedanke eigentlicher Gemeinschaft der praktischer Behandlung des ehelichen Güterrechts nach bremischem Stadtrechte in den letzten Jahrhunderten zu Grunde gelegen, obgleich es eben so unzweifelhaft jetzt als richtig anzunehmen ist, daß ursprünglich das bremische Stadtrecht nicht die Gütergem. zur Grundlage des ehelichen Güterrechts hatte. Berk brem. Güterrecht der Ehegatten S. 489. N. 12; §§. 5. 21. 23. 24. 27. Runde §. 15. Kamptz Jahrb. Bd. 49. S. 404.

§. 39. Systeme.

Die Rechtsgeschichte hat jedoch nicht überall aus dem deutschen ehelichen Güterrecht eine substantielle Gemeinschaft der Ehegatten geschaffen, sondern hat je nach localen Verschiedenheiten das Güterrecht zum Theil vor diesem allgemeinen Endziel der historischen Richtung auf frühern Stadien jener Entwickelung beruhen lassen. Die Juristen bezeichneten zwar bis zum jetzigen Jahrhundert alle deutschrechtlichen ehelichen Güterverhältnisse, in denen eine mehr oder weniger intensive Vereinigung des Vermögens in der Hand des Mannes erfolgte, mit dem allgemeinen Namen der Gütergemeinschaft und behandelten sie auch als solche, selbst da, wo das beiderseitige Vermögen substantiell nicht eine Masse bildete. Die neuern Germanisten unterscheiden jedoch sachgemäß mit Rücksicht auf die Qualität der Rechte der Ehegatten drei verschiedene Systeme:

1. das System substantiell getrennter Güter; jeder Ehegatte

bleibt Eigenthümer seines Vermögens, der Mann hat während der Ehe den Nießbrauch am Vermögen der Frau, dessen Substanz für Schulden des Mannes nicht haftet; und nach der Auflösung der Ehe durch Tod wird das Vermögen des Ueberlebenden vom Erbrechte nicht ergriffen. Dotalsystem des preuß. Landr.;

2. das System äußerer Vereinigung des Vermögens Beider unter der Verwaltung des Mannes ohne Verschmelzung desselben zu einer Masse; — der Ursprung wird in den rechtlichen Wirkungen noch unterschieden; aber das Gut der Frau haftet für Schulden des Mannes, welcher ein umfassendes Verwaltungsrecht hat;

3. das System innerer Verschmelzung des beiderseitigen Vermögens zu einer Masse, welche Eigenthum der beiden Eheleute ist; — wahre Gütergemeinschaft.

Runde (Güterrecht) begreift unter dem Namen der Gütergemeinschaft im weitern Sinne alle deutschrechtlichen ehelichen Güterverhältnisse; auch das System gesonderter Güter unter dem Nießbrauche des Mannes. Er bezeichnet dies letztere als nießbräuchliche Gütergem. und stellt die s. g. eigenthümliche Gütergem. gegenüber, worin der Mann und dessen Gläubiger auch hinsichtlich der Substanz des Frauenguts weiter berechtigt sind. Runde §. 33. Der jetzt mehr gebräuchlichen Unterscheidung gemäß werden wir die s. g. nießbräuchliche nicht unter dem Namen der Gütergem. mitverstehn, sondern als deutschrechtliches Dotalsystem bezeichnen. Von den Systemen der s. g. eigenthümlichen Güt. Gem. bezeichnet Runde das ersterwähnte zu 2 als formelle G. G. v. Gerber benennt dies System das der Gütereinheit §. 230, Beseler passender: Gütervereinigung S. 574. 580 ff. Wir werden dafür die Bezeichnung der Gütervereinigung beibehalten und nur die materielle innere Verschmelzung des beiderseitigen Vermögens, wobei der Frau nur ein intellectueller Antheil an der Masse, nicht mehr ein Eigenthum gesonderter Objekte gebührt, mit dem Namen der Gütergemeinschaft begreifen. Die fernere Unterscheidung der allgemeinen (universalen) G.G., welche das ganze Vermögen betrifft, wenngleich neben der Möglichkeit, durch Willenserklärung Sondergut auszunehmen, und der partikularen (besondern), welche nur einzelne Gattungen oder Classen von Vermögen der Gemeinschaft unterwirft, kann für das lüb. R. auf sich beruhn, da letzteres keinenfalls eine partikulare Gemeinschaft kennt.

Der Grundcharakter der Gütervereinigung und der Gütergem. im Gegensatze zum Dotalsystem und zur s. g. nießbräuchlichen Gütergemeinschaft Runde's wird von germanistischer Jurisprudenz mit Recht darin gefunden, daß die Frau mit der Substanz ihres, in die Hand des Mannes gelangten Vermögens für die Schulden des Mannes verhaftet ist. Runde §§. 33. 50. Schwieriger ist die Bestimmung, nach welchen Grundsätzen anzunehmen ist, ob nur formelle Gütervereinigung oder materielle Gütergem. nach einem Statutar- oder Provinzialrechte vorliegt. Entscheidend ist, ob das Vermögen der Ehegatten schon während der Ehe zu einer einheitlichen Masse zusammengeflossen ist. Unbestritten ist daraus, daß nach dem Tode eines Ehegatten das Vermögen Beider eine Gesammtmasse bildet, noch nicht zu schließen, daß auch schon in der Ehe eine wahre gütergemeinschaftliche Masse bestanden habe. Zwar stellt noch Runde den Satz auf: wenn beim Tode eines Ehegatten die Frau oder deren Erben keinenfalls die Illaten in specie zurückfordern, sondern nur eine Quote des vereinten Guts in Anspruch nehmen können, so daß dies weder von ihrer Wahl unter Einwerfung ihrer Illaten, noch von der Wahl ihres Mannes durch Auskehrung der Illaten an ihre Erben, abhängt; so sei die Vermuthung dafür, daß ihr auch schon während der Ehe nur eine Quote am Sammtgute unter der Vogtei des Mannes zustand; mithin eine materielle Gütergem. bestand. Wenn aber die Frau ihre Illaten und daneben eine Quote vom Vermögen des Mannes erhält, so sei letztere nicht ein Antheil an einer Gemeinmasse, sondern ein Erbtheil und die Gemeinschaft nur eine äußere. Runde §§. 67. 105. Indeß selbst Runde stellt dies nur als einen der Vermuthungsgrundsätze auf, welche zusammen zur Gewinnung der Entscheidung dienen, und läßt ferner die Vermuthung für G.G. auch dann fortfallen, wenn die Rechte des Ueberlebenden in jener Beziehung verschieden waren, jenachdem beim Tode Kinder lebten oder nicht. Auch erkennt Runde an, daß das Verhältniß zwischen dem Ueberlebenden und den Kindern, nicht aus der Gemeinschaft während der Ehe zu erklären ist, wenngleich es sich äußerlich als deren Fortsetzung darstelle. Runde §. 33. Nr. 7. §. 67. Nr. 5 und §. 11. Jedenfalls ist die Art der Erbfolge allein nicht genügend, um die Rechtsverhältnisse während der Ehe zu constatiren. Denn wenngleich im Allgemeinen die engere Vermögenseinheit der Eheleute bei ihren Lebzeiten auch einen nachhaltigen Einfluß auf die Rechte des Letztlebenden übte, so schließen sich doch die Rechte des Ueberlebenden nicht genau an die Güterrechtsverhältnisse während der Ehe an; sondern das System der Güterverschmelzung nach dem Tode findet erweislich öfter auch da statt, wo während der Ehe Dotalsystem oder nur äußere Gütervereinigung bestand.

Cropp in Heidelb. Jahrb. 1823 S. 119—123. Beseler S. 574 ff. 582. 604. Runde §§. 104. 105. 110. Pauli II. §§. 25. 26. So namentlich auch in Anclam und Treptow a. d. Tollense; Pomm. Statut. R. Anm. zu §. 94. Der früher hauptsächlich in den Vordergrund gestellte Rückschluß von der s. g. fortgesetzten Gütergem. (Beisitz) auf eheliche Gütergem. ist hiernach unzulässig. — Die Schwierigkeit wird damit aber um so größer, woran es zu erkennen ist, ob sich schon während der Ehe eine rechtlich einheitliche Masse gebildet hat, während bei beiden Systemen die Substanz auch des Frauenguts für Schulden des Mannes haftet. Runde (und mit ihm im Allgemeinen die neuern Germanisten) nennen als vorzüglichste Kriterien: Wenn die Zustimmung der Frau zur Veräußerung der von ihr eingebrachten Immobilien nöthig, zur Verfügung des Mannes über die seinigen aber nicht nöthig ist; so entscheide dies für eine bloß formelle Gütervereinigung; ebenso, wenn die Frau mit ihrem Eingebrachten nur für die in der Ehe, nicht für die vor der Ehe vom Manne contrahirten Schulden aufkommen müßte, und wenn beim Konkurse des Mannes die Illaten der Frau ausgeschieden und soweit sie nicht zur Deckung der Eheschulden nöthig sind, zurückgegeben werden. Es liegt in der Natur der Sache, in der Verfügungsgewalt des Mannes und in dem beschränkten vermögensrechtlichen Wirkungskreise der Frau, daß es namentlich entscheidend ist, ob die Substanz des Frauenguts, welches in die Hand des Mannes fällt, für die Schulden des Mannes verhaftet wird; nicht aber, ob die Verfügungsrechte des Mannes oder der Frau mehr oder weniger eingeschränkt sind; oder ob durch Autonomie Vermögensrechte als Sondergut ausgeschieden werden können.

Wenn die Frau, falls bei Auflösung der Ehe Kinder daraus am Leben sind, nur eine Quote vom Sammtgut erhält, und falls keine Kinder leben, ihr Eingebrachtes und einen Theil vom Vermögen des verstorbenen Mannes, so will Runde ebenfalls nur eine äußere G. G. annehmen; denn es sei höchst unnatürlich und im germanischen Rechte beispiellos, das ganze gegenseitige Recht der Ehegatten am Gute einem Wechsel zu unterwerfen, so daß eine materielle Vereinigung mit jeder Geburt eines Kindes eintreten und mit jeder erfolgenden Kinderlosigkeit wieder aufgelöst würde. Runde §§. 67. 94. Diese Grundsätze sind auch im Allgemeinen theoretisch als richtig anzunehmen. Vergl. Behn ehel. Güterr. nach alt. lüb. Cod. S. 16—18. Heise und Cropp jurist. Abhandl. Bd. 2. Nr. 16.

Cropp in Heidelb. Jahrb. a. a. O. Pauli I. S. 91. II. S. 1—24. 84 f. 129 ff. 134—139. 216.

§. 40. Lübisches System.

Weder die ältern lübischen Codices, noch das revidirte Statut erwähnen irgendwo den Namen der ehelichen Gütergem. oder gleichbedeutende Ausdrücke für das Verhältniß während der Ehe. Die Controverse, ob und wieweit das lüb. R. die eheliche Gütergem. aufgenommen hat, kann also nur aus den einzelnen materiellen Bestimmungen über die Rechtsverhältnisse entschieden werden. Für deren Untersuchung ist es daher wesentlich, weder das Bestehen der Gütergem., noch deren Abwesenheit vorauszusetzen, um nicht eins oder das andre der Systeme in Vorschriften hineinzutragen, welche nicht davon ausgehen. Wenngleich wir daher zum Schlusse nochmals hierauf zurückkommen müssen, so ist es doch für die Darstellung sachgemäß, das Resultat unserer Ansicht schon hier kurz mitzutheilen, theils weil sachgemäß das Grundprincip des lüb. Systems voranzustellen und nicht erst mit dem Abschlusse der Lehre zu geben ist; theils um bei der Erörterung der einzelnen Bestimmungen der Deduction aus andern Systemgrundsätzen entgegenzutreten. Aus denselben Gründen sind schon jetzt die erheblichsten Resultate der lüb. Literatur und Praxis über diese Frage zu erwähnen.

Das lüb. R. stellt nun folgende Grundsätze auf, für deren nähere Begründung freilich auf das Spätere zu verweisen ist. Bei beerbten Ehen haftet die Substanz des Vermögens der Frau den Gläubigern des Mannes für dessen Schulden; in unbeerbten Ehen dagegen im Allgemeinen nicht. Die unbeerbte Ehefrau kann ihr eingebrachtes Vermögen aus dem Konkurse über das Vermögen des Mannes zurückfordern; nicht aber die beerbte. Der Mann bedarf zur Veräußerung von Grundstücken der Frau ihres Consenses, nicht aber zur Veräußerung seiner eigenen. Wenn beim Tode des Mannes Kinder hinterblieben sind, so bekommt die Frau die Hälfte des Gesammtguts beider Eheleute; ebenso der Mann, falls die Frau zuerst stirbt und Kinder hinterbleiben. Sind keine Kinder hinterblieben, so bekommt die überlebende Frau ihre Illaten und die Hälfte vom Vermögen des Mannes; und der überlebende Mann behält sein Vermögen und die Hälfte vom Vermögen der Frau.

Unter Anwendung der erörterten Grundsätze ist daher im Allgemeinen anzunehmen, daß in unbeerbten Ehen keine Gütergem.

und nicht einmal eine äußere formelle Gütervereinigung stattfindet, sondern das Dotalsystem gesonderter Güter gilt, daß dagegen in beerbten Ehen das Güterrechtssystem formeller äußerer Gütervereinigung, nicht aber innerer Vermögensverschmelzung und wahrer Gütergem. besteht.

In der lübischen Literatur und Praxis überwog dagegen bis zu den letzten Decennien die Meinung, daß lübische Eheleute in G.G. leben; was früher selbst von unbeerbten Eheleuten angenommen wurde.

Mevius erwähnt ad I. 5. art. 5. No. 15. 21, daß Cothmann eine unbedingte G.G. annehme, Andre nur eine anomale, uneigentliche während der Ehe, Einige nur bei beerbten Ehen, und wieder Andre sie ganz leugnen, weil sie nirgends ausdrücklich vorgeschrieben sei. Mevius persönlich schließt (aus den Ausdrücken in lüb. R. I. 5. Art. 6. II. 2. Art. 30. III. 9. Art. 3. und daraus, daß bei den Bestimmungen über Theilung nach dem Tode eines Ehegatten eine schon bestandene Gemeinschaft vorausgesetzt sei, sowie daß einzelne offenbare Wirkungen der Gütergem. statuirt, andre aber beim ehelichen Verhältnisse ausgeschlossen seien), daß eine Gütergem. nach lüb. R. bestehe, aber communionis genus admodum improprium et anomalum, imo fere, qua bona, commixtionem tantum esse. Es könne daher nach lüb. R. nicht die Gütergem. als Grundlage fundamenti et principii loco für das Güterverhältniß der Ehegatten zu Grunde gelegt, sondern nur rücksichtlich der darin ausdrücklich erklärten Wirkungen und derjenigen, welche aus diesen nothwendig folgten, angewendet werden; quoad effectus expressos aut ex iis necessario consectarios. Im übrigen sei auf das gemeine Recht — Dotalrecht — zurückzugehn, Nr. 21—29. Mit dieser Einschränkung nimmt Mevius auch für unbeerbte Ehen eine Gütergem. an, welche bei ihnen indeß nur einige Wirkungen namentlich hinsichtlich der Gütergemeinschaftlichkeit des Erwerbes, der Theilung 2c. herbeiführe. Nr. 30. 31. — Stein (II. §. 109 ff. S. 146 ff.) ist der Ansicht, daß bei beerbten und unbeerbten Ehen eine allgemeine G.G. unter den Eheleuten eintrete, welche mit der Vollziehung des Beilagers beginne, und daß nur ausnahmsweise diejenige Wirkung der Gütergem., daß alle Güter, auch der Frau, für die Schulden haften, auf den Fall beerbter Ehe beschränkt sei. Er beruft sich zum Beweise der G.G. (außer der Verhaftung des Vermögens für die Schulden) darauf, daß im lüb. R. das Vermögen beider Eheleute wiederholt als gemeinschaftlich, namentlich als von Mann und

Frau zusammengebrachtes Gut, beiderseits Gut, die Güter, alle Güter (lüb. R. I. 5. Art. 6. 10. 11. II. 2. Art. 8) bezeichnet wird, daß die erbrechtliche Theilung mit den Kindern nach dem Tode eines parens, II. 2. Art. 2. 3, eine schon vorher bestandene Gemeinschaft voraussetze und die Güter der Eheleute in II. 2. Art. 6. 26. 28. 30 geradezu gesammt Gut, gemeines (d. h. gemeinschaftliches, vergl. lüb. R. III. 12. Art. 2. 5) Gut genannt werden. Mehlen nimmt als bekannt eine allgemeine G.G. nach lüb. R. an, welche in beerbten Ehen eine vollkommene, in unbeerbten eine unvollkommene, minus plena, restricta quoad effectus quosdam sei. Mehlen §. 1. Die Gerichtspraxis war im Allgemeinen lange davon ausgegangen, daß das lüb. R. eheliche Gütergem. statuire. Sie differirte aber darüber, ob sie auch bei unbeerbten Ehen als Grundlage anzunehmen sei. Der Bericht des Hofgerichts Cöslin von 1780 bemerkt Nr. 3 a: die kinderlose Wittwe nehme ihr eingebrachtes Vermögen zurück und des Mannes Schulden seien aus dessen Vermögen zu bezahlen, „weil nur alsdann, wenn die Ehe beerbt wird, communio bonorum entsteht". Die Commission zur Redaktion des neuvorpommerschen Provinzialrechts behauptet auch bei unbeerbten Ehen eine, wenngleich mit beschränkten Folgen eintretende, Gütergemeinschaft, v. Kamptz Jahrb. Bd. 49. S. 386—405. 1837. Nach der Anm. zu §. 237 des, dem preuß. Landrecht vorangegangenen preuß. Entwurfs des Allg. Ges. Buchs von 1784 Th. I. Abs. 1 Tit. 1 ist darin die Theorie der Lehre von der Gütergem. besonders auf den Grund des lüb. R. aufgestellt. Siewert Bd. 1. S. 52. Nr. 28. Suarez (Schlußrevision Jahrb. Bd. 41. S. 115) erwähnt die Verschiedenheiten der lübischen, culmischen, westphälischen und schlesischen Communionen.

Die juristische Revision dieser Lehre im lüb. R. begann mit der Einsicht, daß in unbeerbten Ehen von einer G.G. nicht die Rede sein kann, da weder den Gläubigern gegenüber, noch auch unter den Eheleuten eine einheitliche Vermögensmasse gebildet wird, und im Gegentheil das Vermögen der Frau nicht für die Schulden des Mannes haftet; auch beim Tode eines unbeerbten Ehegatten das Vermögen beider nach seinem Ursprunge zu sondern ist. Dies zeigt sich bereits im erwähnten Berichte des Cösliner Hofgerichts von 1780. Praxis und Literatur fuhren dann aber noch geraume Zeit fort, jedes System ehelicher Güterrechte, worin das Frauengut für die Schulden des Mannes haftet, für eheliche Gütergem. zu halten und die Nachlaßgemeinschaft der überlebenden Ehegatten mit den Kindern als deren Fortsetzung anzusehen. So unterscheidet auch die Redaktion des preuß. Landrechts nur Dotalsystem und Gütergem.; und noch im pomm. Statutarrecht von 1836 §§. 49. 50 ist unter Ignorirung der neuern germanistischen Rechtsforschungen als alleiniges Kriterium für das Bestehen der „Gütergemeinschaft" die Verhaftung des Frauenguts für Schulden des Mannes erklärt. Eichhorn Einl. i. d. deutsche Privatr. §. 308, Philipps ehel. Gütergem. Th. 2. Abth. 1. Nr. 3, Maurenbrecher gem. deutsch. R. §. 485 g. nehmen noch an, nach lüb. R. trete eheliche Gütergem. mit der Erzeugung ehelicher Nachkommenschaft ein, und höre, sobald durch deren Aussterben die Ehe kinderlos werde, wieder auf. Indeß nach den ersten 2 Jahrzehnten des jetzigen Jahrhunderts brach sich mit genauerer Erforschung des deutschen Rechts die Ueberzeugung Bahn, daß dasselbe nicht bloß entschiedenes Dotalsystem, oder unbedingte Gütergemeinschaft kennt, und daß namentlich das lüb. R. in beerbten Ehen dem Systeme äußerer Gütervereinigung angehöre. Dies machte namentlich Cropp 1823 in den Heidelb. Jahrb. S. 117ff., und Jurist. Abh. Bd. 2. Nr. 16 geltend; dann Behn ehel. Güterrechte nach den ält. lüb. Cod. 1830. S. 16—18; später Pauli Bd. 2. 1840, Runde deutsches ehel. Güterrecht 1841. §§. 67. 94. S. 163. 213.

§. 41. Neuere Praxis.

Für das ältere lüb. R. gilt es jetzt auch als unzweifelhaft, daß es keine Gütergem. kennt. Für das neuere lüb. R. ist die Controverse noch nicht abgeschlossen. Notorisch hat die Praxis sowohl in Lübeck als auch in Pommern seit geraumer Zeit angenommen, daß namentlich in beerbten Ehen lüb. R. Gütergem. bestehe; ohne sich der Gründe bewußt zu werden. In Altpommern gilt es als Axiom, daß in beerbten Ehen Gütergem. bestehe, in unbeerbten nicht. In Bruhns älterer und Kierulfs neuerer Sammlung von Entscheidungen des O. App. Gerichts zu Lübeck findet sich kein Erkenntniß, welches über das Princip entschiede. Nur gelegentlich ist erwähnt, daß die Frage streitig sei; Bruhn II. S. 257, Das Obertribunal zu Berlin hat 1835 in Sachen Speck wider Hertel eine Wittwe, welche nach dem Tode ihres Mannes unbeerbt auf Grund des L. R. II. 1. §. 656 eine Nachlaßforderung einziehen wollte, hiermit abgewiesen; weil nach lüb. R. keine Gütergem. eintrete, so lange die Ehe unbeerbt sei. Im Plenarbeschlusse des Obertribunals vom 18. Februar 1839 ist sodann angenommen: „nach lüb. R. entsteht mit der Eingehung der Ehe eine durch die Geburt des Kindes **bedingte** eheliche Gütergemeinschaft." Präj. Nr. 611. Just. Minist. Bl. 1839. S. 108. Jahrb. Bd. 53. S. 50. Die Gründe dieses Plenarbeschlusses sind meines Wissens nicht abgedruckt. Sie ergeben sich indeß aus der spätern Entscheidung vom 14. November 1862, Entsch. Bd. 48. S. 188 f.; dieselbe geht bei der Erörterung dieser Frage und des Plenarbeschlusses davon aus: „die Verhaftung der Frau mit ihrem Vermögen für die Schulden des Mannes ist das untrügliche Kennzeichen einer stattfindenden ehelichen G. G.; diese Verhaftung der Frau tritt aber nach den Grundsätzen des lüb. R. nur dann ein, wenn die Ehe beerbt ist." Vorbehaltlich der spätern nähern Erörterung über das Verhältniß der beerbten und unbeerbten Ehen hinsichtlich der Schulden, §. 45 ff., kann man dies, von der pommerschen Praxis adoptirte Resultat jenes Plenarbeschlusses gelten lassen, wenn man im Sinne der ältern Terminologie unter Gütergemeinschaft alle Systeme versteht, in denen das Frauengut für die Schulden des Mannes haftet, also nicht bloß die wahre Vermögensverschmelzung, sondern auch die äußere Güterverbindung. Man müßte nur widersprechen, wenn die Meinung dahin gehen soll, daß im neuern lüb. R. eine wirkliche einheitliche Vermögensmasse beerbter Eheleute, eine Gütergemeinschaft im eigentlichsten Sinne bestände. Es ist vielmehr, wie sich die Praxis mit Rücksicht auf die Verschiedenheit gütergemeinschaftlicher Systeme ausdrückt, nur die Gütergemeinschaft des **lübischen Rechts**, d. h. eine Güterverbindung, deren Grundsätze zunächst aus den besondern Vorschriften des lüb. R. zu beurtheilen sind, und welche darnach nicht als innere, substantielle sondern nur als s. g. formale, äußere Gemeinschaft zu betrachten ist.

§. 42. Fortsetzung. Beerbte Ehen.

Es ist dennoch bis zur neuesten Zeit in Praxis und Literatur mitunter behauptet, daß nach späterm lüb. R. das Vermögen **beerbter** Eheleute in der That schon während der Ehe eine einheitliche, echt gütergemeinschaftliche Masse bildet. So noch Beseler, welcher nur das ältere lübische Recht zu den Systemen der äußerlichen Gütervereinigung rechnet, deutsch. Privatr. 2. Aufl. 1866. S. 580 f. 582. Anm. 5.

Daß jedoch diese Ansicht sich nicht auf das revid. Statut von 1586 stützen kann und daß gerade die Sätze, aus denen wir die wahre G. G. für das lüb. R. verneinen, dem revid. Statute angehören, wird die nachfolgende Erörterung zeigen. Pauli a. a. O. hat ferner durch eine Menge von Urkunden, Auflassungen, Testamenten u. d. aus den lübischen Stadtbüchern nachgewiesen, daß dieselben und in ihnen das Rechtsbewußtsein des 13. 14. und 15. Jahrhunderts von einer Sonderung des Vermögens der Eheleute ausgingen. Ob der lübische Ehemann wirklich ein so ausgedehntes letztwilliges Verfügungsrecht hatte, wie Pauli ihm nach den alten lübischen Testamenten zuschreibt, kann hier dahin gestellt bleiben, und hat auf unsre Frage keinen Einfluß; denn gegen den Schluß, welchen Pauli hieraus gegen die Unmöglichkeit ehelicher Gütergem. ziehen will (II. S. 84f. 216f.), wendet Beseler mit Recht ein, daß sich eine umfassende Verfügungsgewalt des Mannes zu letztwilliger Verfügung über Vermögen beider Eheleute aus der G.G. mindestens ebenso gut, wenn nicht noch eher erklären lasse, als aus der Gütervereinigung. Der Umfang der Verfügungsbefugnisse der Eheleute hat überhaupt für unsere Frage nur in soweit Einfluß, als dabei das Vermögen des Mannes von dem der Frau gesondert und nicht beides als eine Masse behandelt ist.

Die hauptsächlichste Stütze hat die Ansicht für die lüb. Gütergem. noch darin, daß der Gerichtsgebrauch sie sanctionirt habe. Das Gewicht dieses Grundes ist nicht zu unterschätzen. Selbst Pauli, so sehr er gegen die Anwendung des Begriffs der Gütergem. im lüb. R. eifert, bestätigt, daß die Idee der allgemeinen ehelichen G.G. von den Juristen begünstigt, nach und nach die herrschende geworden ist. II. S. 54. Und bei der gemeinrechtlichen rechtsbildenden Kraft des Gewohnheitsrechts würde dessen Resultat auch dann zu beachten sein, wenn es aus wissenschaftlich unrichtigen Voraussetzungen hervorgegangen wäre. Runde §. 23. Jahrb. Bd. 53. S. 404. 405. Indeß ist eine derartige gewohnheitsrechtliche Umgestaltung des lüb. R. nicht nachweisbar und auch nicht anzunehmen. Für die ältere Zeit wird namentlich ein Urtheil des lübischen Oberhofes von 1489 in Bezug genommen (nach Elbing, Michelsen No. 211. Pauli II. S. 138. Anm. 145. Beseler S. 582. Anm. 5). Darin wird über den Streit zwischen einer Wittwe und ihres Mannes Bruder entschieden: die Wittwe brauche mit ihres verstorbenen Mannes Verwandten nicht die Güter zu theilen, welche der Frau von ihren Verwandten angestorben sind; denn „wo wol se to etliken tyden mit dem Brutschatte syn in dem samende gewest, so syn se doch dorch der kynder dodt myt dem Brutschatte, des se eyne vormeringe weren, wedder uth dem samende gekamen." Beseler legt ein

Hauptgewicht auf dies Urtheil, das Samende bezeichne nicht bloß äußerlich vereinigtes Gesammtvermögen, sondern sei im engern Sinne eines Sammtguts, welches beiden Eheleuten gehöre, verstanden. Auch Pauli findet darin die Idee einer innern Gütergemeinschaft hervortreten. Dennoch können wir dem Urtheil keine Beweiskraft beimessen. Der Ausdruck Samende bekommt gerade hier seine sachgemäße Bedeutung durch die Beziehung auf den geltend gemachten Erbanspruch. Wenn die Kinder, welche als vorverstorben bezeichnet sind, beim Tode des Mannes gelebt hätten, so würden die Güter der Frau mit dem Brautschatze, dessen Vermehrung sie bildeten, zu dem zu beerbenden Sammtgut gehört haben. Da die Kinder aber früher starben, so hatte sich ein Nachlaßgut nicht bilden können und das Sammtgut, Samende, welches vor der Kinder Tode einige Zeit bestand, hat hinsichtlich des darin enthaltenen Vermögens der Frau für die Erben des Mannes keine rechtliche Bedeutung. Darüber gerade, welche rechtliche Bedeutung dies Sammtgut für die Eheleute während der Ehe hatte, und ob es mehr bedeute als das unter der Gesammtverwaltung des Mannes befindliche Vermögen, erklärt das Urtheil nichts. Der Ausdruck: „Samende" allein ist noch kein Beweis für die Bezeichnung einer schon während der Ehe rechtlich einheitlichen Masse. Vergl. Runde §. 11. Jedenfalls ist es auch unzulässig, aus dieser einen Entscheidung vor dem revid. Statute von 1586 eine innere G. G. beweisen zu wollen, während das fast 100 Jahre später redigirte Statut davon keine Spuren zeigt, sondern sie widerlegt, wie die fernere Erörterung zeigen wird, falls man nicht die Idee der Güterverschmelzung hineintragen will.

Auch die spätere Praxis kann nicht ungetheilt und unbedingt von dieser Idee ausgegangen sein. Dies beweist schon die angeführte Bemerkung von Mevius, daß die Frage sehr kontrovers und verschieden bis zum Bestreiten jeder G.G. beantwortet sei. Mevius selbst stellt ganz richtig auf, es bestehe eine uneigentliche anomale Gemeinschaft, welche eigentlich nur eine Vermischung (commixtio, äußere Verbindung) statt einer communio sei; es könnten daher auch nicht die G.G., sondern nur die im lüb. R. ausdrücklich ausgesprochenen Wirkungen und deren Consequenzen als Fundament der Lehre angesehen werden. Wenn man berücksichtigt, welche Autorität Mevius trotz seiner romanistischen Neigungen Jahrhunderte lang für die lübische Praxis genoß, so kann diese nicht der unbedingten Idee innerer Gütergem. gefolgt sein. — Eine derartige Umgestaltung durch die Praxis ist um so weniger anzunehmen, als auch die spätere Zeit die G. G.

nur aus den Bestimmungen des Statuts und in letzterer Zeit insbesondere aus der Verhaftung des Frauenguts für die Schulden des Mannes deducirte. Unrichtige Folgerungen bilden an sich aber noch kein Recht; und der Schluß aus den Rechten der Gläubiger beweist nur, daß man früher die Bezeichnung mit dem Namen der Gütergem. auch da anwandte, wo keine materielle Gemeinschaft bestand.

Es wird daher auch für beerbte Ehen davon auszugehen sein, daß keine substantielle Gütergemeinschaft besteht und sind die lüb. Vorschriften ohne Voraussetzung einer solchen zu prüfen.

Zu bemerken ist nur noch, daß in Anclam und Treptow a. d. Tollense auch in beerbten Ehen das Vermögen der Frau für die Schulden des Mannes nicht haftet. Es gilt hier also für beerbte Ehen weder Gütergem., noch auch nur s. g. Gütervereinigung. Pomm. Stat. R. §§. 49. 50.

§. 43. Fortsetzung. Unbeerbte Ehen. Subsidiäres Recht.

Daß für unbeerbte Ehen im lüb. R. Gütergem. angenommen wird, ist freilich in neuerer Zeit seltener; zumal in Pommern. Doch kann auch diese Ansicht noch nicht geradezu als antiquirt gelten. Man kann annehmen, daß die Ansicht der beiden Commentatoren Stein und Mevius, welche auch in unbeerbten Ehen eine allgemeine G.G. (Stein: einen Gesammtbesitz der Eheleute in solidum pro indiviso) wenngleich mit Beschränkungen hinsichtlich der Verhaftung für Schulden statuirten, zu ihren Zeiten zu Ende des 17ten und Anfang des 18ten Jahrhunderts auch in den Gerichtshöfen überwog. Sie ging auch in das Gutachten der Gesetzkommission vom 22. Oktober 1800, Rabe Bd. 6. S. 327, über, und hat namentlich in Neuvorpommern sich geltend gemacht. In den Berichten des Oberapp. Ger. Greifswald über den Erbschaftsstempel, wenn sich Ehegatten succediren, vom 29. März 1824 und 14. Oktober 1833 ist dies festgestellt und noch die Commission zur Redaktion des neuvorpommerschen Provinzialrechts gelangt aus wissenschaftlichen Gründen zu demselben Resultate. v. Kamptz Jahrb. Bd. 49. S. 386—405. Indeß wenn in der Ausführung der letztern S. 388. 389 die Bemerkung des pommerschen Statutarrechts, daß diese Ansicht bei den pommerschen Gerichtshöfen Eingang gefunden habe, mit dem übertreibenden Zusatze in Bezug genommen wird, sie sei stets von den Gerichten in Pommern anerkannt, so muß für Hinterpommern das

Gegentheil behauptet werden. Der Bericht des Hofgerichts Cöslin von 1780 erwähnt als ganz selbstverständlich Nr. 3 a: daß erst, wenn die Ehe beerbt wird, communio bonorum entsteht. Auch die Entsch. des Obertribunals bezeugen, daß jetzt jedenfalls die allgemeine Praxis diesem Berichte entspricht.

Die Gründe, welche für eine G. G. bei unbeerbten Ehen trotz des Fortfallens der gemeinsamen Güterhaft für Schulden sprechen sollen, sind in der That hinfällig gegenüber den offenbaren Consequenzen der lüb. Vorschriften, wornach die Vermögensobjekte der Eheleute sowohl während der Ehe als nach dem Tode eines Ehegatten, sowohl hinsichtlich der Rechte der Gläubiger als der Eheleute selbst, von einander rechtlich gesondert bleiben. Die ausgedehnte Verwaltungsbefugniß des Mannes ist erweislich Folge der Vormundschaft und Vogtei des Mannes über die Frau und über ihr Vermögen, und bedarf zu ihrer Erklärung nicht der Annahme der G. G. Das wechselseitige Erbrecht der Ehegatten ist als Folge der ehelichen Genossenschaft auch vielfach da eingeführt, wo keine Gütergem. besteht, und setzt eine solche daher ebenfalls nicht nothwendig voraus. Im Gegentheil setzt die Vorschrift über die Erbfolge bei Eheleuten II. 2. Art. 12 eine entschiedene Sonderung der Vermögensbestandtheile voraus.

Aus den Ausdrücken für das beiderseitige Vermögen: gesammt, gemeines, zusammengebrachtes, beiderseits Gut im lüb. R. läßt sich auf eine G. G. in unbeerbten Ehen nicht schließen. Sie kommen schon zu einer Zeit vor, wo das Frauengut entschieden noch in der Gewere des Mannes zu rechter Vormundschaft war. Runde §. 11. S. 25. Zudem werden sie im lüb. Statut nur als Bezeichnung für die Erbmasse, welche nach dem Tode eines Ehegatten vom überlebenden mit den Erben, insbesondere den Kindern, gemeinschaftlich besessen wird, gebraucht. Aus der Nachlaßgemeinschaft ist aber, wie erwähnt, ohnehin kein Schluß auf vorgängige eigentliche G. G. zu machen. Gewicht wird auch darauf gelegt (Jahrb. Bd. 49. S. 396 ff.): der Antheil des überlebenden Ehegatten am Nachlasse könne kein Erbtheil, sondern nur ein Gemeinschaftsantheil sein. Denn der Ehegatte werde niemals als Erbe bezeichnet, sondern stets, auch bei unbeerbten Ehen, den Erben, mit welchen er theilen soll, gegenübergestellt, lüb. R. II. 2. Artt. 4. 12. 2 — 6. 8. 21. 26 — 29. Er sei auch nicht unter der Aufzählung aller Erben in II. 2. Art. 1 enthalten; und Güter, welche von Ehegatten anfallen, seien keine Erbgüter. I. 10. Art. 6. Jedoch bezeichnet das Wort Erbe im

Altdeutschen nicht einen heres im römisch-rechtlichen Sinne, sondern einen „Blutsfreund", Blutsverwandten, Mev. No. 6. ad II. 2. art. 1, und die Aufzählung im Art. 1. cit. betrifft eben auch nur die Blutsfreunde. Zu den Erbgütern gehörten ferner nach dem frühern Rechte auch die von Ehegatten anfallenden Güter und ist deren Ausschluß von der Erbgutsqualität erst bei der Redaktion des revidirten Statuts von dessen Redaktoren durch Beschränkung auf Blutsfreunde ohne allen ersichtlichen Zusammenhang mit der Gütergemeinschaft bestimmt worden. Pauli I. S. 200.

Welchen Einfluß es auf die Rechtsverhältnisse unbeerbter Ehen hat, wenn sie beerbt werden, oder auf beerbte Ehen, wenn sie wieder unbeerbt werden, bleibt später zu erörtern.

Aus den erörterten Principien ergiebt sich, welche Güterrechtssysteme zur Ergänzung als subsidiäres Recht anzuwenden sind, soweit das lüb. R. nicht selbst dafür Grundsätze ergiebt. Für unbeerbte Ehen ist das Dotalrecht gesonderter Güter anwendbar, für beerbte Ehen das System der Gütervereinigung, nach welchem das Frauengut für die Schulden des Mannes haftet, aber keine völlige Verschmelzung des beiderseitigen Vermögens erfolgt. Letzteres regelt sich namentlich für den gemeinrechtlichen Theil von Pommern nach den Grundsätzen, welche die neuern Germanisten für dies System festgestellt haben. v. Gerber §§. 230 ff. Beseler §. 139. Runde §§. 50—57. Im landrechtlichen Theile Pommerns wendet die Praxis als subsidiäres Recht ohne Bedenken für unbeerbte Ehen das Dotalrecht des Landr. II. 1. §§. 205—344, und für beerbte Ehen die Vorschriften über gütergemeinschaftliche Verhältnisse Landr. II. 1. §§. 345—433 an. Sie hat darin auch Recht. Zwar beruht das Landr. entschieden auf materieller Güterverschmelzung. Indeß ist zu berücksichtigen, daß die Unterscheidung zwischen den äußern formalen und den materiellen innern Gütergem.-Systemen erst der neuern Jurisprudenz des jetzigen Jahrhunderts angehört, und daß das vorige Jahrhundert (abgesehen von der particularen) in allen Fällen, wo Frauengut für die Schulden des Mannes haftet, nur ein System der Gütergem. annahm, ohne innerhalb desselben die einzelnen Abweichungen auf den tiefgreifenden Unterschied der Güterverschmelzung und äußern Gütervereinigung zurückzuführen. Gerade dieser Zeit, worin die Doktrin nur Gütergem. und Dotalrecht unterschied, gehört die Redaktion des preuß. Landr. an. Dasselbe tritt bei dieser Materie um so mehr hervor, als es in II. 1. §. 360 vorschreibt: „Wo Verträge, Statuten, oder Provinzialgesetze nicht ein Anderes ausdrücklich verordnen, da finden wegen der Gütergem. und deren rechtlichen Folgen nachstehende allgemeine Vorschriften Anwendung." Das System der landrechtlichen Gütergem. ist nach Suarez Schlußrevision, Jahrb. Bd. 41. S. 115, aufgestellt, um ein jus certum zu schaffen, weil es an einem gleichmäßigen gemeinen Rechte über die Gütergemeinschafts-Systeme fehlt; — was allerdings ganz richtig ist. — Das Landr. hat also, ohne zwischen materieller und äußerer Gütergem. zu unterscheiden, für alle Arten ehelicher Gütergem., welche damals unter diesem Namen begriffen wurden, dieselben subsidiären Vorschriften geben sollen und wollen. Die Verschiedenheit der Grundprincipien muß nur darin vorsichtig machen, daß nicht auf das subsidiäre Landr. recurrirt wird, soweit die Grundsätze der s. g. Gütergemeinschaft lübischen Rechts oder deren nothwendige Consequenzen reichen. Das Obertribunal legt deshalb (Just. Minist. Bl. 1844 Beilage zu Nr. 33. S. 1. 2) den §. 360. II. 1, „dessen es bei der subsidiarischen Natur des Landrechts nicht einmal bedurft hätte", mit Recht dahin aus, daß das Landr. nicht anwendbar ist, wo das Statutarrecht erweislich etwas anderes festsetzt oder, „wo aus einzelnen Bestimmungen auf Principien geschlossen werden muß, die von denen des Landr. abweichen."

Der Kürze halber werden wir in Nachfolgendem das Vermögen beider Eheleute auch während der Ehe, soweit es hinsichtlich der Verhaftung für Schulden oder der Verfügungsgewalt des Mannes gleichmäßig zusammen behandelt wird, mit dem altgewohnten Namen Sammtgut bezeichnen; und das Güterrechtsverhältniß beerbter Eheleute unter dem Namen: Gütergemeinschaft begreifen, worunter die sogenannte Gütergemeinschaft des lübischen Rechts zu verstehen ist. Nach dem Vorbemerkten hoffen wir darin keinen Mißverständnissen unterworfen zu sein, zumal da die Bezeichnung als Gütergem. wegen der subsidiären Vorschriften des Landr. doch nicht zu vermeiden ist.

§. 44. Vermögensobjekte der Eheleute.

Unter den Vermögensgattungen, welche den ehelichen Rechtsverhältnissen unterliegen, lassen wir die Erbgüter außer Acht und verweisen nur auf die früheren Bemerkungen §§. 12—14, da der Begriff nicht mehr praktisch ist. Im Uebrigen unterscheidet das lüb. R. im Vermögen der Frau:

1. das, „was sie zum Manne gebracht hat, was er mit ihr

bekommen hat", und wird hierunter namentlich der der Frau bei der Verheirathung mitgegebene Brautschatz, Mitgift, in den lateinischen Urkunden immer dos genannt, hervorgehoben, vergl. Bruhn lüb. Entsch. Bd. 1, S. 89, ohne daß jedoch ein rechtlicher Unterschied zwischen demjenigen, was die Frau bei Eingehung der Ehe oder später ihm zugebracht hat, gemacht wird. §. 64. Pauli II S. 67. Auch in dem §. 42 erwähnten Urtheile von 1489 wird das der Frau von ihren Verwandten angestorbene Gut eine Vermehrung des Brautschatzes genannt.

2. Besonders unterschieden wird nur die Morgengabe als Eigenthum der Frau, welches ihr vom Manne gegeben ist, während der Ehe unter der vogteilichen Verwaltung und Herrschaft des Mannes blieb, aber auch bei unbeerbten Ehen den Gläubigern des Mannes in dessen Conkurse belassen werden mußte. Lüb. R. III. 1 art. 9. Pauli II. S. 39—41. — Vergl. unten §. 64.

3. Im Gegensatz zu dem eingebrachten Vermögen der Frau, welches der Verwaltung des Mannes und zwar im Allgemeinen unter Ausschluß der Frau unterlag, stand das Sondergut der Frau, welches ihr von Andern oder auch vom Manne zu ihrer ausschließlichen Verfügung überlassen war, oder von ihr selbst von der vogteilichen Herrschaft des Mannes ausgenommen wurde. Die vielfachen, von Pauli II. S. 42—54 citirten Urkunden erweisen, daß dies mindestens seit 1302 schon üblich war, und bestand seine charakteristische Bedeutung eben darin, daß dem Manne die Herrschaft darüber entzogen war, die Frau dagegen auch ohne Consens des Mannes frei darüber verfügen konnte. Seit Ende des 14ten Jahrhunderts kommen diese Sondergüter unter dem Namen Spiel- (d. h. Vergnügungs-) Gelder, Spelerpenninge, Trufelpfennige, denarii truphales, truphatorii, ludibiles vor; später (in Lübeck bis jetzt) Spillgelder genannt. Pauli l. c. Mev. ad 72. 73 ad III. art. 10.

Diese Bedeutung des Sonderguts der Frau bleibt nicht nur für das System getrennter Güter, sondern auch für das Verhältniß der Gütervereinigung oder Gütergemeinschaft, für letzteres in dem Sinne, daß dies Sondergut von dem gemeinschaftlichen Vermögen ausgeschlossen blieb. Pauli S. 54. Runde §. 36.

4. Die Möglichkeit von Sondergut des Mannes namentlich in der Bedeutung der Ausschließung desselben von der Verhaftung für Schulden der Frau lag in der gemeinrechtlich gestatteten Schließung von Dotalverträgen.

5. Soweit unter den Eheleuten oder den Gläubigern gegen-

über die Sonderung des Vermögens des Mannes vom Frauengute nothwendig wurde, galt die, nach l. 51. Dig. 24. 1 genannte, gemeinrechtliche praesumtio muciana, daß alles vorgefundene Vermögen dem Manne gehöre, von welchem nicht das Eigenthum der Frau nachgewiesen wurde. §. 59.

B. Schulden der Eheleute.

§. 45. Vorbemerk.

A. L. R. Cod. II. art. 11. 15. 16. 18. Abth. IV. 61.
Revid. Stat. I. 5. art. 5—7. 11.
— — III. 1. art. 9. 10.

Nach älterm lüb. R. war die Frau unzweifelhaft für die Schulden des Mannes nicht persönlich verhaftet; sie mußte jedoch in Folge der vormundschaftlichen Gewalt des Mannes über alles Vermögen, welches derselben unterworfen wurde, sich die Exekution in dies Vermögen wegen Schulden des Mannes gefallen lassen; indem der Mann dasselbe, soweit seine, bei Immobilien beschränkte, Gewalt reichte, seinen Gläubigern verpfänden oder als Exekutionsobjekt hingeben konnte. Ohne den Willen des Mannes konnte ursprünglich der Gläubiger nicht direkt die Exekution in das Vermögen der Frau veranlassen und den Mann nicht zur Veräußerung desselben zwingen. Behn ehel. Güterr. nach d. ält. lüb. Cod. S. 19 ff. Pauli II. §. 24. Soweit jedoch hiernach der Mann wollte, hatte die Frau kein Widerspruchsrecht; und in dieser Beziehung standen nach dem ältesten Recht beerbte und unbeerbte Frauen einander gleich. Die latein. Codices, welche das älteste Recht enthalten, erwähnen überhaupt keinen Unterschied hierin, ob Kinder da sind oder nicht. In dieser Weise haftete thatsächlich nach ältestem Rechte auch das Vermögen der unbeerbten Frau den Gläubigern ihres Mannes, und es war natürlich, daß die fernere Entwickelung den weitern Schritt that, den Gläubigern auch ein direktes Exekutionsrecht in das Vermögen der Frau zu geben; namentlich wenn der Mann flüchtig oder gestorben war. Behn S. 24 ff. Dies Recht der Gläubiger finden wir in den ältesten deutschen Cod. und diese machen zugleich bereits Unterschiede, ob die Frau unbeerbt war, oder Kinder hatte. Die unbeerbte Frau war von der Verhaftung ihres Vermögens für Schulden des Mannes befreit:

1) für voreheliche Schulden des Mannes, wenn letzterer bald nach Eingehung der Ehe starb, und
2. für die Schulden des Mannes, wenn er Schulden halber flüchtig wurde, „vorvluchtig dor schult". Hach A. L. R. Cod. II. art. 11. 15. 16. 18. Pauli II. S. 98—107. Strieth. Arch. Bd. 13 S. 357 ff.

Diese ausdrücklich erwähnten Befreiungen erweiterten sich, zu Gunsten der Frau, bis sie im revidirten Statute von 1586 zur Regel wurden, daß die unbeerbte Frau mit ihrem Vermögen für die Schulden des Mannes nicht zu haften braucht. Pauli II. S. 107 ff. Die beerbte Frau mußte dagegen nach älterm und neuerm lübischen Rechte für Schulden des Mannes mit ihrem Vermögen aufkommen. Pauli II. §. 41.

Nur in Anclam und in Treptow a. d. Tollense haftet auch die beerbte Frau mit ihrem Vermögen nicht für die Schulden des Mannes. Pomm. Stat. R. §. 49. 56. Für Usedom und Treptow a. d. Rega sind die geltenden Grundsätze über Schulden zweifelhaft. P. St. R. §. 56. Ueber die besondern Rechte der Frau in Stolp vergl. St. R. §. 58.

Den Grund, weshalb die beerbte Ehe anders behandelt wurde, als die unbeerbte, ist wohl von Pauli II. S. 226 richtig dahin angegeben, daß es unnatürlicher erschien, das Interesse der Kinder von dem der Mutter zu trennen, als bei der unbeerbten Ehe das Interesse der Frau und ihrer Familie und Erben von demjenigen des Mannes und seiner Erben. Die Kinder begründen gewissermaßen erst die Dauer der Familie und des Familienvermögens, während eine unbeerbte Ehe mehr einen temporären Charakter annimmt, welcher in den Güterverhältnissen seine Folge hat. Mevius sucht für den rationellen Grund des Unterschiedes die verschiedensten äußern Momente: es scheine für unbeerbe Ehen leichter, Schulden zu bezahlen, als für beerbte, welche für mehr Personen zu sorgen hätten! Er findet Hauptgründe darin, daß die Kinderliebe dem Vater Sporn zur Sorgfalt sein soll, „nicht unter der Frauen Pelz zu kriechen" und daß beabsichtigt sein möge, den unbeerbten Wittwen die zweite Heirath zu erleichtern und den beerbten zu erschweren. Mev. ad I. 5. art. 7. No. 3—11.

Die maßgebenden Vorschriften des revid. Stat. hinsichtlich der Schulden sind in lib. I. 5. art. 5—7. 11 und III. 1. art. 9. 10 enthalten. Sie lauten:

art. 5. I. 5. Begiebt sich ein Mann mit einer Frau in die

Ehe, stirbt der Mann und läßt keine Kinder von ihr, oder daß sie schwanger sei, die Schuld damit er Jemand vorhaftet, kann die Wittfrau nichts hindern, sondern sie soll Alles wieder nehmen, was sie zu ihrem Manne gebracht hat. Darnach soll man von seinem Gute alle seine Schuld bezahlen, die er bei seinem Leben und in stehender Ehe gemacht; bleibt etwas übrig, wird getheilt nach der Stadt Rechte.

art. 6. Nimmt ein Mann ein Weib zur Ehe, und der Mann wird im offnen Krieg gefangen, den soll man lösen mit dem Gute, welches sie beide zusammengebracht, es sei der Frauen zugebrachtes Gut oder was sie mit einander vor Gut haben.

art. 7. Wird ein Mann wegen Schuld flüchtig, hat er dann mit seinem Weibe Kinder, und ist die Schuld bekenntlich oder wie Recht erwiesen, so soll dieselbe bezahlt werden von ihrer beiderseits Gut. Haben sie aber mit einander keine Kinder, und ist der Mann flüchtig, so nimmt die Frau ihren Brautschatz, Kleider, Kleinodien und jungfräulich Eingedömpte, welches sie ihm zugebracht, voraus; von dem andern Gut zahlt man die Schuld. Es wäre denn, daß die Frau mit gelobet, welches doch dahin zu vorstehn, wann sie eine Kauffrau gewesen oder ihrer fräulichen Gerechtigkeit erinnert und sich derselben vorziehen, so muß sie mit zahlen helfen.

art. 11. Also auch wann eine Frau mit ihrem Manne, welcher in Schulden vertieft, unbeerbet ist, mag sie ihren Brautschatz repetiren, freien und aus den Gütern fördern. Wann sie aber noch in den Jahren ist, darinnen sie Kinder gebären kann, so muß bemelter Brautschatz wiederum an gewisse Oerter belegt werden, und mag die Frau davon die jährliche Abnutzung zu ihrem Besten unvorhindert gebrauchen.

art. 9. III. 1. Verstirbt ein Mann in Schulden, mit seiner Frauen unbeerbet, so geht die Frau mit ihrem Brautschatz, Kleider, Kleinodien und jungfräulichem Eingedömpte und was sie ihm zugebracht, vor alle Creditoren. Morgengabe aber und ihre freie Kost, welche die Frau gethan, die kann nicht gemahnt werden. Die Gabe, welche ihr von den Hochzeitgästen zu der Kost geschenkt worden, muß sie mahnen wie gemeine Schuld. Was aber dem Manne geschenkt, das bleibet den Creditoren.

art. 10. Stirbet ein Mann, in Schulden vertieft und solches offenbar, sollen seine nachgelassenen Güter innerhalb 6 Wochen a tempore scientiae von den Creditoren inventirt und so man will versiegelt werden, darnach muß sich seine nachgelassene Wittfrau mit

Vormundern vorsehen und in 6 Monat Bergen und Dachdings auftragen, sofern als sie beerbet und muß also Haus, Erbe und Güter mit einem Rock und Heuken, nicht den besten, nicht den ärgsten, räumen.

I. Beerbte Ehe.

§. 46. Schulden des Mannes.

In beerbten Ehen muß sonach „die Schuld von ihrer beiderseits Gute" bezahlt werden, Art. 7.

Welche Schulden? Das praktisch Wichtigste ist natürlich, daß für die Schulden des Mannes auch das Gut der Frau haftet, und zwar für alle Schulden des Mannes. Die Artt. 7. 5 und 10 cit. machen unter den Schulden keinen Unterschied und nehmen keine Gattung derselben aus. Sie setzen nur voraus, daß die Schuld anerkannt (bekenntlich) oder erwiesen ist und der Art. 5, welcher den Gegensatz der unbeerbten Ehe behandelt, erwähnt alle Schuld, die er in seinem Leben und in stehender Ehe gemacht hat. Mevius (ad art. 7. No. 26 sq.) deducirt daher richtig, daß die Qualität keinen Unterschied mache, namentlich ob Schulden zum gemeinschaftlichen Nutzen beider Eheleute oder nur für den Mann gemacht seien; was auch die Praxis annehme.

Aus demselben Grunde haftet das Frauengut nach Art. 7 ebenso für voreheliche Schulden des Mannes wie für die während der Ehe kontrahirten. Mevius ist hinsichtlich dieses Unterschiedes ohne Grund peinlicher. Er meint: derselbe scheine vor dem Wortlaute zu zerfallen und fast überall mache die Praxis keinen Unterschied in der Zeit der Entstehung der Schulden. Indeß wo nicht sicheres Herkommen diesen Unterschied verwerfe, würde der Richter billiger handeln, ihn zu machen und voreheliche Schulden des Mannes von der Verhaftung auszunehmen, weil gemeinrechtlich eine societas nur die während derselben entstandenen Schulden zu tragen habe und weil sonst die Frau unschuldig unter den Schulden des Mannes leide. Mevius billigt deshalb eine Entscheidung der Tübinger Facultät, welche den Beweis beständig hergebrachter Observanz, daß Ehefrauen voreheliche Schulden des Mannes bezahlen mußten, verlangt hatte. Mev. No. 31—35. Unsers Erachtens ist bei der unterschiedslosen Fassung der Artt. 5. 7 auch für die voreheliche Schuld des Mannes das beiderseitige Gut verhaftet; diese Bestimmung des Statutarrechts kann keine Beschränkung, welche nicht in ihm selbst liegt, aus dem gemeinen Rechte erleiden. Ohnehin ist hier ein gemeines Recht aus der römischrechtlichen societas nicht für die deutschrechtlichen ehelichen Güterverhältnisse herzuleiten. Billigkeitsgründe sind nicht maßgebend, wo das Gesetz keinen Unterschied macht. Gerade in Betreff der Haftung des Frauenguts für die Schulden des Mannes bemerken die Revisoren des Statuts in der Vorrede von 1586: licet lex dura videatur, tamen ita servanda est, mit der Motivirung: da Lübeck eine Kaufmannsstadt und auf Treu und Glauben gewidmet sei, so sei immer hierauf gesehn und sei es besser, daß einige Private, sonderlich die Frauen an ihrem Gute etwas Schaden litten, als daß der Glaube in Kaufhändeln geschwächt würde. §. 1. Wo zumal im Todesfalle das beiderseitige Gut zu einer Sammtgutsmasse wird, welche bei beerbten Ehen Niemand unterscheidet, ist auch hinsichtlich der Zeit der Schulden nicht zu unterscheiden. Vergl. Behn S. 27. Anm. 64. Hiernach ist im Gegentheil die Haftung des Frauenguts für voreheliche Schulden des Mannes nur da auszuschließen, wo hierfür eine, dem lübischen Rechte entgegenstehende Observanz ausdrücklich nachgewiesen würde. Die Gerichtspraxis hat dies auch entschieden angenommen, und ist Mevius hierin nicht gefolgt; ebenso das preuß. Landrecht II. 1. §. 391. — Vergl. Runde §. 52.

Aus denselben Gründen ist die Verhaftung des Frauenguts auch nicht für Schulden des Mannes aus seinen Delikten, oder aus seinen gesetzlich zulässigen Liberalitätshandlungen, Glücks- und Hoffnungsverträgen, Spiel, Wette, ausgeschlossen. Runde §. 52. Mevius will zwar auch: 1. Strafen und Ersatzansprüche aus unerlaubten Handlungen des Mannes und 2. Schulden des Mannes aus Spiel und Wette ausschließen. Seine Gründe sind aber theils unstatthafte Billigkeitsgründe, theils der angebliche Mangel von lübischen Bestimmungen, welche vom gemeinen Rechte abweichen, — wobei Mevius unter dem gemeinen Rechte unzulässigerweise wieder aus dem römischen Dotalsysteme l. 2. Cod. ne uxor pro mar. heranzieht — theils die Vorschrift des lüb. R. III. 9. art. 3. Mev. ad art. 7. No. 37—47. Es ist jedoch auch hier entscheidend, daß der Art. 7 keine Schuld des Mannes und ebenso der Art. 10 cit. keinen Gläubiger desselben ausnimmt, und dadurch in der That für das Verhältniß der Eheleute den Gläubigern gegenüber eine lübische Bestimmung vorhanden ist. Der Art. 3 des lüb. R. III. 9. steht in einer, auf die ehelichen Güterverhältnisse unanwendbaren Lehre von Gesellschaften und Maskopeien III. tit. 9. und handelt davon, daß, wenn Brüder und Schwestern in gewöhnlicher Gesellschaft sitzen, der Einzelne mit seinem alleinigen Antheile seine Schulden für „übriges Zehren" (d. i. unnöthigen Aufwand), Huren, Spielen, Wetten, Strafen oder dergleichen bezahlen soll. Offenbar fehlt selbst die Analogie zwischen diesem Verhältnisse und dem ehelichen. — Stein I. §. 138. S. 191 erkennt auch das Recht der Gläubiger von Deliktsschulden auf alles Gut an; will aber auf Grund des Art. 3. lüb. R. III. 9 und des römischen Rechts Dig. pro socio und Cod. de poenis bei einer Aufhebung der Gemeinschaft dem unschuldigen Ehegatten das Recht zusprechen, alsdann die Hälfte vom schuldigen Theile wieder zu verlangen, so daß desfallsige Ansprüche dann auf dessen alleinigen Antheil zu rechnen wären. Auch dies entspricht nicht dem lübischen Rechte und dem deutschen ehelichen Güterverhältnisse und sind Steins Gründe dafür unzutreffend. Es ist zwar aus der Praxis auch im preuß. L. R. II. 1. §. 384. 385. 390 aufgenommen. Da jedoch das lüb. Recht die Gleichtheilung des Sammtguts beim Tode eines Ehegatten ohne Festsetzung eines derartigen Vorausanspruchs statuirt, §. 79, so können die landrechtlichen Bestimmungen als dem lübischen Rechte widersprechend, nicht subsidiär angewendet werden, wenn es sich um Auflösung der Ehe durch den Tod handelt. Dagegen sind sie freilich subsidiär anwendbar, wenn auf andere Weise (Ehescheidung, Vertrag) eine Aufhebung der Gemeinschaft erfolgt. Denn in diesen Fällen steht keine ausdrückliche lübische Bestimmung entgegen. Landr. II. 1. §. 360. Die unterschiedslose lübische Haftung des Frauenguts für alle Schulden den Gläubigern gegenüber wird nicht als ausdrückliche Verneinung jenes Rechts der Frau dem Manne gegenüber anzusehen sein.

§. 47. Schulden der Frau.

Wesentlich verschieden waren an sich die deutschen ehelichen Verhältnisse hinsichtlich der Schulden der Frau. Das Rechtssprichwort: die dem Manne traut, traut auch seinen Schulden, woraus die Idee der Gütergemeinschaft sich entwickelte, ist nicht auf die Schulden der Frau unbedingt anwendbar. Dagegen wurde als Folge des Uebergangs des Vermögens der Frau in die Gewalt des Mannes angesehn, daß er daraus auch deren, damit verbundene, Schulden befriedigen lassen mußte. Bona intelliguntur cujusque, quae deducto aere alieno supersunt. l. 39. §. 1. Dig. de verb. sign. 50, 16. An sich haftet also das Vermögen des Mannes nicht für die Schulden der Frau, noch weniger der Mann selbst persönlich. Er muß aber das Vermögen der Frau für ihre Schulden, zu deren Befriedigung verwenden und angreifen lassen. Dies gilt namentlich für die vorehelichen Schulden der Frau und wird von den Germanisten insbesondere für den Fall der sog. äußern Gütergem. (Gütervereinigung) angenommen. Beseler S. 584. Runde §. 38. 39. Die Gläubiger der Frau haben dies Recht sowohl an ihr Vermögen, welches sie dem Manne bei der Heirath einbringt, als an dasjenige, welches sie später erwirbt. Runde will zwar, daß der Gläubiger der Frau, um ihr Vermögen in Händen des Mannes anzugreifen, nachweisen müsse, daß er nach Entstehung der Schuld noch Frauengut bekommen habe, weil der Mann an dem früher erworbenen seine ehelichen Rechte schon habe. Beseler bemerkt jedoch mit Recht dagegen, daß die Rechte des Mannes auf Nutzung nicht stärker sind, als die Ansprüche des Gläubigers. Beseler S. 584. Runde §. 38. 39. 55. Für Schulden der Frau während der Ehe haftet der Mann, soweit sie im Bereiche ihrer Wirthschaftsbefugnisse oder mit Zustimmung oder Auftrag des Mannes oder zu seinem Besten gemacht sind. Außerdem haftet die Frau für ihre rechtsverbindlich eingegangenen Verpflichtungen mit ihrem Sondergute, sowie nach Aufhebung der Ehe selbstständig.

Bei eigentlicher materieller Gütergem. will Runde §. 61 den Gläubigern der Frau ebenfalls nicht mehr Rechte dem Manne gegenüber beimessen. Indeß wo sich wirklich substantielle Gütergem. ausgebildet hat, hat sie dazu geführt, daß für die Schulden der Frau auch der Mann und dessen Vermögen haftet. Beseler S. 140. S. 592. 593. Stein I. §. 137. Landr. II. 1. §. 389—391.

Das lüb. Statut statuirt entschieden nicht die Verhaftung des Mannes und seines Vermögens für die Schulden der Frau. Nach Art. 7 muß nur, wenn der Mann wegen Schulden flüchtig wird, „die Schuld" (also hiernach die des Mannes) von ihrem beiderseits Gute bezahlt werden. Auch der gegensätzliche Art. 5, ebenso Art. 11 und III. 1. Art. 9. 10 erwähnen nur Schulden des Mannes. Die Verhaftung des Mannes mit seinem Vermögen für die Schulden der Frau muß hiernach als dem Geiste des revidirten Statuts widersprechend bestritten werden. Mevius verneint ebenfalls eine solche Verhaftung, weil das lübische Recht nichts derartiges bestimme und deshalb vom gemeinen Rechte, worunter er freilich wieder das röm. Recht versteht, nicht abzuweichen sei. Mev. ad art. 7. No. 88 —99. Er fügt hinzu: (addit. ad No. 99. pag. 214): daß der zweite Mann für die Schulden des ersten Mannes resp. die vorehelichen Schulden seiner Frau nur dann nicht hafte, wenn er kein Gut von ihr erhielt und sich in ihre Geschäfte nicht eingelassen hat. Wenn er dagegen ihr Vermögen überkommen hat, und mit dem seinigen vermischt, oder ihre Geschäfte, falls sie Händel oder Gewerbe trieb, fortführt, so sei er mitverhaftet. (Dies hatte sich deutschrechtlich ebenso wie in gleichem Falle bei Uebernahme eines Nachlasses ausgebildet, weil der Mann dann das Frauengut, welches er für die Schulden der Frau allerdings herausgeben mußte, thatsächlich nicht mehr aussondern konnte. §. 62.) Außerdem hafte der Mann nur für die Schulden, welche die Frau für den Haushalt und den Unterhalt der Familie einging, — was später bei Erörterung der Verfügungsgewalt der Frau zu besprechen ist. Mevius bezeugt, daß dies auch lübischrechtliche Praxis sei (sic observari reperi).

Stein bemerkt dagegen, als selbstverständliche Folge der Gütergem., welche er voraussetzt, daß jeder Ehegatte die Schulden des andern, auch die vorehelichen mitbezahlen müsse. Stein I. §. 137. — Das preuß. Landr. II. 1. §. 389—391 läßt auch die vorehelichen Schulden der Frau, und die während der Ehe entstandenen, soweit sie rechtsverbindlich sich obligiren kann, dergestalt gemeinschaftlich werden, daß sich die Gläubiger deshalb an das gemeinschaftliche Vermögen halten können; und bestimmt über die Deliktsschulden der Frau dasselbe, wie über diejenigen des Mannes. Vergl. Entsch. Bd. 47. S. 238—253. Indeß sind auch im landrechtlichen Gebiete diese Vorschriften nicht anwendbar. Denn die im lüb. Statut bestimmte Beschränkung der Gläubigerrechte dahin, daß nur die Gläubiger des Mannes sich an das Frauengut halten können, erleidet aus dem Sinne des lüb. R. heraus keine derartige Ausdehnung. Letztere ist durch jene beschränkte Vorschrift vielmehr verneint und ist dies deshalb als ausdrückliche Abweichung im Sinne des lüb. R. und des Landr. II. 1. §. 360 anzusehn.

§. 48. Objekt der Haftung.

Eine persönliche Verhaftung der Frau für Schulden des Mannes oder gar des Mannes für Schulden der Frau anzunehmen, dazu hat auch die Idee der Gütergem. jedenfalls im lüb. R. nicht geführt. Die Commentatoren sind einverstanden, daß die Verpflichtung der Frau keine persönliche ist, sondern sie nur verbindet, ihr Vermögen herzugeben. Mev. ad art. 7. No. 48 und addit. ad

No. 1. p. 208. 213. Stein II. §. 136. Pauli II. S. 225—236. Runde §. 51. 55. 61. Dies entspricht auch dem revid. Statut und der historischen Entstehung der Haftungspflicht. In den citirten Artikeln des revid. Statuts und ebenso der ältern Cod. ist nur davon die Rede, mit welchem Gute die Schulden zu bezahlen sind. §. 45. Ebenso das preuß. Landr. II. 1. §. 380. 389. 391. — Conk. O. §. 94. — Strieth. Arch. Bd. 28. S. 54.

Die Frage, welches Vermögen namentlich der Frau für die Schulden haftet, ist die eine Seite der allgemeinen Frage, welches Vermögen in die sog. Gütergemeinschaft fällt; deren andre Seite die Grenzen des Sammtvermögens für das Verhältniß der Eheleute unter einander, also für die Verfügungsgewalt des Mannes während der Ehe und für die Succession beim Tode eines Ehegatten betrifft. Es ist nicht nöthig, daß die Grenzen hinsichtlich der Verhaftung für Schulden und hinsichtlich der Verfügungs- und Successionsrechte zusammenfallen. Das Nähere darüber unten über Autonomie der Eheleute.

Das Statut bestimmt im Art. 7, daß die Schuld vom „beiderseitigen Gute" der Eheleute bezahlt wird und drückt den Gegensatz für die unbeerbte Frau dahin aus: Diese nimmt „Alles, was sie zu ihrem Manne gebracht hat, ihren Brautschatz, Kleinodien und jungfräulich Eingedömpte (virginale suppelectile, utensilia muliebria) und was sie ihm zugebracht hat, voraus; und von dem Uebrigen wird des Mannes Schuld bezahlt. Artt. 5. 7. 11 und III. 1. Art. 9. Den Gläubigern gegenüber ist hiernach ausnahmslos alles Vermögen der beerbten Frau verhaftet, welches der Mann von ihr und durch sie erhalten hat. Das Sondergut, welches durch Willensbestimmung der Eheleute, oder Andrer, soweit sie gesetzlich zulässig sind, absichtlich von der Gemeinschaft oder wenigstens von der Verhaftung für die Schulden ausgeschlossen ist, bildet natürlich eine Ausnahme. Das allgemeine lübische Gesetz bestimmt keine Ausnahmen. Soweit einzelne Vermögensobjekte in Folge von besondern, sie betreffenden Gesetzen von den Gläubigern wegen Schulden nicht angegriffen werden können, bleiben sie durch diese Sondergesetze ausgeschlossen, gehören aber eben deshalb auch nur insoweit nicht zu dem, für die Schulden verhafteten gemeinschaftlichen Vermögen, als solche gesetzliche Ausnahmen bestehn. Demgemäß können Lehn- und Fideikommißgüter nicht weiter, als nach ihrer Qualität gesetzlich zulässig ist, von Gläubigern angegriffen werden und sind in Folge ihrer besondern Successionsordnung auch nicht beim

Tode eines Ehegatten der Succession in das Sammtgut unterworfen. Wohl aber gehören die von ihnen gezogenen Nutzungen in beiden Beziehungen zum Sammtgute. Stein I. §. 124.

Da wo auf dem Lande sich die Stammgutseigenschaft des Grundbesitzes zumal mit dem Grundsatze der Singularsuccession und des Verbots oder der Beschränkung der Verschuldung ausbildete und erhielt, bildete sich entweder die innere Gütergemeinschaft überhaupt nicht aus oder der Stammhof nebst Zubehör blieb ein davon als Sondergut ausgeschlossenes Vermögen. Runde §. 16. 17. 21. So war dies auch namentlich in den pommerschen Domänenamtsdörfern der Fall, für welche gemäß den Edikten vom 20. Febr. 1777 und 25. März 1790 Sonderrechte für Besitz, Succession und Verschuldung der nicht zu Eigenthum besessenen Bauerhöfe galten. In den pommerschen Städten des lübischen Rechts und in den dazu gehörigen Dörfern haben sich (außer den Erbgütern) solche Verhältnisse nicht gebildet.

Dagegen war für die „Erbgüter" §. 12—14 nach älterem lübischen Rechte zwar die Veräußerungsbefugniß des Inhabers durch den Consens der Erben oder den Fall der Nothwendigkeit beschränkt und namentlich die Veräußerung für den Todesfall entzogen. Hinsichtlich der Verhaftung für Schulden war jedoch keine Ausnahme für Erbgüter gemacht. Im Gegentheil gehört zwingende Armuth zu den Fällen echter Noth, in welchen auch Erbgüter vom Inhaber rechtlich veräußert werden können. Stein I. §. 125—128. Die entgegengesetzte Meinung von Mevius in Betreff der Erbgüter Nr. 49 bis 56 ad Art. 7 setzt eben voraus, was er beweisen will. Mevius deducirt ohne Grund aus der Ueberschrift des Titels: vom Brautschatze, während es sich hier in beerbten Ehen um einen Fall handelt, worin die dos keine Brautschatzrechte hat; und zudem erweisen vielfache Urkunden (von Pauli citirt), daß Grundstücke von der Frau mit dem Rechte von Erbgütern als dos zugebracht wurden. Für die Erbgüter selbst ist diese Frage nicht mehr direkt praktisch erheblich. Sie ist dessenungeachtet erwähnt des Princips halber, welches sich daran zeigt, daß durch die, auch autonomisch noch zulässigen, Veräußerungsbeschränkungen die Verhaftung für Schulden nicht aufgehoben wird.

Die Jurisprudenz des vorigen Jahrhunderts kam in der Ausbildung der Idee der Gütergemeinschaft dahin, dieselben Vermögensstücke, welche von der Succession im Sammtgute ausgeschlossen waren, auch in allen andern Beziehungen und namentlich auch hinsichtlich der Verhaftung für Schulden vom Sammtgute auszuschließen. Demgemäß beantwortet auch das preuß. Landr. II. 1. §. 263 —376 für alle Beziehungen gleichmäßig die Frage, welche Objekte der Gütergem. unterworfen sind. Der Grundsatz des §. 363, daß Gütergem. sich auf Alles erstreckt, was der freien Veräußerung eines Ehegatten unterworfen ist, hat nach seiner Entstehungsgeschichte (Bornemann System Bd. 5. S. 176) nur die Bedeutung, Lehne, Fideikommisse und Vermögensobjekte, welche an bestimmte Personen oder deren Eigenschaften gebunden sind — sonderrechtliche bäuerliche Besitzungen, Dienstnutzungsländereien — von der Gütergem. auszuschließen; nicht aber Grundstücke, für welche lediglich darin eine vertragsmäßige Beschränkung getroffen ist, daß ein Anderer sie später für einen bestimmten Preis übernehmen kann. Strieth. Arch. Bd. 41. S. 130. In dieser Bedeutung entspricht der Grundsatz ganz dem lüb. R., da die Ausnahmen von der Gemeinschaft auf dem Sonderrechte solcher Objekte beruhen. Daß die Nutzungen solcher ausgeschlossenen Objekte der Gemeinschaft unterworfen werden, bestimmt auch das L. R. II. 1. §. 370 ausdrücklich. Ebenso entsprechen dem lüb. R. für beerbte Ehen die §§. 371. 372 l. c., wornach der Erwerb der Ehegatten (die Errungenschaft §§. 396. 402. 403. Strieth. Arch. Bd. 19. S. 289) zum Sammtgute gehört; desgleichen, was ein Gatte während der Ehe durch Glücksfälle, Geschenke, Erbschaften oder Vermächtnisse erwirbt. — Die Vorschrift, daß ein Dritter einen Ehegatten von Todeswegen oder unter Lebendigen Zuwendungen mit der Bedingung machen kann, daß der andere Ehegatte kein Miteigenthum daran hat, also auch mit der Beschränkung, daß dies Sondergut für die Schulden des andern Ehegatten nicht haften soll (§. 373 l. c.), enthält einen, hinsichtlich der Schulden auch der Praxis des lüb. R. entsprechenden und zulässigen Fall der Creirung von Sondergut. Zuwendungen ganzer Erbschaften mit gleichen Bedingungen sind sachgemäß auch nach dem Landr. durch die Wortfassung des §. 373, welcher nur Grundstücke und Capitalien erwähnt, nicht ausgeschlossen. Entsch. Bd. 26. S. 340. Strieth. Arch. Bd. 9. S. 343. Die Cautel (§. 374 —376), daß eine derartige Ausschließung bei Grundstückszuwendungen durch hypothekarische Eintragung und bei Capitalszuwendungen durch gerichtliche Mittheilung an den Schuldner bekannt zu machen sind, widrigenfalls die Ausschließung zwar unter den Eheleuten, nicht aber in Ansehung eines Dritten gilt, sind Folgen der Hypothekenverhältnisse und des Schutzes für den guten Glauben. Im Falle der

Dritte die Ausschließung gekannt hätte, obgleich die vorgeschriebene Bekanntmachung nicht erfolgt ist, würde ihm immer exceptio doli entgegenstehen.

Selbstverständlich ist, daß das Vermögen, welches eine Frau erst erwirbt, nachdem das den Gläubigern haftende Sammtgut ihnen überlassen ist, §. 50, oder nachdem dies nach dem Tode ihres ersten Mannes gesondert ist, und als Sammtgut nicht mehr wachsen kann, den frühern Gläubigern ihres ersten Mannes nicht mehr verhaftet wird. Mevius No. 57 ad art. 7. Ebenso kann den Gläubigern des zweiten Mannes das Vermögen, welches sie aus dem Nachlasse des ersten Mannes und aus dem Sammtgute erster Ehe erwirbt, nur in dem Zustande und Umfange, wie sie es aus der desfallsigen Theilung erwirbt, haften. Entsch. Bd. 41. S. 190. L.R. II. 1. §. 1004.

Daß nach Landr. II. 1. §. 364 die nothwendigen Kleidungsstücke der Frau der Gütergemeinschaft nicht unterworfen sind, ist hinsichtlich der Verhaftung für die Schulden schon deshalb einflußlos, weil sie auch ohnehin der Exekutionsvollstreckung nicht unterliegen. Im Konkursfalle werden nach §. 143. Nr. 1 Konk. O. Kleidungsstücke, Hausgeräthe und andere Sachen, soweit alles dies dem Gemeinschuldner und seiner Familie zum persönlichen Gebrauche unentbehrlich ist, nicht zur Konkursmasse gezogen.

§. 49. Bedingungen der Verhaftung.

Die gemeinrechtlichen Juristen nahmen vielfach an, der Mann könne Grundstücke der Frau nur im Falle der Noth veräußern und dieser sei nicht da, so lange ihm noch eigene Mittel zum Unterhalte der Familie und zur Zahlung seiner Schulden offen stehen. Es wurde hieraus geschlossen, daß auch der Gläubiger des Mannes (abgesehen von freiwilliger Hypothekeinräumung) nur dann, wenn das Vermögen des Mannes unzulänglich ist, das unbewegliche Frauengut angreifen könne. Runde (§§. 53. 55. 61. S. 128. 129. 134. 144) nimmt dies für die formelle äußere Gütergemeinschaft an; während bei der materiellen das gesammte Gut beider Gatten ohne Rücksicht auf eine solche Beschränkung, soweit nicht Exekutionsvorschriften entgegenstehen, gleichmäßig angegriffen werden kann. Mevius (No. 63 —67 ad art. 7) bestätigt, daß nach der gewöhnlichen lübischen Praxis das Frauengut, wie billig sei, nur bei Unzulänglichkeit des Vermögens des Mannes wegen seiner Schulden anzugreifen ist.

Specifische lübische Bestimmungen hierüber fehlen. Aus dem lüb. R. läßt sich daher eine derartige Beschränkung nur subsidiärer Verhaftung des Frauenguts nicht behaupten. Vergl. Landr. II. 1. §. 386.

Das lüb. R. scheint die Verhaftung des Frauenguts für Schulden des Mannes nicht für alle Fälle, sondern nur dann zu statuiren, wenn der Mann wegen Schulden flüchtig ist oder in Schulden vertieft stirbt. Nur dahin lautet der wörtliche Inhalt der einschlagenden Vorschriften des Statuts, wo von beerbten Ehen die Rede ist. I. 5. art. 5. — III. 1. art. 10. Indeß würde diese Einschänkung unbegründet sein. Schon für das alte lüb. R., worin die unbeerbte Frau von der Haftungspflicht befreit erklärt wird, wenn der Mann durch Schulden „vorvluchtig" ist, weist Hach nach, daß dies Wort nach der Sprache des Statuts nicht bloß „entflohen" bedeutet, (um sich dem persönlichen Zueigengeben zu entziehen,) sondern auch „von Gläubigern bedrängt". Hach: Wann haftet nach lüb. R. die beerbte Frau für Schulden? Lübeck 1811. Auch das Statut von 1586 gebraucht promiscue die Ausdrücke: in Schulden vertieft, in Schulden und wegen Schulden flüchtig. Die Vorschrift, daß die unbeerbte Frau die dos zurückfordern kann, wenn der Mann in Schulden vertieft ist, also auch ohne deshalb flüchtig oder gestorben zu sein (I. 5. art. 11), führt zur gegensätzlichen Feststellung, daß die beerbte Frau in gleichem Falle dies nicht kann, sondern ihr Vermögen den Gläubigern lassen muß. Unzweifelhaft macht die Gerichtspraxis auch keinen Unterschied mehr, ob der Mann wegen Schulden flüchtig ist oder nur bedrängt wird. Strieth. Arch. Bd. 13. S. 361.

Andrerseits zeigt sich die Verschuldung des Mannes aus natürlichen Gründen häufig erst nach seinem Tode; und wird dann am meisten die Frage der Verhaftung der Frau praktisch. Da wo das lüb. R. vom Vorzugsrecht der dos der unbeerbten Frau und von der Haftungspflicht der beerbten im Conkurse ex professo handelt (III. 1. art. 9. 10) ist der Tod des Mannes vorausgesetzt. Die Praxis hat jedoch längst eingeführt, daß diese Vorschriften auch dann angewendet werden, wenn über die Haftungspflicht der Frau bei Insolvenz des lebenden Mannes zu entscheiden ist. Mevius erwähnt dies als selbstverständlich ohne nähere Begründung ad III. 1. art. 9. No. 49. 50 und ad art. 10. No. 1. Wiefern dies beim Art. 10 unrichtig ist, davon unten. Die Artt. 9. 10 cit. haben zwar, soweit sie das Vorzugsrecht der unbeerbten Frau im Conkurse und das Verfahren der Gläubiger, Inventur und Siegelung, gegen die beerbte Frau betreffen, im Gebiete des preuß. Landr. und der Ger. O. keine Wirksamkeit mehr. Sie bleiben jedoch zur Erörterung der Rechte der Frau den Gläubigern gegenüber wesentlich.

Die Klage auf Befriedigung von Schulden aus dem Sammtgute ist während der Ehe gegen den Mann als den Verwalter desselben zu richten, und kann aus einem, gegen den Mann allein erstrittenen Erkenntnisse die Exekution in das Sammtgut vollstreckt werden. Es kann indeß auch gegen die Frau mitgeklagt werden, zumal behufs der Herausgabe von Sammtgut, welches sie aus der Verwaltung des Mannes zurückerhalten hat. Runde §. 51. Nr. 2 und §. 55. S. 122. 134. Mevius No. 62 ad art. 7.

§. 50. Befreiung von der Haftung.

Wenn die Frau ihre Rechte am Sammtgute aufgiebt und dies den Gläubigern ihres Mannes überläßt, so erfüllt sie damit ihre Verpflichtung, soweit sie nicht aus persönlichen Gründen (Erbschaftsantretung oder aus ihrer eigenen Bürgschaft, welche für ihr Sondergut selbst bei sonstiger Gütergemeinschaft zulässig ist) verhaftet bleibt. Die Gläubiger können dasjenige, was als Sammtgut später erworben wird, in Anspruch nehmen. Wenn jedoch nach dem Tode des Mannes das ganze Sammtgut des Nachlasses den Gläubigern überlassen wird, so ist damit und mit der Ehe überhaupt der Begriff des ehelichen Sammtguts abgeschlossen und was Wittwe und Kinder später erwerben, kann von den Gläubigern nicht angegriffen werden. Nach germanischem Rechte, welches die römische Personeneinheit von Erblasser und Erbe nicht kannte, war überhaupt kein Erbe an sich über die Kräfte des Nachlasses hinaus persönlich und mit seinem sonstigen Vermögen verhaftet; indeß wer sich einen Nachlaß ohne Weiteres aneignet und mit seinem Vermögen vermischt, machte sich dadurch auch für die Schulden verantwortlich. §. 62. Zur Ablehnung dieser Verpflichtung konnte die Wittwe durch förmlichen Verzicht auf den Nachlaß denselben den Gläubigern überlassen und sich dadurch von aller Verantwortlichkeit und von der Verhaftung mit fernerem Erwerbe befreien. Diese Entschlagungsbefugniß (beneficium abdicationis), auch in Bremen und Hamburg statthaft, wurde in Lübeck von der Wittwe durch das s. g. Bergen- und Dachdings-Auftragen ausgeübt. Lüb. R. III. 1. Art. 10 entnommen aus dem zweiten Cod. von Brockes addit. A. L. R.

Abth. IV. 61. Runde §. 51. Nr. 3. 56. 61. Pauli II. §. 42. S. 227 —236. III. S. 145 ff. Hagemeister in Zeitschr. f. geschichtl. Rechtswiss. Bd. 3. Nr. 5. S. 173 ff. Hasse das. Bd. 4. Nr. 2. S. 60. Berk §. 19. Behn S. 30. 31.

Die beerbte Wittwe mußte, um für die Zukunft von den Schulden ihres Mannes frei zu sein, in sechs Monaten den Nachlaß durch gerichtliche Erklärung den Gläubigern überlassen und räumen. Das Gericht erkannte ihr auf ihre Erklärung, daß sie Bergen und Dachding auftragen wolle, dies Recht zu. Sie durfte dann nur die nothwendigen Kleidungsstücke — einen Rock und Heuken (Oberkleid), nicht die besten, nicht die ärgsten — mitnehmen. Bonis cedat, saltem tunica et palla mediocri retenta. Mev. No. 61—71. 74—80 und addit. ad No. 74. 77. zu III. 1. art. 10. Stein III. §. 38. 39. Sie brauchte natürlich nur das Sammtgut abzutreten und behielt ihr Sondergut. Mevius Nr. 72. 73. Stein III. §. 38. Wenn sie nach dem Tode des Mannes eine Zeitlang den Nachlaß verwaltet hat, so können die Gläubiger von ihr Legung von Inventar und Rechnung fordern; auch sonst Herausgabe des Sammtguts, soweit es in ihrem Besitze ist, und Leistung des Manifestationseides. Mevius Nr. 28—36. Die ältern Worterklärungen von Bergen und Dachdings-Auftragen von Mevius l. c. und Mehlen §. 51. Anm. 3 sind jetzt als beseitigt anzusehen. Der Name des Rechts bedeutet, daß die Wittwe dem Rechte entsagte (aufsagte), Bürgen zu bestellen und Gerichtsverhandlungen (Tageding) mit den Gläubigern vorzunehmen. Hagemeister a. a. O. Derartige Entsagung der Wittwe kam dann auch den Kindern zu Gute. Pauli II. S. 236.

Das in dieser Weise im Statute festgestellte Recht wurde in der Praxis weiter ausgedehnt; doch dürften diese Ausdehnungen keinen Anspruch auf die Verbindlichkeit gesetzlich gültiger allgemeiner Observanz haben. Die Ausdehnung auf den Fall, wenn bei Lebzeiten des Mannes Concurs über dessen Vermögen ausbricht, wobei die sechsmonatliche Frist von der Wissenschaft der Frau an gerechnet wird und gar noch der Frau die römischrechtliche in integrum restitutio gestattet wurde (Mevius No. 1 und addit. ad 77 zu III. 1. art. 10), widerspricht dem Charakter und dem historischen Rechtsgrunde des Instituts, Pauli l. c., und kann auch nicht als durch Praxis allgemein und gesetzlich geworden angesehen werden. Daß dem Manne das gleiche Recht den Gläubigern der Frau gegenüber zusteht, ist an sich weniger praktisches Bedürfniß gewesen; da indeß (auch nach dem preuß. Landr.) der Mann für Schulden der Frau nicht persönlich haftet, sondern nur das Sammtgut angreifen lassen muß, so folgt schon hieraus, daß er nach dem Tode der Frau seine Verpflichtung gegen deren Gläubiger vollständig erfüllt hat, wenn er ihnen das Sammtgut überläßt; soweit er nicht aus persönlichen Obligationsgründen selbst für die Schulden der Frau verhaftet ist. Runde §. 61. Den Kindern räumt Mevius (addit. ad No. 77. S. 36) das Recht ein, sich in gleicher Weise, wie die Wittwe, zu befreien; für sie müssen indeß die allgemeinen Rechte und Pflichten der Erben maßgebend bleiben, soweit sie nicht durch Bürgen und Dachdings-Auftragen ihrer Mutter befreit werden.

In den Grenzen des Art. 10 cit. der Entschlagungsbefugniß der Wittwe die Anwendbarkeit im Gebiete des preuß. Landr. zu versagen, ist dagegen kein Grund vorhanden. Sie ist vielmehr in dieser Beschränkung nur Ausdruck und Folge des auch landrechtlichen Grundsatzes, daß die Frau nicht persönlich für die Schulden des Mannes haftet, sondern nur ihr Vermögen dafür hingeben muß.

Zu beachten bleibt immer der Unterschied zwischen dieser Entschlagung und Verzichtleistung auf das Sammtgut und das Vermögen des andern Ehegatten zu Gunsten der Gläubiger des andern Ehegatten, beneficium abdicationis, und der eigentlichen gemeinschaftlichen cessio bonorum, der Ueberlassung des eigenen Vermögens an die eigenen Konkursgläubiger; sowie ferner dem beneficium inventarii, vermöge dessen der Erbe immer Eigenthümer des Nachlasses mit beschränkten Rechten und Pflichten bleibt. Hinsichtlich der Terminologie ist zu bemerken, daß Mevius und Stein auch jene Entschlagung des Ehegatten eine cessio bonorum nennen.

§. 51. 2. Unbeerbte Ehe.

In unbeerbter Ehe haftet das Vermögen, welches die Frau dem Manne zugebracht hat, nicht für dessen Schulden. Sie nimmt es, wenn der Mann stirbt oder von Schulden bedrängt wird, als ihr Eigenthum an sich, so daß des Mannes Schulden nur von seinem Vermögen zu bezahlen sind. I. 5. art. 5. 7. 11. III. 1. art. 9. 12. Sie vindicirt dann sowohl dem Manne, als auch dessen Gläubigern gegenüber und hat das Recht auf Besitzeinräumung und Widerspruchsrecht gegen Exekution, sowie das Recht, ihr Eingebrachtes aus dem Confurse ihres Mannes zurückzufordern. Pomm. Stat. R. §. 54. 56.

Daß für die Schulden der Frau ihr eingebrachtes Vermögen, sowie ihr Sondergut verhaftet ist, versteht sich von selbst, also auch dann, wenn die Schulden des Mannes durch in rem versio für Dotalvermögen oder ihre Bürgschaft zugleich zu Schulden der Frau geworden sind. I. 5. art. 7. — Mev. ad art. 7. No. 101—125. 126—128. Das lüb. R. erwähnt nur den letztern Fall der Bürgschaft der Frau ausdrücklich und bemerkt zugleich, daß zur Verbindlichkeit der Bürgschaft die Frau entweder ihrer „fräulichen Gerechtigkeit" entsagt haben oder Kauffrau sein müsse. Art. 7. Hinsichtlich der, offenbar aus dem gemeinen Rechte entnommenen Bedingung der Entsagung der „fräulichen" Rechte ist das subsidiäre gemeine Recht, also auch das Landrecht I. 14. §. 221 ff. II. 1. §. 341—344, für Form und Inhalt anzuwenden. Die besondere Eigenthümlichkeit des lüb. R., daß der „Kauffrau", welche selbstständig Handel treibt, die Privilegien anderer Frauen für ihre Bürgschaften nicht zu Statten kommen, wird auch im Gebiete des Landr. gelten müssen. Vergl. Art. 6—9 deutsches Hand. Ges. B. Bruhn lüb. Entsch. I. S. 72—80.

Der Art. 6 macht eine fernere Ausnahme: wenn ein Mann im offnen Kriege gefangen wird, ist er mit seinem und seiner Frau Vermögen zu lösen und ist also auch das von Andern etwa dafür Gegebene aus ihrem Vermögen zu erstatten. Mevius Nr. 10. Diese singuläre Vorschrift ist nicht über Kriegsgefangene auszudehnen, Mevius Nr. 11, und ist unter den jetzigen Verhältnissen kaum noch praktisch.

Das lüb. R. III. 1. Art. 9. 12 gab der unbeerbten Frau für ihren Brautschatz und was sie dem Manne zugebracht hat, im Falle der Collision mit andern Gläubigern des Mannes das Vorrecht vor allen andern mit alleiniger Ausnahme von „gemeiner Stadt Schuld" (fiscus) und von den, vor dem Rathe ausgesprochenen Kindergeldern. An dessen Stelle treten im landrechtlichen Gebiete die Vorschriften der Konk. O. vom 8. Mai 1851. Einführ. Ges. Art. II. VII. VIII. XI. XII. Obgleich hier der Art. 9 cit. nicht mehr anwendbar ist, so bleibt er neben I. 5. Art. 7 zur Entscheidung darüber wesentlich, welche Vermögensstücke die Frau den Gläubigern gegenüber für sich in Anspruch nehmen kann. Die Art. 7 und 9 cit. führen gleichmäßig auf: ihren Brautschatz, Kleider, Kleinodien, „jungfräulich Eingedömpt" (d. i. weibliche Geräthe, die ausschließlich zum Frauengebrauche dienen) und Alles, was sie ihm zugebracht. Es sind hier nur die ihr gehörigen, von ihr in das Vermögen des Mannes gelangten, Kleider, Kleinodien, weiblichen Geräthschaften und anderen Vermögensobjekte gemeint, wie in gleichem Sinne ihre Kleider und Kleinodien im Art. 4. I. 5 erwähnt sind. In welchem Umfange Ansprüche der Frau mit Rücksicht auf Verluste, Consumirung, Verbesserungen und Verschlechterungen begründet sind, ist zweckmäßiger, im Zusammenhange mit der Erörterung, wann und wie die Frau ihr Eingebrachtes vom Manne oder dessen Erben zurückfordern kann, später zu prüfen. Daß außerdem ihr Sondergut nicht verhaftet ist, wie selbst dasjenige der beerbten Frau ausgeschlossen ist, versteht sich von selbst.

Dagegen kann nach Art. 9 die Morgengabe, obgleich sie sonst im Verhältnisse der Ehegatten unter einander Eigenthum der Frau ist, von den Gläubigern des Mannes beansprucht werden; wahrscheinlich, um zu verhindern, daß ein verschuldeter Mann unter dem Titel der Morgengabe beträchtliche Vermögensobjekte seinen Gläubigern entzieht. — Auch die von der Frau verwendeten Hochzeitskosten „ihre freie Kost, welche die Frau gethan" Mev.: sumtus nuptiales ab uxore facti, kann sie nach Art. 9 den Gläubigern gegenüber nicht aus dem Vermögen des Mannes erstattet fordern, „mahnen"; Folge der natürlichen Präsumtion, daß dies in freiwilliger Absicht gegeben ist. Wenn bedungen wäre, daß die, von der Frau gegebenen Hochzeitskosten als Brautschatz gerechnet werden sollen, so sind es keine „freie" d. h. in freigebiger Absicht gegebenen Kosten, und sind als Brautschatz zu erstatten. Mev. No. 39—41 ad III. 1. art. 9. Daß endlich Gaben, welche ihr geschenkt sind, nicht aber die dem Manne gegebenen Hochzeitsgeschenke, ihr gehören, Art. 9, und daß communiter data getheilt werden, Mev. Nr. 42, ist auch gemeinen Rechtens.

Darüber, daß und wieweit die Gläubiger die dem Manne kraft seines Nießbrauchsrechts zustehenden Revenüen des eingebrachten Vermögens der Frau in Anspruch nehmen können, unbeschadet des Alimentationsrechts der Familie, bestehen keine besondern lübischen Bestimmungen, und gilt darüber das gemeine Recht. Landr. II. 1. §. 256—258. Entsch. Bd. 24. S. 111.

§. 52. Unbeerbte Ehen, welche noch beerbt werden können.

Wenn eine unbeerbte Ehe noch beerbt werden kann, und die Frau bereits schwanger ist, so gilt die Ehe für eine beerbte, vorausgesetzt, daß ein lebendiges Kind demnächst zur Welt kommt. Das lüb. R. I. 5. Art. 5 giebt der Wittwe das Recht, ihr zugebrachtes Vermögen den Gläubigern des Mannes nur dann zu entziehen, wenn sie nicht schwanger ist. E contrario muß dann, wenn sie schwanger ist, die Niederkunft abgewartet und wenn ein lebendiges Kind geboren wird, die Ehe mit Rückwirkung als eine beerbte angesehen werden. Es ist kein Grund, dies nur auf schwangere Wittwen anzuwenden. Da für die bestehende Ehe die ratio dieselbe ist, gilt von ihnen auch das Gleiche. Pomm. Stat. R. §. 50. So auch Mevius No. 12—19 ad I. 5. art. 7, welcher auch noch nöthig hält, zu bemerken, daß die Wortfassung des Art. 7: „hat er Kinder" nicht hindert, auch die nur mit einem Kinde gesegnete Ehe für eine beerbte zu halten; was durch die ratio legis und den gesetzlichen Einfluß der bloßen Schwangerschaft gerechtfertigt ist. Mev. Nr. 20—22 zu Art. 7.

Wenn die unbeerbte Frau nicht schwanger, aber noch in den Jahren ist, da sie Kinder gebären kann, so kann sie nach lüb. R. I. 5. Art. 11, auch wenn der Mann in Schulden vertieft ist, nicht unbedingt die Rückgewähr des eingebrachten Vermögens in ihren Besitz und ihre Verwaltung fordern, sondern nur, daß es sicher gestellt wird „an gewisse Oerter gelegt", „und mag die Frau die jährliche Abnutzung davon ungehindert gebrauchen." Nach der Folgeordnung der Artt. 5 bis 11 l. c. werden in den Artt. 5—7 die Rechte der Gläubiger hinsichtlich des Vermögens der Frau verhandelt, in Artt. 8. 9 die Rechte des Mannes hinsichtlich der Verfügung über das Vermögen der Frau, und in Artt. 10. 11. die Befugnisse der Frau hinsichtlich ihres Vermögens. Der Art. 11 (schon nach den Anfangsworten: „also auch" eine Fortsetzung des Art. 10) disponirt zunächst, daß eine unbeerbte Frau vom Manne ihre dos zurückfordern kann, wenn der Mann in Schulden vertieft ist; indeß, wenn noch Hoffnung zur Kindererzeugung, nur Sicherstellung und Nießbrauch der dos fordern kann. §. 57. Interpretation und Praxis haben angenommen, daß der Schlußsatz des Art. 11 (§. 45) auch den Gläubigern des Mannes Rechte giebt, was freilich durch den Inhalt des Art. 11 nicht ausgeschlossen wird, und daß also auch die Gläubiger des Mannes in jenem Falle verlangen können, daß das Vermögen der Frau sichergestellt und ein Curator dafür bestellt wird. Mevius führt aus: die Bestimmung habe den Zweck, die Rechte des Mannes, der Kinder und der Gläubiger zu sichern; ne contra jura societatis conjugalis et in fraudem creditorum quid fieret. So lange spes prolis vorhanden, bleibe das Vermögen unter custodia und könnten der Frau auch die Nutzungen nicht entzogen werden; — außer soweit es zum Unterhalte der Familie, namentlich des Mannes nöthig. Wenn dann ein Kind geboren würde, so träten für die Frau und ihr Vermögen dieselben Folgen ein, wie wenn das Kind schon vor der Gütersonderung der Eheleute (der Rückforderung der dos seitens der Frau) gelebt hätte. Mev. ad art. 11. No. 45 und addit., desgl. No. 35—43. Demgemäß haben auch die Gläubiger des Mannes ein Klagerecht gegen die Frau, daß sie ihnen ihr Vermögen nicht unbedingt entzieht, sondern daß es auch für ihre Ansprüche für den Fall, daß ein Kind in der Ehe geboren wird, sichergestellt wird.

Aus dem ältern lüb. R. ist diese Bestimmung des Art. 11 nicht zu erläutern, da sie sich in den ältern lüb. Cod. überhaupt nicht findet. Der Inhalt des Art. 11 widerspricht an sich jener Interpretation nicht. Er bestimmt vielmehr absolut: wenn spes prolis in der Ehe noch da ist, „muß" das Vermögen der Frau sichergestellt werden, und er sagt nicht, daß nur der Mann oder nur die Frau oder nur die Gläubiger oder ein Curator etwaniger späterer Kinder Sicherstellung verlangen können. Darnach ist auf Grund des Art. 11 allerdings Jeder zum Anspruche auf Sicherstellung berechtigt, welcher ein Interesse daran hat. Die Sicherstellung kann logisch auch nur die Bedeutung haben, daß dadurch diejenigen Rechte gesichert werden, welche die Interessenten im Falle der demnächstigen wirklichen Geburt eines Kindes haben werden. Zu solchen Interessenten gehören freilich auch die Gläubiger des Mannes, sowie andrerseits die Eheleute selbst und ihre etwaigen künftigen Kinder. Daß jener Schlußsatz nicht lediglich der Frau ein Recht sichern soll, ergiebt sich daraus, daß ihr das größere Recht auf unbedingte Rückforderung, welches sie sonst hat, dann abgesprochen wird, wenn spes prolis noch vorhanden ist. Es muß schon deshalb mindestens beabsichtigt sein, auch den Kindern Rechte zu sichern. Sobald aber die Ehe beerbt wird, tritt die gesetzliche Folge ein, daß für die Schulden des Mannes auch das Vermögen der Frau haftet, daß die Kinder also nur Aussicht auf Vermögen haben, wenn nach Befriedigung der Gläubiger etwas da ist. Durch die Sorge für die Kinder müssen daher zugleich die Gläubiger gesichert werden. Diesen Erwägungen gegenüber kann aus der Folgeordnung der Artt. 5—11 allein nicht geschlossen werden, daß die Gläubiger von dem Anspruche auf Sicherstellung haben ausgeschlossen werden sollen. Dies um so weniger, als sie gerade in dem vorausgesetzten Falle: wenn der

Mann in Schulden vertieft ist, am meisten mitbetheiligt sind, also an sie beim Art. 11 gedacht sein muß. — Die Consequenz des Rechts auf Sicherstellung ist die Rückwirkung des Zustandes beerbter Ehe auf die frühere Zeit. Da ohnehin, wenn einmal die Ehe beerbt ist, das Frauengut unterschiedslos für alle Schulden des Mannes, sogar seine vorehelichen haftet, §. 46, und da das Recht der Gläubiger auf Sicherstellung aus Art. 11 — den Fall der Verschuldung vorausgesetzt — schon von der Vollziehung der Ehe an besteht, so folgt hieraus insbesondere rücksichtlich der Gläubiger die Rückwirkung, welche die Geburt eines Kindes für die Qualität der Ehe bewirkt, bis zur Vollziehung der Ehe zurück. Aus der obigen Erwägung, daß die Sicherstellung im Interesse jedes Betheiligten verlangt werden kann, der Gläubiger sowie des andern Ehegatten und der Kinder, weil eben keiner von ihnen ausgeschlossen ist, resultirt überhaupt, daß die s. g. Gütergem. des lüb. R., welche mit der beerbten Ehe verbunden ist, zwar durch die Geburt eines Kindes erst wirklich wird und bedingt ist; unter der Voraussetzung aber, daß diese Bedingung eintritt, schon mit der Ehe selbst entsteht und beginnt. Hierdurch ist mit dem frühern Vorbehalt des Begriffes der Gütergem. (§. 43) der Plenarbeschluß des Obertribunals vom 18. Februar 1839 Präj. 611 begründet:

> Nach lüb. R. entsteht mit Eingehung der Ehe eine, durch die Geburt eines Kindes bedingte, eheliche Gütergemeinschaft. Entsch. Bd. 48. S. 190—193.

Die Wirkungen der Gütergem. ruhen bis dahin, daß die Ehe mit einem Kinde gesegnet ist; und zeigen sich vorher nur darin, daß die Interessenten bis dahin die Erhaltung des Vermögens durch Sicherstellung bei Vermögensverfall fordern können; wobei die Frau bis dahin den Nießbrauch ihres Vermögens dann beanspruchen kann.

Selbstverständlich kann und soll dasjenige, was in Consumirung des Vermögens vor dem Sicherstellungsverlangen schon rechtsverbindlich geschehen ist, nicht ungeschehen gemacht werden; wie das Verlangen nach Sicherheit nur die Sicherung des Vorhandenen für die Zukunft, nicht die Restituirung des Consumirten bezwecken kann.

Wenn die Frau nicht mehr in den Jahren ist, wo sie noch Kinder gebären kann, wenn also die Beerbung der Ehe und der Eintritt der Bedingung unmöglich ist, fällt für die Ehe, welche dann jedenfalls eine unbeerbte bleibt, das Recht auf Sicherstellung fort; und hat dann die Frau bei Verschuldung des Mannes ein unbedingtes Rückforderungsrecht für ihr Vermögen. Art. 11.

§. 53. Beerbte Ehen, welche unbeerbt werden.

Wenn eine beerbte Ehe durch Aussterben der Nachkommenschaft kinderlos, also wieder unbeerbt geworden ist, so haben auch die Gläubiger des Mannes kein Recht, das Frauengut anzugreifen. Abgesehen davon, daß beim Tode eines Ehegatten hinsichtlich der Rechte des überlebenden nur unterschieden wird, ob Kinder hinterblieben sind; so unterscheidet auch hinsichtlich der Bezahlung der Schulden das Statut nur, ob der Schuldner beerbt oder unbeerbt stirbt, d. h. ob er Kinder zur Zeit seines Todes hat, III. 1. Art. 9. 10; „stirbt und läßt keine Kinder", I. 5. Art. 5; und ob er wegen Schulden flüchtig ist und „dann" Kinder hat, Art. 7. Nach dem Tode ihrer Kinder hat die Frau den Gläubigern des Mannes gegenüber wieder die Rechte einer unbeerbten Frau. Mevius (No. 23—25 ad art. 7) beruft sich hierüber auch auf die Praxis in Stralsund und Lübeck für den von ihm allein behandelten Fall des Todes des Mannes, wenn dann Kinder nicht mehr leben, sondern schon vor ihm verstorben sind. Pauli II. S. 65. Rücksichtlich derjenigen Gläubiger, deren Forderungen erst entstanden sind, nachdem die Ehe wieder eine unbeerbte war, hat dies keinerlei Bedenken und treten in Allem die Rechte ein, wie wenn die Ehe niemals beerbt gewesen wäre, natürlich aber auch die Rechtsverhältnisse einer Ehe, welche nochmals wieder beerbt werden kann. Wenn das Präj. 611 (§. 52) bestimmen wollte, daß nach dem Eintritt der Bedingung, der Geburt eines Kindes, die Gütergemeinschaft in der Ehe bis zu deren Auflösung bestehen bliebe, auch wenn die Ehe dann wieder kinderlos würde, so würde dies jenen ausdrücklichen Statutsbestimmungen widersprechen. Unverkennbar können daraus erhebliche Unterschiede in der Behandlung der Gläubiger desselben Schuldners entstehn; diese können aber kein Grund sein, die bestimmten Vorschriften zu ignoriren, welche einen solchen Unterschied aufstellen. Die Frage kann überhaupt nur sein, ob diejenigen Gläubiger des Mannes, deren Forderungen entstanden waren, als die Ehe beerbt war, das Frauengut angreifen können, falls die Ehe zur Zeit der Geltendmachung des Anspruchs nicht mehr beerbt ist. Aber auch dies muß bestritten werden. Solche Gläubiger sind in derselben Lage, wie ein Creditor, welcher einem reichen Manne creditirt, seine Forderung aber erst geltend macht, wenn sein Schuldner inzwischen arm geworden ist. Ein jus quaesitum haben sie auf das Frauengut nur, sobald es für ihre Forderung verpfändet oder im Rechtswege angegriffen und mit Beschlag belegt war. Wenn nach einer solchen Beschlagnahme die Ehe aufhört, beerbt zu sein, verbleibt ihnen das Recht aus dem frühern Angriffe. Andernfalls begründet die bloße Hoffnung, welche sie früher hatten, noch kein Recht. Entscheidend ist, daß die Verhaftungszeit für die Frau auf die Zeit der beerbten Ehe beschränkt ist, und daß ihre Haftungspflicht keine persönliche ist, sondern nur darin besteht, daß sie die Beschlagnahme und Verwerthung des Frauenguts sich gefallen lassen muß, wenn die Schuld eingezogen wird. In richtiger Folgerung kann deshalb über ihre Haftungspflicht nur diese Zeit entscheiden, wenn eine gerichtliche Beschlagnahme erfolgt oder eine auf das Frauengut behufs der Schuldtilgung gerichtete Klage behändigt wird. Zu dieser Zeit müssen die Erfordernisse ihrer Haftungspflicht vorhanden sein; also muß sie dann in beerbter Ehe leben. Dies zeigt sich in den Vorschriften für den Todesfall. Wenn der Mann unbeerbt stirbt, so nimmt die Frau ihr Vermögen ohne Haftung für die Gläubiger für sich, und zwar selbst dann, wenn ihr Kind erst am Tage vor dem Tode des Mannes gestorben wäre. I. 5. Art. 5. Nur ein jus quaesitum eines Gläubigers kann sie daran hindern. Die Zeit, wann die Forderung gegen den Mann entstanden ist, kann keinenfalls maßgebend sein; zumal da sie sonst nicht einmal von Einfluß ist, wenn die Forderung vor aller Ehe entstand. §. 46. Selbst die Zeit einer, gegen den Mann nur auf Zahlung der Schuld gerichteten Klage würde in logischer Consequenz aus dem Grundsatze der nicht persönlichen Haftung an sich noch nicht entscheidend sein, weil durch eine solche Klage allein noch kein Frauengut gebunden wird. Im letztern Falle bestimmt jedoch der Art. 7 eine Abweichung von jenem Principe; denn durch die Klaganstrengung gegen den Mann wird dieser bedrängt, §. 49, und wenn er dann Kinder hat, muß die Schuld vom beiderseitigen Gute bezahlt werden.

Hiernach braucht also eine beerbte Frau, welche durch den Tod der Kinder unbeerbt wird, mit ihrem Frauengute nur für solche Schulden zu haften, welche während des beerbten Zustandes der Ehe mindestens gegen den Mann schon durch Klage verfolgt sind.

Das Präj. Nr. 611 ist daher hinsichtlich der Fortdauer der Gütergem. dahin zu ergänzen: wenn nach Verwirklichung der Gütergem. mit der Geburt eines Kindes durch Aussterben der Nachkommenschaft die Ehe wieder eine unbeerbte wird, so hört für die fernere Zeit die unbedingte Gemeinschaft auf und wird wieder eine durch die fernere Geburt eines Kindes bedingte.

Wenn nach dem Tode der Kinder noch eheliche Abkömmlinge von Kindern am Leben sind, ist die Ehe noch als beerbte anzusehen. Enkelkinder gehören zu den Kindern im weitern Sinne und nach dem Sprachgebrauche werden Ehen zu den beerbten gerechnet, wenngleich nur Enkel daraus leben. Auch für die Nachlaßtheilung gelten dann nicht die Bestimmungen unbeerbter Ehen. §§. 63. 70.

Für die Stadt Stolp ist noch zu erwähnen, daß nach dem Statut von Stolp von 1615 und dortiger Observanz in beerbter sowie in unbeerbter Ehe das Vermögen der Frau für die Schulden des Mannes haftet; wenn aber das Vermögen beider Eheleute zu Bezahlung der Schulden nicht hinreicht, die Frau den 3ten Theil ihres eingebrachten Vermögens für sich behält. Pomm. Stat. R. §. 58, S. 66. Bericht des Hofger. Cöslin von 1780 Nr. 3 fin.

C. Verwaltungsrechte.

§. 54. Fahrniß und Grundstücke der Frau.

A. L. R. Cod. I. art. 15. Cod. II. art. 13. 17. 18. Rev. St. I. 5. Art. 4. 8—11.

Ueber die Dispositionsbefugnisse des Mannes bestimmen namentlich revid. Stat. I. 5. Artt. 8. 9, ohne einen Unterschied zwischen beerbten und unbeerbten Ehen zu machen. Im Gegentheil erwähnt Art. 9 der Kinder, wenn welche da sind; er gilt also auch, wenn keine da sind. Alle Bestimmungen des lüb. R. I. 5. Art. 4. 8—11 setzen Verwaltung und Nießbrauch des Mannes voraus, und enthalten nur einzelne Beschränkungen dieses Rechts. Dasselbe ist also unbeschränkt, soweit nichts bestimmt ist. Das lüb. R. schließt sich hinsichtlich der Verwaltung in der Ehe an das deutsche Recht, worin aus dem System des Sachsenspiegels sich Beschränkungen in der Verfügung über Liegenschaften für die äußere wie für die materielle Gütergemeinschaft erhalten haben; während die Verfügung des Mannes über fahrende Habe, bewegliches Gut — einschließlich ausstehender Forderungen und Renten — und zwar über sein eignes und seiner Frau zugebrachtes bewegliches Gut bis zur unbedingten Zulässigkeit von Schenkungen einzelner Objekte keinen Beschränkungen seitens der Frau unterworfen war. Runde §§. 53. 54. 60.

Auch das lüb. R. beschränkt nicht die Verfügung des Mannes über das bewegliche Vermögen der Frau, einschließlich ihrer Forderungen; die hier nicht mehr praktischen Erbgüter ausgenommen. §§. 12 bis 14.

Für Immobilien enthält Art. 9 den leitenden Grundsatz: der Mann darf Grundstücke, welche ihm die Frau zugebracht, nur mit Genehmigung der Frau, und wenn sie Kinder haben, auch dieser veräußern. Ausnahmsweise ist ihm allein dies gestattet, wenn 1. eine sonst unabwendbare Noth (Gefängniß oder Hunger) dazu zwingen, Art. 9; oder wenn 2. die Grundstücke für einen bestimmten Preis zur beliebigen Verfügung (als dos venditionis causa aestimata) dem Manne überlassen sind, so daß nur der Preisbetrag an Stelle des Grundstücks der Frau und ihren Erben zu gewähren und zu erhalten ist, Art. 8.

Stein, I. S. 196—201. §§. 140—144, meint, daß Art. 9 nur der unbeweglichen Erbgüter gedenke, welche Niemand ohne Consens der nächsten Erben veräußern konnte. In diesem Falle würde die Bestimmung in Pommern mit den Erbgütern antiquirt sein, §. 14. Es sind jedoch alle Immobilien im Art. 9 gemeint. Zwar waren ursprünglich alle Grundstücke, welche eine Frau als Aussteuer erhielt und ihrem Manne zubrachte, nur Erbgut. Pauli I. S. 76 ff. II. S. 16. 17. Indeß war nach allen germanischen Rechten für unbewegliches Frauengut, auch ohne s. g. Stamm- oder Erbgut zu sein, die Genehmigung der Frau zur Veräußerung des Mannes stets nöthig. Runde §. 7. Not. d. und §§. 53. 54. 60. Auch schon die latein. Codices des alten lüb. R., Cod. I. art. 15, haben dieselbe Bestimmung des Art. 9 für uxoris suae immobilia, cum quibus ipsa viro adhaesit; dagegen bezeichnen sie das angestorbene Erbeigen mit **bona hereditaria**, Cod. I. art. 4. Die deutschen Recensionen, Cod. II. art. 18, erfordern den Consens von Frau und Kindern für „torfhach egen", torfacht eghen, „dat he mit sinem wive hebet ghenommen." Torfacht eigen bedeutet aber in unsern Rechtsurkunden entweder echtes Eigenthum im Gegensatz des zu beschränktem Rechte besessenen Gutes (Lehn u. dergl.), oder Grundeigenthum überhaupt im Gegensatze zu fahrender Habe, und niemals das eigentliche Erbeigen. Pauli I. S. 19. 20. Das Wort Erbgut selbst hat im Lübischen nicht bloß die Bedeutung des angestorbenen Erbeigen im Gegensatze zum erworbenen, wohlgewonnenen Gute, sondern auch der unbeweglichen Liegenschaft im Gegensatz zu fahrender Habe. Pauli I. S. 17. 18. Im Art. 9 des revid. Statuts können daher die „liegenden Gründe und stehenden Erbgüter“, ebenso, wie im lüb. R. I. 10. Art. 3, wo nur wohlgewonnenes Gut so bezeichnet ist, nichts anderes bedeuten als praedia rustica et urbana. So auch Mevius ad art. 9. — Damit fällt auch die falsche Folgerung von Stein, daß Art. 9 selbst über bewegliche Erbgüter disponire.

Es kann dahin gestellt bleiben, ob der Umstand, daß das eingebrachte unbewegliche Frauengut früher meistens Erbeigen war, die Veranlassung war, auch den Consens der Kinder, „da sie der einige hatten“ als der nächsten Erben der Frau im Art. 9 zu erfordern. Unzweifelhaft ist nicht nur mit dem Institute der Erbgüter der Consens der nächsten Erben fortgefallen; sondern auch der Consens der Kinder ist in stehender Ehe, so lange beide Eheleute leben, nach entschiedenster Praxis zu deren Verfügungen über Frauengut nicht nöthig erklärt; und ist das lüb. R. nur mit dieser Modification recipirt. Mevius bemerkt addit. ad art. 9: Es sei nicht nöthig, daß Frau und Kinder conjunctim in die Veräußerung des Mannes consentirten; der Consens der Frau genüge, so lange sie lebe; nach ihrem Tode sei der der Kinder nöthig, welche nach lüb. R. bei Lebzeiten der Eltern kein Recht an deren Gütern hätten: sic usus illum (art. 9) interpretatur et ratio. Vergl. Pomm. Stat. R. §. 52. u. §. 53. Not. 1.

Unter den verbotenen Veräußerungen verstand die Praxis des lüb. R. nicht bloß die wörtlich angeführten Dispositionen des Verkaufens, Verpfändens und Verschenkens, sondern überhaupt alle Veräußerung im weitern Sinne, alienatio, wodurch es in rechtlicher Hinsicht deterioris conditionis wurde; also auch Servitutbestellungen, Mev. No. 10. 11. ad art. 9, wie auch zu gleichem Umfange von Veräußerungen von Erbeigen der Consens der nächsten Erben erfordert wurde, obgleich A. L. R. Cod. I. art. 4 auch hier nur impignorare, vendere et dare verbot. Pauli I. S. 103—111.

Eine gegen das Verbot ohne Einwilligung der Frau erfolgte Veräußerung war ungültig; die Frau hat das Recht der Vindication gegen den Erwerber und der Klage auf Erstattung gegen den Mann und dessen Erben. Mev. Nr. 12—14. Die Ausnahme der Noth sollte sich auf die unvermeidliche, äußerste Noth (d. i. „Ehehaft“, Stein I. §. 142) beschränken, Gefängniß — auch wegen Schulden, — Beschaffung des nothwendigsten Lebensunterhalts, was unter „Hunger“ auch hinsichtlich andrer Lebensbedürfnisse einbegriffen gilt, ebenso Noth zur Deckung von Schulden der Frau. Mev. Nr. 40—46. Die von Mev. Nr. 48—50 gebilligte Veräußerung zum offenbaren voraussichtlichen Nutzen der Frau kann dagegen nach lüb. R. nicht für zulässig gehalten werden, falls die Frau ihre Einwilligung verweigert, da ein solcher Ausnahmefall nicht im Statute sanctionirt ist. Das Widerspruchsrecht der Frau ist ein absolutes; sie wird im Falle einer Weigerung nur dann zur Genehmigung verurtheilt werden können, wenn ein Ausnahmefall der Noth vorliegt, wenn also das Verfahren nur den Zweck haben kann zu konstatiren, daß es wegen der Noth ihrer Einwilligung nicht bedarf.

Der 2te Ausnahmefall, Art. 8, betrifft (bewegliche und) unbewegliche Erbgüter, welche als venditionis causa taxirte Mitgift dem Manne überlassen sind, so daß der Mann nur debitor pretii ist und über das Frauengut selbst ganz nach seinem Belieben zum Rechte von fahrender Habe, wie über Kaufmannswaare verfügen kann. Die Vorschrift ist natürlich nicht anwendbar, wenn die Schätzung zu anderm Zwecke, z. B. zur Beurtheilung von Verschlechterungen bei Stipulation der Rückerstattung in gleichem Werthe erfolgt ist; und ist die Vermuthung nicht dafür, daß Frauengut zur freien Verfügung überlassen ist. Wenn dies jedoch geschehen ist, war die Erbgutseigenschaft auch früher einflußlos, weil dann eben dergleichen Vermögensstücke nicht als Erbeigen überlassen sind, die Erbgutsqualität vielmehr durch die Art der Ueberlassung erlosch. Mev. No. 19—39. ad art. 8. 9. Pauli hat treffend nachgewiesen, daß der Art. 17 des alten lüb. R., Cod. II, aus welchem der Art. 8 des revid. Statuts hervorgegangen ist, nur den Consens der nächsten Erben der Frau unnöthig erklären sollte, wenn deren Gut dem Manne zum Rechte von Kaufschatz, d. h. selbsterworbenem Gute, übergeben war, und daß jener alte Art. 17 den Fall einer taxirten Mitgift und das Recht der Frau hinsichtlich der Veräußerungen ihres Guts gar nicht betraf. Pauli II. S. 17. 19. 27—29. Da aber der Art. 8 in seiner jetzigen, an sich richtigen und natürlichen Vorschrift einmal im revid. Statute aufgenommen und praktisch geworden ist, so kommt nun praktisch auf den antiquirten alten Art. 17 nichts mehr an.

§. 55. Grundstücke des Mannes.

Die Verfügung des Mannes über seine eignen Immobilien ist nach lüb. R. durch die Frau und die Nothwendigkeit ihrer Einwilligung nicht beschränkt. Wenn eine wirkliche Güterverschmelzung — materielle Gütergemeinschaft — in der lübischen Ehe stattfände, so wäre allerdings die Frau ideelle Miteigenthümerin des Vermögens ihres Mannes, was auch Stein annimmt, II. §§. 108—112. 130, und wäre dann deshalb ihre Genehmigung zu Veräußerungen und Verpfändungen nöthig. Runde §. 60. Wenn dagegen der Mann auch ohne Einwilligung der Frau seine Grundstücke veräußern kann, so wäre dies ein erheblicher Beweis dafür, daß eben keine Güterverschmelzung, sondern nur eine äußere formelle Gütervereinigung eintrete. Runde §. 67. Nr. 4. Nach den lübischen Statuten erlitt, abgesehen von Erbgütern und etwaigen Verträgen der Eheleute, das freie Verfügungsrecht des Mannes über sein Vermögen durch die Ehe keine Veränderung, Pauli II. S. 5, und noch das revid. Statut bestimmt nicht, daß der Mann zum Verkaufe seiner Grundstücke einer Einwilligung der Frau bedarf. Der Art. 9. I. 5. erfordert sie ausdrücklich nur für Immobilien, welche die Frau zugebracht hat. Selbst Mevius, obgleich er den Grund für den Art. 9 in der Gütergemeinschaft findet, gelangt nur zu dem Resultate, daß kraft derselben dem Manne pleniorem potestatem in res uxoris datam esse. No. 16 ad art. 9. Außerdem führt Mevius aus, No. 8—14 ad I. 9. art. 2, daß der Ehemann auch durch die Rechte der Frau nicht verhindert wäre, das Seinige zu verschenken, indem das Statut dies nicht verbiete; vorausgesetzt, daß die Schenkung nicht in fraudem uxoris erfolge, was aus der Höhe der Schenkung — wenn mehr als die Hälfte des Vermögens zur Schenkungszeit geschenkt sei — zu schließen. Dem entsprechend sagt im lüb. revid. Stat. I. 10. Art. 3: „hat ein Mann wohlgewonnen Gut, es sei liegende Gründe oder stehende Erbe" — im Stadtbuch als erkauft zugeschrieben, — „der mag damit seines Gefallens gebaren, nicht anders als mit seiner fahrenden Habe, doch soferne er zu Wege und Stege geht und seiner Sinne und Gliedmaßen mächtig ist, nach lüb. R."

Wenngleich diese Vorschrift zugleich den Gegensatz gegen die Dispositionsbeschränkungen bei Erbgütern Art. 2. 6. ibid. auszudrücken bestimmt ist, so steht sie doch in demjenigen Titel, worin überhaupt davon gehandelt wird, „quibus alienare licet vel non: wer das Seine zu veräußern mächtig oder nicht mächtig ist". In der absoluten Ausdrucksweise, daß der Mann seine wohlgewonnenen Grundstücke nach seinem Gefallen veräußern kann und nur dispositionsfähig sein muß, liegt die positive Vorschrift, daß er dazu Niemandes, weder der nächsten Erben noch seiner Frau oder Kinder Einwilligung bedarf und daß eben seine Dispositionsfähigkeit —

deren Erwähnung an dieser Stelle sonst unnöthig wäre — das einzige Erforderniß sein soll. Hierin drückt Art. 3 zugleich den Gegensatz zum Art. 1. ibid. aus, worin erörtert ist, wann Kauffrauen und andre Frauen disponiren können. Im tit. 5. lib. I, dem einzigen andern Orte, welcher als sedes materiae anzusehen wäre, ist die Bestimmung des Art. 9, daß für Immobilien, welche die Frau zugebracht hat, ihr Consens nöthig ist, eben hierdurch die beredteste und ausdrücklichste Vorschrift, daß ihr Consens für Grundstücke, welche der Mann zubringt oder erwirbt, nicht nöthig ist. Daß des Mannes Güter zugleich in das Miteigenthum der Frau durch die Ehe gelangen und eine Gemeinschaft der Güter mit Bezug auf die Verfügungsgewalt darüber eingetreten sei, ist für das revid. Statut nicht nur nicht vorgeschrieben, oder nur angedeutet, sondern durch die ausdrückliche Sonderung der eingebrachten Frauengrundstücke direkt widerlegt. — Aus dem Bestehen einer materiellen Gütergemeinschaft zu deduciren, würde gerade bei dieser Erörterung petitio principii sein.

Wenn sich freilich die Idee einer schon in der Ehe eintretenden materiellen Vereinigung des zusammengebrachten Gutes — obgleich dem Statute widersprechend — in praktischer Ansicht so festgestellt hätte, daß sie durch Gewohnheitsrecht als gemeinrechtliche Rechtsquelle zur gesetzlichen Geltung gelangt wäre, müßten auch die Consequenzen daraus als gesetzlich geachtet werden. Runde §. 60. Anm. c. Eine solche gewohnheitsrechtliche Geltung muß jedoch zumal hinsichtlich des hier streitigen Verfügungsrechts des Mannes bestritten werden. Pauli, persönlich Gegner der Stein'schen Ansicht für das lüb. R., bemerkt zwar: die Frau werde so oft, fast auf jedem Blatte der ältern Stadtbücher, bei Grundstücksveräußerungen des Mannes als zustimmend aufgeführt, daß man annehmen müsse, ihr Consens sei in der Regel bei allen Ueberlassungen von Grundstücken für nöthig erachtet. Er nennt auch 2 Inscriptionen, worin die Frauen consentiren, während aus denselben hervorgeht, daß die Grundstücke nicht Erbgut und nicht von der Frau eingebracht, sondern vom Manne gekauft waren. Pauli I. S. 138—140. II. S. 5. 6. Die eine Inscription von 1325, von einem Hause sprechend, welches der Mann gekauft hat, erwähnt auch einen klaren Verpfändungsconsens der Frau; die andre von 1317 ist an sich nicht klar, da die vorliegenden Verhältnisse nicht genügend daraus hervorgehen. Indeß wenn auch noch weit öfter Consense von Frauen zu Veräußerungen von Männern über deren Grundstücke konstatirt wären, so kann hierdurch noch kein Gewohnheitsrecht dahin festgestellt werden, daß der Consens nothwendig gewesen sei. Daß letzteres in der Rechtsprechung angenommen sei, ist nicht erhärtet. §. 9. Jeder Praktiker weiß aber, wie unendlich oft bei gerichtlichen Verhandlungen zur Vorsicht unnöthige Consense gegeben, gewünscht und direkt gefordert werden. Wie Pauli selbst I. S. 140. §. 19 bemerkt, sind zur Veräußerung von Erbeigen vielfach Consense von Verwandten gegeben, welche ohnehin kein Widerspruchsrecht hatten. Auch die Bemerkung von Pauli I. S. 140: Für wohlerworbene Immobilien des Mannes sei der Consens der Frau nach den Stadtbüchern „nicht selten vom Rathe, ohne Zweifel nach vorhergängiger causae cognitio supplirt", muß bis zum nähern Nachweise bezweifelt werden. Wenigstens sagt die einzige, von ihm zur Bestätigung citirte Inscription von 1322 nur: Lib. Lof habe von Johann Gerhardt und andern Brüdern de Dalo eine Rente (wicbeld) auf deren 2 Häuser gekauft; et quamvis relicta Gherardi nolebat consentire, ut istae 7 Marcae venditae wicbeldes in hoc libro notarentur, tamen Consilium mandavit sic scribi. Darnach kann der Bescheid ebenso seinen Grund darin gehabt haben, daß der von der Wittwe Gerhards versuchte Widerspruch gleichgültig blieb, weil ihr Consens unnöthig war. Der stärkste Beweis gegen eine gewohnheitsrechtliche Nothwendigkeit des Consenses der Frau für Kaufgut des Mannes in jener älteren Zeit liegt darin, daß sie noch Jahrhunderte später im revidirten Statute von 1586 nicht aufgenommen ist, obgleich dessen Inhalt nach der Vorrede „täglich in viridi observantia gehalten und practicirt worden". Pauli selbst verneint daher die Nothwendigkeit für das lüb. R. II. S. 5. 6. — Auch in der Zeit nach 1586 hat sich ein entschiedenes Gewohnheitsrecht nicht dafür gebildet. Mevius erwähnt nichts davon, sondern verneint die Beschränkung des Mannes. Steins Ansicht, in der Mitte des vorigen Jahrhunderts diejenige der Germanisten, welche die verschiedene Intensivität der Arten ehelicher Gütergemeinschaft nicht unterschieden und leicht überall innere Güterverschmelzung annahmen, mag mitunter dazu geführt haben, den Consens der Frau zum Verkaufe von Grundstücken des Mannes für nöthig zu halten. Aber noch im Berichte des Hofgerichts Cöslin von 1780 ist nur der Inhalt des Art. 9. l. 5 für die von der Frau zugebrachten Immobilia als recipirt erwähnt; ebenso im Pomm. Provinz. Recht §§. 52. 53. Auch das Obertribunal zu Berlin hatte in einer Entscheidung des ersten Senats 1838 für Colberg entschieden: daß der Mann zur Veräußerung der von ihm schon vor der Ehe besessenen oder während derselben erworbenen Grundstücke nach lüb. R. der Zustimmung seiner Frau nicht bedürfe. Entsch. Bd. 10. S. 62. Dies muß nach allem Obigen auch als richtig angenommen werden.

§. 56. Fortsetzung. Preußisches Landrecht.

Dieser Grundsatz ist auch im Gebiete des preuß. Landrechts anwendbar. Letzteres bestimmt zwar für das Vermögen beider Eheleute II. 1. §. 363. 378: der Mann kann Grundstücke und Gerechtigkeiten nicht ohne Einwilligung der Frau verpfänden oder veräußern. Der Plenarbeschluß des Obertribunals vom 23. Januar 1843 Entscheid. Bd. 10. S. 61—73 entscheidet deshalb: „Wo in Pommern die eheliche Gütergemeinschaft des lüb. R. besteht, ist der Ehemann auch solche Grundstücke, die von ihm selbst vor Eingehung der Ehe schon besessen, oder während der Ehe von ihm erworben sind, ohne Zuziehung und Einwilligung seiner Ehefrau zu veräußern nicht befugt." Der Beschluß stützt sich nur darauf, daß die landrechtlichen Bestimmungen nach II. 1. §. 360 anwendbar sind, wo nicht Verträge, Statuten oder Provinzialgesetze ein Andres ausdrücklich verordnen; und daß das lüb. Statut keine ausdrückliche Bestimmung darüber enthalte, daß die Dispositionsbefugniß des Mannes über sein Vermögen durch seine Verheirathung nicht beschränkt werde. Die vermißte ausdrückliche Bestimmung liegt indeß in dem erörterten Inhalte des Statuts. Nach §. 360 ist das Landrecht da nicht anwendbar, „wo aus einzelnen Bestimmungen des Statutarrechts auf Principien geschlossen werden muß, die von denen des allgemeinen Landrechts abweichen." Obertrib. §. 43. Gerade dies ist hier der Fall. Die Klage in Entsch. Bd. 10. S. 69. 70: es fehle an einem sichern Anhalt für Ergänzung des Rechtssystems, wo das Statut Lücken lasse, namentlich für das eheliche Güterrecht, ist unbegründet. Man muß nur das lübische Statut zunächst aus sich selbst ergänzen und nichts hineintragen wollen, was ihm fremd ist. Es hat hier wenigstens keine Lücke. Nur wenn man mit der fertigen Idee, daß unter lübischen Eheleuten für alle Beziehungen eigentliche Gütergemeinschaft eintrete, herangeht, könnte man eine ausdrückliche Bestimmung vermissen, ob und wieweit der Mann nun noch über sein eigenes Vermögen verfügen könne. Und selbst dann beantwortet sich diese Frage dadurch, daß nach Art. 9 die Nothwendigkeit des Consenses der Frau auf ihre Grundstücke beschränkt ist. Für die Verfügungbefugniß des Mannes bildet eben nach dem lübischen Statute das Vermögen der beiden Eheleute nicht eine Masse und ist vielmehr namentlich für die Grundstücke Beider deren Trennung ausdrücklich im Art. 9 cit. sanctionirt. Man kann in den Worten: die ihm von seinem Weibe zugebracht sind, auch abgesehn von dem oben erörterten Art. 3. I. 10, nur die ausdrückliche Erklärung finden, daß die Grundstücke der Frau in Betreff ihrer Veräußerung anders zu behandeln sind, als diejenigen, welche sie nicht zugebracht hat, welche also der Mann selbst zubringt oder erwirbt; und daß für jene, wie im Art. 9 vorgeschrieben, Consens oder Nothwendigkeit nöthig ist, für diese nicht. Dies ist kein „gewagter Rückschluß", sondern nach den obigen Erörterungen §. 54. 55 nur die einzig mögliche Interpretation der Statutsbestimmung und muß jedenfalls den Revisoren des Statuts so erschienen sein. Das Obertribunal selbst hebt hervor, daß die Schriftsteller über lüb. R. einverstanden seien, daß nach demselben der Mann auch ohne Consens seiner Frau über seine Immobilien frei verfügen könne. S. 70. Im revidirten Entwurfe des pomm. Provinz. Rechts Berlin 1836 S. 94. Nr. 5 ist zwar bemerkt: die Befugnisse des Mannes zufolge §§. 377 ff. L. R. in Beziehung auf Verwaltung und Veräußerung des Vermögens stimmten im Wesentlichen mit dem überein, was deshalb in den Städten (und auf dem Lande) Pommerns immer Recht war. Indeß gerade für die hier streitige Frage ist dies nach dem Vorstehenden §. 55, nach dem gleichzeitigen pomm. Stat. Recht 1836 und nach der frühern Rechtssprechung des Tribunals selbst S. 62 a. a. O. nicht der Fall. Wenn einzelne Gerichtshöfe dem Plenarbeschlusse von 1843 beigestimmt haben, wie in der spätern Zeit bei dem natürlichen Einflusse der letzten Instanz und der größern Bequemlichkeit, welche staturrechtliche Erörterungen vermeidet, erklärlich ist, so hat daraus in landrechtlicher Zeit kein Gewohnheitsrecht mehr gebildet werden können. Landr. Einl. §. 6.

Was die im Landrecht besonders hervorgehobenen Gerechtigkeiten betrifft (Hyp. O. I. §. 14. 15. — Strieth. Arch. Bd. 30. S. 160), so werden sie nach lüb. Rechte nur dann den Grundstücken gleich zu behandeln sein, wenn ihnen die Qualität der unbeweglichen Sachen beigelegt ist. Landr. I. 2. §. 89.

Nach Landr. II. 1. §. 388 kann die Einwilligung der Frau, wenn sie versagt wird, vom vormundschaftlichen Gerichte ergänzt werden, wenn sich nach Untersuchung findet, daß die Verfügung des Mannes nach den Umständen nöthig oder dem Interesse der Frau unnachtheilig ist. Auch diese landrechtliche Bestimmung ist im lüb. R. auf Grundstücke unanwendbar. Außer dem Falle entschiedener Noth hat die Frau gegen Veräußerungen ihrer Grundstücke ein unbedingtes Widerspruchsrecht. Es widerspricht dem Art. 9 schon, wenn sie wegen ihres Nutzens einwilligen müßte, noch mehr aber, wenn die Verfügung nur ihren Interessen nicht nachtheilig wäre. Nicht ihr Nutzen oder ihr Interesse sollen dabei nach Art. 9 maßgebend sein, sondern ihr Wille; und gerade bei Veräußerungen von Grundstücken, deren Besitz meistens längerer Dauer ist, ist die Berechtigung des Willens eine ganz natürliche, auch gegenüber dem, was ein ergänzender Richter Nutzen oder Interesse der Frau nennen könnte.

Wer dem Plenarbeschlusse von 1843 folgt, würde ferner zu erwägen haben, ob auch schon in unbeerbter Ehe, wenn nach dem Präj. 611 die Gütergemeinschaft entstanden, aber erst noch durch die Geburt eines Kindes bedingt ist, §. 52, die Genehmigung der Frau zum Verkaufe der Grundstücke des Mannes nöthig ist. Die Praxis nimmt dies nicht an und hat dabei für sich, daß das lüb. R. auch sonst für die unbeerbte Ehe unbedingt von dem Systeme getrennter Güter ausgeht.

§. 57. Sicherungsrechte der Frau.

Das lüb. R. hat besondere Bestimmungen über die Mittel der unbeerbten Frau zur Sicherung ihres eingebrachten Vermögens I. 5. Art. 10. 11, neben welchen sie dann noch in Gemäßheit des subsidiären gemeinen Rechts ein stillschweigendes Pfandrecht am Vermögen des Mannes hatte. Mev. No. 7—11 ad art. 11. Die Mittel des lüb. R. bestehen in den Rechten, unter Umständen Bürgschaft für ihr eingebrachtes Vermögen und dessen Rückgewähr in ihre eigene Verwaltung zu fordern. Nach der richtigen Paraphrase der Art. 10. 11 von Mevius bestimmen dieselben für das Verhältniß der unbeerbten Frau zu ihrem Manne:

1. Die Frau und deren Freunde, welche für sie Mitgift geben, können unter gewöhnlichen Verhältnissen vom Manne nicht die Stellung von Bürgen für das eingebrachte Vermögen fordern; indeß kann der Mann freiwillig Bürgen stellen. Mev. No. 8—14 ad art. 10. Soweit nicht freiwillig, etwa vertragsmäßig, Sicherheit bestellt ist, hat die Frau kein Recht, Sicherstellung zu verlangen.

2. Wenn aber der Mann „ihr beiderseits Gut" unnütz verschwendet, also nicht bloß sein eigenes Vermögen verschwenderisch

verwaltet, sondern auch das Eingebrachte der Frau durch solche Verwaltung gefährdet; auch wenn er „um Schuld arrestirt oder sonsten vorflüchtig würde", d. i. bedrängt, §. 49, dann kann die Frau Bürgschaft vom Manne fordern, Art. 10. Ebenso kann sie, wenn der Mann „in Schulden vertieft" ist (d. h. in verfallenden Vermögensumständen, ohne daß bis zur Insolvenz gewartet zu werden braucht, Mev. No. 14. 15 ad art. 11) ihren „Brautschatz" (siehe §. 44) vom Manne unter Sonderung von dessen Gütern zurückfordern, und von den Angriffen Anderer befreien; „repetiren, freyen und aus den Gütern fordern". Wenn sie aber in den Jahren ist, wo sie noch Kinder gebären kann, so muß der Brautschatz wieder „an gewisse Oerter gelegt", sichergestellt werden und „mag die Frau die jährliche Abnutzung davon zu ihrem Besten unverhindert gebrauchen", Art. 11. — Vergl. §. 52.

Die Artt. 10. 11 setzen entschieden getrennte eheliche Güterverhältnisse für die unbeerbte Ehe in Betreff der Eheleute, wie ihrer Gläubiger im Gegensatze zur Gütergemeinschaft voraus. Soweit die beiden Artikel nicht bestimmt disponiren, sind das subsidiarische gemeine Recht und Landrecht II. 1. §. 255—265. 269—275. Conk. O. §. 88—94. Einführ. Ges. zur Conk. O. Art. II. III. VII. VIII. XI. XII. anzuwenden. Diese subsidiären Bestimmungen sind auch namentlich maßgebend hinsichtlich des Umfangs der Verwaltungsbefugnisse der Frau an demjenigen Vermögen, welches sie aus dem Conkurse des Mannes gerettet und erhalten hat. §. 261—265 a. a. O. Die Erfordernisse des Landrechts für das Recht, vom Manne Sicherstellung zu fordern, „wenn die wahrscheinliche Besorgniß eines bevorstehenden Verlustes begründet ist", fallen praktisch mit den Bedingungen zusammen, welche das lüb. R. für das gleiche Recht verlangt. Das Recht der Frau, nicht bloß Sicherstellung, sondern die Herausgabe des eingebrachten Vermögens zu fordern, ist dagegen nach Landr. II. 1. §. 258. 261 nur dann begründet, wenn über das Vermögen des Mannes Conkurs eröffnet ist oder wenn er nicht mehr vermögend ist, seiner Frau und seinen Kindern standesmäßigen Unterhalt zu gewähren; nach dem lüb. R. aber schon dann, wenn seine Vermögensumstände Schulden halber verfallen. Mev. No. 12—15 ad art. 11.

Für **beerbte** Ehen kennt das lübische Recht derartige Sicherungsmittel nicht; die beerbte Frau muß eben ihr Vermögen für die Schulden des Mannes haften lassen und es gilt für sie der gütergemeinschaftliche Grundsatz: Wer dem Manne traut, traut auch seinen

Schulden. Nur wenn der Mann förmlich für einen Verschwender erklärt wird, was auch die Frau beantragen kann, kann ihm die Verwaltung des beiderseitigen Guts entzogen werden. Ebenso nach preuß. Landr. — Vergl. Strieth. Arch. Bd. 52. S. 55 f. 44 f.

Ueber die Schlußbestimmung des Art. 11, für den Fall, daß in einer unbeerbten Ehe noch Kinder erwartet werden können, ist auf §. 52 zu verweisen. Wenn dann Sicherstellung des Frauenguts von der Frau verlangt ist, oder vom Manne oder dessen Gläubigern gegen einen, von der Frau auf vollständige Ausantwortung etwa gerichteten Antrag erwirkt ist, so darf die Frau nach den Schlußworten des Art. 11 nicht über die Substanz ihres Vermögens verfügen zum Nachtheil des Mannes, der Gläubiger oder ihrer etwanigen künftigen Kinder; sondern nur über die „jährliche Abnutzung". Das Recht der Frau, die Revenüen „zu ihrem Besten zu benutzen", hat zur Folge, daß die Gläubiger des Mannes sie nicht beanspruchen können, so lange die Ehe nicht eine beerbte ist. Die Frau bleibt aber verpflichtet, ihren Mann zu unterhalten und dazu auch ihr Vermögen verwenden zu lassen, soweit er dies aus eignen Mitteln nicht vermag. Mev. No. 35—43. 45 ad art. 11.

§. 58. Schenkungen.

Darüber, ob und wieweit der Ehemann an Dritte verschenken kann oder durch Einspruch der Ehefrau an Schenkungen verhindert ist, enthält das lüb. R., außer für Grundstücke in den erwähnten Vorschriften, keine besondern Bestimmungen. Soweit es sich daher nicht um Schenkungen von Grundstücken handelt, kommt das subsidiäre allgemeine Recht zur Anwendung. Land. II. 1. §. 381 bis 383 für beerbte Ehen; II. 1. §. 231 ff. für unbeerbte.

Ueber Schenkungen der Eheleute unter einander disponirt das lüb. R. I. 6. Wie die Commentatoren einverstanden sind, bestimmen beide Artikel dieses Titels nur für den Fall, daß die Eheleute einander ihr ganzes Vermögen schenken, „ihre Güter", Art. 1, „ihr Gut", Art. 2. Stein I. §. 169. Mev. No. 4—18 ad art. 1 und No. 12—14 und addit. ad art. 2. — Der Art. 1 bestimmt, daß Eheleute in beerbter Ehe sich „ihre Güter" nur mit Einwilligung der Kinder schenken können; Art. 2, daß unbeerbte Eheleute, die Frau mit Zuziehung eines besondern Vormunds, dies thun können, aber jedem ihrer nächsten Erben 8 Schillinge 4 Pfennige verlassen müssen, und daß Anfechtungsklagen Dritter im letztern Falle binnen

Jahr und Tag angestrengt werden müssen, wenn der Anfechtende binnen Landes ist. Bei eigentlicher Gütergemeinschaft können Schenkungen unter Eheleuten nur den Zweck haben, daß der Beschenkte das Geschenk als Eigenthum nach Auflösung der Ehe und der Gemeinschaft behalten soll, oder daß der Gegenstand der Schenkung aus dem Sammtgute oder aus dem Sondergute des einen Ehegatten in das Sondergut des andern Ehegatten übergeht. Auch ohne Gütergemeinschaft muß die Schenkung des ganzen Vermögens unter Eheleuten aus natürlichen Gründen hauptsächlich den Zweck haben, für den Todesfall eines Ehegatten dem Ueberlebenden das gesammte Vermögen zuzuwenden. Beide Artt. sind daher hauptsächlich auf diesen Fall anwendbar; indeß sind sie nach ihrem Wortlaute und nach der Natur der Sache für alle Schenkungen des ganzen Vermögens inter vivos sowie mortis causa gegeben, Mev. No. 1. 2. 17. 18 und 3—14 ad art. 2. Stein I. §. 169.

Die Commentatoren bemerken zum Art. 1 mit Recht, daß, obgleich er an sich nur Schenkung des ganzen Vermögens verbietet, doch nach der ratio legis, wenn man nicht dolose interpretiren will, auch unverhältnißmäßige Schenkungen des größern Theils vom Vermögen, mit Rücksicht auf die Zeit der Schenkung, ohne Genehmigung der Kinder bei beerbten Ehen unzulässig sind. Mev. ad 4—18 ad art. 1. Stein §. 170. Die Wirkung des Verbots ist, daß Schenkungen, welche nicht den Erfordernissen der beiden Artt. entsprechen, nach deren Bestimmung nicht „zu Recht kräftig" sind; auf die Anfechtungsklage eines Kindes im Falle beerbter Ehe und eines der nächsten Erben bei unbeerbter Ehe sind sie für ungültig zu erklären. Die Betheiligten brauchen nicht bloß auf Gewährung des Pflichttheils, sondern können auf Ungültigkeit der ganzen Verfügung klagen. Mev. No. 19—21 ad art. 1. — In der vorstehend erörterten Bedeutung rührt der Art. 1 erst von den Revisoren des Statuts von 1586 her. Das alte lüb. Recht trifft in seinen zu Grunde liegenden Artt. Cod. I. art. 16. Cod. II. art. 2 nur Bestimmungen über das Zusammengeben von Vermögen, wenn sich Eheleute heirathen, von welchen jeder aus früherer Ehe Kinder hat. Pauli II. S. 178—181.

Was die jetzige Geltung betrifft, so gilt über die Unanwendbarkeit der Nothwendigkeit der Vermächtnisse von 8 Schill. 4 Pf. und der im Art. 2 vorgeschriebenen Schenkungsform dasselbe, was über die gleiche Vorschrift bei Testamenten nachstehend bemerkt ist. §. 101. Dagegen ist im Allgemeinen kein Grund, den Art. 1 als nicht mehr geltend anzunehmen; also den Kindern obige Rechte aus dem Art. 1 über die Bestimmungen des Landr. I. 11. §. 1113 bis 1116 hinaus zu versagen. Vergl. Pomm. St. R. §. 48. S. 54 bis 56. — Im Uebrigen gilt bezüglich der Schenkungen unter Eheleuten das subsidiäre allgemeine Recht Landr. I. 11. §. 1113—1116. — II. 1. §. 310—317.

§. 59. Subsidiäres Recht.

Mit vorstehenden Bestimmungen §. 44—58 sind die lübischen Vorschriften über das Güterrecht während der Ehe erschöpft. Sie reichen aus, das ergänzende Rechtssystem daraus zu ersehn, worauf wir nun nochmals kurz zurückkommen müssen. In unbeerbten Ehen wird überall Sonderung der Güter der Ehe vorausgesetzt. Der Grundsatz, daß schon mit der Eingehung der Ehe eine, jedoch durch die Geburt eines Kindes bedingte Gütergemeinschaft entsteht, kann (§. 52) nur die Bedeutung haben, daß, so lange die Ehe unbeerbt ist, der Mann oder dessen Gläubiger oder auch ein, den möglichen Kindern zu bestellender Curator (Landr. II. 18. §. 49) die Sicherstellung des Frauenguts behufs demnächstiger Behandlung nach den Grundsätzen beerbter Ehe verlangen kann. Soweit dies nicht geschieht, bleiben die Vorschriften über getrennte Güterverhältnisse maßgebend und was nach denselben in unbeerbter Ehe rechtsgültig verfügt und geschehen ist, kann auch nachher nicht deshalb ungültig erklärt werden, weil dabei den für gütergemeinschaftliche Verhältnisse gegebenen Vorschriften nicht genügt ist und die Ehe später beerbt geworden ist.

Für beerbte Ehen bestätigt sich die durch die Verhaftung des Frauenguts für Schulden des Mannes begründete Gütergemeinschaft des lübischen Rechts als äußere Gütervereinigung und nicht eigentliche innere Güterverschmelzung. Gegen letztere sprechen auf das entschiedenste:

1. der Grundsatz, daß der Mann die eingebrachten Immobilien der Frau nur mit deren Einwilligung, seine aber ohne ihren Consens veräußern darf, §. 55—56;

2. der Umstand, daß die Gläubiger des Mannes, selbst wenn eine Ehe beerbt wurde, und sie das Frauengut dann angreifen können, dennoch sich in dem Falle, wenn die Ehe wieder kinderlos wird, die Absonderung des Frauenguts ohne Verhaftung für die Schulden gefallen lassen müssen, §. 53;

3. daß auch dem Manne gegenüber in unbeerbten Ehen, welche beerbt gewesen sind, unter Umständen die Frau eine Sonderung des beiderseitigen Vermögens verlangen kann, §. 57. 52. 53;

4. und daß, wenn eine früher beerbte Ehe beim Tode eines Ehegatten unbeerbt ist, die Sonderung des beiderseitigen Vermögens rücksichtlich aller Interessenten gesetzliche Vorschrift ist. §. 53. 63 ff. Vergl. Runde §. 67.

Aus den schon erörterten Gründen §. 43 ist jedoch die landrechtliche Lehre über Gütergemeinschaft das bei beerbten Ehen im Gebiete des preuß. Landr. anwendbare subsidiäre Recht. Es bedarf hier nicht mehr der Ausführung, daß auch nach dem Landrecht wie nach allgemein. german. Rechte die eheliche Gütergemeinschaft keine Societät, kein condominium plurium in solidum, noch weniger ein Besitz der Eheleute als moralischer Person ist, sondern eine Rechtsgemeinschaft zwischen beiden Eheleuten, als verschiedenen Rechtssubjekten, welche zu ideellen Theilen an der vereinigten Vermögensmasse Theilnehmer sind. Runde §. 63—66. Anm. b. zu §. 63. Demgemäß gelten namentlich die landrechtlichen Bestimmungen über Einziehung von Capitalien §. 379, Schenkungen §. 381 ff., Versagung und Ergänzung des Consenses der Frau §. 387. 388 (mit den für Grundstücke sich aus §. 56 ergebenden Modifikationen), über den Umfang der Verfügungsgewalt der Frau in der Ehe §. 389 (Runde §. 41), über die Verhältnisse, wenn Eheleute ihren ersten Wohnsitz verlegen (vergl. Strieth. Arch. Bd. 43. S. 190) oder Aenderungen des Gerichtsstandes erfolgen, §. 350 ff., sowie bei doppeltem Gerichtsstande §. 347—349 und beim Besitze auswärtiger Grundstücke von gütergemeinschaftlichen Eheleuten §. 365—369, ferner bei Bestimmungen Dritter über Sondergut, welches sie einem der Eheleute zuwenden, §. 373—376; Strieth. Arch. Bd. 9. S. 343, sowie beim Besitze von Grundstücken im lübischrechtlichen Gebiete seitens auswärtiger Eheleute §. 370. Das lübische Recht beschränkt sich in letzterer Beziehung auf das mehrdeutige Vorwort. §. 11. Vergl. Mev. quaest. III—VI. praelim. Runde §. 96. 97.

Darüber, daß die Verjährungsvorschriften des lüb. Rechts I. 5. Artt. 1. 2. 3. nicht mehr gelten, vergl. §. 33. Die Beweisregeln des lüb. Rechts über eingebrachtes Vermögen (Brautschatz) der Frau I. 5. Art. 4. 12. 15. sind mit dem lübischen Prozeßrechte fortgefallen. Der Grundsatz freilich, daß die Qualität des Vermögens in der Ehe als Eingebrachten der Frau nicht zu vermuthen, sondern von der Frau und ihren Erben im Zweifelsfalle zu beweisen ist, ist dem lübischen, gemeinen deutschen und preußischen Rechte gemeinsam. §. 44. Nr. 5. Runde §. 48. 54. Mevius ad I. 5. 4. No. 1. 2. — ad II. 2. 12. No. 160. Pauli II. S. 80 ff. Landr. II. 1. §. 541. Soweit Art. 4. cit. hinsichtlich der Rückgewähr der dos noch erheblich ist, wird er bei den Verhältnissen bei Auflösung der Ehe zur Erwägung kommen.

Hinsichtlich der Vertretung in Prozessen gelten ebenfalls die allgemeinen Vorschriften; also namentlich G. O. I. 1. §. 16—24. Es mag hervorgehoben werden, daß zur Vertretung in Prozessen über das Vermögen der Eheleute auch bei Gütergemeinschaft der Mann allein nach G. O. I. 1. §. 23 legitimirt ist. Nur wenn der Streit eingebrachte Vermögensobjekte der Frau und zwar ihre Grundstücke oder Gerechtigkeiten oder Capitalien, welche auf ihren, ihrer Autoren oder beider Eheleute Namen geschrieben sind, betrifft, ist die Zuziehung der Frau nöthig. Entsch. Bd. 48. S. 178. — Bd. 50. S. 258. Hiernach berücksichtigt also auch die G. O. eine Sonderung der Grundstücke beider Eheleute in Betreff ihrer Prozeßvertretung. In den Fällen, in denen die Frau zuzuziehn ist, ist nach Strieth. Arch. Bd. 19. S. 207 auch die Rechtsvertheidigung der Frau allein, selbst wenn ihr Mann nicht beitritt, rechtlich zulässig.

§. 60. D. Privatautonomie.

Gesetzlich erstreckt sich das lübische Recht in Pommern nur auf diejenigen, welche unter der ordentlichen städtischen Gerichtsbarkeit standen, nicht auch auf diejenigen, welche früher einen eximirten Gerichtsstand hatten, §. 11. Vergl. Landr. II. 1. §. 346. Außer dieser gesetzlichen Ausnahme ist auch für das lüb. R. Privatautonomie für eheliche Güterverhältnisse unzweifelhaft zulässig. Das lüb. R. enthält nichts, was Verträge der Eheleute hierüber hinderte oder unzulässig erscheinen ließe; und es ist darüber also das ergänzende allgemeine Recht anwendbar.

Die Commentatoren erklären aus diesem Grunde auch im Gebiete des lübischen Rechts autonomische Bestimmungen, pacta dotalia, Einführung und Ausschließung der Gütergemeinschaft, und überhaupt Aenderung der Güterverhältnisse für zulässig. v. Kamptz Jahrb. Bd. 49. S. 405. — Mev. ad I. 5. art. 5. No. 33 seq. und quaest. praelim. 7. No. 36. — Mevius 6. 3. decis. 124. No. 4. — Stein I. §. 129. S. 177. 186—189. 203—209 und Vorber.

§. 11. 12. „Ante juris dispositionem pacta dotalia, si quae facta sunt, inspici merentur; communio, quae ex statuto et consuetudine inducitur, pactis dotalibus formari, restringi et amplificari potest, ut vel certorum saltem bonorum vel nulla sit. Pactorum enim dotalium licentiam nullibi jus nostrum ademit; imo permisit potius lib. III. 9. art. ult. — wie noch deutlicher aus dem Hamburger Rechte hervorgehe, woraus das lübische Recht, wie immer, zu deklariren sei. Mevius No. 37 ad I. 5. art. 5. Differenzen bestanden nur darüber, ob eine autonomische Ausschließung der Gütergemeinschaft nach gemeinem Rechte nur vor der Heirath oder auch später und mit welchen Wirkungen im letztern Falle erfolgen könne. Mevius folgert ad I. 5. art. 7. No. 81—86 aus dem römischen Rechte, daß die Ausschließung der Gütergemeinschaft nur bei Eingehung der Ehe, nicht später, erfolgen dürfe; denn den Gläubigern könne durch Verträge der Schuldner kein jus quaesitum genommen werden. l. 25. Cod. de pact. Mev. No. 85. 86 l. c. Dieser Grund betrifft indeß nur die zur Zeit des autonomischen Akts vorhandenen, nicht die künftigen Gläubiger, auch nicht das Verhältniß der Eheleute zu einander. Stein folgert aus dem römischen Societätsverhältnisse tit. Dig. pro socio, daß Frauen auch während der Ehe die Gemeinschaft mit der Wirkung aufrufen können, daß Güter, welche der Frau künftig anfallen, nicht in die Societät fallen und für die Schulden des Mannes nicht verhaftet sind. Stein I. §. 136. 148. Daß die Grundlage römischer Societät für deutsche eheliche Güterverhältnisse unannehmbar ist, ist nicht nöthig, näher auszuführen. Nachdem die neuere Jurisprudenz hierfür richtigere Grundlagen gefunden hat, ist als communis opinio jetzt anzusehn, daß nach allgemeinem deutschen Privatrechte, soweit nicht particularrechtliche Bestimmungen entgegenstehn, durch autonomische Verträge der Eheleute vor oder nach der Ehe eine Aenderung der Güterverhältnisse, namentlich auch Ausschließung oder Einführung der Gütergemeinschaft zulässig ist; daß aber dritten Personen, welche aus dem bisher bestandenen Güterverhältnisse Rechte erworben haben, die Abänderung nicht nachtheilig ist; und daß insbesondere Gläubiger des Mannes, welche in Folge der bisherigen Gemeinschaft sich auch an das, in der Verwaltung des Mannes stehende Frauengut halten konnten, diesen Anspruch behalten, auch wenn die Eheleute ihre Gemeinschaft aufheben. Runde §. 155 ff. 164.

Beim Stillschweigen des lüb. R. über diese Frage im Allgemeinen ist sie aus den subsidiären allgemeinen Rechten zu entscheiden, soweit denselben nicht besondere Grundsätze lübischen Rechts entgegenständen. Die Zulässigkeit der Ausschließung der Gütergemeinschaft im Gebiete des lüb. R. und die observanzmäßige Nothwendigkeit der öffentlichen Bekanntmachung der Ausschließung — um Dritten gegenüber eingewendet zu werden — ist an sich auch im Gebiete des lüb. R. durch entschiedene Observanz stets festgehalten. Strieth. Arch. Bd. 43. S. 190. Auch das Landrecht erklärt seine ganze Lehre nur für anwendbar, wo nicht Verträge, Statuten... Anderes bestimmen. II. 1. §. 360. 439. 495. 500.

Das Landrecht erklärt die Gütergemeinschafts-Ausschließung vor der Heirath unbedingt für zulässig, II. 1. §. 412; nach der Heirath in folgenden Fällen:

1. Allgemein in Betreff der künftigen Succession und soweit sich die Folgen nur auf die Eheleute, nicht auf Gläubiger, erstrecken. Landr. I. 1. §. 418. Entsch. Bd. 48. S. 195—199.

2. Wenn Jemand während seiner Bevormundung sich verheirathet, bleibt die Gemeinschaft gesetzlich bis nach Aufhebung der Vormundschaft ausgeschlossen; was durch Cab. O. vom 5. August 1833 unter Aufhebung entgegenstehender Provinzial- und Statutarrechte für absolut gültig erklärt ist. Im Termine zur Dechargeleistung und zur Vorlegung der Vormundschaftsakten können dann die bisherigen Mündel noch die Gütergemeinschaft ausschließen; die weiblichen Pflegebefohlenen noch binnen 3 Monaten nach dem Termine und desfallsiger richterlicher Belehrung. Wenn durch Versäumniß oder Einwilligung die Gütergemeinschaft eintritt, so erstrecken sich ihre Wirkungen bis auf den Anfang der Ehe zurück. Landr. II. 18. §. 782—799. Entsch. Bd. 30. S. 123.

Daß die Ausschließung der Gütergemeinschaft vor der Heirath und in den beiden ebengenannten Fällen nach der Heirath auch im lübischen Pommern zulässig ist, ist auch mit Recht allgemein angenommen. v. Kamptz Jahrb. Bd. 53. S. 50. 51. Rescr. vom 3. November und Gutachten der Gesetzkommission vom 22. Oktober 1800. Neues Arch. Bd. 1. S. 388. Einige Gerichtshöfe glaubten sich früher zur Annahme berechtigt: weil die Gütergemeinschaft nach lüb. R. erst mit der Geburt eines Kindes eintrete, nach Landr. II. 1. §. 361 aber mit der Heirath, so sei die nach dem Landrechte II. 1. §. 412 vor der Heirath zulässige Ausschließung der Gütergemeinschaft da, wo lüb. R. gilt, auch bis zur Geburt eines Kindes zulässig. Unsers Erachtens ist es an sich nicht statthaft, an Stelle der bestimmten Termine im §. 412. 413: „vor der Heirath" „während der Ehe" mit Rücksicht auf die ratio legis einen andern Termin der Geburt eines Kindes zu substituiren, selbst wenn unzweifelhaft erst mit der Geburt eines Kindes für die fernere Zeit Gütergemeinschaft einträte. Außerdem hat aber die Geburt eines Kindes und die dann eintretende Gütergemeinschaft ihre Rückwirkungen bis auf den Anfang der Ehe. §. 52. Es muß also auch für das lüb. R. beim Wortinhalt des Landr. II. 1. §. 412 ff. bleiben. Vergl. Jahrb. Bd. 53. S. 50. 51.

3. Das Landr. kennt noch einen dritten Fall der Ausschließung der Gütergemeinschaft nach der Heirath:

Wenn ein Ehegatte mehr Schulden als Vermögen in die Gemeinschaft gebracht hat, kann der andere in 2 Jahren nach vollzogener Ehe auf die Absonderung des Vermögens antragen; und diese mit dem Willen des Verschuldeten oder selbst gegen dessen Willen erlangen. Alsdann können die Gläubiger, deren Forderungen vor der Heirath entstanden sind, oder nach der Bekanntmachung der Absonderung entstehn, Entsch. Bd. 16. S. 226, sich nur an das abgesonderte Vermögen ihres eigentlichen Schuldners halten. Dagegen bleibt den, während der Ehe bis zur Bekanntmachung der Ausschließung entstandenen, Schulden auch in diesem Falle das gemeinschaftliche Vermögen verhaftet. II. 1. §. 392—395.

Controvers ist, ob und wieweit den Eheleuten auch im lüb. R. diese Befugnisse zustehn, oder der Art. 11. I. 5 dies verbietet. Da dieser Art. den Gläubigern des in Schulden vertieften Mannes selbst bei unbeerbter Ehe das Recht giebt, das Frauengut für sich sicherstellen zu lassen, also unbedingte Absonderung desselben zur freien Verfügung der Frau zu hindern, §. 53, so sind allerdings die §§. 392. 393 Landrecht II. 1 im lübischen Gebiete nicht mit der Wirkung anwendbar, daß den vor der Ehe entstandenen Schulden das Sammtgut beider Eheleute entzogen werden dürfte. Sowohl für die vor der Ehe, als auch überhaupt für die bis zur wirklichen Absonderung entstandenen Schulden ist eine Entziehung des Frauenguts von der Verhaftung durch die ausdrückliche Vorschrift des Art. 11 untersagt und von den Gläubigern durch Klage zu hindern. In Entsch. Bd. 48. S. 185—195 ist deshalb auch mit Recht die Unzulässigkeit der §§. 392. 393 behufs Befreiung einer lübischen Ehefrau von vorehelichen Schulden ihres Mannes ausgeführt. Dagegen ist allerdings die Güterabsonderung nach §. 392 l. c. auch im lüb. R. mit der aus der Aufhebung der Gemeinschaft folgenden, in Entsch. Bd. 16. S. 226 ff. erörterten Wirkung zulässig, daß mit Einwilligung des andern Ehegatten die nach der Gütersonderung und deren Bekanntmachung entstehenden Schulden des einen Ehegatten nicht aus dem Vermögen des andern beigetrieben werden dürfen. Eine Güterabsonderung mit dieser Wirkung (also einem Theile der sonst landrechtlichen Wirkungen) steht der Art. 11. I. 5 nicht entgegen. Nach dem Art. 11 haben nur diejenigen Gläubiger, welche zur Zeit, wo die Frau ihr eingebrachtes Vermögen herausfordert und nach Art. 11 angehalten werden kann, sich mit Sicherstellung und Nießbrauch zu begnügen, desfallsige Rechte. Wenn die Frau diese Gläubiger befriedigt, so kann für etwanige künftige (unbekannte und nur erst mögliche) Gläubiger der Rückforderung des Eingebrachten und der Vermögenssonderung nicht widersprochen werden. Es fehlt hierzu schon an einer berechtigten Gläubigerperson. Daß unter Wahrung der Rechte solcher Gläubiger, welche jura quaesita haben, an sich die Eheleute unter den Bedingungen des §. 392 eine Sonderung ihrer Güter vornehmen und die Gemeinschaft für die Zukunft aufheben, wird durch den Art. 11 nicht verboten. Zu den Personen, welche nach Art. 11 der, von der Frau beabsichtigten, Rückforderung ihres Eingebrachten zu widersprechen berechtigt sind, gehört freilich auch der Ehemann, welcher ebenfalls im Falle seiner Verschuldung verlangen kann, daß das eingebrachte Vermögen der Frau, statt ihr ausgeantwortet zu werden, sichergestellt wird und ihr nur zum Nießbrauch dient. §. 53. Dies kann indeß nur die Einschränkung zur Folge haben, daß der unverschuldete Ehegatte die Befugniß des §. 392 l. c. nicht gegen den Willen des andern Theils ausüben kann. Notorisch sind aber auch in solchen Fällen die Eheleute unter einander einverstanden; und nur deren Gläubiger haben meistens ein Interesse, solche Güterabsonderungen anzufechten.

Die §§. 392 ff. enthalten zunächst eine, an sich neue Entscheidung der gemeinrechtlichen Controversen über das Separationsrecht der Eheleute und Gläubiger hinsichtlich der vorher gemachten Schulden; und es ist nur eine beiläufige, aus der Vermögenssonderung resultirende Folge, daß dann auch die Gläubiger jedes Ehegatten nur an dessen Vermögen sich halten dürfen. Vergl. §§. 391. 392. — Geschichte der Entstehung bei Bornemann System Bd. 5. S. 181—184. Entsch. Bd. 16. S. 226 ff. Indeß kann hieraus kein Einwand entnommen und nicht behauptet werden: wenn aus statutarrechtlichen Gründen ein Akt nicht derartige Wirkungen haben kann, wie sie bei ursprünglicher Einrichtung eines Rechtsinstituts hauptsächlich beabsichtigt seien, so könne er nun auch nicht die an sich zulässige Nebenwirkung haben und sei überhaupt unzulässig. Nicht der

Akt, sondern nur jene Wirkungen für frühere Schulden sind statutarrechtlich unstatthaft.

Der §. 392, welcher selbst für solche Fälle, in denen sofort mit der Ehe ohne Rücksicht auf ihre Beerbung eine unbedingte Gütergemeinschaft eintritt, die Sonderung unter der Bedingung der Ueberverschuldung des einen Theils binnen 2 Jahren für zulässig erklärt, ist im lüb. R. mit der gedachten Wirksamkeitsbeschränkung dergestalt anzuwenden, daß die zweijährige Frist dem Wortlaute des §. gemäß von vollzogener Ehe beginnt, die Ehe mag bereits zur Zeit des Sonderungsakts beerbt oder noch unbeerbt sein. Denn einmal ist nur für diese Frist, nicht für 2 Jahre nach Geburt eines Kindes, die Befugniß der Sonderung gegeben und dann ist gemäß dem mehrerwähnten Grundsatze schon mit der Ehe die Gütergemeinschaft, wenngleich durch Geburt eines Kindes bedingt, als entstehend anzusehn. §. 52 und Nr. 2 oben.

Das Gutachten der Gesetzkommission vom 22. Oktober 1800, Rescr. vom 3. November 1800, Neues Arch. Bd. 1. S. 388, will der beerbten Frau die Befugniß des §. 392 überhaupt, also auch in jenem beschränkten Umfange, versagen, weil ihr Vermögen gesetzlich nach lüb. R. und insbesondere auch nach Art. 11 cit. den Gläubigern verhaftet sei; und will sie auch der unbeerbten Frau, für welche ebenfalls Gütergemeinschaft angenommen wird, nur auf so lange gestatten, als sie unbeerbt bleibt, weil sie dann ebenfalls verhaftet bleibe. Diese Gründe und deshalb auch das Resultat beruhen indeß auf der Verwechselung dessen, was an sich gesetzliche Vorschrift ist, und dessen, was daran durch zulässige Willensbestimmung der Interessenten für die Zukunft geändert werden kann. Wenn man dies nicht auseinander hält, könnte man mit derselben Logik sagen: weil nach Landr. II. 1. §. 380. 391 das Sammtgut gesetzlich für alle Schulden hafte, könne auch keine Befreiung davon durch irgend welche Bestimmung der Eheleute erreicht werden. Das pomm. St. R. §. 59—61. S. 67, davon ausgehend, daß bei unbeerbten Ehen überhaupt keine Gütergemeinschaft besteht, also auch keine Vermögenssonderung nach §. 392 eintreten kann, stellt den Inhalt des Art. 11 als positive Vorschrift auf und erklärt: die Wohlthat der Zurücktretung aus der Gütergemeinschaft nach §. 392 ff. finde im lüb. R., sobald die Ehe beerbt sei, nicht statt. Es wird indeß ohne neue Gründe nur auf das Gutachten der Gesetzkommission von 1800 Bezug genommen.

VII.
Erbrecht.

§. 61. Collision von Gesetzen.

Die Controverse des gemeinen Rechts, ob für die Universalsuccession in den Nachlaß eines Verstorbenen auch hinsichtlich der Immobilien die Gesetze seines letzten persönlichen Gerichtsstandes oder die Gesetze des Orts der Grundstücke maßgebend sind, ist durch das Landr. II. 1. §. 495 und Anh. §. 78 in Uebereinstimmung mit dem gemeinen Rechte, wie es von den bewährtesten neuern Lehrern dargestellt wird, v. Savigny System Bd. 8. S. 296. 305. Eichhorn D. P. R. §. 35. 36. vergl. Runde Güterr. §. 105, dahin entschieden, daß für die Universalsuccession auch hinsichtlich der Grundstücke des Erblassers die Gesetze des letzten persönlichen Gerichtsstandes bestimmend sind; und daß nur für eine Singularsuccession wegen besonderer Qualifikation gewisser Grundstücke (Lehne, Fideikommisse) die desfallsigen Realstatuten nach L. R. Einl. §. 32 entscheiden; Entsch. Bd. 10. S. 146. 147. 179. Str. Arch. Bd. 60. S. 23. 67—69. Das lüb. R. stellt als Regel keine andere Vorschrift auf, und bleibt daher auch hier jene Regel gültig. — Es erledigen sich dadurch die, auf gemeinrechtliche Quellen und Schriftsteller gegründeten Ausführungen von Mevius quaest. prael. 6 und ad II. 2. 10. No. 18—43. Das lübische Recht enthält dagegen eine Ausnahmebestimmung in II. 2. Art. 10. Wenn nemlich ein „fremder Mann", welcher bisher in beerbter Ehe auswärts gewohnt hat, mit unabgetheilten Kindern in einer lübischrechtlichen Stadt seinen Wohnsitz nimmt, nachdem seine Frau während seines auswärtigen Wohnsitzes verstorben ist und wenn er nicht schon im Orte seines frühern Wohnsitzes mit seinen Kindern getheilt oder durch eine gerichtliche Erklärung die Theilung begonnen hat, so ist für seine demnächstige Theilung mit seinen Kindern das lübische Recht maßgebend. So legt Mevius (No. 1—3. 11—17 ad II. 2. 10) wohl richtig den Inhalt des Art. 10 aus. Das Statut entscheidet, daß sich hierdurch der Ankömmling den Bestimmungen des lübischen Rechts unterwirft. Pauli II. S. 121. 122. Stein II. §. 280—282. An sich ist gegen die noch fortdauernde Anwendbarkeit dieses Art. 10 kein Bedenken zu erheben; der Bericht des Hofgerichts Cöslin von 1780 benennt ihn ausdrücklich unter den recipirten und noch anwendbaren Artikeln. Vergl. auch Pauli II. S. 121. 122. Mehlen lüb. Erbf. §. 23. (Letzterer meint ohne Grund, Art. 10 setze voraus, daß der überlebende Ehegatte schon vor Aenderung seines Wohnsitzes zur Erbtheilung verbunden sei.) Indeß steht im landrechtlichen Gebiete die Bestimmung des Landr. II. 1. §. 495 entgegen, nach welcher hinsichtlich der Erbfolge der Ehegatten nach den Gesetzen des letzten persönlichen Gerichtsstandes verfahren werden soll. Wenn dies Statut des letzten Gerichtsstandes also nicht das lübische ist, so kommt es hiernach als principales Recht vor dem preuß. Landrechte überhaupt nicht in Frage. Denn nach §. III des Publ. Pat. vom 5. Februar 1794: „die vorkommenden Rechtsangelegenheiten sollen nach den Provinzialgesetzen oder Statuten, und nur erst in deren Ermangelung nach dem allgem. Landrechte entschieden werden" ist diese Frage nicht zu erledigen. Das Publ. Pat. entscheidet nur im Allgemeinen, daß zunächst die Statuten und subsidiär das Landrecht gelten; nicht aber, welche Statuten und welches Orts Rechte, wenn unter den Gesetzen verschiedener Orte eine Collision besteht. Ueber eine solche Collision ist hier jener §. 495 sedes materiae. Alle Statuten und somit auch das lübische sind bei Einführung des Landrechts nur mit dem, ihnen darin angewiesenen, Geltungsbereiche erhalten und darnach ist auch die Vorschrift des Art. 10 nicht in einem Falle anwendbar, worin nach der speciellen Bestimmung des Landrechts überhaupt nicht das lübische Recht, sondern andere Statuten als principale Rechtsquelle gelten.

Aus demselben Grunde bleibt auch im lübischen Rechtsgebiete des Landr. das Wahlrecht des überlebenden Ehegatten II. 1. §. 496, ob er im Falle einer Wohnsitzänderung während der Ehe nach den Gesetzen des letzten persönlichen Gerichtsstandes des Verstorbenen oder nach den Gesetzen des ersten Wohnsitzes zur Zeit der Heirath erben will, bestehn, ohne durch den Art. 10 beschränkt zu werden. Es mag hier daran erinnert werden, daß das Wahlrecht nicht dann anwendbar ist, wenn nach den Gesetzen des ersten Wohnsitzes Gütergemeinschaft eingeführt war (vgl. §. 417) und am letzten Wohnorte Dotalrecht gilt; wohl aber im entgegengesetzten Falle, wenn der Wohnsitz von einem Orte des Dotalrechts an einen Ort der Gütergemeinschaft verlegt ist, ohne daß durch Vertrag oder letzte Willensordnung über die Erbfolge bestimmt ist. Entsch. Bd. 3. S. 45 und Bd. 37. S. 202.

§. 62. Allgemeine Vorbemerkungen.

Bekanntlich war für einen Erben des römischen Rechts eine hereditatis aditio, ausdrückliche oder stillschweigende faktische Erbschaftsantretung oder Besitzergreifung nöthig, um das Eigenthum zu erwerben und auf die eignen Erben zu transmittiren. Hereditas non adita non transmittitur ad haeredes. Nach dem germanischen Grundsatze erbt aber der Todte den Lebendigen; der, welchem eine Erschaft anfällt, erwirbt sie sofort mit dem Momente des Anfalls ohne Erklärung oder Besitzergreifung; und transmittirt sie auch vor der Besitzergreifung auf seine Erben. Letztere Grundsätze hat auch das preuß. Landr. I. 9. §. 368—370. I. 12. §. 288. 483—485 angenommen. Das lübische Statut enthält nichts hierüber. Aber wenngleich im Allgemeinen mit Runde §. 108 die römischen Grundsätze über den Erwerb von Erbschaften als gemeinrechtlich anzuwenden sind, wo nicht nachgewiesen wird, daß der deutsche Grundsatz als geltendes Recht aufgenommen oder erhalten ist, so ist doch letzteres eben im lüb. R. anzunehmen. Stein II. §. 43 und Pauli III. §. 17 bestätigen die unzweifelhafte Geltung des deutschen Grundsatzes „nach dem Rechte, wie es bei uns in der Anwendung lebt" (Pauli); wie auch im verwandten Hamburger Recht das Gleiche gilt. Für das landrechtliche Gebiet folgt dies auch schon aus der subsidiären Geltung des Landrechts. Sonach muß derjenige, welchem eine Erbschaft anfällt, derselben durch eine förmliche Erklärung entsagen, wenn er sich davon befreien will.

Der deutsche Erbe braucht ferner für Nachlaßschulden nicht an sich persönlich zu haften, muß sie aber aus dem Nachlasse, auf welchem sie hafteten, berichtigen lassen, soweit derselbe reicht. Er wird nicht, wie der römische Erbe, Vertreter des Erblassers in allen dessen Rechten und Pflichten; bekommt aber nur den Nachlaß, soweit nach Abzug der darauf haftenden Schulden etwas übrig bleibt. Er haftet nur, wenn er einen Nachlaß an sich nimmt, ohne (durch Inventar) dessen Betrag nachweisen zu können; und beugt diesem Nachtheil durch Errichtung eines Inventars vor. Diese germanischen Grundsätze sind auch im lüb. R. im Gegensatz zum römischen Rechte geltend geblieben, vergl. §. 99. 101, und geben namentlich dem Bergen- und Dachdingsauftragen der Wittwe seine richtige Grundlage, §. 50. Pauli III. §. 21. Stein II. S. 60. 61. §. 190. Mehlen S. 29. 31. Im Wesentlichen stimmt das preuß. Landr. überein und setzt nur zur Entsagung sowie zur Inventarerrichtung bei Vermeidung unbedingter persönlicher Verhaftung bestimmte Fristen. Unzweifelhaft sind die nähern landrechtlichen Vorschriften hierüber und über die Folgen beim Stillschweigen des lüb. R. maßgebend. Praktisch wird ohnehin durch das Justinianische beneficium inventarii auch im röm. R. derselbe Erfolg erzielt. — Im Uebrigen gelten hinsichtlich der Nachlaßschulden und der Befugnisse der Gläubiger, sich an alle oder einzelne Erben zu halten, sowie wegen der Theilung zwischen mehreren Erben die subsidiären allgemeinen Rechtsgrundsätze.

Das Verfahren zum Nachweise, wer nächster Intestaterbe ist, wird wie alle Formvorschriften jetzt durch die Bestimmungen des Landr. und der Gerichtsordnung geregelt. Vergl. über das lübische Verfahren Revid. Statut. II. 2. Art. 14. 32. II. 1. Art. 9. 12. 24. Mev. No. 1—21 ad art. 32. Stein II. §. 296. 297. Pauli III. §. 20. Außer Lübeck war der Nachweis nicht unbedingt, sondern nur in zweifelhaften Fällen erforderlich. Mehlen lüb. Erbf. S. 30.

Das gesetzliche Intestaterbrecht kann durch Privatautonomie geändert werden, durch Verträge der Eheleute, durch andere Erbverträge und durch Testamente und Codicille. Ueber vertragsmäßige Successionsänderungen von Eheleuten ist schon §. 60 das Nöthige bemerkt. Die Verträge über Absonderung von Kindern kommen bei Erörterung des Intestaterbrechts der Kinder zur Sprache. Im Uebrigen gelten über Erbverträge die Bestimmungen der subsidiären allgemeinen Rechte, da das lüb. R. sie nicht verbietet, aber nichts darüber normirt. §. 60. Mehlen §. 40. — Erst nach der Entwickelung des gesetzlichen Intestaterbrechts ist zu verstehen, ob und wie es durch letztwillige Bestimmungen abgeändert werden kann; und stellen wir deshalb jenes voran.

A. Erbrecht der Ehegatten bei unbeerbter Ehe.

A. L. R. Cod. I. Art. 8. 9.
— — Cod. II. Art. 21.
— — Cod. III. Art. 127. Rev. Stat. II. 2. Art. 12. 5. 25. 28. 27. 30. — I. 5. Art. 4. 13.

§. 63. Natur der Rechte.

Daß die Erbrechte der Ehegatten nur von solchen, welche beim Tode des Erblassers Eheleute waren, beansprucht werden können, also nicht von Verlobten und nicht von Geschiedenen, versteht sich von selbst und würde keine Erwähnung verdienen, wäre es nicht früher controvers gewesen. Mev. ad II. 2. art. 12. No. 253—285. Runde §. 108.

Das lüb. R. unterscheidet für die Erbfolge der Eheleute, ob die Ehe beerbt oder unbeerbt ist. Als unbeerbte Ehe gilt dabei die, bei deren Auflösung keine, von den Eheleuten mit einander erzeugten, Kinder oder Nachkommen solcher vorhanden sind. Wenn dergleichen vor dem Ende der Ehe vorhanden waren, aber vorher starben, gilt die Ehe als unbeerbt. Dies gründet sich auf die Ausdrucksweise des Statuts Rev. Stat. II. 2. Art. 12: „stirbt sein Weib und haben sie keine Kinder mit einander", in Uebereinstimmung mit I. 5. 5 hinsichtlich der Schulden: wenn der Mann „stirbt und läßt keine Kinder". §. 53. Der Todesfall des Mannes ist zwar in II. 2. 12 dahin ausgedrückt: stirbt der Mann, welcher mit seiner Frau keine Kinder gezeugt hat. Daß aber auch in diesem Falle nur Kinder gemeint sind, welche dann noch leben, geht aus der Bezugnahme auf den vorgestellten Fall des Todes der Frau „gleichergestalt" hervor, aus der gleichen Bestimmung des alten lübischen Rechts Cod. I. art. 9: si moritur et liberos pariter non habuerint, und aus dem Gegensatze der beerbten Ehe, Art. 2. 3: wenn der überlebende Ehegatte mit Kindern (also noch lebenden) theilen soll. Dieser Begriff der unbeerbten Ehe gilt auch allgemein als lübisch. Pauli II. S. 65. Stein II. S. 276. 278. Mevius No. 22. 24 ad II. 2. 12.

Wenn eine unbeerbte Ehe durch den Tod eines der Eheleute aufgelöst wird, so erfolgt eine vollständige Trennung der Vermögensobjekte des Verstorbenen und des Ueberlebenden. So wenig wie hinsichtlich der Schuldenhaft und der Verwaltung während der Ehe, ebenso wenig tritt hinsichtlich der Erbfolge die geringste Spur hervor, welche auf Gütergemeinschaft unbeerbter Eheleute schließen läßt. Der überlebende Ehegatte nimmt sein eigenes Vermögen vorweg und erhält vom Vermögen des Verstorbenen, welches allein als Nachlaß angesehen wird, die Hälfte, während die andere Hälfte vom letztern dessen Erben erhalten. II. 2. Art. 12. 5. 28. Der Ueberlebende nimmt sein Vermögen als sein, ihm schon früher gehöriges und verbliebenes Eigenthum: die Frau nimmt „ihr zugebrachtes Gut" Art. 12. 5, ein jedes, es sei der Mann oder die Frau, nimmt sein zugebrachtes Gut. Art. 28. Andererseits ist der Anfall des Antheils am Vermögen des Verstorbenen nicht anders zu verstehen, wie bei jeder Folge in einen Nachlaß, und kann nur als Intestaterbtheil angesehen werden, wovon der ganze 2te Titel des 2ten Buchs im lüb. R. eben handelt. Dieser Charakter ist hier um so entschiedener, als der Nachlaß reell vom Vermögen des Ueberlebenden gesondert wird, und nicht einmal in einem ideellen Antheile an einer Sammtgutsmasse, welche des Ueberlebenden Vermögen mit einschlösse, besteht. Nur der Antheil des Ueberlebenden besteht, wie bei jeder Conkurrenz mehrerer Erben, in einem ideellen Antheile am realen Nachlasse. Runde §. 104—109. Pauli II. S. 72. 73. Man mag jedoch zur Bezeichnung dieses Erbantheils des überlebenden Ehegatten den Namen einer „statutarischen Portion" oder lucrum statutarium gelten lassen, welcher eben nur ein, durch das Statut bestimmtes, Anrecht bedeutet. — Mevius, welcher mit Stein eine Gütergemeinschaft auch in unbeerbter Ehe annimmt, folgert daraus, daß der überlebende Ehegatte seinen Nachlaßtheil aus der Gemeinmasse als seinen Miteigenthumsantheil „ob communionem et societatem inter conjuges", nicht als Erbe, sondern als ein im Gegensatze zum Erbrechte stehendes beneficium statuti bekomme. Auch Mehlen setzt die Gütergemeinschaft als Grund aller ehelichen Erbrechte. S. 37. 47. Dies fällt mit der irrigen Voraussetzung der Gütergemeinschaft. Daß das Erbrecht der Eheleute eine exorbitante Abweichung vom römischen Rechte ist, was freilich von allen deutschrechtlichen Erbrechten von Eheleuten gilt, beweist ebenfalls nichts. Der einzige sonstige Scheingrund ist, daß der Ehegatte im lüb. R. nicht „Erbe" heißt und im Art. 12 nicht gesagt wird, die Erbschaft, sondern das „Gut" werde getheilt. Mev. ad II. 2, 12. No. 175. 235—242. 288. Das lüb. R. bezeichnet aber unter „Erben" vorwiegend die Blutsverwandten, „Freunde", so I. 6. 2—9. 2. — II. 1. 9. 12. 14. Mev. ad II. 2. 1. No. 6. Mehlen S. 31. Anm. 5. Daher ist aus dem Namen nicht zu schließen, daß der Ehegatte seinen Nachlaßtheil nicht jure hereditario als Erbe im juristischen Sinne erhalte. Die Begriffe des Erben als Blutsfreundes im altsprachlichen Sinne und des Erben als desjenigen, welcher eine Verlassenschaft oder einen Theil davon durch Testament oder Gesetz erhält, sind im lüb. R. überhaupt immer auseinander zu halten. Im letztern Sinne benennt auch Art. 28 die zu theilende Masse mit dem Namen: Erbschaft, und die Ueberschrift des A. L. R. Cod. II. art. 21, welcher dem Art. 12. II. 2. des revidirt. Statuts entspricht, lautet: Vom erve weder to kerende na dode. Auch das Obertribunal erwähnt in einer Entscheidung über Soester Recht 1863: das lüb. R. sage nicht, daß die unbeerbte Frau nach II. 2, 12 das übrige Gut ihres Mannes als Miteigenthümerin theilen solle; sie erhalte ihre

Hälfte als Erbtheil, statutarische Erbportion. Arch. Bd. 51. S. 195. Ebenso faßt das Landr. II. 1. §. 621. 631 das Theilnahmerecht des Ehegatten, soweit nicht Gütergemeinschaft stattfand, als Erbanspruch auf. Zettwach in Jahrb. Bd. 44. S. 151 ff.

Demgemäß entscheiden sich auch die Fragen über Erwerb, Anfall der Erbschaft, Rechtswohlthat des Inventars, und Nachlaßschulden §. 62 gegen Mev. No. 243—251 ad art. 12. Auch die im lüb. R. nicht besonders entschiedene Pflicht zur Legung eines Inventars ist nach den allgemeinen Pflichten eines Erben zu beurtheilen. Landr. I. 9. §. 420 f. Ger.O. I. 22. §§. 28. 29. Der Schluß von Mevius, weil der Ehemann erwarten könne, was die Erben der Frau als deren eingebrachtes Vermögen nachwiesen, brauche er kein Nachlaßinventar zu legen (addit. ad No. 176 zu II. 2. art. 12), ist unrichtig.

Ueber specielle Besonderheiten für das Erbrecht unbeerbter Ehegatten in Treptow a. R., Swinemünde, Treptow a. T., Stargard, Usedom, Neuwarp, Jarmen, Bahn, Bärwalde, Belgard, Cammin und Naugard vergl. P. Stat. R. S. 81—83.

§. 64. Tod der Frau. Ihr Nachlaß.

Wenn die unbeerbte Ehe durch Tod der Frau aufgelöst ist, so muß der Mann „der Frauen nächsten Erben wiedergeben den halben Theil Gutes, welches er mit ihr bekommen". Er behält also alles Andere: die andre Hälfte dieses Frauengutes und sein eigenes Vermögen. II. 2. Art. 12.

Die Frage, welches Gut hiernach als das der Frau zu theilen ist, scheint im Wortlaute des Art. 12 dahin entschieden zu sein, daß nur die, gleich bei Eingehung der Ehe in die Gewere des Mannes gekommene, eigentliche Mitgift zu theilen ist. Dem scheinen auch die Worte der alten lübischen Statuten zu entsprechen: Cod. I. art. 9: „medietatem substantiae quam cum muliere acceperat." Cod. II. art. 21: „dat halve det Gudes, dat he mit der vruwen genommen hevet." Indeß nach unzweifelhafter Praxis sind die Worte von jeher nicht so einschränkend ausgelegt, sondern es ist auch Alles mitverstanden, was der Frau während der Ehe durch Erbrecht, Schenkung oder Vermächtniß, sofern nicht Besonderes darüber bestimmt ist, angefallen ist. Pauli II. S. 67 ff. 152 ff. Mevius Nr. 52—54. 59. 60. 65—67. 70—80. ad art. 12. Stein II. S. 278. Im lüb. R. wird überhaupt der, bei Eingehung der Ehe eingebrachten dos hinsichtlich der Rechte des Mannes und der Schulden alles Vermögen der Frau gleichgestellt, was ihr später während der Ehe zufällt, ohne als Sondergut constituirt zu werden, und wird alles dies immer unter dem zugebrachten Gute oder Brautschatz verstanden, ohne eine Zeit der Zubringung zu unterscheiden. §. 44. Lüb. R. I. 5. Artt. 4. 5. 7. III. 1. Artt. 9. 10. Speciell im Falle, wenn ein unbeerbter Ehegatte mit Stiefkindern erbt, wird in II. 2. Art. 28. und 5. eine Zeit der Zubringung ebenfalls nicht unterschieden. Pauli belegt dies a. a. O. noch durch mehrere ältere Entscheidungen. Ohnehin würde es an jedem sachlichen Grunde fehlen, dem Manne allein das später erworbene Frauengut zu belassen, und an jeder Andeutung im lüb. R., den sonstigen Erben der Frau dergleichen allein zuzuwenden.

Für den Umfang dessen, was den zu theilenden Nachlaß der Frau bildet, ist bestimmend, daß alle Vermögensobjekte und Rechte der Frau, welche nach ihrem Tode von ihren Erben geltend gemacht werden können, vom Manne und seinen Miterben je zur Hälfte zu theilen sind, sofern sie nicht in Zuwendungen des Mannes selbst bestehn oder nicht durch verbindliche autonomische Bestimmungen als Sondergut von der allgemeinen Erbfolge in den Nachlaß der Frau ausdrücklich ausgenommen sind. Ob die Vermögensobjekte schon bei Lebzeiten der Frau realisirt sind, ist unwesentlich. Auch die künftig realisirbaren Forderungen „bekommt" der Mann mit der Frau. Auch versprochene (gelobte) Mitgift ist demgemäß zu theilen. Pauli II. S. 68. Mev. No. 34—46 ad art. 12. Ob die bedingt oder in incertum diem versprochene dos zu theilen ist, wenn die Frau vor Erfüllung der Bedingung stirbt, was Mevius aus gemeinrechtlichen Gründen bestreitet, weil dann die dos nicht gefordert werden könne, Nr. 47—51, ist nach der Natur und Fassung der Bedingung und nach den allgemeinen Rechtsgrundsätzen zu beurtheilen. — Ueber die Frage, ob der Antheil einer Frau, welche nach dem Tode ihres Vaters oder ihrer Mutter mit dem überlebenden parens in ungetheiltem Sammtgute sitzt, zu ihrem zu theilenden Nachlasse gehört, kann das Nähere erst nach Feststellung der rechtlichen Eigenschaft solcher Sammtgutsanrechte erörtert werden §. 75.

Unrichtig ist auch die Annahme, daß von der Theilung ausgeschlossen sei und den Erben, mit Ausschluß des Mannes, allein verbleibe, was von der vogteilichen Herrschaft des Mannes ausgeschlossen und während der Ehe als **Sondergut** zur freien Disposition der Frau verblieben war. Pauli II. S. 70—73 und die dort citirten Schriftsteller. Mev. Nr. 30. 52. 55—57. Pauli hat dies zutreffend widerlegt. Das Sondergut, dessen unsre Rechtsaufzeichnungen nicht besonders erwähnen, weil die Bestimmung darüber den autonomischen Anordnungen der Interessenten anheimfiel, hat in diesem allgemeinen Begriffe, §. 44, nur die Eigenthümlichkeit, daß die Frau freie Verfügung darüber ohne Concurrenz des Mannes hatte. Pauli II. S. 42—54. 70 ff. Hieraus allein folgt noch nicht, daß es auch von der allgemeinen Intestaterbfolge in den Nachlaß der Frau ausgeschlossen sein mußte. Wenn freilich in den maßgebenden autonomischen Bestimmungen nicht bloß die freie Disposition der Frau, sondern auch ausdrücklich die Ausschließung des Mannes von der Erbfolge darin festgesetzt ist, so ist derartiges Sondergut allerdings nicht der Mitbeerbung durch den Mann unterworfen; und ist darin die Aufstellung Pauli's sachgemäß zu beschränken, wie auch von ihm selbst verstanden sein wird. Ist aber über die Erbfolge in das Sondergut nicht autonomisch gültig bestimmt, so wird durch die Sondergutsnatur allein keine Abweichung vom sonstigen Vermögen der Frau in der Erbfolge gerechtfertigt. Der Hauptgrund der Gegner, daß das Sondergut nicht in die eheliche Gütergemeinschaft fällt, ist hinfällig, weil eine solche in unbeerbten Ehen keinenfalls besteht. Der Unterschied, daß die vogteiliche Herrschaft des Mannes beim Sondergut fortfällt, kann keinen Einfluß auf das Erbrecht haben, weil die vogteiliche Gewalt und Verwaltungsbefugniß überhaupt mit der Ehe aufhört und das Erbrecht der Eheleute nicht auf ihr, sondern auf der ehelichen Genossenschaft beruht. Pauli II. S. 1. 2. Runde §§. 104. 105. Auch der Ausdruck des Art. 12: „das Gut, welches er mit ihr bekommen", kann nicht auf dasjenige beschränkt werden, was in die Verwaltung des Mannes gekommen ist, sondern ist auf alles zu beziehn, was sie hatte, als er sie bekam. Wenn das zugebrachte Gut der Frau in Art. 12. 28 und 5 anders verstanden würde, so würde auffälligerweise für das, nicht in die Verwaltung des Mannes gekommene Vermögen der Frau jede direkte Bestimmung über die Erbfolge unerwähnt gelassen sein. Der Mann bekommt in der That sprachlich richtig mit der Frau Alles, was sie ist, hat und erwirbt; auch wenn er es, wie z. B. Manches von ihren Sachen, Kleider, Hausgeräth, nicht selbst verwaltet. Pauli citirt S. 71. eine Stadtbuchs-Inscription von 1381, worin geradezu gesagt ist: der Mann habe mit seiner Frau 35 Mark jährliche Rente bekommen, „accepit in dotalicium cum uxore sua," welche 35 Mark die Frau nach ihrem freien Willen, ohne Jemandes Widerspruch nutzen könne.

Was während der Ehe durch Thätigkeit der Frau oder beider Eheleute erworben wurde, ist Eigenthum des Mannes und bleibt ihm allein. Die Frage war früher viel bestritten. Cothmann entschied sich dafür, daß jener Erwerb nach Art. 12 zwischen dem Manne und den andern Erben der Frau zu theilen sei, weil — abgesehen von Billigkeitsgründen — nach Art. 5 und 28 außer dem zugebrachten Gute des überlebenden Ehegatten alles Andere getheilt werden müsse und weil die Eheleute wegen ihrer Gütergemeinschaft während der Ehe alles gemeinschaftlich erwürben. Der letztere Grund fällt mit der Gütergemeinschaft. Die Entscheidung ist nach den Art. 12 und 25 zu treffen, welche sedes materiae bilden, und diese bestimmen, daß der Mann nur die Hälfte dessen, was er mit der Frau bekommen hat, ihren Erben zu geben, alles Andere also zu behalten hat. Danach hat der Mann den Erwerb der Eheleute während der Ehe nicht herauszugeben oder zu theilen. Der Art. 5, welcher am Schlusse direkt nur den Fall behandelt, wenn der Mann einer unbeerbten Ehe stirbt, nachdem er früher beerbt verheirathet war, enthält nichts für eine entgegengesetzte Auslegung, sondern muß im Gegentheil den Erwerb zum Vermögen des Mannes rechnen, da er anordnet: die Frau nehme ihren Brautsatz, ihr Eingebrachtes und was ihr der Mann gegeben; das Uebrige, also auch der Erwerb in der Ehe, wird als Nachlaß des Mannes angesehen und getheilt. Der Art. 28 bestimmt: bei Auflösung einer unbeerbten Ehe, worin ein Ehegatte die Gemeinschaft mit seinen Kindern einer frühern Ehe noch nicht durch Theilung aufgehoben hat, nehme der überlebende kinderlose Ehegatte sein „zugebrachtes" Gut voraus; die Kinder erster Ehe nehmen ihres verstorbenen Vaters oder Mutter Gut voraus; das Uebrige theilen der überlebende Ehehatte und die Kinder zur Hälfte. Der Umfang des zugebrachten Gutes, welches der überlebende Ehegatte für sich behalten soll, kann und braucht aber nicht im Widerspruch mit den Art. 12 und 25 ausgelegt zu werden. Die Rücksicht auf das Zusammenfassen beider Todesfälle — des Mannes resp. der Frau — in derselben Wortfassung im Art. 28 und die allgemeine Regel des Art. 12 ergeben für die Auslegung des Art. 28, daß der überlebende Gatte sein Vermögen vorausnimmt und das seines verstorbenen Gatten theilt, und daß im Falle, wenn der Mann überlebt, unter seinem zusammengebrachten Gute überhaupt sein Vermögen, was im ersten Theil des Art. 28 bei beerbten Ehen allgemein „ihres Vaters Gut" genannt ist, verstanden sein soll; nicht aber bloß dasjenige Gut, welches er zur Ehe brachte im Gegensatze des in der Ehe Erworbenen. Was als Gut des Vaters oder der erstverstorbenen Mutter oder der Stiefmutter anzusehen ist, ist im Art. 28 nicht entschieden, sondern nur das Princip der Sonderung dieser Massen bei Theilung mit unabgeschichteten Stiefkindern §. 81. Der Grundsatz, daß der Erwerb der Eheleute labore conjugum während der Ehe Vermögen des Mannes wird und nicht zum Nachlasse der Frau gehört, ist im gemeinrechtlichen Dotalrecht demnächst auch allgemein angenommen; ebenso im preußischen II. 1. §. 211. Vergl. Präj. 702. 1765 und Entsch. Bd. 52. S. 141—147. — Mevius, welcher für das lübische Recht zu demselben Resultate gelangt, Nr. 81—122. 124—142 ad art. 12 und 72—75 ad art. 28, citirt gleiche Entscheidungen von 1607 (Greifswald) und 1611 (Lübeck) und bestätigt, daß auch sonst immer so erkannt sei. No. 123. 124 ad art. 12. Ebenso Mehlen S. 46. Behn S. 33. In Stolp ist nicht nur das eingebrachte Vermögen des verstorbenen Ehegatten, sondern auch dasjenige, was während der Ehe erworben ist, nach dem Statute von Stolp vom 19. April 1615 zu theilen. Pomm. Stat. R. §. 91.

Was die Frau während der Ehe für sich rechtsverbindlich kauft, gehört zu ihrem Vermögen und ist zu theilen. Was beide Eheleute mit der Absicht gemeinschaftlichen Eigenthums kaufen, wird gemeinschaftlich und ist der Antheil der Frau daran zu theilen. Mev. ad art. 12. addit. ad No. 125.

Ob die Vermögensobjekte der Frau durch sonstige Verfügungsbeschränkungen, Veräußerungsverbote, wie bei Erbgütern, durch Nießbrauch oder sonst beschränkt waren, hat keinen Einfluß auf die Frage des Anspruchs des Mannes an die Hälfte der Proprietät. Pauli II. S. 69. 70. 35 ff. 93—96.

Die Morgengabe, welche der Mann der Frau schenkte, brauchte der Mann nach lübischer Rechtsgewohnheit den Erben seiner verstorbenen Frau nicht herauszugeben und nicht mit ihnen zu theilen; sie gehört nicht zu den Gütern, welche er mit der Frau bekommt. Pauli II. S. 73 rechtfertigt dies auch durch das subsidiäre Sachsenrecht.

Was der Frau während der Ehe vom Manne geschenkt ist, kann überhaupt nicht zu dem Gute gerechnet werden, welches er mit der Frau bekommt. Der Mann behält es also allein, wenn die Frau zuerst stirbt und hat es nach Art. 12 mit seinen Miterben nicht zu theilen. So Mehlen S. 46. Mevius stimmt dem in Nr. 68. 69 bei, zumal nach gemeinem Rechte Schenkungen unter Eheleuten in der Regel nicht gültig seien. Dagegen fügt er hinzu, addit. ad No. 125: soweit Schenkungen des Mannes an die Frau gültig seien, so wenn er für die Frau etwas kaufe, gehöre das Geschenkte zum Vermögen der Frau und sei zu theilen. In der That hat aber der Mann nach Art. 12 den Erben nur die Hälfte ihres eingebrachten, des ihr von Dritten gegebenen oder angefallenen Vermögens als ihr Erbtheil herauszugeben und behält alles Andere für sich. Was er selbst der Frau gegeben oder versprochen hat, wozu auch die Morgengabe gehört, kann er nicht mit der Frau bekommen haben, und es ist um so mehr gerechtfertigt, bei diesem Wortverstande stehen zu bleiben, als Geschenke des Mannes nur den Zweck haben können, von der Frau während der Ehe benutzt zu werden oder ihr zu verbleiben, wenn der Mann zuerst stirbt.

§. 65. Verhaftung des Mannes.

Das zu theilende Vermögen der Frau hat der Mann nicht bloß in dem Umfange zu theilen, welchen es zur Zeit des Todes der Frau hat, sondern er muß für das durch Veräußerung oder Schuld des Mannes Verlorene dessen Werth zur Theilung bringen. Dasselbe gilt für den Fall, daß der Mann stirbt und dessen Erben der Frau ihr zugebrachtes Gut herausgeben müssen. Das Gegentheil scheint zwar namentlich für den letzten Fall im Art. 12 durch den Zusatz: „sofern es vorhanden ist" (im alten Rechte: „ofte es dar is"), bestimmt zu sein. Diese Bedeutung hat aber der Zusatz nicht. Er bedeutet, daß, soweit der Nachlaß des Mannes reicht, zuerst die Frau mit ihren Ansprüchen auf ihr eingebrachtes Vermögen zu befriedigen ist, mit dem Vorrechte vor den andern Erben, welche alsdann nichts bekommen, wenn im Nachlasse nicht mehr vorhanden ist, als zur Deckung des Frauenguts nöthig. Nur wenn nach Befriedigung dieses Anspruchs im Nachlasse des Mannes etwas da ist, „da noch etwas vom Gute darüber", soll dies zwischen der Frau und den andern Erben getheilt werden. Der Grund liegt darin, daß der Anspruch der Frau wegen ihres Eingebrachten eine Schuld des Mannes und seines Nachlasses ist, und daß die Schulden zu bezahlen sind, ehe Erbtheile zu befriedigen sind. Deshalb ist auch im andern Falle, wenn die Frau zuerst stirbt, und der Mann die Hälfte des Frauenguts den Erben herausgeben muß, nicht ein gleicher Zusatz vermerkt: sofern es vorhanden ist. Denn der Mann ist eben selbst Schuldner des Frauenguts, also auch der, den Erben gebührenden Hälfte, und kann seine Schuld nicht damit ablehnen, daß nichts mehr vorhanden sei. Pauli II. S. 75. — Diese Auslegung wird durch den Art. 25 unterstützt. Wenn unbeerbte Eheleute „eheliches Gut" haben und verarmen, so daß sie nichts mehr haben, also auch das Frauengut nicht mehr existirt, und wenn sie dann wieder etwas erwerben, so müssen doch nach dem Tode des Mannes dessen Erben seiner Frau „ihren ganzen Brautschatz zuvor" gewähren, und nach dem Tode der Frau muß der Mann „den halben Brautschatz, den er mit ihr bekommen" ihren Erben geben. Natürlich können dann nicht mehr dieselben inferirten Objekte gewährt werden, sondern nur deren Werth. Durch die lübischen Testamente, die darin anerkannten Verpflichtungen und die Nichtbestätigung von Testamenten, welche Illaten der Frau entzogen, wird bestätigt, daß der Mann die Substanz der Illaten unversehrt der Frau und ihren Erben hinterlassen mußte und das von ihm Veräußerte oder durch seine Schuld Verlorene zu ersetzen hatte; das Veräußerte, auch wenn die Veräußerung aus Noth geschehen mußte. Da er die Pflicht zur Unterhaltung der Eheleute und zur Tragung der ehelichen Lasten hat, bleibt er obligirt, wenn er Dotalgut aus Noth veräußert. Das Nähere wegen der Werthserstattung und des Grades der Verschuldung ist nach dem subsidiären allgemeinen Rechte zu entscheiden. Pauli II. S. 75—77. Mev. ad art. 12. No. 202—207. 210—215. 216—227. 231. 232. und ad art. 25. No. 1—4. Behn S. 33. Preuß. Landr. II. 1. §§. 544—613. Untergang durch casus verpflichtet den Mann nicht; denn res pereunt domino und die Frau ist immer Eigenthümerin ihres Guts. Mev. No. 8. 9. ad art. 25.

Für den Fall, daß das Dotalgut vorhanden, aber verschlechtert ist, bestimmt das lüb. R. I. 5. Art. 4 (dessen erster Satz eine Beweisregel für den Fall 20jähriger Ehe enthält, während die fernern Sätze nach allgemeiner Praxis für alle Ehen anwendbar sind): Sind die Kleinodien, Kleider oder Erbe der Frau in stehender Ehe verringert, so muß sie den Schaden tragen. Die Praxis hat dies dahin ergänzt, daß für Verschlechterungen, welche durch Zeit und Abnutzung sine facto mariti eintreten, kein Ersatz geleistet zu werden braucht. Mev. Nr. 61. 62. Pauli II. S. 77—80; daß aber für Verschlechterung durch Schuld des Mannes selbstverständlich die, nicht ausdrücklich ausgeschlossenen gemeinrechtlichen Bestimmungen gelten, Mev. l. c. Die Annahme von Stein Bd. I. S. 195, daß bei Deterioration durch culpa des Mannes nach Art. 4 kein Ersatz gefordert werden könne, ist weder in der Praxis angenommen, noch richtig. Der Grund Steins, daß Ersatzansprüche bei der Gütergemeinschaft nicht stattfinden, paßt für unbeerbte Ehen gar nicht, bei welchen überhaupt nur ein Anspruch auf Frauengut statthaft und Art. 4 nur anwendbar ist, wie der Art. auch im ersten Satze die „nachgelassenen Freunde" des Mannes, nicht Kinder, als Erben erwähnt. — Für Kleidung, Leinenzeug, Schmuck und Hausgeräthschaften giebt Mev. ad I. 5. 4. addit. ad No. 40 und ad II. 2. 12. No. 228. 229 in Uebereinstimmung mit Stein Bd. I. S. 193 die lübische Praxis gemäß Art. 4 dahin an: Was die Frau bei der Hochzeit dem Manne zubrachte und davon bei Auflösung der Ehe vorhanden ist, wird zurückgewährt, wie es sich dann befindet, auch wenn und wie es verschlechtert ist, ohne Anspruch auf Schadensersatz. Was an deren Stelle neu angeschafft ist, wenn das Frühere verbraucht ist, wird an Stelle des Frühern gegeben; ist nichts da, so braucht nichts zurückgegeben zu werden. Unter Hinzufügung des auch für lüb. R. beizubehaltenden Grundsatzes, daß der Mann für verschuldete Verringerungen haftet, entspricht dies auch dem Landr. II. 1. §§. 559—561. Im Uebrigen gelten für die Verschuldung und deren Folgen die subsidiären allgemeinen Vorschriften.

Daß der Mann für Illaten, welche ihm venditionis causa taxirt eingebracht sind, allemal den Taxpreis verschuldet, auch wenn die Sachen vorhanden und durch Abnutzung weniger werth geworden sind, ist eine, durch den Zweck der Taxe natürliche, auch im lüb. R. geltende Ausnahme. Pauli II. S. 78. Mevius ad II. 2. art. 12. No. 208. 209.

Für Verbesserungen des Eingebrachten der Frau können nach lüb. R. I. 5. Art. 4 abweichend vom gemeinen Rechte, der Mann und dessen Erben keine Entschädigung fordern, Mev. ad art. 4. No. 32 seq., sofern nicht vertragsmäßige Rechte deshalb begründet werden.

Die Nutzung des Frauenguts, der Mitgift sowohl wie ihres übrigen Vermögens, gebührt während der Ehe dem Manne in Folge seines Nießbrauchs, soweit nicht für Sondergut Ausnahmen bestehn. Der Mann behält die Nutzungen bis zum Tode der Frau als sein Vermögen. Die Verpflichtung zur Herausgabe im Art. 12 bezieht sich nur auf die Substanz, welche auch allein darin erwähnt ist. Mev. No. 156—159 ad art. 12. Mehlen S. 46. Ueber die Auseinandersetzung wegen der Nutzungen nach dem Todesfalle bestehn keine besondern lübischen Bestimmungen.

Daß die auf dem Frauengute haftenden Schulden und überhaupt die Schulden der Frau, soweit sie und nicht der Mann gesetzlich zu deren Entrichtung verpflichtet ist, in Abzug zu bringen resp. zu theilen sind, versteht sich von selbst. Wenn der Mann das Frauengut für seine Schulden, wenngleich mit Bewilligung der Frau, verpfändet hat, so muß er es, gegenüber den Miterben der Frau, einlösen und kann ihnen solche Schulden nicht anrechnen. Mev. ad art. 12. No. 164—167. 200. Die Stellung des überlebenden Mannes sowie der Geblütserben der Frau zu den Gläubigern und Schuldnern der Frau hinsichtlich der Nachlaßmasse ergiebt sich aus den frühern obigen Ausführungen über die Eigenschaft des überlebenden Ehegatten als Erbe und über die Nichtverhaftung des Frauenguts unbeerbter Ehe für die Schulden des Mannes. §§. 51. 62. 63. Die Begräbnißkosten sind vom Manne und den Geblütserben gemeinschaftlich zu tragen. lüb. R. II. 2. Art. 27. Mev. ad art. 12. No. 161—163.

§. 66. Tod des Mannes.

Wird die unbeerbte Ehe durch den Tod des Mannes beendet, so nimmt „gleichergestalt" die Frau „zuvor ihr zu dem Manne zugebrachtes Gut, sofern es vorhanden ist"; da noch etwas vom Gute darüber d. h. den noch sonst vorhandenen Nachlaß des Mannes theilt die Frau mit „des Mannes Erben", so daß die Frau die Hälfte bekommt und die „Erben" die andre Hälfte. Art. 12. 25.

Der Begriff und Umfang des Gutes der Frau, welches sie vorausbekommt, ist hier im Ganzen derselbe wie im vorigen Falle, wenn nach dem Tode der Frau die Hälfte des Gutes ihren Erben herauszugeben ist. §§. 64. 65. Sie nimmt also ihre Mitgift, ferner was ihr während der Ehe angefallen oder von Dritten gegeben ist und ihr Sondergut voraus und kann letzteres, soweit es in die Verwaltung des Mannes gekommen war, von dessen Erben fordern; mit denselben Verpflichtungen des Mannes hinsichtlich des Ersatzes für Veräußerung und Verschuldung und in Betreff der Verschlechterungen und Verbesserungen, wie sie für den Todesfall der Frau erörtert sind; und ebenso mit den Nutzungen seit dem Tode des Mannes, vom Sondergute auch aus der frühern Zeit, soweit die Frau dessen Nutzungen vom Manne hätte beanspruchen können. Die Bedeutung des Zusatzes: sofern das zugebrachte Vermögen vorhanden, ist gleichfalls schon §. 64 erörtert. — Darüber, daß das Frauengut unbeerbter Ehe nicht für die Schulden des Mannes haftet, ist auf §. 51 zu verweisen.

Außer dem zugebrachten Frauengute nimmt die Frau in diesem Falle als ihr Eigenthum auch voraus, was ihr der Mann „darüber gegeben", wie Art. 5 für den Fall, daß der Mann Kinder aus frühern Ehen hinterläßt, ausdrücklich erklärt und wie lübischrechtlich praktisch ist; also die, vom Manne gegebene oder versprochene, Morgengabe, Trauring, und was ihr der Mann während der Ehe inter vivos oder von Todeswegen geschenkt, versprochen oder vermacht hat. Mev. ad art. 12. No. 191 — 193. Pauli II. S. 83. Es folgt daraus auch das Recht auf das Voraus der, ihr vom Manne gegebenen, Kleider, welches Pauli II. S. 84 als gewohnheitsrechtlich bestätigt. Auch vom Landr. II. 1. §§. 206. 207 werden diese nebst der Morgengabe (und allem, was nach seiner Beschaffenheit zum ausschließlichen Gebrauche der Frau gewidmet ist) zu ihrem vorbehaltenen Vermögen gerechnet, welches ihr von dem Nachlasse des Mannes auszusondern ist. §. 543.

Neben diesem Anspruche erhält die Wittwe die Hälfte des übrigen Vermögens des Mannes, dessen andere Hälfte seinen Geblütserben anheimfällt. Während sie ihre Illaten und ihr Sondergut als Gläubigerin fordert, kann sie den Anspruch auf die Hälfte des ehemännlichen Nachlasses, ihre statutarische Erbportion, nach dem Obigen nur als Miterbin geltend machen. Sie ist also rücksichtlich der Nachlaßschuldner und Nachlaßgläubiger als Miterbin anzusehn und bestimmen sich hiernach Activ- und Passivlegitimation für Klagen der Erben und gegen die Erben. Runde Güterrecht §. 109 Die Begräbnißkosten sind von der Wittwe und den Geblutserben gemeinschaftlich zu tragen. II. 2. Art. 27. Pauli II. S. 92.

Von der zwischen der Wittwe und den Blutserben zu theilenden Vermögensmasse des Mannes sind natürlich solche Objekte ausgeschlossen, in welche nach Specialgesetzen eine Singularsuccession stattfindet, von einer Universalerbfolge also überhaupt nicht die Rede sein kann. Dahin gehören Fideikommisse, Mev. No. 303—308. ad art. 12, und Lehne, Mev. Nr. 309—311. Wie Mevius Nr. 312—315 richtig hervorhebt, kann die Wittwe eines lübischen Bürgers, welcher zugleich pommersche Lehne hat, neben der allodialen Statutarportion auch die Wittwenansprüche nach den pommerschen Lehngesetzen geltend machen, da der Mann „duplex persona" hatte und durch ihre Universalerbrechte die Singularrechte rücksichtlich des Lehns nicht erledigt oder beseitigt werden. Dagegen ist sonst nichts zum Nachlasse des Mannes Gehörige, und sind namentlich Objekte, welche Veräußerungs- und Verfügungsbeschränkungen, wie früher die Erbgüter, oder fremdem Nießbrauche unterliegen, nicht ausgeschlossen. Mev. Nr. 317—321. Pauli II. 5. 23. Bruhn lüb. Entsch. I. S. 85. Ueber den Antheil des Mannes am elterlichen Sammtgute §§. 75. 71.

Darüber, ob der Mann durch letztwillige Verfügungen seiner Frau ihre statutarische Erbportion entziehn könne, ist auf die Lehre vom Pflichttheil, §. 102, zu verweisen. Bei letztwilligen Zuwendungen, welche der Mann seiner Frau macht, ohne genau zu bestimmen, ob seine Frau sie noch außer ihrer Statutarportion haben soll, Mev. Nr. 325—331, ist nach den allgemeinen Auslegungsregeln und gesetzlichen Vorschriften zu bestimmen. Da die Frau hinsichtlich ihrer Intestatportion Miterbin ist, so kann für dasjenige, was ihr vom Manne zu Erbrechten letztwillig vermacht wird, nicht eine Vermuthung bestehn, daß es ihr als Prälegat außerdem vermacht sei. Vergl. Landr. II. 1. §§. 497. 631. 632. II. 2. §. 396.

Das lüb. R. II. 2. Art. 4 zeichnete einen Fall aus, in welchem eine unbeerbte Wittwe nur ihr eingebrachtes Vermögen und nicht noch einen Theil vom Nachlasse des Mannes erhalten sollte. Wenn sie nemlich vor der Ehe „außerhalb unsrer Stadt auf dem Lande" gewohnt hat und als Wittwe wieder auf das Land ziehen will, soll der ganze Nachlaß des Mannes bei seinen Geblütserben „und also bei dieser Stadt" bleiben. Stein II. §§. 283—285. Schon Mevius bemerkt, der Artikel werde nicht überall angewendet, sondern vielfach werde die Fortnahme der Erbschaft gegen Zahlung einer Abgabe, als Abzug, Abschoß, Nachsteuer gestattet. Mev. No. 8. 9—20 ad art. 4. Auch Pauli II. §. 21 bezweifelt dessen Observirung. Der Bericht des Hofgerichts zu Cöslin von 1780 führt ihn nicht unter den noch geltenden Artikeln auf. Er wird jetzt unbedenklich in Pommern nicht mehr angewendet, was schon Mehlen S. 45 bestätigt. Bekanntlich sind in Preußen, L. R. II. 17. §§. 141—183, die inländischen Abfahrts- und Abschoßgelder durch die Verordnung vom 21. Juni 1816 aufgehoben und dem Auslande gegenüber die Erhebung von Abfahrtsgeld auf den Fall der Retorsion beschränkt. V. vom 11. Mai 1819 und K.O. vom 14. April 1822. Im gemeinen deutschen Privatrechte wird angenommen, daß Gründe, aus welchen nach röm. oder canon. R. den Erben oder Vermächtnißnehmern ihre sonst gesetzlichen Anrechte wegen Unwürdigkeit entzogen würden, auch den Verlust der Statutarportion für den Ehegatten bewirken. Runde §. 108. Mühlenbruch Pand. Th. 3. §. 791. Mev. No. 408 seq. ad art. 12. Das preuß. Landr. sieht die Statutarportion in zweifelhaften Fällen als Pflichttheil an und läßt letztwillige Schmälerung und Entziehung nur wegen solcher Handlungen des überlebenden Ehegatten zu, welche eine Scheidung begründen würden. Landr. II. 1. §§. 447 — 499. 631. 632. Daneben gelten Landr. I. 12. §§. 599. 600. 605. 606.

§. 67. Theilung bei unbeerbten Ehen.

A. L. R. Abth. IV. Art. 14. Rev. St. II. 2. Art. 27.

Nach dem Sachsenspiegel I. Nr. 22. 29. III. Nr. 75 blieb der Nachlaß eines Verstorbenen 30 Tage nach seinem Tode unverändert und die Theilung so lange ausgesetzt. Nur Maßregeln zur Erhaltung des Nachlasses konnten inzwischen von den Betheiligten ergriffen werden. Die Wittwe hatte in dieser Zeit Wohnung und Alimente im Sterbehause. Pauli II. §. 22. Runde §. 108. Stein II. §. 299. Dies setzt das lüb. R. voraus, indem es II. 2. Art. 27 bestimmt, daß auch schon in den ersten 30 Tagen die nächsten Geblütserben zur Wittwe „in das Gut fahren, auf daß sie zum Gute mitsehen, was ihnen anfallen möchte", sonst aber sollten sie bis zur Theilung „keine Macht" haben. Diese Bestimmung ist aus den spätern deutschen Cod. entnommen, A. L. R. Abth. IV. Art. 14, welche ebenfalls nur die Wittwe erwähnen. Eine Ausdehnung auf ein gleiches Recht gegen den Wittwer ist nicht gerechtfertigt. Behn S. 32. Außer jener Vorschrift enthält das lüb. R. keine Frist, bis zu welcher der überlebende Ehegatte die Theilung aufschieben könnte. An die Stelle der altdeutschen Frist von 30 Tagen ist die, jedem Erben freistehende, Ueberlegungsfrist zur Annahme der Erbschaft getreten, Landr. I. 9. §. 383 ff., und sind daneben die Vorschriften der Gerichtsordnung maßgebend, wann eine Versiegelung des Nachlasses von Amtswegen oder auf Antrag eines Interessenten erfolgen soll. G.O. II. 5. §§. 4 — 13. Nach Ablauf der Ueberlegungsfrist können die Wittwe oder der Wittwer und ebenso jeder der sonstigen Erben sofortige Theilung verlangen. Fortsetzung der Nachlaßgemeinschaft kann von keinem Theile erzwungen werden. Stein II. §. 213 und Anm. Mev. No. 58. ad I. 5. art. 13. Mehlen S. 41.

In der Zeit bis zur Theilung wird auch neben den Vorschriften, welche Nachlaßsiegelung gestatten, den Geblütserben nach Art. 27 lüb. R. II. 2 das Recht verstattet werden müssen, das Sterbehaus zu betreten, sich darin aufzuhalten und den Nachlaß, nicht das eigne Vermögen der Wittwe, zu beaufsichtigen, namentlich in der Richtung, daß der Nachlaß conservirt bleibt und nicht von der Wittwe verschwendet oder veräußert wird. Sie hat zwar die Verwaltung des Nachlasses, aber nur zum Zwecke seiner Erhaltung bis zur Theilung. Sie hat daher kein Recht, auf Kosten der Nachlaßmasse Schulden zu kontrahiren und kann aus derselben nur erstattet verlangen, was zu ihrer Erhaltung nothwendig oder sachgemäß verwendet oder zum Nutzen des Nachlasses geschehen ist. Mev. ad art. 27. No. 49—54. 57. 58 und ad I. 5. art. 13. No. 12. 64. 67. Stein II. §§. 299. 300. Pauli II. §. 22. Im Falle eines sachwidrigen Verhaltens hat jeder Theil die aus seiner Eigenschaft als Miterbe und dadurch als Miteigenthümer (Landr. I. 9. §. 382. I. 17. Abschn. 2) sich ergebenden Rechtsmittel, welche im lüb. R. durch II. 2. Art. 27 nur darin beschränkt sind, daß der Wittwe, nicht allen Erben, die Verwaltung bis zur Theilung belassen werden muß, die Blutserben also nur Sicherungsmaßregeln veranlassen können.

Das sächsische Recht der Wittwe, bis zur Theilung für sich Alimente aus den Gütern des Mannes zu fordern, erklärt Mevius an den meisten Orten lübischen Rechts recipirt, No. 48 ad I. 5. art. 13. Er spricht ihr außerdem die Zinsen ihres Eingebrachten zu, sobald sie es fordert und die Erben in mora sind. Nr. 59—63. In einem Zusatze der 2ten Ausgabe zu Nr. 62 erklärt er: die Praxis gestatte der Wittwe die Wahl, Alimente oder Zinsen der dos zu fordern; im erstern Falle bekomme sie außer den Alimenten nicht Zinsen von ihrer dos, aber von ihrem andern Vermögen; im letztern Falle müsse sie auf die ihr zu gewährenden Zinsen die etwa gegebenen Alimente anrechnen. Die Deduktionen gründen sich nicht auf lübisches, sondern auf allgemeines Recht; nach dem Landrecht werden daher der Wittwe keine Alimente zugebilligt werden können, dagegen Zinsen von ihrem eingebrachten Vermögen, Sondergut und Erbtheil, soweit dies nach den allgemeinen Rechtsgrundsätzen unter Berücksichtigung der erörterten Qualität ihrer Ansprüche begründet ist.

Dafür, daß die Wittwe oder der Wittwer ein Nießbrauchsrecht am Nachlasse auch nur in der Zeit bis zur Theilung hätten, giebt das lüb. R. keinen Anhalt. Mev. No. 68—70 ad art. 13. Noch weniger ist dies für die Zeit nach der Theilung begründet. Jeder Erbberechtigte bekommt dasjenige, was er als lübisches Erbtheil zu bekommen hat, als unbeschränktes Eigenthum. Pomm. Stat. R. §. 92.

Außer dem lübischen Erbtheile hat selbstverständlich der überlebende Ehegatte auch nicht dasjenige zum Voraus zu erhalten, was ihm das Landr. II. 1. §§. 628—630 an Bett- und Tischzeug, Möbeln und Haushalt als landrechtliches Intestaterbtheil bei Konkurrenz mit Ascendenten und Seitenverwandten zubilligte, weil das lüb. R. den Erbtheil des Ehegatten auf die Hälfte des Nachlasses bestimmt, normirt und beschränkt.

Andererseits gehört unzweifelhaft, was der überlebende Ehegatte nach dem Tode des Erblassers erwirbt, nicht zum Nachlasse, sondern zum Vermögen des superstes. Zur Theilung kommt nur, was zur Todeszeit des Erblassers den Nachlaß bildete, mit dessen Zubehör und Revenuen, nach dem zur Theilungszeit vorhandenen Werthe. Mev. No. 58. ad I. 5. art. 13. Stein II. §. 213. und Anm. Wenn etwa die Erben einen Nachlaß gemeinschaftlich oder die Fortführung eines Geschäfts auf gemeinschaftliche Rechnung vertragsmäßig statt der sofortigen Theilung einführen, so sind deren Folgen nach der besondern Sachlage festzustellen.

§. 68. Retentionsrecht der Wittwe am Nachlasse.

A. L. R. Cod. III. art. 288. — Rev. St. I. 5. Art. 13. — II. 2. Art. 30.

Auch nach Ablauf jener 30 Tage und der Ueberlegungsfrist und ohne Rücksicht darauf nach Einleitung der Nachlaßtheilung hat die unbeerbte Wittwe ein Zurückbehaltungsrecht am Nachlasse ihres verstorbenen Mannes, bis sie ihr eingebrachtes Vermögen erhalten oder ihr dies sichergestellt ist. I. 5. Art. 13. Sie kann nicht aus des Mannes Gütern „getrieben werden, sie sei dann ihres Brautschatzes und zugebrachten Gutes vergnüget (befriedigt) oder versichert". Dies Recht, welches im lüb. R. bei dem Vorzugsrechte der unbeerbten Frau vor andern Gläubigern des Mannes auch diesen gegenüber wesentlich war, Mev. ad art. 13. No. 15 seq., ist noch den Miterben gegenüber praktisch. Mev. No. 12—14. ib.

Da es nur den ausgesprochenen Zweck hat, die Illaten der Frau zu sichern, so erleidet es durch die ratio legis die sachgemäße Beschränkung, daß die Wittwe vom Vermögen des Mannes nicht mehr retiniren darf, als zur Sicherung ihrer Ansprüche nöthig ist. Mev. No. 16. 17. 33—36 ad art. 13. L. R. I. 20. §. 552.

Mevius will der Wittwe das Rückbehaltungsrecht auch für ihre Alimente bis zur Theilung und für ihre Statutarportion zubilligen, No. 36. 39—44. ad art. 13. Die Alimente fallen nach dem Landrechte ohnehin fort. Auch sonst ist kein Grund, das Recht der Wittwe aus Art. 13 über dessen Inhalt (Brautschatz und zugebrachtes Gut) hinaus auf weitere Ansprüche auszudehnen. Zur Ausdehnung auf Erbansprüche ist um so weniger Bedürfniß, als die allgemeinen Rechte der Wittwe aus ihrer Eigenschaft als Miterbin genügen. Sie kann deshalb ein Retentionsrecht wegen ihrer Erbportion nur geltend machen, soweit dies nach allgemeinen Rechtsgrundsätzen zulässig ist. Der Grund von Mevius: cujus nomine actio competit, ejus causa multo magis retentio locum obtinet, ist weder gemeinrechtlich, noch landrechtlich richtig.

Nach dem Art. 13 hat die Wittwe das Retentionsrecht nicht mehr, wenn sie ihre Illaten erhalten hat oder deshalb sichergestellt ist. Da andererseits die Wittwe für die Herausgabe ihrer Illaten nach dem Tode des Mannes nicht Fristen zu gewähren braucht, welche vom Gesetze nicht vorgeschrieben sind, so kann sie gegen ihren Willen nicht gezwungen werden, statt der Gewährung sich mit Sicherstellung und späterer Rückgewähr zu begnügen. Sie hat also kein Retentionsrecht mehr, sobald sie sichergestellt ist, — was dann erheblich ist, wenn die Erben erst durch Veräußerung oder Verpfändung die Mittel zur Befriedigung der Illatenforderung beschaffen können, Mev. add. ad No. 84 (48) zu I. 5. art. 13. p. 238; sie behält aber den Anspruch auf wirkliche sofortige Befriedigung und kann ihn durch alle sonstigen Rechtsmittel geltend machen. Mevius will, mit Rücksicht auf das gesetzliche Pfandrecht der Frau, ihr das Retentionsrecht bis zur wirklichen Befriedigung für ihre liquiden Ansprüche einräumen; dagegen soll sie bei illiquiden Ansprüchen gegen Sicherstellung räumen müssen. Er beruft sich dafür auf die Praxis. No. 71—84 und add. ad No. 85. ad art. 13. Dieser Unterscheidung widerspricht der Art. 13, welcher für alle, also auch liquide Ansprüche die „Vertreibung" zuläßt, sobald sie sichergestellt ist. Ein gesetzliches Pfandrecht der Frau besteht ohnehin im landrechtlichen Pommern nicht mehr.

Der Art. 13 spricht nur der Wittwe, nicht dem Wittwer, ein Rückbehaltungsrecht zu; dem letztern (mit Mev. Nr. 110) dies Recht bis zur Befriedigung seiner Erbrechte am Nachlasse der Frau einzuräumen, ist weder Grund noch Recht vorhanden. Abgesehen davon, daß der Mann das Vermögen der Frau, wovon er seine Erbportion erhält, meistens selbst in Verwaltung hat, so würde die Analogie der Wittwe für ihn nur dann passen, wenn er wegen seines Vermögens, nicht wegen des Erbtheils, den Nachlaß der Frau retinirte; wie die Wittwe nur wegen ihres Vermögens, nicht wegen der Erbportion am Nachlasse des Mannes, retiniren kann. Dem Manne steht daher ein Retentionsrecht nur zu, soweit es nach allgemeinen Principien gesetzlich ist.

Wenn die Wittwe bei ihres Mannes Tode schwanger ist, soll sie nach lüb. R. II. 2. Art. 30. — A. L. R. Cod. III. art. 288 „so lange in des Mannes Gute bleiben, und aus dem gemeinen Gute nicht gewiesen werden, bis sie der Geburt genesen". Der Erfolg der Schwangerschaft ist abzuwarten und die Theilung bis dahin auszusetzen. Dies entspricht dem gemeinen, sowie dem preuß. Rechte I. 9. §§. 371—381. Nasciturus pro jam nato habetur, soweit es sich um seinen Vortheil handelt. Kommt die Leibesfrucht lebendig zur Welt, so ist das Verhältniß der Wittwe nach den Vorschriften für beerbte Ehen zu beurtheilen. Wird keine lebendige Leibesfrucht geboren, so erfolgt die Theilung mit den dann gesetzlichen Erben. In der Zwischenzeit hat die Wittwe die Verwaltung des Nachlasses, da ihr dieselbe nach lüb. R. sowohl in Concurrenz mit hinterbliebenen Kindern, II. 2. Art. 8, als mit andern Erben, Art. 27, bis zur Theilung zusteht. Indeß können ihr in der Zwischenzeit nicht schon die ausgedehnteren Verwaltungsrechte einer beerbten Wittwe (mit Stein II. §. 301) eingeräumt werden, sondern nur die Rechte, welche einer Wittwe zukommen, auch wenn sie keine Kinder hat; indem der Art. 30 nur bestimmt, daß sie nicht aus den Gütern getrieben werden soll, ohne ihr eine Verwaltung in dem Umfange, wie einer beerbten Wittwe, beizulegen. Sie bleibt also auch dem Aufsichtsrechte der Geblütserben nach Art. 27, sowie auch des, dem nasciturus zu bestellenden, Curators unterworfen. Rev. zu Art. 30. addit. ad No. 5. In eventum sind hinsichtlich der Letztern die gemeinrechtlichen Vorschriften tit. Dig. si ventris nom. und si mulier ventr. nom. anwendbar. Die Vorschriften des Landr. I. 9. §§. 371—381, welche dem Curator die alleinige Verwaltung übertragen, wenn die Leibesfrucht alle Andern ausschließen würde, würden in dieser Beziehung nicht anwendbar sein, da keinenfalls die Wittwe ausgeschlossen wird, und sind also nur dahin anwendbar, daß die nicht ausgeschlossene Wittwe die Verwaltung ohne Disposition über die Substanz unter Zuziehung und Aufsichtsrecht des Curators verlangen kann. §§. 378. 379. Das Aufsichtsrecht der andern eventuellen Erben nach Art. 27 ist jedoch ebenfalls nicht abzuweisen. Die Vorschrift des Landr. I. 9. §§. 381. 377, daß außer den Administrationskosten auch die Verpflegungskosten für Mutter und Leibesfrucht vor der Theilung von der Masse in Abzug zu bringen sind, ist anzuwenden, da ihr das lüb. R. nicht widerspricht und die Praxis des subsidiär im lübischen Gebiete angewendeten gemeinen Rechts damit vielmehr übereinstimmt.

§. 69. Eventuelles Alleinerbrecht der Ehegatten.

Wenn keine erbberechtigten Verwandten des Erblassers vorhanden sind, so erbt dessen überlebender Ehegatte auch im Lübischen allein den ganzen Nachlaß. Nach gemeinem Rechte geschieht dies ex edicto unde vir et uxor Dig. 38, 11. Cod. 6, 18. Dasselbe ist nach dem preuß. Landr. II. 1. §. 627 der Fall. Das lüb. R. erwähnt zwar das Recht des Fiskus, wenn Jemand „ohne kündige Erben" stirbt II. 2. Art. 14, nicht aber dies Alleinerbrecht des Ehegatten, wenn der Ehegenosse ohne Blutsfreunde stirbt. Letzteres ist deshalb früher bezweifelt. Cothmann verneint es, weil nach Art. 14 der Fiskus erbt, wenn keine bekannten Erben vorhanden sind, die Ehegatten aber nicht zu den Erben gerechnet würden, sondern ihren Nachlaßantheil als gütergemeinschaftlichen Antheil bekämen, und auch im Art. 1 nicht als Erben genannt seien. Mehlen folgert im Gegentheil das Recht des Ehegatten vor dem Fiskus aus der Gütergemeinschaft S. 47. Letztere besteht keinenfalls in unbeerbten Ehen, worin diese Frage allein entstehen kann. Indeß gilt mit Recht die Ergänzung des Rechts des Ehegatten aus dem subsidiären Rechte nun allgemein als richtig. Mevius weist gegen Cothmann darauf hin, daß Art. 14 nicht alle Erben nennt, welche dem Fiskus vorangehen, und daß Art. 1 nur die Blutsfreunde aufzählt, nicht alle Erben, so auch den Fiskus nicht; Mev. No. 35 — 51 ad art. 14. Der Art. 14. steht auch dem Erbrecht des Gatten nicht entgegen; der Fall, daß Jemand ohne kündige Erben stirbt, liegt erst vor, wenn auch kein Ehegatte hinterblieben ist. Der Ehegatte, obgleich im Art. 1 nicht genannt, gehört in der That zu den Erben und sein Recht am Nachlasse ist auch in den sonstigen Fällen ein Erbrecht. §. 63. Es genügt zur Anwendung des subsidiären Rechtsgrundsatzes, daß demselben das lüb. R. weder durch ausdrückliche Bestimmungen noch in Consequenz seiner Grundsätze widerspricht. Runde S. 235 läßt selbst bei der s. g. eigenthümlich-formellen oder particular-materiellen Gütergemeinschaft die Erbfolge unde vir et uxor nicht ausgeschlossen sein, sondern nur bei der universell-materiellen, welche eben bei unbeerbter Ehe hier keinenfalls in Folge kommen kann. Daß sie bei der, von Runde sogenannten, nießbräuchlichen Gütergemeinschaft d. h. beim dotalrechtlichen System getrennter Güter mit Nießbrauchsrecht des Mannes §. 39 nicht durch die Natur des Systems ausgeschlossen sein kann, versteht sich von selbst, wie sie auch das preußische Landrecht bei solchem System anordnet. Nach Landr. II. 1. §. 500 sollen die landrechtlichen Vorschriften gelten, wenn wegen der Erbfolge der Eheleute „keine oder nicht ausreichende Bestimmungen" in den Statuten enthalten sind. Deshalb verlangt auch Bielitz Comment. Bd. 5. S. 234 zur Ausschließung des §. 627. II. 1. ausdrückliche statutarische Vorschriften.

B. Erbfolge bei beerbten Ehen.

§. 70. Allgemeine Grundsätze.

Wenn bei Auflösung der Ehe durch den Tod eines Ehegatten ein Kind oder mehrere, von den Eheleuten mit einander erzeugt, oder Descendenten solcher Kinder vorhanden sind, so ist die Ehe beerbt. Der Nachlaß geht dann auf den überlebenden Ehegatten und die Kinder über. Es folgt aber im Gegensatze zu unbeerbten Ehen keine Sonderung der Vermögenstheile beider Ehegatten, und keine Succession nur in die, vom Verstorbenen herrührenden, Vermögensobjekte, sondern das Vermögen beider Eheleute geht als ein innerlich verschmolzenes Ganze, ein Sammtgut auf den überlebenden Ehegatten und die Kinder über. Lüb. R. II. 2. Art. 6. Vorausgesetzt ist, daß die Kinder noch nicht aus dem ehelichen Vermögen abgefunden (abgesondert, abgetheilt) sind, Art. 6. 16; worüber die Erörterung einstweilen vorzubehalten ist. Wenn zwischen Eltern und ihren unabgefundenen Kindern zu theilen ist, so nimmt, falls der Mann zuerst stirbt, die Frau ihren Trauring voraus und falls die Frau stirbt, nimmt der Mann seinen Harnisch (Mev. Nr. 78 ad Art. 2 sagt: die Waffen; indeß liegt kein Grund zur ausdehnenden Interpretation vor) und seine besten Kleider für sich voraus. Was darüber an Vermögen vorhanden ist, theilen die Kinder mit dem überlebenden Ehegatten, so das Letzterer eine Hälfte bekommt, und die Kinder die andere Hälfte. Lüb. R. II. 2. Art. 2. 3. Die Art. 2. 3. verstehn unter dem so zu theilenden Vermögen unzweifelhaft nicht bloß das des erstverstorbenen parens, sondern das Sammtvermögen beider Eheleute. Sie bestimmen ganz allein: was darüber ist, soll getheilt werden; das geringe ausnahmsweise Praecipuum, welches der überlebende Mann vorwegnimmt, sein Harnisch, würde bei einer Sonderung offenbar seinem Vermögen angehören, und kann ein Vorbehalt aus seinem Vermögen nur einen Sinn haben, wenn er sein anderes, nicht vorbehaltenes, Vermögen mit zur Theilung geben muß. Noch entschiedener geht dies daraus hervor, daß sogar das während der Wittwenschaft vom überlebenden conjux Erworbene der Theilmasse zuwächst, Art. 16, und daß nur dann, wenn Kinder und Eheleute verschiedener Ehen zusammenkommen, zwischen gemeinschaftlichem (gemeinem) und Vaters- oder Muttergut unterschieden wird, Art. 26. 28. Mev. No. 79—84 ad art. 2. So lange der überlebende Ehegatte nicht zu einer andern Ehe schreitet, braucht er in der Regel mit seinen Kindern noch nicht zu theilen, sondern behält Besitz, Verwaltung und Nutzung des Vermögens beider Eheleute, Art. 8. — Ueber Besonderheiten in Anclam, Treptow a. R. und Treptow a. T. vergl. P. Statut. R. S. 84—86. 91. 92. Demmin S. 89. 92. Stolp S. 90. Was in Bahn, Bärwalde, Belgard, Cammin, Jarmen, Naugard, Neuwarp, Stargard, Stolp, Swinemünde, Treptow a. R. Usedom Kinder und Ehegatten vorausnehmen: S. 86—89.

§. 71. Natur der Rechte der Kinder.

Die Rechte, welche dem überlebenden Ehegatten und den Kindern von dem Sammtgute zustehen, sind erbrechtliche ideelle Miteigenthumsrechte. Schon im §. 39 ist hervorgehoben, daß nach dem jetzigen wissenschaftlichen Resultate der Erforschung der vielen, von einander sehr abweichenden, germanischen Partikularrechte das Güterrecht während der Ehe nicht nothwendig mit den Rechtsverhältnissen nach der Auflösung der Ehe verbunden ist. Es ist sonach weder aus entschiedener ehelicher Gütergemeinschaft auf deren Fortsetzung nach dem Tode, noch aus ehelichem Dotalrecht auf spätere Beibehaltung der Gütersonderung zu schließen; noch auch umgekehrt aus der Nachlaßgemeinschaft rückwärts auf Gütergemeinschaft in der Ehe zu folgern. Schon deshalb würde der doktrinäre Schluß, daß, weil in beerbter Ehe Gütergemeinschaft bestand, der überlebende

Ehegatte die Hälfte des Sammtguts als seinen Eigenthumsantheil herausnimmt und die Kinder als Erben des verstorbenen parens an dessen Stelle tretend die andere Hälfte erwerben, nicht begründet sein. Es sind vielmehr andre positive Gründe zur Bestimmung der Qualität der Rechte zu suchen.

Ebensowenig sind aus einem, den Kindern schon bei Lebzeiten beider Eltern zustehenden, Anrechte an das gemeinschaftliche Vermögen (Stein II. §. 197) Schlüsse zu ziehen. Im lüb. R. haben die Kinder bei Lebzeiten der Eltern keine Eigenthumsrechte daran, sondern nur für Erbgüter der Eltern ein Widerspruchsrecht gegen freiwillige und ein Näherrecht bei unfreiwilligen Veräußerungen, wie jeder andere nächste Erbe; und außerdem ein Widerspruchsrecht gegen Vergabungen des ganzen Vermögens zu Gunsten des andern Ehegatten; I. 6, 1 — Rechte, welche nur Sicherung des Erbrechts in einzelnen Fällen gewähren, aber keinen Rückschluß auf Proprietät der Kinder gestatten. — Pauli II. S. 110—113.

Dagegen werden nach dem Tode eines der Eltern die Kinder nach lüb. R. Miteigenthümer des ehelichen Sammtguts als Erben. Dies ist zwar schon von Mevius resp. XII bestritten; er meint: die Kinder hätten noch keine Proprietät; sie hätten nur ein Recht, welches aber mehr in spe, als in re bestände; die Succession werde bis zur Theilung suspendirt und die portio statutaria der Kinder sei kein Erbtheil, sondern nur portio in compensationem haereditatis per statuta addicta. Auch noch in neuerer Zeit ist von der Juristenfacultät zu Kiel das Miteigenthumsrecht der Kinder bestritten. Pauli II. S. 156. Anm. 167. Indeß folgt es schon für das ältere lüb. R. daraus, daß:

1) im Stadtbuche die, im Sammtgute befindlichen, Grundstücke dem überlebenden Ehegatten und den Kindern als auf sie vererbt zugeschrieben wurden (ad uxorem et pueros ex obitu mariti jure hereditariae successionis pervenit domus; — quam ipsis cons. jussit adscribi in jure devolutionis per mortem);
2) daß Veräußerungen solcher Sammtgutsgrundstücke an Dritte vom parens superstes und den Kindern als Verkäufern, nicht bloß als consentirenden nächsten Erben, erfolgten;
3) daß die Auseinandersetzung der Kinder mit dem parens über solche Immobilien durch Ueberlassung der Kinder an den parens oder des parens und der übrigen Kinder an eins der Kinder geschah;

4) daß sich Eltern und Kinder dergleichen Immobilien von Todeswegen wechselseitig vergaben, damit die Kinder nach dem Tode des parens oder dieser nach dem Tode der Kinder frei darüber verfügen können;
5) aus der Bestimmung des Statuts II. 2. Art. 11, A. L. R. Cod. II. art. 20, daß das volljährige Kind nach dem Tode eines parens „sein Erbe“ fordern kann;
6) aus den Bezeichnungen der Urkunden, worin es von den, nach dem Tode eines Ehegatten vorhandenen, Gütern heißt: der parens superstes und die Kinder hätten sie zusammen („simul habebant“), sie gehörten ihnen gleichmäßig (bona ipsis aequaliter pertinentia), Pauli II. S. 114—122;
7) endlich aus der Bestimmung des alten lüb. R. Cod. I. art. 7. Cod. II. art. 19, wornach, wenn von den Kindern in der Were eins stirbt, es „seinen Theil“ auf die andern Kinder in der Were „erbt“ (vererbt), — hereditabit alteri liberorum. Vergl. auch Behn S. 36.

Die s. g. Consolidationstheorie, welche noch Beseler §. 140. 143. S. 593. VI. 604. 605 als dem reinen Princip der Gütergemeinschaft entsprechend und als für diese gemeinrechtlich aufstellt, dahin, daß das Recht der Eltern sich im Ueberlebenden als Alleineigenthümer consolidire und die Kinder ebenso, wie bei Lebzeiten, nur ein Recht auf Erziehung, Unterhalt und Ausstattung, nicht aber als Nachfolger des verstorbenen parens Eigenthumsantheile am Vermögen hätten, kann hiernach für das lüb. R. keine Geltung beanspruchen. (Das Gesetz vom 16. April 1860 erledigt diese Theorie nur für die westphälische Gütergemeinschaft. Ueber die Consolidationstheorie vergl. Beil. zum Just. Minist. Bl. 1844 Nr. 33. Gutachten vom 20. März ej. Entsch. Bd. 8. S. 458. Bd. 11. S. 100. — Bd. 13. S. 477.) Selbst Beseler räumt wenigstens für das ältere lüb. R. ein, daß es abweichend von jener Theorie eine neue Rechtsgemeinschaft für den superstes und die Kinder bilde. S. 605. Anm. 9. vergl. S. 593. Dafür jedoch, daß im Lübischen seit dem ältern Rechte, welchem freilich die von Pauli S. 114 ff. citirten Inscriptionen und Urkunden angehören, sich in dieser Beziehung eine Aenderung gebildet hätte, fehlt es an jedem positiven Beweise. Vielmehr ist das Verfahren bei Veräußerungen und Besitztitelberichtigungen urkundlich bis auf die neueste Zeit, auch im lübischen Pommern, stets das frühere geblieben. Die Beschränkungen, denen das Recht der Kinder hinsichtlich der praktischen Verwerthung bis zur Theilung unterliegt, können nicht zu dem Schlusse führen, daß ihnen überhaupt noch kein Eigenthum zustehe. §. 85. Auch das O.A.Ger. zu Lübeck erkennt das Eigenthumsrecht der Kinder an ihrem Erbtheile schon vor der Theilung an. Entsch. von 1829. Bruhn Bd. 1. S. 277.

Die Kinder haben sofort nach dem Tode ihres parens ideelle Theile des Miteigenthums. Es ist kein Grund, warum nicht die Hälfte, welche bei demnächstiger Theilung für die Kinder realisirt wird, ihnen schon ideell gleich nach dem Tode des parens zustehen soll. Sie sind dann sofort mit dem überlebenden parens Miteigenthümer jure hereditariae successionis, wie es schon Inscriptionen von 1378 bezeichnen und ihre Rechte sind also die von Erben, welche mit andern Erben zusammen einen Nachlaß besitzen. Es folgen daraus ihre ideellen Miteigenthumsrechte. Daß sich ein abweichendes Gesammteigenthumsverhältniß (Beseler S. 605. Anm. 9) gebildet und nach der gemeinrechtlichen Aufnahme der römischen Grundsätze über Erbrechte erhalten hätten, (Runde §. 104), davon zeigt sich nicht die mindeste Spur. Im Gegentheil die Güter gehören dem parens und den Kindern schon vor der Theilung gleichmäßig. Pauli S. 118. 120. Inscript. von 1354. Runde §. 114. S. 256. Entsch. Bd. 22. S. 428. 429. — Wohl haben sich häufig ältere deutsche Rechtsverhältnisse gegen das römische Recht erhalten; schwerlich aber haben sich Rechtsverhältnisse, welche bis zum funfzehnten Jahrhundert conform mit den römischen Rechtsbegriffen bestanden, später total umgewendet. Vergl. über Miteigenthum und Gesammteigenthum Runde und Pauli a. a. O. Stobbe in Rudorff Zeitschr. f. Rechtsgesch. Bd. 4. S. 207—248.

§. 72. Natur der Rechte der Ehegatten.

Auch das Recht des überlebenden Ehegatten am Sammtgut nach dem Tode seines Ehegenossen ist ein ideelles Miteigenthum zur Hälfte. Entsch. Bd. 22. S. 429. Und zwar erwirbt der Ueberlebende diese ideelle Hälfte ebenfalls als Erbe.

Das Rescript vom 25. August 1834 nimmt im Einverständniß mit dem damaligen Oberlandesgericht zu Stettin und dem Gutachten des O. L. G. Raths Zettwach vom 12. August 1834 an, daß der überlebende beerbte Ehegatte nicht als Miterbe, sondern als Miteigenthümer anzusehen sei, sich daher nicht zu legitimiren, noch über den Antritt der Erbschaft eine Erklärung abzugeben habe. Es wird dies dadurch begründet, daß in beerbter Ehe nach lüb. R. von dem Zeitpunkte an, wo sie beerbt werde, und so lange sie beerbt bleibe, Gütergemeinschaft eintrete, daß deshalb mit jenem Zeitpunkte schon das Miteigenthum des Ehegatten entstehe und auf diesem schon während der Ehe bestandenen „Mit- oder Gesammteigenthum“, für dessen Erwerbung der Tod des andern Ehegatten unerheblich sei, das Theilnahmerecht des Ueberlebenden sich gründe. Jahrb. Bd. 44, S. 151 ff. Mit der Theorie des Miteigenthums beider Eheleute während der Ehe fällt auch dieser Schluß für das lüb. R. Die neuern Germanisten, soweit sie nicht wie Beseler aus der Consolidationstheorie dem überlebenden Ehegatten allein das Eigenthum und den Kindern nur eine spes succedendi zuerkennen, stellen bei wirklicher innerer ehelicher Gütergemeinschaft freilich den Grundsatz auf, daß der Ehegatte, welcher nur die Hälfte des Sammtguts beim Tode seines Genossen erhalte, sie als sein ausgeschiedenes Eigenthum bekäme, weil bei der Vermuthung für die Gleichheit der Theile nur die ideelle Hälfte des Verstorbenen den Nachlaß bilden könne. Runde §. 106. 59. S. 239. 141. So faßt auch das Landr. II. 1. §. 637. 638 die Sache auf; läßt aber hinsichtlich der, auf dem gemeinschaftlichen Vermögen haftenden, Schulden, der Verpflichtung der Nachlaßgläubiger, bis zur Auseinandersetzung den conjux und die Kinder gemeinschaftlich zu verklagen, und der Befugniß, sich nachher an die einzelnen Interessenten zu halten, dieselben Vorschriften, wie bei Theilung von Miterben Anwendung finden; und behandelt in dieser Beziehung den Ehegatten einem Miterben gleich. Landr. II. 1. §. 661. Strieth. Arch. Bd. 18. S. 137 — Bd. 48. S. 151. Indeß der Grundsatz, daß der überlebende Ehegatte seine Hälfte als sein ihm aus der ehelichen Gemeinschaft gehöriges und verbliebenes Eigenthum nimmt, kann überhaupt höchstens da beabsichtigt sein, wo bei Lebzeiten beider Eltern wahre materielle Güterverschmelzung stattfand, was bei lüb. R. nicht der Fall ist. Runde selbst zählt das lüb. R., wie das verwandte Hamburger, zu den Statutarrechten, in welchen das beiderseitige Vermögen während der Ehe noch getrennt ist; und die Vereinigung zu einer Masse, wovon jeder Interessent seine Rate erhält, erst nach Auflösung der Ehe sich bildet, nicht aber das eheliche Rechtsverhältniß fortsetzt. Runde §. 58. S. 140. Anm. a. Vergl. Cropp in Heidelb. Jahrb. 1823. S. 119. Pauli II. S. 121.

Im Gegentheile ergeben für das lüb. R. schon die ältern Rechtsurkunden, daß auch der überlebende beerbte Ehegatte seine Hälfte nicht als ein, ihm schon vorher gehöriges, Miteigenthum behält, sondern als Erbtheil erwirbt. Nach den Stadtbuchs-Inscriptionen (1378 Pauli II. S. 114) gelangt das eheliche Vermögen auf den Ueberlebenden und die Kinder jure hereditariae successionis, jure devolutionis per mortem. Nach älterem lüb. R. ferner wurden Immobilien, welche der überlebende Ehegatte selbst in die Ehe gebracht hat, nach dem Tode seines Ehegenossen für den Ueberlebenden hinsichtlich seines Antheils daran dennoch zu Erbgütern, welche er dann nur unter denselben Bedingungen wie andere ihm angeerbte (angestorbene) Erbgüter veräußern konnte. Pauli II. §. 27. S. 129—139. Letzteres ist der deutlichste Beweis, daß durch den Tod des Erstverstorbenen das rechtliche Sammtgutsverhältniß gebildet wird, worin der Ueberlebende mit den Kindern das Sammtgut als Miteigenthümer und Erben in dasselbe besitzen. Der Antheil des Ueberlebenden daran kann kein, ihm schon bei Lebzeiten an einer gütergemeinschaftlichen Masse gehöriger und beim Tode des Ehenossen nur herausgenommener, Eigenthumsantheil sein. Denn dann hätte mit dem Tode des Ehegenossen nicht eine so eingreifende rechtliche Veränderung vorgehen können, daß der frühere Eigenthumsantheil zu einem angeerbten Gute wurde. Die Stärke dieses Arguments wird auch nicht dadurch geschwächt, daß im revid. Stat. die dem Ehegatten nach dem Tode des Ehegenossen angefallenen Güter nicht mehr als Erbgüter gelten, sondern nur die von Blutsfreunden angefallenen. Einmal ist das frühere Recht bis zur Revision entschieden in Geltung gewesen und ist die Aenderung des Begriffsumfangs der Erbgüter erst im Concepte des revidirten Statuts von den Revisoren getroffen. Hiernach ist die Aenderung nicht erfolgt, weil die Rechtsidee sich etwa dahin geändert hätte, daß der überlebende Ehegatte seinen Antheil am Sammtgute nicht mehr als Erbe, sondern als seinen Eigenthumsantheil gewönne; sondern weil die Anwendbarkeit der Erbgutsbestimmungen positiv hinsichtlich der Ehegatten beschränkt werden sollte. §. 12. Pauli I. S. 199. 200.

Auch sonst deutet keine Bestimmung des rev. Stat. dahin, daß in der Qualificirung der rechtlichen Verhältnisse der Sammtgutsinteressenten eine Aenderung erfolgt und eine andere Auffassung geltend geworden sei, als die des Miteigenthums zu ideellen Erbtheilen, welches mit dem Tode des Erstverstorbenen entsteht. Die Einwendungen dagegen beruhen auf dem scheinbaren Widerspruche, daß Jemand in sein eigenes eingebrachtes Gut sein eigner Erbe sein soll. Der Widerspruch ist eben nur ein scheinbarer. Das Sammtgut, welches den Gegenstand der Erbfolge bildet, wird durch die gesetzlich nothwendige Einwerfung des eigenen Vermögens constituirt, welches nach lüb. R. mit dem Vermögen des Verstorbenen nicht verschmolzen war; der Ehegatte beerbt darum nichtsdestoweniger den Verstorbenen, auch wenn zur Bildung der Nachlaßmasse das eigene Vermögen des Ueberlebenden mitberechnet und mitgegeben werden muß.

Das gewonnene Resultat ist also, daß das Vermögen beider Eheleute beim Tode des einen auf den überlebenden und die Kinder als ein, sich dann bildendes, Sammtgut übergeht, woran sie in neuer Rechtsgemeinschaft als succedirende Erben sofort zu ideellen Theilen Miteigenthümer sind. Die Consequenzen daraus ergeben sich von selbst. Sie werden aber durch den hausgenossenschaftlichen Zweck der Rechtsgemeinschaft und durch die Verschiedenartigkeit der Rechtssubjekte naturgemäß derartig beschränkt, daß nicht jedem Theile gleichmäßige Verfügungsgewalt zusteht, wie etwa bei gleichartigen Erben oder andern Berechtigten, welche zusammen Miteigenthum erwerben; und daß nicht jedem Theile ohne Weiteres alle Rechte zustehn, welche ein Miteigenthümer nach Landr. I. 17 ausüben kann; — sowie schon keiner der Theinehmer während der Dauer der Gemeinschaft sein Theilnahmerecht einem Andern abtreten oder Andere in die Gemeinschaft aufnehmen kann. Die Rechte der Theilnehmer während der Gemeinschaft bedürfen daher einer besondern Erörterung und sind durch die Feststellung ihres Miteigenthümerrechts noch nicht erschöpft.

§. 73. Beisitz. Rechte des Wittwers.

A. L. R. Cod. I. art. 7. 22. — Cod. II. art. 27. 37. Rev. Stat. II. 2. Art. 8. 16.

Die hausgenossenschaftliche Vermögensmasse behält nach dem Tode eines Ehegatten der überlebende so lange, bis er theilen muß oder will, allein in Besitz, Verwaltung und Nutzung. Dies ist das Recht des s. g. Beisitzes. Der parens superstes sitzt nach lüb. R. mit seinen unabgesonderten Kindern in Gemeinschaft „auf Gedeih und Verderb"; die Güter sind nun materiell vereinigt und was in Folge der Verwaltung des überlebenden Ehegatten dem Sammtgute zum Nutzen und zum Schaden gereicht, ist gleichmäßig für den superstes und für die Kinder zum Vortheil und Nachtheil.

Die dereinstige Theilung erfolgt auf der Grundlage des Zustandes der Vermögensmasse, wie er sich zur Zeit der Theilung vorfindet. Der überlebende Ehegatte, und demgemäß auch die Wittwe, hat bei dieser Gemeinschaft auf Gedeih und Verderb, wie sie sich als eins der deutschen Systeme über die Erbfolgevortheile der überlebenden beerbten Ehegatten ausgebildet hat, im Wesentlichen dieselbe Verfügungsgewalt, wie sie während der Ehe der Mann über das eheliche Vermögen beerbter Ehe hatte; soweit nicht particularrechtliche Abweichungen bei diesem Institute stattfinden. Er kann und muß die Schulden des Erblassers als Nachlaßschulden aus dem Sammtgute berichtigen und beitreiben lassen. Für seine eigenen Schulden haftet das Sammtgut und müssen sich auch die Kinder die Einziehung der Schulden des parens, sowohl derjenigen aus seiner Verwaltung als auch der frühern Schulden, aus dem Sammtgute gefallen lassen. Namentlich können dann, wenn die Mutter überlebt, die von ihr früher kontrahirten Schulden, soweit deren Bezahlung während der Ehe durch die Gewalt des Mannes gehindert wurde, die Schulden selbst jedoch rechtsverbindlich sind, gegen sie geltend gemacht werden. Der überlebende Ehegatte hat diese Rechte aber nicht zu seinem ausschließlichen Nutzen, sondern zum Zweck der Hausgenossenschaft, also auch der Kinder und muß mithin diesen Unterhalt, Erziehung und Ausstattung, soweit nöthig, gewähren. Runde §. 114. Beseler §. 143. 139. S. 603—605. 584. Diese allgemeinen Grundsätze der Gemeinschaft auf Gedeih und Verderb, welche unter Andern auch für Paderborn, Minden und Ravensberg gilt (Entsch. 11, 100. Ber. Obtrib. vom 20. März 1844, Just. Min. Bl. Ges. vom 16. April 1860) finden auch nach Statut und Gewohnheitsrecht im lüb. R. Anwendung. Lüb. R. II. 2. Art. 8. 16. 33. Pauli II. §. 28—30. Mevius ad art. 8. No. 9. 10. 14 bis 20. 25 ff. 50. 51. Stein II. §. 213 ff. 219—223. Für Stolp vergl. Entsch. B. 47. S. 253.

Man ist theoretisch nicht genau berechtigt, dies eine fortgesetzte Gütergemeinschaft zu nennen, da weder die Rechtssubjekte, noch ihr Verhältniß zu den Rechtsobjekten dieselben sind. Indeß mag der Name, so lange er nicht zu Entstellungen in der Sache führt, als von der Praxis auch im lüb. R. sanctionirt, beibehalten werden, zumal sich das Verhältniß als eine der ehelichen Rechtsgemeinschaft nachgebildete und ihr folgende Fortsetzung der Hausgenossenschaft darstellt. Hiernach ist zu berichtigen, was die Commentatoren dahin zu Grunde legen wollen, daß kraft des Statuts die frühere Gemeinschaft der Eheleute nun vom überlebenden mit den Kindern fortgesetzt werde; wobei auch Mevius vorsichtig erinnert, daß die Communio von der justinianeischen verschieden und nur als eine anomale und solche, wie sie Statut und Gewohnheitsrecht gebildet haben, aufzufassen sei. Mev. No. 1—4. und addit. ad No. 1. zu II. 2, 2. No. 5—8 ad II. 2. art. 8. Stein II. §. 203.

Die Fortdauer der Verfügungsgewalt des Mannes, wenn er überlebt, ist im lüb. Stat. nicht ausdrücklich bestimmt, aber als selbstverständlich vorausgesetzt. II. 2. Art. 16. Das Statut sagt nur, wann er theilen muß. Im Landr. II. 2. §. 414. 35. 36 ist gleichfalls nur die Zeit der Theilung angeordnet und über den Umfang der Verfügungsgewalt nichts gesagt. Gutachten der Gesetzkomm. vom 17. April 1805. N. Arch. Bd. 4. S. 8 ff. Nach unzweifelhaftem lübischem Gewohnheitsrechte hat der Mann dieselbe Verfügungsgewalt über das Sammtgut, wie bei Lebzeiten der Frau über das eheliche Sammtgut beerbter Ehe; jedoch mit folgenden Beschränkungen: Er kann nach entschiedener Praxis die im Sammtgute befindlichen Immobilien nicht ohne Genehmigung der Kinder veräußern; ohne Unterschied, ob die Immobilien ihm von der Frau eingebracht waren oder ob sie von seinem eignen Vermögen herstammen. Dies folgt aus dem erörterten Miteigenthume der Kinder an allen, zum Sammtgute gehörigen, Immobilien. Nach lüb. R. bedurfte er nur der Genehmigung der großjährigen Kinder und konnte für die minderjährigen als ihr natürlicher Vormund allein handeln; was in der lübeckischen jetzigen Vormundschaftsordnung vom 11. Oktober 1820 §. 2 auch anerkannt ist. Jedoch gilt mit der Einführung des Landr. auch die landrechtliche Vorm. Ordnung §. 7. Nr. 4. Daher ist nach Landr. II. 2. §. 171—173 bei Konkurrenz minderjähriger Kinder die Einwilligung des Vormundschaftsgerichts für den Vater nöthig, wenn er vom Sammtgute, dessen Miteigenthümer die Kinder sind, Grundstücke veräußern, verpfänden oder mit bleibenden Reallasten belegen will; und ist dazu die Nothwendigkeit oder ein erheblicher Nutzen nachzuweisen. Das Rescript vom 21. Oktober 1839 Just. M. Bl. S. 350 erklärt auch im Einverständnisse mit dem Ob. L. Ger. zu Stettin, ohne Angabe von Gründen, daß im Gebiete des lüb. R. die Mitbetheiligung des Vorm. Gerichts nöthig ist, und zwar daß, wenn der Mann überlebt, für alle Grundstücke, nicht bloß die von der Frau eingebrachten, L. R. II. 2. §. 171. 172, und wenn die Frau überlebt, L. R. II. 18. §. 550 ff., anwendbar sind.

Das Obertribunal zu Berlin hat im Präj. Nr. 1910 vom 24. August 1847 den Grundsatz aufgestellt, daß der Mann, welcher nach dem Tode seiner Frau mit seinen Kindern nach lüb. R. auf Gedeih und Verderb sitzt, ein „erst während dieses Besitzes im eignen Namen für sich, und nicht für die Gemeinschaft erworbenes Grundstück vor der wirklich erfolgten Abschichtung ohne Zuziehung und Einwilligung der Kinder zu veräußern befugt ist". Präj. S. 278. Entsch. Bd. 15. S. 490. Die Gründe sind meines Wissens nicht veröffentlicht. Der Grundsatz selbst ist richtig, sofern ein Grundstück und überhaupt Vermögen, welches der überlebende Ehegatte, Mann oder Frau, als sein Sondergut während des Besitzes erwirbt, gar nicht zum Sammtgut gehört und den Beschränkungen der Disposition über das Sammtgut nicht unterliegt. Dieser Grundsatz gilt ebenso auch von der Wittwe. Doch muß zur Vermeidung von Mißverständnissen darüber, wann und wie der superstes solches Sondergut erwerben kann, auf §. 76 verwiesen werden.

Selbstverständlich bleiben ferner die Schranken, welche dem Manne die rechtliche Eigenschaft seines Theilnahmerechts setzt. Er hat ein ideelles Miteigenthum an der ganzen Masse, nicht aber an den einzelnen Objekten. Er kann also nicht eine ideelle Hälfte eines Sammtgutgrundstücks als die seinige veräußern und die andre Hälfte davon etwa als die der Kinder reserviren. Just. Min. Bl. 1840. S. 373. — Entsch. Bd. 22. S. 251. Bd. 35. S. 352. — Runde §. 114. 60. Ebenso verbietet der Zweck der Hausgenossengemeinschaft, daß der Mann die Sammtmasse oder aliquote Theile oder Hauptbestandtheile davon dergestalt veräußern könnte, daß das Aequivalent ihm allein oder einem Dritten und nicht der Gemeinschaft zu Gut käme. Strieth. Arch. Bd. 52. S. 44. — Ueber die Befugniß zu letztwilligen Verfügungen vergl. §. 100.

Dagegen ist nach unzweifelhaftem lüb. Gewohnheitsrechte der Wittwer berechtigt, als Verwalter des Sammtguts alle dazu gehörigen Forderungen allein einzuziehen und zur Zahlung an ihn einzuklagen und das Sammtgut auch passiv wegen der dagegen geltend gemachten Ansprüche allein zu vertreten. — Dasselbe Recht hat die Wittwe in gleichem Umfange ohne Consens der Kinder und des Vormundschaftsgerichts. Stein II. §. 222. Mev. No. 62. 63 ad art. 8. Vergl. Attestat des Magistrats zu Lübeck vom 12. Aug. 1676, daß die Wittwe in den Gütern besitzen bleibe, auch wegen Erbschaftsschulden und Forderungen außer- und innerhalb des Gerichts sich einzulassen befugt sei. Bruhn lüb. Entsch. II. S. 260. Mehlen §. 20. Anm. 2. —

Entsch. Bd. 11. S. 100. Entsch. Bd. 40. S. 195. Strieth. Arch. Bd. 55. S. 112.

Daß der Wittwer und ebenso die Wittwe in Folge des Beisitzes die Revenüen des Sammtguts als Eigenthum behalten und darüber auch den Kindern oder dem Vormundschaftsgerichte keine Rechnung ablegen dürfen, ist Folge der Natur solcher Gemeinschaft auf Gedeih und Verderb. Dies würde auch für das lüb. R. keiner besondern Erwähnung bedürfen, wenn nicht aus Art. 21. II. 2 mißverständlich gefolgert wäre: weil darnach Wittwer (und Wittwe) im Fall der Wiederverheirathung den Kindern „Rechnung thun", „Rechenschaft thun" müsse, so müsse er ihnen dann über die Revenüen und seine gesammte Verwaltung Rechnung ablegen. Indeß nach unzweifelhafter Praxis des lüb. R. bedeutet der Art. 21 nur, daß der parens superstes, wenn er sich wieder verheirathen will, mit seinen Kindern sich auseinandersetzen und über die Substanz abrechnen muß. Revenüen des Sammtguts sind auch im Art. 21 gar nicht erwähnt. Die „Rechnung" erfolgt nach lübischer Praxis nicht durch Nachweisung aller Einnahmen und Ausgaben, sondern durch Feststellung eines Status bonorum, Produktion der Bücher und Dokumente und Verantwortung über verschwenderische oder benachtheiligende Akte. Mev. ad art. 21 addit. und ad art. 8. No. 26—28. 40. 74 bis 80 und addit. ad No. 77. Stein II. §. 207. 208. 219. Pauli II. S. 140—142. Pomm. Stat. R. §. 94. Entsch. Bd. 40. S. 497 ff.

Von der Verpflichtung, ein Inventar zu legen, sind Wittwer oder Wittwe nicht befreit. Die lüb. Vorm. Ordn. von 1820 §. 42 sanctionirt zwar eine solche Befreiung und in Bruhn lüb. Entsch. Bd. 2. S. 434 ist sie als zum Rechte des Beisitzes gehörig erwähnt. Außer Lübeck kann dies jedoch nicht als gewohnrechtlich und geltend angesehen werden. Stein II. §. 207. Mevius folgert die Pflicht zur Legung eines Inventars daraus, daß sie nach Art. 21 bei der Theilung Rechenschaft über die Substanz geben müssen. Nr. 74 ff. zu Art. 8. — Nr. 85 zu Art. 2. — Nr. 6—17 zu Art. 21. Ber. des Hofger. zu Cöslin von 1780 zu II. 2. Art. 21. Pomm. Stat. R. §. 173. — Caution brauchen sie für ihre Verwaltung nicht zu bestellen, da sie kein Gesetz hierzu verpflichtet und die Cautionsfreiheit vielmehr zum Rechte des Beisitzes gehört. Mevius Nr. 80—82. Bruhn II. S. 434.

Ueber die Rechte, welche dem Vater neben seinen Sammtgutsrechten am Sondergute der Kinder während der Ehe sowie nach dem Tode zustehn, enthält das lüb. R. keine besondern Bestimmungen. Es bewendet bei den gemeinrechtlichen bez. landrechtlichen Vorschriften, wornach der Vater Verwaltung und Nießbrauch des den Kindern zufallenden Sonderguts während der Dauer der väterlichen Gewalt hat, sofern das Sondergut nicht zum s. g. freien Vermögen der Kinder gehört. Landr. II. 2. Abschn. 3. Das Landr. II. 18. §. 984 ff. verlangt vom Vater die Anzeige ans Vormundschaftsgericht, wenn den Kindern freies Vermögen anfällt; nicht aber wegen des nicht freien. Die pomm. Vorm. Ordn. vom 23. September 1718 §. 5 verlangte überhaupt, wenn den Kindern Sondergut (also auch nicht freies) anfällt, Anzeige des Vaters ans Vormundschaftsgericht und Niederlegung eines Inventars. Die Rescripte vom 9. März und 13. Juli 1795 (Rabe Bd. 3. S. 36. 108) meinen, daß hierin die pomm. Vorm. O. als derogirendes Provinzialgesetz noch anzusehen und anzuwenden sei. Unseres Erachtens sind aber aus den frühern allgemeinen Gründen nur die landrechtlichen Vormundschaftsbestimmungen anwendbar. §. 7. Nr. 4.

§. 74. Rechte der Wittwe im Beisitze.

Die Befugnisse der Wittwe bei Fortsetzung der Gemeinschaft mit ihren Kindern sind mehr bestritten worden; doch ist als entschiedenes lüb. R. anzusehen:

1) Die Wittwe hat ebenfalls Besitz, Verwaltung und Nutzung des Sammtguts beider Eheleute, ohne über dessen Revenüen Rechnung ablegen zu brauchen.
2) Sie kann aber nicht bloß Grundstücke, sondern überhaupt Substanz des Sammtguts ohne Genehmigung der Kinder, und wenn sie minderjährig sind, des Vormundschaftsgerichts, nicht veräußern oder verpfänden.
3) Die Beschränkungen des lüb. R., welche der Wittwe dadurch entstanden, daß sie selbst, außer als Kauffrau in Handelsgeschäften, eines Vormunds für sich bedurfte, sind für uns mit der Beseitigung dieser Vormundschaft fortgefallen. §. 7. Nr. 4.

Der Beisitz der Wittwe ist, wie der des Mannes, im lüb. R. II. 2. Art. 16 und II. 1. Art. 3 vorausgesetzt und im Art. 8. II. 2 ist nur für den Fall, wenn alle Kinder schon bei Lebzeiten des Vaters „in den Ehestand begeben" sind, bestimmt, daß, wenn dann der Mann stirbt, die Wittwe „in allen Gütern besitzen bleibt". Nach lübischer Praxis betrifft der Art. 8 nicht den Fall, wenn die Kinder abgesondert sind, welchen Eichhorn St. und R. Gesch. Th. II. §. 370. I. 13 darunter versteht. Zu Gunsten abgesonderter Kinder könnten nicht füglich die im Art. 8 bestimmten Dispositionsbeschränkungen der Wittwe angeordnet sein. Dies würde dem Wesen der Absonderung widersprechen. Letztere ist auch im lüb. R. nirgends so bezeichnet, „die Kinder seien in den Ehestand begeben". Die Worte sind in ihrer natürlichen Bedeutung von dem Falle zu verstehen, wenn die Kinder bei Lebzeiten beider Eltern zur Ehe ausgesteuert sind. Mev. ad art. 8. No. 21—24. Stein II. §. 216. 222. Pauli II. S. 142. — Die Bedeutung des Art. 8 ist ferner nicht die, daß die Wittwe nur mit den, in den Ehestand begebenen, Kindern die Gemeinschaft auf Gedeih und Verderb fortsetzen könne, nicht aber mit denen, welche noch nicht in den Ehestand begeben sind. Vielmehr folgert Pauli S. 142 richtig, daß der Art. 8 selbst für den Fall, wenn alle Kinder schon ausgesteuert sind, der Wittwe das Recht des Beisitzes ausdrücklich sichern sollte, was in den andern Fällen, wenn die Kinder noch nicht ausgesteuert sind, als selbstverständlich vorausgesetzt ist. Stein §. 222. Mev. No. 16 seq. ad art. 8.

Dies Recht des Beisitzes für die Wittwe, sofern kein Theilungsgrund vorliegt, wird auch durch ein Attest des Senats zu Lübeck von 1676 bestätigt, daß „die beerbte Ehefrau, so lange sie sich nicht anderweit verehliche oder in ein Gotteshaus bekaufe, tanquam administratrix et usufructuaria in allen ihres verstorbenen Mannes Gütern besitze bleibe". Pauli S. 141. Auch Mevius deducirt, da die Wittwe nach Art. 8 den Besitz behalte, und ihr nur Veräußerungen verboten seien, so habe sie Verwaltung und den Genuß der Nutzungen für sich, wie ein Nießbraucher, was auch in der lübischen Praxis stets anerkannt sei. Nr. 38. 39.

Das Recht der Wittwe, sowie das des Wittwers, besteht jedoch nicht bloß — wie Mevius unpassend aus röm. Rechte annimmt No. 52—61. 87 ad art. 8 — in einem ususfructus am Vermögen des Mannes und einem ihr verbleibenden Eigenthume an ihrem eigenen Vermögen. Mev. will den Art. 8 nur auf das Vermögen des Mannes beziehen, so daß der Frau daneben ihr Verfügungsrecht über ihr eigenes Vermögen bliebe. Durch solche Auffassung würde die germanische Natur des Beisitzes völlig verkannt. Der Art. 8, welcher die Frau in allen Gütern besitzen bleiben läßt und am Schlusse die Nothwendigkeit der Theilung mit den Kindern im Falle ihrer zweiten Ehe vorschreibt, kann sich nur auf das gesammte Vermögen beider Eheleute, welches bei wirklicher Theilung nach

Art. 2. 3. 16 zu theilen ist, beziehen. Unzweifelhaft wird dies durch die ältern lüb. Codices Cod. II. art. 27, worin die Frau, „besit mit sodaneme Ghude, so se hadden", „de guder alle, de se tho samende hadden". Das Recht der Wittwe ist neben ihrem erörterten ideellen Miteigenthume am beiderseitigen Sammtgute das Recht auf Besitz, Verwaltung und Nutzung dieses Sammtguts, also auf Nießbrauch und Verwaltung auch der ideellen Antheile der Kinder. Pauli und Stein a. a. O. Behn S. 37. vergl. Präj. Nr. 1287.

Der Wittwe ist jedoch nicht bloß, wie dem Wittwer die Veräußerung von Grundstücken, sondern überhaupt jede Veräußerung von Substanz des Sammtguts ohne Genehmigung der Kinder untersagt. Sie soll „von den Gütern keins weder verkaufen, versetzen, noch vergeben, ohne der Erben (Kinder) Erlaubniß, es wäre denn, daß sie dieselben bedürfte zu Unterhaltung ihres Leibes", Art. 8. Nach constanter Praxis und dem Wortlaute des Statuts ist dies im lüb. R. nicht bloß auf Immobilien, sondern auf die Substanz des ganzen Vermögens bezogen, so daß die Wittwe nur die Verwaltung behufs Erhaltung der Substanz hat. Mev. No. 44—47. 52—55. 62—73. Stein §. 221. Pauli II. S. 142. Pomm. Stat. R. §. 95. Der dritte Codex von Brockes Art. 353 drückt den Grundsatz treffend aus, „dat dat Gut nicht vorergert werde". A. L. R. Cod. II. Art. 27. Anm. 8. Daß der Frau nicht mit Mevius Veräußerungen ihrer eignen Güter zu gestatten sind, weil Art. 8 nur das Vermögen des Mannes betreffe, ist schon oben widerlegt; und wenn Stein der Frau die Veräußerungsbefugniß hinsichtlich ihrer wohlgewonnenen Güter — im Gegensatz zu Erbgütern — einräumt, weil sie über jene im Allgemeinen freie Disposition habe, von der allgemeinen freien Disposition über wohlgewonnenes Gut ausgehend, Stein II. §. 223, so wird dies ebenfalls durch Art. 8 und 16 widerlegt. Beide verkennen die Natur der Gemeinschaft auf Gedeih und Verderb und die, mit dem Tode eines Ehegatten eintretende, durchgreifende Veränderung der Rechte am beiderseitigen Vermögen. — Bei Betheiligung minorenner Kinder ist die Genehmigung des Obervormundschaftsgerichts zu Substanzveräußerungen nöthig und Landr. II. 18. §. 550 anwendbar. Vergl. §. 73. Ausnahmsweise ist der Wittwe die Veräußerung im Falle der Noth gestattet, wozu die Praxis außer der Nothwendigkeit zum Lebensunterhalte für die Hausgenossenschaft, welche allein im Art. 8 ausdrücklich erwähnt ist, auch andere indirekt dahin führenden Fälle der Nothwendigkeit, z. B. wegen Schulden, rechnet. Mev. No. 72. Pomm. Stat. R. §. 95.

Ueber die Rechte der Wittwe, die Revenüen ohne Rechnungslegung zu verwenden, ausstehende Forderungen einzuziehen und einzuklagen, den Nachlaß passiv zu vertreten, kautionsfrei zu verwalten, und über ihre Pflicht, ein Nachlaßinventar zu legen, gelten dieselben Grundsätze, wie für den Wittwer. §. 73. Nur darf sie Capitalien, welche sie einzieht, nicht beliebig verwenden, sondern ist darin durch ihre Verpflichtung, die Substanz nicht zu vermindern, beschränkt. Im vorstehenden Umfange ist das Beisitzrecht der Wittwe auch im Erkenntnisse des O.A.Ger. Lübeck vom 30. April 1845 anerkannt. Bruhn lüb. Entsch. Bd. II. S. 433—436. Ueber die Befugniß der Wittwe zu letztwilligen Verfügungen vergl. §. 100. Darüber, daß der Ehemann durch sein Testament das Recht seiner nachlebenden Wittwe auf den Beisitz aufheben und sofortige Theilung nach seinem Tode anordnen kann, vergl. §. 103. Pauli II. S. 216. Stein II. §. 117. 120. 212.

Neben den Rechten über das Sammtgut behält die Wittwe natürlich ihre Alleinrechte wegen ihres etwanigen Sonderguts. Am Sondergute der Kinder hat sie keine Rechte, welche ihr nicht ausdrücklich eingeräumt sind, da ihr keine väterliche Gewalt zusteht.

§. 75. Rechte der Kinder im Beisitze.

Die Rechte der Kinder am Sammtgute umfassen, so lange die Gemeinschaft auf Gedeih und Verderb fortdauert, unzweifelhaft nicht die Befugniß, an der Verwaltung direkt Theil zu nehmen. Außer den Rechten, welche sie auch bei Lebzeiten beider Eltern auf Erziehung, Unterhalt und Ausstattung gegen diese hatten und ebenso gegen den Ueberlebenden behalten, Stein II. §. 219, ist nur dann, wenn eine Veräußerung von Grundstücken oder seitens der Wittwe von Substanz beabsichtigt wird, ihr Consens nöthig, wie §. 73. 74 bemerkt ist. Sie können ferner in den gesetzlichen Fällen, worin der überlebende parens theilen muß, die Theilung fordern, wie später zu erörtern ist, und haben das Recht, daß der überlebende ihren Antheil nicht willkürlich entziehn und schmälern darf. Sie können aber ihren Antheil nicht veräußern und nicht Andere in die Gemeinschaft aufnehmen, wie aus deren hausgenossenschaftlicher Grundlage folgt, und wie auch der parens nicht hierzu berechtigt ist. Pauli II. S. 145. Wenn die Mutter überlebt, so muß sie (lüb. R. I. 7. Art. 12) den minorennen Kindern einen Vormund gerichtlich bestellen lassen, welcher außer der Sorge der Erziehung die Vermögensverwaltung der Mutter mit Rücksicht auf die Rechte der Kinder zu kontroliren hat. Pomm. Stat. R. §. 172. Just. Minist. Rescr. vom 21. Juni 1783, 23. Mai 1791, 26. November 1792, 2. December 1793, 14. November 1794. Diese Beschränkungen der Rechte der Kinder sind freilich nicht ausreichend, um ihr Miteigenthum am Sammtgute zu bestreiten und ihnen nur eine spes succedendi, dem überlebenden parens aber das Alleineigenthum zuzuschreiben. Daß die Kinder unter Lebendigen kein Verfügungsrecht über ihren Antheil haben, hebt nicht ihr Eigenthumsrecht auf. Dies wird nicht Null, weil es beschränkt ist, und es zeigt sich auch schon vor der Theilung darin wirksam, daß die Grundstücke ihnen als Miteigenthümern kraft Erbrechts zugeschrieben werden und von ihnen als solchen (nicht bloß mit ihrem Consens, als dem der nächsten Erben) verkauft werden müssen; wie der Antheil, welchen das mündige Kind nach Art. 11 fordern kann, sein Erbe genannt wird. Die Schichtung schafft nicht erst das Eigenthumsrecht, sondern setzt es als durch einen andern Titel schon erworben voraus. Obertrib. vom 20. März 1844. S. 5. 6 zu Nr. 33 Just. Minist. Bl. Vergl. auch über das ähnliche münstersche Verhältniß, worin jedoch nicht der Erwerb während des Beisitzes zu theilen ist, Runde Güterrecht §. 150—152.

Wenn ein Kind während der Gemeinschaft auf Gedeih und Verderb stirbt und selbst nicht verheirathet ist, oder wenigstens nicht Frau oder Kinder hinterläßt, so theilt sein überlebender parens bei der dereinstigen Schichtung immer so, daß er nur die Hälfte der Masse bekommt und die andern dann lebenden Kinder die andere Hälfte, wie später näher erörtert wird. Man mag dies ein eigentliches Vererben des ideellen Antheils des verstorbenen Kindes auf seine Geschwister nennen, oder davon ausgehn, daß die ideellen Antheile der Kinder erst bei wirklicher Theilung entstehn, jedenfalls widerspricht dies nicht dem Miteigenthume der Kinder am Sammtgute, Entsch. Bd. 13. S. 477—493, sondern die nähere Erörterung der Natur des Uebergangs kann nur Einfluß auf die Frage haben, ob gleich mit dem Tode ideelle Antheile der Theilnehmer entstehn, oder erst zur Zeit der Theilung; — in welcher Beziehung auf das Nähere unten verwiesen werden muß.

Ist der Antheil des Kindes auf dessen Ehegatten vererblich? Wenn ein Kind sich verheirathet hat, mit seinem parens die Gemeinschaft auf Gedeih und Verderb fortsetzt und stirbt, ohne daß jemals eine Schichtung stattgefunden hat, so ist fraglich, ob auf den hinterbliebenen Ehegatten des Kindes dessen Antheil mit übergeht?

Unbestritten werden dann, wenn das verheirathete Kind nicht bloß seinen Ehegatten, sondern auch Kinder hinterlassen hat, diese Kinder nach lüb. R. Theilnehmer jener Gemeinschaft an Stelle ihres verstorbenen parens. Die Frage ist in diesem Falle, ob seinen Antheil seine Kinder allein gewinnen, oder ob sein hinterbliebener Ehegatte ebenfalls daran Theil nimmt. Ferner fragt es sich, wenn das verstorbene Kind nicht selbst Kinder hinterläßt, sondern nur seinen unbeerbten Ehegatten, wenn also das Kind, abgesehen von den Sammtgutsverhältnissen, von seinem Ehegatten und seinen Geschwistern oder Eltern gesetzlich beerbt werden müßte, ob dann der Ehegatte des Kindes auch am Sammtgutsantheile seines verstorbenen Ehegenossen Theil nehmen und seine portio statutaria davon fordern kann. Diese Fragen sind bis auf die neueste Zeit für das lüb. R. bestritten und ebenso oft zu Gunsten als zu Ungunsten des Ehegatten in der Literatur und in der Rechtsentscheidung beantwortet. Pauli II. §. 30. Literatur für den Ehegatten s. Pauli S. 151. Anm. 166; gegen den Ehegatten: Pauli S. 156. Anm. 167.

Wir ignoriren die Theorie, daß nach lüb. R. allgemeine eheliche Gütergem. bestehe, welche alles nicht ausdrücklich ausgenommene Vermögen ergreife, und daß deshalb der Ehegatte des Kindes an dessen Sammtgute mit berechtigt sei. Da eine solche Gütergem. nicht besteht §. 40—43. 59, so kann daraus die Lösung nicht gefunden werden. Wir lassen andererseits diejenigen unberücksichtigt, welche den unabgetheilten Kindern aus der sog. Consolidationstheorie oder aus andern Gründen überhaupt kein Miteigenthumsrecht am ungetheilten Sammtgute zuerkennen wollen, und nehmen auf Grund der frühern Ausführung §. 71 als richtig an, daß mit dem Tode des erststerbenden parens die Kinder mit dem überlebenden parens Miteigenthümer sind. Ist dies der Fall, so ist an sich ein Miteigenthumsrecht an bereits angefallenen und erworbenen Nachlassenschaften, selbst wenn das Miteigenthum noch durch Nutzungsrecht Anderer oder sonst beschränkt ist, ein Theil des Vermögens und ist auch nach den allgemeinen Rechtsgrundsätzen des römischen und gemeinen, sowie des preuß. Rechts übertragbar, namentlich auch auf die Erben des Miteigenthümers transmissibel. Nach dem Tode des erststerbenden parens ist dem Kinde durch Erbanfall nach demselben die Proprietät erworben. Der fernere Tod des überlebenden parens oder dessen zweite Ehe oder ein sonstiger gesetzlicher Theilungsgrund braucht nicht abgewartet zu werden, um das Recht zu e r w e r b e n, sondern nur um es zu realisiren. Das Obertribunal hat deshalb juristisch folgerichtig für die gleiche Paderborner Gemeinschaft auf Gedeih und Verderb angenommen, daß der Sammtgutsantheil des verheiratheten Kindes seinem Ehegatten in die Ehe eingebracht sei und, wenn das Kind vor Auflösung der Gemeinschaft stirbt, auf dessen Ehegatten und Kinder als seine gesetzlichen Rechtsnachfolger übergeht; da eine specielle Abweichung hiervon für das dortige Particularrecht nicht nachgewiesen sei. Bericht vom 20. März 1844. S. 7—8. Strieth. Arch. Bd. 35. S. 335. Aus denselben allgemeinen Rechtsgrundsätzen muß auch für das lüb. R. bei gleicher rechtlicher Qualität des Sammtgutrechts des Kindes dasselbe Resultat gefolgert werden; sobald nicht im lüb. R. eine specielle Abweichung nachweisbar ist.

Letzteres ist nicht der Fall. Daß eine lüb. Rechtsgewohnheit für die Ausschließung des Ehegatten sich gebildet hätte, läßt sich schon mit Rücksicht auf die, von Pauli S. 152 citirten Urtheile der Facultäten zu Göttingen, Halle, Frankfurt a. O. und des Reichskammergerichts nicht behaupten. Die Erwähnung von Mevius resp. XII. p. 122 ad No. 14, daß nach solchen Statuten und namentlich auch in lübisch-rechtlichen Städten der Antheil eines vor der Theilung verstorbenen Kindes, wenn nicht jure repraesentationis dessen Kinder an die Stelle treten, fortfiele und nicht auf die Erben transmittirt würde, constatirt keine entschiedene Praxis, wie z. B. für Riga schon die, von Mev. erwähnte, Entgegnung Flügels (p. 126 fin. bis 131) ergiebt. Jedenfalls könnten für die Bildung eines Gewohnheitsrechts in solcher Streitfrage nur solche Fälle entscheidend sein, in denen judicando ein beanspruchtes Theilnahmerecht dem Ehegatten abgesprochen wäre. Gerade in Streitsachen sind aber, wie erwähnt, die Entscheidungen sehr verschieden getroffen. Uebrigens sind bei gütlicher Regulirung in Pommern notorisch sehr oft die Ehegatten unabgetheilter Kinder als mitberechtigt zum Sammtgute anerkannt.

Pauli, obgleich ein Miteigenthum des Kindes am Sammtgute annehmend, bestreitet das Theilnahmerecht seines Ehegatten mit Rücksicht auf die Rechte, welche im Allgemeinen ein unbeerbter Ehegatte am Nachlasse seines Ehegenossen hat. Der Mann soll dann nach II. 2. Art. 12 die Hälfte dessen behalten, was er mit der Frau genommen oder bekommen hat; und die andere Hälfte solle er ihren Erben wieder auskehren, vergl. §. 64. 66. Er habe aber, wie Pauli meint, den unter der Verwaltung des parens seiner Frau stehenden Sammtgutsantheil noch gar nicht bekommen. Wenn der

Mann auch ein Recht an dem, mit der Frau nicht empfangenen, Gute habe bekommen sollen, so habe Art. 12 unmöglich so, wie er dastehe, lauten können, indem dann häufig der Mann nicht in der Lage gewesen wäre, etwas herauszugeben, sondern umgekehrt die Verwandten der Frau, an ihn vom Sammtgute nachzahlen zu müssen. Dies werde auch durch die Stadtbücher bestätigt, wornach zwar sehr oft der überlebende Ehegatte den Erben des verstorbenen in Folge der Erbtheilung herausgäbe, der umgekehte Fall aber oder bei Sammtgutstheilung die Concurrenz eines hinterlassenen Ehegatten eines der Kinder ihm nicht vorgekommen sei. Dasselbe müsse auch gelten, wenn der unbeerbte Mann noch mit seinem parens in Sammtgutsgemeinschaft geblieben sei und seine Frau hinterlasse. Das Successionsrecht der Ehegatten beschränke sich nur auf die, in die Were der Eheleute gekommenen, Güter. Auch bei beerbter Ehe bleibe der Begriff des ehelichen Vermögens derselbe, indem sich nur die Succession darin anders bestimme.

Diese Ausführung gründet sich jedoch auf eine unbegründet enge Interpretation dessen, was der Mann mit der Frau bekommen oder, wie es im alten Rechte heißt, genommen hat. Der Mann bekommt mit der Frau nicht nur ihre ihr in die Hand oder in Besitz und Verwaltung gegebenen Vermögensobjekte, sondern Alles, was sie an Objekten und Rechten hat, auch wenn diese noch nicht realisirt oder augenblicklich noch nicht realisirbar sind. §. 64. Eben deshalb erbt er, wie Pauli II. S. 68—70—73 selbst ausführt, von der gelobten Mitgift, worauf er auch noch nichts reell bekommen und nur ein jus quaesitum erhalten hat; ferner vom Sondergute der verstorbenen Frau, welches in jenem engen Wortsinne sicherlich nicht der Mann bekam, sondern die Frau für sich selbst, damit eben sie und nicht der Mann es bekommen soll, und von welchem dennoch die §. 64 erwähnte Inscription von 1371 sagt, der Mann habe es mit der Frau bekommen, damit es die Frau nach ihrem Belieben nutzen könne. Das Herausgeben der Hälfte des zugebrachten Vermögens kann sachgemäß nur darin bestehn, daß der Mann vom Vermögen, wie es der Frau gehörte, ihren Erben die Hälfte einräumte, also von den noch nicht realisirten Rechten ihnen die Hälfte daran einräumt. — Noch auffälliger wird die Auslegung Pauli's, wenn nach dem Tode des Mannes seine unbeerbte Frau ihr zugebrachtes Vermögen vorausnimmt, alles, was vom Gute darüber, mit des Mannes Erben theilt und dennoch von seinem Antheil am Sammtgute, wenn er mit seinem Vater oder seiner Mutter noch in

Gemeinschaft auf Gedeih und Verderb saß, nichts bekommen soll. §. 66. Keine der Wendungen, in denen das zu theilende übrige Gut in Art. 5. 12. 25. 28 erwähnt ist, läßt darauf schließen, daß als Theilmasse nach dem Tode des Mannes nur solches Vermögen anzusehen ist, welches schon realisirt in seiner Verwaltung sich befindet. — Daß nach dem Tode eines verheiratheten unabgetheilten Kindes die Verwandten an dessen Ehegatten hätten etwas herausgeben müssen, kann bei der, nach dem Tode des Kindes folgenden, Theilung seines Nachlasses schon deshalb nicht häufig vorgekommen sein, weil ja durch den Tod des Kindes die Gemeinschaft mit seinem Vater oder Mutter nicht aufgehoben wird. Es wäre ein seltener Zufall gewesen, wenn in dieselbe Zeit auch der Tod oder eine zweite Heirath des parens gefallen wäre und das Sammtgutsverhältniß aufgelöst hätte. — Erheblicher könnte scheinen, wenn auch bei Sammtgutstheilungen der Ehegatte eines verstorbenen Kindes nicht zugezogen wäre. Jedoch das bloß negative Resultat, daß Pauli eine solche Zuziehung in den ältern Urkunden nicht gefunden hat, kann um so weniger entscheiden, als der Fall, wo ein Kind während des Beisitzes seines parens stirbt und einen Ehegatten hinterläßt, ohne abgetheilt zu sein, selbst jetzt nicht so überaus häufig ist.

Mevius, welcher ebenfalls das Theilnahmerecht des Ehegatten bestreitet, sammelt eine Menge Gründe, welche wir großentheils schon nach den oben erwogenen Grundsätzen für beseitigt halten müssen. Resp. XII und Comm. ad II. 2. 11 addit. ad No. 30. Er bestreitet die Proprietät der Kinder und die Erbtheilsqualität ihres Anrechts, da sie nur ein spes succedendi hätten. Sie hätten so lange noch kein Recht auf die portio und die Proprietät, bis getheilt wird, oder die Theilung wegen zweiter Ehe des parens nöthig wird. Dann erst entstehe eine Verbindlichkeit, und zwar bestehe das Recht, Theilung und Antheil zu fordern, nur für diejenigen, welche das Statut berufe. Berufen würden aber nur die dann noch lebenden Kinder, nicht deren Ehegatten. Für Kinder, welche dann nicht mehr existirten, fehle die Betheiligung, und falle ihr fehlender Theil in die Gesammtmasse. Am Sammtgute nähmen diejenigen nicht Theil, welche nicht zur Gemeinschaft gehörten und Ehegatten verstorbener Kinder gehörten nicht zur Sammtgutsgemeinschaft. Das Recht der Kinder sei vorher nur ein persönliches, welches nicht auf die Erben transmittirt werde. Das jus quaesitum der Tochter reiche nicht aus, um ihrem überlebenden unbeerbten Manne ein Anrecht an dem, nicht mit der Frau bekommenen, Antheile zu gewähren; es sei wirkliche in communionem illatio nöthig, zumal sie das Recht habe, ihren Antheil bei wirklicher Theilung für sich zu reserviren und ihrem Manne nicht zu inferiren. — Abgesehen von der frühern Erwägung der berührten Principien und dem oben beleuchteten Umfange des zugebrachten Vermögens der Frau ist zu entgegnen:

Der Grundsatz des gemeinen Rechts, daß, wenn ein Erbe nach dem Erbanfalle vor der Theilung stirbt, er seine Rechte auf seine Erben transmittirt, ist im lüb. R. nicht geändert und steht dies nicht im Widerspruche damit, daß das lüb. R. wie jedes Intestaterbrecht nur die Kinder, nicht auch, falls eins vor der Theilung stürbe, deren gesetzliche Erben als unmittelbare Erben nennt. Zur Annahme, daß das ganze Recht des Kindes am Sammtgute ein so höchst persönliches sei, daß es mit seinem Tode erlösche, fehlt es an jedem Grunde. Es ist im Wesentlichen ein Vermögensrecht, da es im Miteigenthum besteht; und wenn dies auch aus Familien- und Hausgenossenschaftsgründen beschränkt ist und wenn man selbst annehmen will, daß das daraus fließende Recht, im Falle der Mündigkeit nach II. 2. Art. 11 Theilung zu fordern, nur ein persönliches Recht des Kindes ist, §. 84. 78, so ist doch darum allein nicht schon das ganze Miteigenthums- und Erbrecht ein, mit dem Tode des Kindes erlöschendes, rein persönliches Recht. Es ist nur aus Familiengründen so geeigenschaftet, wie es gesetzlich besteht; sowie auch das Eigenthum der Frau an ihrer dos nicht ein, mit ihrem Tode erlöschendes, auf ihre Erben nicht zu transmittirendes, persönliches Recht genannt werden kann, obgleich es während der Ehe durch Verwaltung und Nießbrauch des Mannes beschränkt ist und obgleich die specielle Befugniß der Frau, bei Verschwendung des Mannes die dos zurückzufordern, nur eine persönliche ist. Daß endlich die Frau gegen den Willen des Mannes berechtigt sei, die ihr anfallende Erbschaft für sich zu reserviren und dem Manne nicht zu inferiren, falls sie nicht durch Ehepacten oder Bestimmungen des Erblassers Sondergut wird, ist zu bestreiten. Auch das Sondergut würde nicht von der Vererbung auf die Erben ausgeschlossen sein. §. 64.

Erwähnt mag noch werden, daß auch Stein II. §. 266. 267 das Antheilsrecht des Ehegatten des Kindes bestreitet. Er begründet dies nur dadurch, daß die Erbfolge unter den Gemeinschaftsgenossen jeder andern Intestaterbfolge vorgeht. Derselben Ansicht scheint Mehlen. Hierüber ist auf die spätere Ausführung zu verweisen. §. 86. Ein Erkenntniß der Juristenfacultät Kiel von 1822 spricht dem unbeerbten Ehegatten die Statutarportion am Sammtgutsantheile des Erblassers ab. Der fragmentarische Abdruck in Bruhn's lüb. Entsch. Bd. 1. S. 84. 85 enthält außer der Bezugnahme auf Mevius, Stein und Mehlen keine speciellen Gründe. Es scheint indeß dasselbe, von Pauli II. S. 156. Anm. 167 erwähnte, Erkenntniß von Kiel zu sein, welches nach Pauli's Notiz sich hauptsächlich darauf stützt, daß den unabgetheilten Kindern gar kein Eigenthumsrecht am ungetheilten Sammtgute beiwohne. Dies ist schon §. 71. 75 widerlegt. Demgemäß bleibt also für uns das Resultat: das Sammtgutserbtheil des Kindes geht, falls dasselbe während der Gemeinschaft stirbt, ebenso wie andre Vermögensobjekte auf dessen Intestaterben einschließlich des Ehegatten über.

Nur darin hat sich die lübische Rechtspraxis festgestellt, daß ein Kind aus nahe liegenden Gründen über seinen Sammtgutsantheil nicht durch letztwillige Verfügung disponiren kann, da der Tod des Kindes das Sammtgutsverhältniß nicht aufhebt, und die testamentarische Aenderung desselben oder gar Einführung Fremder in die Gemeinschaft durch ein Kind unstatthaft ist, §. 100. Pauli II. S. 145. 148.

Gläubiger des Kindes können während der Gemeinschaft keine Rechte auf das Sammtgut realisiren. Sie können überhaupt nicht Rechte ausüben, welche das Kind selbst noch nicht praktisch geltend machen kann; auch das Recht, bei der Mündigkeit nach Art. 11 das Erbtheil zu fordern, statt die Gemeinschaft fortzusetzen, kann als höchst persönliches, wie wir sehen werden, von den Gläubigern des Kindes für dieses nicht ausgeübt werden. Pauli II. S. 169 ff. Die Gläubiger werden die Theilung des Sammtguts abwarten müssen; nur wird ihnen nicht beschränkt werden können, einen Arrest auf dasjenige, was dem Kinde bei dereinstiger Theilung als Erbtheil zu geben sein wird, auszubringen, und müssen der parens und dessen Erben solche Arreste dann, wenn sie theilen wollen oder müssen, bei Ausantwortung des Erbtheils des Kindes berücksichtigen. Bruhn lüb. Entsch. I. S. 85.

§. 76. Umfang des Sammtguts.

Das Sammtgut, welches in dieser Weise Eigenthum des überlebenden parens und der Kinder ist, besteht zunächst aus dem beiderseitigen Vermögen beider Eltern, wie es zur Zeit des Todes des Erststerbenden sich befand. Demselben wächst aber ferner Alles zu, was der überlebende Ehegatte erwirbt, der Erwerb mag durch seine Sparsamkeit, auch von den Revenüen des Sammtguts selbst, durch seine Thätigkeit oder durch Erbschaft oder Zuwendung aller Art entstanden sein. Lüb. R. II. 2. Art. 16. Was vom Ueberlebenden während der Wittwenschaft bis zur Zeit, wo die Theilung aus gesetzlichen Gründen erfolgen muß (nicht bis zur wirklichen Theilung, falls diese verzögert würde: Mevius No. 2. 3. 8—12 ad art. 16), erworben wird, ist bei der demnächstigen Theilung unter die Sammtgutsgenossen zu theilen; selbstverständlich auch bedingte Erwerbungen. Mev. No. 6—7.

Wenn dem überlebenden Ehegatten unter der ausdrücklichen Bedingung etwas zugewendet würde, daß derselbe das ausschließliche Recht und die Kinder keinen Theil daran haben sollen, so gehört dies kraft der Gültigkeit einer solchen Zuwendung nicht zum Sammtgute, sondern bildet ein davon ausgeschlossenes Sondergut und sind darauf auch nicht die Dispositionsbeschränkungen des Sammtguts anwendbar. Dies ist im alten lüb. R. Cod. II. Art. 37 ausdrücklich anerkannt, und ist auch für das jetzige Recht anzuerkennen; denn keiner der Sammtgutsgenossen kann eine Zuwendung anders als unter der damit verknüpften Bedingung erwerben. Pauli II. S. 147. Präj. Nr. 1910.

Dagegen kann dem überlebenden Ehegatten nicht das Recht eingeräumt werden, durch Verwendung von Sammtgutsmitteln während der Gemeinschaft etwas im eignen Namen für sich und nicht für die Gemeinschaft anzuschaffen, und daraus ein, ihm gehöriges, Sondergut zu konstituiren. Es widerspräche der Natur der Gemeinschaft auf Gedeih und Verderb, wenn der Verwalter der Masse einen Theil des Gedeihs als Privatvortheil für sich absondern wollte. Die kategorische Vorschrift des Art. 16: was sie gewinnen oder erwerben, solches Alles sollen sie mit den Kindern zugleich theilen, stände ebenfalls entgegen. Wenn ein solcher Erwerb gar durch Verwendung von Sammtgutssubstanz geschähe, so würde dies weder Verwaltung noch Nutzung, sondern nur Entziehung rücksichtlich der Sammtgutsgenossen sein. Sollte das Trib. Präj. Nr. 1910, dessen Gründe nicht gedruckt sind (vergl. §. 73), einen solchen Erwerb meinen, so ist es unrichtig und kann auch nicht durch den ohnehin unpassend citirten Art. 2. B. III. Tit. 7 gestützt werden. Dieser Art. 2 betrifft mit Art. 1 den Gegensatz von angestorbenen Erbgütern und wohlgewonnenem Gute und bestimmt, daß „kein Sohn oder (sonstiger) Erbe“ als nächster Erbe des Vaters den Verkauf eines Gutes, welches der Vater gekauft hat, anfechten kann. Der Fall, daß der Vater mit seinen Kindern (als Miteigenthümern) die Gemeinschaft auf Gedeih und Verderb fortsetzt, ist darin nicht abgehandelt, sondern nur der Fall, daß der Sohn als dereinstiger nächster Erbe des Vaters diesem gegenübersteht. Die andern Citate Buch II. (nicht III) 1. Art. 3 und 2. Art. 16 entscheiden nichts darüber. — Die Meinung, daß die Beschränkung des überlebenden Vaters bei Veräußerung von Grundstücken, welche er erst während der Gemeinschaft erwirbt, ausgeschlossen sei, würde ebenfalls unbegründet sein. Jene Beschränkung betrifft nach §. 73 alle zum Sammtgut gehörigen Grundstücke ohne Rücksicht auf den Ursprung.

Was dagegen die Kinder während der Gemeinschaft erwerben, wächst nicht dem Sammtgute zu, sondern wird ihr Sondergut (buten dem samende). Es besteht eben keine Gemeinschaft aller Güter; und die Kinder, welche am Sammtgute nur als Erben des Verstorbenen Theil nehmen, dessen Vermögensbestand mit seinem Tode abgeschlossen ist, haben so wenig etwas beizutragen, wie sie wegen mangelnder Verwaltung mindern können; zumal wohl der überlebende parens jederzeit, nicht aber die Kinder die Gemeinschaft aufheben können. Eichhorn D. P. R. §. 309. Runde Güt. R. §. 114. Es kann übrigens dahin gestellt bleiben, ob man mit Beseler D. P. R. §. 143. S. 606 und Mittermaier D. P. R. §. 404 als Regel der Gemeinschaft auf Gedeih und Verderb annehmen wollte, daß die Gemeinschaft auch den Erwerb der Kinder ergreife. Für das lüb. R. ist dies durch den Art. 16, welcher ausdrücklich nur den Erwerb des überlebenden Ehegatten als Zuwachs und Theilmasse nebst dem ursprünglichen Nachlasse Art. 2. 3 bezeichnet, indirekt ausgeschlossen. Pauli II. S. 148. Stein II. §. 214. Behn S. 37. Mehlen §. 25. Auch Beseler rechnet das lüb. R. zu den Abweichungen von seiner Regel.

§. 77. Preußisches Landrecht.

Aus der ganzen Darstellung §. 73—76 geht hervor, daß dies particularrechtliche Institut der sog. fortgesetzten Gütergem., communio bonorum prorogata, Gemeinschaft auf Gedeih und Verderb zwischen dem überlebenden Ehegatten und seinen unabgefundenen Kindern wesentlich verschieden ist von aller sonstigen Nachlaßgemeinschaft unter Miterben, wie sie auch das lüb. R. kennt, wenn nach dem Tode beider Eltern die Kinder den Nachlaß in Gemeinschaft behalten oder sonst ein Nachlaß von Mehreren beerbt wird. Lüb. R. III. 9. Art. 3 ff. Stein II. §. 213 und Anm. Auf die Gemeinschaft auf Gewinn und Verderb können daher die Bestimmungen des preuß. Landrechts II. 1. §. 653—661 keinen auch nur subsidiären Einfluß haben. Letztere setzen eine, in allen Verhältnissen verschiedene, Gemeinschaft des bloßen Nachlasses, nicht des durch eigne Thätigkeit oder Sparsamkeit des conjux superstes Erworbenen fest und voraus; Rechnungslegung bis zur Auseinandersetzung an die unabgefundenen Kinder und lebenslänglichen Nießbrauch des Ehegatten bei Conkurrenz mit andern Erben. Gesetzcomm. vom 17. April 1805. Es bleibt daher auch lediglich die lübische Gemeinschaft auf Gedeih und Verderb, wie sie nach Statut und Gewohnheitsrecht sich gebildet hat, maßgebend. Demgemäß richten sich Rechte und Pflichten des überlebenden Ehegatten hinsichtlich der Activ- und Passivlegitimation gegen Nachlaßgläubiger und Nachlaßschuldner nicht nach Landr. II. 1. §. 661, sondern nach den vorbemerkten Befugnissen §. 73. 74. — Die Bestimmungen des Landr. II. 18. §. 410—414, welche nach dem Gutachten der Gesetzcommission vom 17. April 1805 eine wirkliche communio bonorum prorogata betreffen, ordnen nur die Zeit der Beendigung §. 78 ff. und jenes Gutachten hat nur diese landrechtliche Gemeinschaft aus rein landrechtlichen Vorschriften ergänzen sollen, ist also bei statutarischer Gemeinschaft nicht zu berücksichtigen. Rescr. vom 11. Januar 1822. Jahrb. Bd. 19. S. 167.

§. 78. Theilungsgründe. Wann ist zu theilen?

So wie für den Beisitz des überlebenden Ehegatten mit seinen unabgefundenen Kindern der Tod des erststerbenden Ehegatten der naturgemäße Anfangspunkt ist (auch ohne daß der überlebende eine ausdrückliche Erklärung über seine Absicht des Beisitzes abgiebt: Stein II. §. 213. Anm. **; vergl. Landr. II. 18. §. 410; Gesetzcomm. vom 17. April 1805 Nr. 1. 2), so ist der Tod des letztlebenden Ehegatten das natürliche Ende. Die Kinder, zugleich Erben beider Eltern (es ist hier immer nur von Intestaterbfolge die Rede), theilen, falls sie nicht eine nach den gewöhnlichen allgemeinen Grundsätzen zu behandelnde Nachlaßgemeinschaft eintreten lassen wollen. Auch der Tod aller Kinder beendet den Beisitz. Dagegen hat der Tod eines Kindes zunächst auf den Beisitz keinen Einfluß; derselbe wird vom parens mit den andern unabgefundenen Kindern fortgesetzt. Ueber die Beerbung eines solchen Kindes später. Runde §. 116. Pauli II. §. 33.

Bei Lebzeiten der Gemeinschaftsgenossen kann die Auflösung des Verhältnisses

I. jederzeit nach dem Willen des überlebenden Ehegatten erfolgen,

II. wider dessen Willen nur, wenn:

1. der überlebende Ehegatte zur zweiten Ehe schreitet,
2. wenn er verschwenderisch wirthschaftet,
3. wenn ein Kind „zu seinen mündigen Jahren" gekommen ist. Lüb. R. II. 2. Art. 8. 11. 21. 29.

I. Das Recht des überlebenden Ehegatten, mit den Kindern zu theilen, wenn er will, folgt daraus, daß er auf sein Recht des Beisitzes verzichten kann (Runde §. 117. Gesetzcomm. vom 17. April 1805) und ist für den Mann, „der mit seinen Kindern theilen will", im Art. 29 ausdrücklich ausgesprochen. Wenngleich darin die Wittwe nicht ausdrücklich erwähnt ist, so ist (gegen Mev. No. 5. 6 ad art. 29 mit Stein II. §. 204. 124. 210. 215. Anm. und Pauli II. S. 203. 204) kein Grund, hierin nicht Gleichheit der Rechte beider Eheleute anzunehmen. Daß die Wittwe im Beisitz bleiben muß, ist nicht vorgeschrieben und folgt nicht aus dem Wesen der Sache. Runde a. a. O. Mehlen §. 3. 22 und Anm. Dies Recht der Wittwe erkennt auch das Erkenntniß des O.A.Ger. Lübeck von 1839, Bruhn lüb. Entsch. Bd. 2. S. 262 zu III, an. Die Beendigung des Beisitzverhältnisses erfolgt dann mit der rechtsverbindlichen Erklärung des überlebenden Ehegatten.

II. Dagegen kann gegen dessen Willen das Kind nur dann Theilung fordern, wenn einer der gesetzlichen Theilungsgründe eintritt. Die aus Art. 2. 3. 5. 6 gezogene Folgerung, daß der überlebende Gatte gleich nach dem Tode des Ehegenossen auf Verlangen der Kinder theilen müsse, beruht auf unrichtiger grammaticalischer Auffassung jener Artikel. Die Art. 2. 3 sagen nur, wie zu theilen ist, wenn die Frau bez. der Mann stirbt, und wenn der überlebende theilen muß. Art. 5 setzt die Wiederverheirathung des Ueberlebenden voraus und bestimmt — wie auch Art. 6, welcher das Verhältniß abgesonderter und nicht abgesonderter Kinder betrifft, und wie Art. 2. 3 — nichts über die Zeit, wenn Theilung gefordert werden kann. Hierüber disponiren nur Art. 8 fin. 11. 21. 29. Daß vorher das Kind nicht Theilung fordern kann, ist jetzt unbestrittenes lübisches Recht. Mev. No. 42—61 ad art. 2. Stein II. §. 205. 213. Mehlen §. 22 und Anm. Pauli II. §. 33.

1. Der Hauptfall, in welchem getheilt werden muß, tritt ein, wenn der überlebende Ehegatte zur zweiten Ehe schreitet, oder, was diesem gleichgestellt wird, in ein Kloster oder Gotteshaus sich einkauft. Stein §. 217. Art. 8. 21. 29. Vormünder und Vormundschaftsgericht sollen dann für minderjährige Kinder die Theilung veranlassen; großjährige können dies selbst beantragen. Art. 21. Es ist nur noch von geschichtlichem Interesse, ob unter den „Freunden", denen nach Art. 21 Abrechnung gehalten werden soll, die nächsten Verwandten, welche gesetzlich Vormünder sein konnten, zu verstehn sind, Mev. No. 18 seq. ad art. 21, oder ob nach ält. lüb. Verfahren die Blutsfreunde außer den etwanigen Vormündern Namens der Kinder an der Auseinandersetzung Theil nahmen. Pauli II §. 36. a. Letzteres ist längst nicht mehr üblich; und immer ist der Antrag auf Theilung ein Recht der Kinder, welches sie und ihre gesetzlichen Vertreter geltend machen können. Mehlen S. 65.

Wenn trotzdem der überlebende Ehegatte eine zweite Ehe eingegangen war, ohne getheilt zu haben, so konnten die Kinder die Theilung des Vermögens auch nachher noch verlangen. Es gilt nicht als Verzicht darauf, wenn sie auch die zweite Ehe haben geschehen lassen; sie sind nicht genöthigt, mit dem Stief-parens die Gemeinschaft fortzusetzen. Mev. ad art. 29. No. 15. 23. addit. ad No. 23. Runde §. 117. Nr. 2.

Daß sie durch Einigung mit dem überlebenden parens und dessen zweiten Ehegatten oder auch stillschweigend mit demselben auch während der zweiten Ehe die Gemeinschaft fortsetzen **konnten**, zeigen die Artt. 26 und 28. Indeß wenn sie nicht wollen, sind sie nach Artt. 8. 21. 29 nicht dazu verpflichtet; soweit sie nicht rechtsverbindlich auf ihre Rechte verzichtet haben und fernere Gemeinschaftsverpflichtungen eingegangen sind. Der Vermögensbestand der Zeit der Eingehung zweiter Ehe bildet dann die Theilmasse. Der parens muß von dann ab die Erbtheile der Kinder verzinsen, resp. deren Nutzungen vergüten und für die fernere Zeit Rechnung legen, indem er von dieser Zeit ab, wo er theilen mußte, in mora sich befindet. Runde §. 117. Nr. 2. Mev. ad art. 2. No. 62 seq. 84. 211. 212. u. ad art. 16. No. 8—10. Aus demselben Grunde sind, da mit der 2ten Ehe die Gemeinschaft auf Gedeih und Verderb aufhört, die nachher vom Ehegatten getroffenen Dispositionen für die Kinder unverbindlich. Strieth. Arch. Bd. 47. S. 298. Falls dagegen mit dem Willen der unabgesonderten Kinder erster Ehe die Gemeinschaft von ihnen mit den Eheleuten zweiter Ehe fortgesetzt wird, wie Artt. 26. 28. voraussetzen, so kann natürlich von einem Verzuge nicht die Rede sein. §. 81.

2. Daß bei verschwenderischer Wirthschaft des überlebenden Ehegatten derselbe das Recht auf den Beisitz verliert, ist im lübischen Statute nicht ausdrücklich bestimmt. Dagegen nimmt Runde §. 117. Nr. 1 dies sogar als gemeinrechtlich an, freilich gegen Mittermaier, §. 405. IV; während Beseler §. 144. S. 609 nur in Folge einer eigentlichen Prodigalitätserklärung das Verlangen der Kinder auf Theilung gerechtfertigt hält, wenn das Particularrecht nicht weitergehende Bestimmungen träfe. Jedenfalls wird aber nach unbestrittener lübischer Rechtsgewohnheit, so wie nach der ausdrücklichen Bestimmung der, zur Erläuterung dienenden, verwandten bremischen und hamburgischen Rechte, der Beisitz des überlebenden Ehegatten verloren, wenn er eine verschwenderische Lebensweise anfängt. Mev. No. 85. 86. ad II. 2. art. 8. und No. 7. ad art. 11. Stein II. §. 206. Pauli II. S. 177. Das Hamburger Statut III. 3. Art. 35 befreit sogar nur dann den Mann von der Verpflichtung zu theilen, „wenn er seinen Dingen recht vorsteht" und die Wittwe, „wenn sie wohl Haus hält". Auch das Landr. II. 18. §. 413 giebt dem Vormunde der Kinder das Recht, gegen die Wittwe-Mutter auf Auseinandersetzung anzutragen, wenn sie sich „der Verschwendung oder sonst einer schlechten Verwaltung verdächtig macht" und erklärt, II. 18. §. 414. 36. II. 2. §. 179, den Vater zur Auseinandersetzung in allen Fällen verpflichtet, wo er gesetzlich für das Vermögen der Kinder Sicherheit bestellen muß, also namentlich auch, wenn er in offenbaren Vermögensverfall zu gerathen anfängt. Für den Bereich der pommerschen Bauernordnung von 1764, welche „den überlebenden Ehegatten in Gemeinschaft der Güter auf gemeinschaftlichen Gewinn und Verderb sitzen läßt, bis er zu der andern Ehe schreitet," hat das Obertribunal wiederholt, Entsch. Bd. 13. S. 409, Strieth. Arch. Bd. 47. S. 179, entschieden, daß die landrechtlichen Befugnisse aus II. 18. §§. 413. 414. fortfielen, weil die Möglichkeit einer schlechten Verwaltung und Vermögens-„Verderb" in der Bauernordnung schon vorgesehn und dennoch dem Ehegatten die Verwaltung bis zur zweiten Ehe belassen sei; schlechte Verwaltung berechtige daher nicht zu Einschränkungen, wenn nicht die Prodigalitätserklärung begründet werden könne. Hinsichtlich der Bauernordnung mag dies bei ihrer entschiedenen Fassung dahin gestellt bleiben, und mag es zweifelhaft sein, ob sich eine Entziehung des Beisitzes ohne Prodigalitätserklärung als gemeinrechtlich rechtfertigen läßt. Für

das lüb. R. wird dagegen auf Grund der von allen Commentatoren bezeugten Rechtsgewohnheit behauptet werden müssen, daß eine verschwenderische Lebensweise oder üble Wirthschaft des überlebenden Ehegatten, auch ohne vorgängige Prodigalitätserklärung, die Kinder zum Antrage auf Theilung berechtigt. Pomm. Stat.R. §. 97. Vergl. Strieth. Arch. Bd. 1. S. 301. 305. Dies erkennt auch eine Entscheidung des O.A.Ger. zu Lübeck von 1829 an, Bruhn lüb. Entsch. Bd. 1. S. 277f., und erklärt die Kinder, da sie alsdann Theilung fordern können, auch für berechtigt, Sicherstellung ihrer Erbtheile als das Mindere zu verlangen.

3. „Wenn ... der Eltern eines verstirbet, seind der Kinder eines oder mehr zu ihren mündigen Jahren kommen und wollen ihr Erbtheil haben von dem verstorbenen Vater oder Mutter, man soll ihm dasselbe nicht verweigern." Revid. lüb. R. II. 2. Art. 11. Das alte lüb. R. sagte Cod. II. Art. 20: wenn ein Kind „is to sinen jaren komen unde wil dat sin erve hebben, men ne magh es eme nicht verseegen." Hinsichtlich der Zeit der Mündigkeit bezeugt Mevius No. 7. ad art. 11 die gewöhnliche Praxis dahin, daß die Zeit verstanden werde, wann ein Kind in den Ehestand trete oder seinen eigenen Hausstand begründe. Pauli II. S. 159—162 bemerkt richtig, daß mit Einführung des gemeinrechtlichen Großjährigkeitstermins nicht alle Mündigkeitsberechtigungen davon abhängig gemacht sind und besondere Termine für Eides- und Testamentsmündigkeit noch beibehalten sind. Vergl. Kierulf lüb. Entsch. S. 520—542. Stein folgert die Rechte des Beisitzes überhaupt aus der „Gewalt und natürlichen Vormundschaft der Eltern" und stellt auch das Recht der Kinder, mit den mündigen Jahren ihr Erbtheil zu fordern, als Folge davon hin, ohne sich über den Termin der Mündigkeit näher zu erklären, §§. 215. 213. Er kann aber schon deshalb nicht den Termin der Vormundschaftsentlassung unbedingt meinen, weil die Wittwe nicht die Vormundschaft über die Kinder führt und ihnen einen besondern Vormund bestellen lassen muß, lüb. R. I. 7. Art. 12. Ganz richtig bezeichnet Stein auch den Art. 8, wornach Kinder, welche schon bei Lebzeiten beider Eltern in den Ehestand getreten sind, ihr Erbtheil nicht fordern können, und die Gemeinschaft fortsetzen müssen, als Ausnahme vom Art. 11. Stein. II. §§. 216. 222. Pauli II. S. 164. Dies ist natürlich nur möglich, wenn Kinder, welche „in den Ehestand begeben sind", Art. 8, auch schon vor dem Großjährigkeitstermine im Sinne des Art. 11 mündig sind. Das O.A.Gericht zu Lübeck hat jene Praxis,

welche Mevius bekundet, in neuerer Zeit nur insoweit nicht anerkannt, als nicht anzunehmen sei, daß ein Kind, welches großjährig (25 Jahr alt) sei, dennoch sein Erbe nicht eher fordern könne, als es einen eignen Haushalt anfange. Pauli S. 164. Demgemäß ist auch (mit Pauli S. 142. 159 ff. und Pomm. Stat.R. §. 96) das Recht aus Art. 11 geltend zu machen, wenn das Kind in den Ehestand tritt oder eine eigne Wirthschaft begründet, spätestens wenn es großjährig ist, was sich im landrechtlichen Gebiete natürlich nach dem landrechtlichen Termine von 24 Jahren richtet; sie können dagegen nach Art. 8 ein solches Recht nicht geltend machen, wenn sie schon bei Lebzeiten der Eltern ausgesteuert sind. Diesem entspricht auch das Landr. II. 18. §. 412, wornach Töchter, wenn sie heirathen, und Söhne, wenn sie eine eigne Wirthschaft anstellen, Auseinandersetzung mit ihrer Mutter verlangen können.

Ob dies Recht ausgeübt werden soll, hängt natürlich vom freien Willen des Kindes ab und betrifft das Resultat auch nur das einzelne Kind, im Gegensatze zu dem Falle zweiter Ehe, worin eine gesetzliche Nothwendigkeit der allgemeinen Auflösung des Beisitzes vorliegt. Die Gründe für ein mündiges Kind, entweder den Anspruch auf sein Erbtheil, oder die Fortsetzung der Gemeinschaft zu wählen, sind, dem persönlichen Verhältnisse der Kinder zum parens entsprechend, rein persönliche und demnach ist auch dies Wahlrecht ein persönliches. Wenn das Kind es nicht ausgeübt, sondern — obgleich mündig geworden — die Gemeinschaft fortgesetzt und nicht schon seinen Willen, Theilung zu verlangen, erklärt hat, so erlischt dies Recht als persönliches mit dem Tode des Kindes und ist nach dessen Tode nicht von seinen Erben oder Gläubigern geltend gemacht worden; sondern diese müssen den spätern Eintritt sonstiger gesetzlicher Gründe der Auflösung des Beisitzes abwarten und bis dahin die Fortsetzung der Gemeinschaft gestatten. Insoweit ist Mev. ad art. 11. addit. ad No. 30 und Strieth. Arch. Bd. 1. S. 301 beizustimmen. Nur kann darum nicht das ganze Antheilsrecht des Kindes am Sammtgute als ein, mit seinem Tode erlöschendes, persönliches oder vor der zweiten Ehe noch nicht vorhandenes Recht angesehen werden. §§. 71. 75. Wenn Mevius in addit. ad No. 30 alin. 1 fin. annimmt, ein Gläubiger des Kindes könne, wenn nicht exc. Scti macedoniani entgegenstehe, verlangen, daß das Kind sein Erbtheil nach Art. 11 fordere, falls dessen Bedingungen vorliegen, und wenn es nicht wolle, könne der Gläubiger diese Klage darauf nach Nov. 135 selbst anstrengen; so ist dies bei dem

Charakter des Wahlrechts aus Art. 11 als eines rein an diese Person des Kindes geknüpften Rechts unrichtig. Im Widerspruch damit und richtiger sagt Mevius selbst Resp. XII. p. 130: in nostro foro liberorum creditoribus praeclusa est ad illa bona (Sammtgut) omnis via, usque dum ex divisione accipiunt. Pauli II. S. 169—173.

§. 79. Wie ist zu theilen?

1. Eltern und Kinder.

Abgesehen von einer Einigung der Interessenten, welche dann selbständig über Umfang, Art und Wirkung der Theilung entscheidet, ist alsdann, wenn der überlebende Ehegatte mit seinen unabgefundenen Kindern theilen muß, also namentlich, wenn er zur zweiten Ehe schreitet, in ein Kloster oder Hospital geht oder verschwenderisch wirthschaftet, das Sammtgut in dem Umfange zu theilen, wie es sich zur Zeit der Nothwendigkeit solcher Theilung befindet. §. 76.

Die Theilung erfolgt so, daß der überlebende Ehegatte die Hälfte und die nicht abgefundenen Kinder ohne Rücksicht auf ihre Zahl die andere Hälfte bekommen; der überlebende Mann jedoch seine besten Kleider (und seinen Harnisch), die überlebende Frau ihren Trauring vorausnimmt. Artt. 2. 3. 6. 16. Pomm. Stat. R. §§. 97—99. Einflußlos ist dabei, ob und wieviel der überlebende oder der verstorbene Ehegatte aus seinem Vermögen oder seinen Kräften zum Sammtgute beigetragen hat.

In jenen Fällen nothwendiger Theilung kann jedes Kind eine solche Sammtgutstheilung verlangen und kann der parens superstes nicht darauf bestehn, daß er nur das Vermögen des Erstverstorbenen herausgeben oder theilen wolle. Den Fall des Art. 11. II. 2, wenn ein unmündiges Kind sein Erbtheil fordert, lassen wir hierbei einstweilen noch außer Acht, um ihn §. 84 besonders zu erörtern; ebenso den Fall der Art. 26. 28, wenn die Gemeinschaft in der That während der zweiten Ehe noch fortgesetzt wird. §§. 81 bis 83.

Mit Ausnahme dieser Fälle ordnet das lüb. R. bei nothwendiger Theilung keine andre Intestaterbschichtung des überlebenden Ehegatten mit seinen unabgefundenen Kindern an, als die Halbirung des Sammtguts. Es bestimmt kategorisch: wenn Mann oder Frau des Erblassers nebst unabgesonderten Kindern überleben und theilen müssen, so muß zur Hälfte getheilt werden Alles mit Einschluß des Erwerbes des überlebenden conjux während der Wittwenschaft. Weder die Bestimmungen, wie Eheleute zweiter Ehen mit Kindern erben, sind über den vorausgesetzten Fall auszudehnen, noch können die Vorschriften des Tit. 1. Buch 2, wie Testamente bestimmten Inhalts auszulegen sind, auf die Bestimmung der Erbquote der Kinder ab intestato Einfluß haben. Auch der Art. 11. II. 2 ist, selbst wenn er eine andre Theilungsweise vorschriebe, über den Fall der Erbtheilsforderung eines mündigen Kindes hinaus bei der bestimmten Vorschrift der Artt. 2. 3. 8. 16. nicht auszudehnen. Die lübische Praxis und alle lübischen Juristen, mit alleiniger Ausnahme von Stein, sind daher auch einverstanden, daß der Schichtgeber im Falle nothwendiger Theilung, also namentlich der zweiten Ehe, den Kindern nicht wider ihren Willen aufdringen kann, daß nur das Vermögen des Erststerbenden statt des Sammtguts getheilt wird. Mev. No. 62 seq. 84 ad art. 2; Pauli II. S. 108 und die dort citirten Autoren. — Stein will seine abweichende Meinung, daß der überlebende Ehegatte hierzu dennoch berechtigt sei, durch seine Gewalt über Kinder und Vermögen rechtfertigen, II. §§. 212. 244. 120, wird indeß durch das Statut widerlegt. Daß die Ansicht von Stein auch nicht in die Praxis übergegangen ist, zeigt Mehlen, dessen lübische Erbfolge zwar nicht von wissenschaftlicher Bedeutung ist, aber das Verdienst hat, die Praxis seiner Zeit darzustellen. Mehlen bestätigt, daß eine Totaltheilung in Pommern selten ist und daß mit gemeinschaftlicher Beliebung der Interessenten eine partikuläre Theilung des Vermögens des Verstorbenen erfolgen könne, welche in Pommern die gewöhnliche sei. Indeß erkennt Mehlen an, daß dies auf Vereinbarung beruht und daß in Ermangelung einer solchen in jenen Fällen nothwendiger Theilung der conjux das Sammtgut theilen muß, selbst wenn der verstorbene Ehegatte gar nichts in die Ehe gebracht oder an eignem Vermögen hinterlassen hat. Mehlen §§. 3. 24 ff. 27 Anm. 3. §§. 28. 29 Anm. 3. 5 zu §. 28. — Die Pommersche Polizeiordnung von 1681 c. 17, von Mevius verfaßt, verbot die Zulassung einer zweiten Ehe, bis der conjux binubus den Kindern erster Ehe ihren „Antheil Gutes, welches ihnen von des verstorbenen Vaters oder Mutter wegen angefallen ist, ausgesprochen und versichert hat." Indeß abgesehen davon, daß darnach der Theil nicht bloß vom Vermögen des Verstorbenen zu berechnen ist, ist nach dem Zeugnisse von Mehlen in judicando zwar mitunter erkannt, daß der überlebende Ehegatte nicht zu theilen brauche, wenn der verstorbene kein eignes Vermögen gehabt und hinterlassen habe; öfter aber dem Geiste des lüb. R. gemäß erkannt, daß er auch dann das Sammtgut theilen müsse, weil die Polizeiordnung nur die Pflichten der Vormünder bestimmen wolle, nicht das lüb. R. abändern und weil sie die partikuläre Theilung nur in der Voraussetzung erwähne, daß sie als die gewöhnliche eintrete. Mehlen Anm. 5 zu §. 27. Daß auch nach der lübeckschen Vorm.O. vom 11. Oktober 1820 die Wiederverheirathung nur gestattet ist, wenn der conjux die Kinder vom Gute des verstorbenen Ehegatten abgefunden hat, hat auf das Recht der Kinder, Sammtgutstheilung zu fordern, zumal bei uns unbedingt keinen Einfluß. In Pommern ist übrigens jetzt auch in nicht streitigen Erbregulirungen die Sammtgutstheilung bei zweiter Ehe des superstes die gewöhnliche.

Von der Gemeinmasse sind natürlich die auf dem Sammtgute haftenden Schulden vorweg abzuziehn. §§. 46. 47.

Das lüb. R. enthält keine besondern Bestimmungen, wie die Theilung des Sammtguts herbeizuführen, wer von den Betheiligten und zu welchem Preise die Nachlaßobjekte übernehmen darf und wodurch der Theilungspreis überhaupt zu bestimmen ist. Es sind daher die subsidiären gemeinrechtlichen Bestimmungen bez. Landr. II. 1. §§. 648—652 maßgebend. Mevius will zwar aus der Bestimmung des Statuts, welches Theilung zur Hälfte vorschreibt, als strictum jus folgern, daß weder der Schichtgeber noch die Kinder mit einer Werthabfindung zufrieden zu sein brauchen. No. 100—108 ad art. 2. Indeß mit Recht ist dieser Schluß in Entsch. Bd. 6. S. 325. Präj. Nr. 641 für das Soester Statut, welches ebenfalls Theilung zur Hälfte vorschreibt, widerlegt und festgestellt, daß das landrechtliche Wahlrecht des Ehegatten, für eine von seinen Miterben zu setzende Taxe die Sammtgutsgrundstücke zu übernehmen oder den andern Erben zu überlassen, auch bei der Theilung mit unabgefundenen Kindern und bei provinzieller oder statutarischer Gütergemeinschaft Anwendung findet, sofern Provinzialgesetze oder Statuten nichts Abweichendes bestimmen. Die Vorschrift der Theilung zur Hälfte ist keine Abweichung, weil nicht bestimmt ist, daß jedes einzelne Nachlaßobjekt zur Hälfte zu theilen ist und weil, abgesehen von der häufigen Unausführbarkeit der Naturaltheilung, das Wahlrecht vor der realen Vertheilung geltend zu machen ist; die gesetzliche Quotenbestimmung auch nur über das Theilnahmeverhältniß entscheiden soll, nicht über die Weise, wie die Realisirung der ideellen Antheile in reale Objekte hinsichtlich der einzelnen Nachlaßgegenstände herbeigeführt werden soll. Wenngleich das Quotenverhältniß freilich dazu führt, daß, sofern nicht andre principale oder subsidiäre Vorschriften bestehn, Kinder und Ehegatten gleiche Rechte bei der Bestimmung über Realisation des Nachlasses haben würden, so ist doch die Anwendbarkeit der ausdrücklichen landrechtlichen Bestimmungen nicht abzuweisen, da ihnen das lübische Statut nicht widerspricht, sondern eben über die Realisation behufs der Theilung schweigt. Landr. II. 1. §. 360. Die Billigkeitsrücksichten, welche Mev. gelten lassen will, daß der Vater das Grundstück nicht herausgeben soll, wenn ihm dies schadet und den Kindern die Zahlung des Werths ebensoviel hilft, daß aber auch die Kinder es verlangen können, wenn ihnen mehr an der Sache, z. B. einem alten Familienhause, als am Werthe gelegen sei, sind weder gemeinrechtlich, noch entscheiden sie die eigentliche Collision, wenn beide Theile interessirt sind, die Sache zu bekommen.

Kinder, welche dem parens das Sammtgut gegen Erbabfindung überlassen, und umgekehrt der parens, welcher den Kindern oder einem davon das Sammtgut gegen Abfindung überläßt, sind nach allgemeinen Rechtsgrundsätzen nicht verpflichtet, ihre Antheilsrechte anders als gegen Ausantwortung der Abfindungen aufzugeben, falls nicht die Creditirung mit oder ohne Sicherstellung vereinbart wird. Vergl. Pauli II. S. 193—198. 210. Die Abfindung wird volles Eigenthum der Kinder und ist durch ein Nießbrauchsrecht der Eltern nicht ferner beschränkt, soweit dies nicht durch besondre Gründe, Vertrag, väterliche Gewalt, begründet wird.

§. 80. Anrechnung von Abfindungen und Ausstattungen.

Die Kinderhälfte des Sammtguts bekommen die Kinder, welche noch nicht abgesondert sind, Art. 6, von diesen aber die verheiratheten eben sowie die unverheiratheten zu gleichen Theilen, Art. 8. Mev. No. 72—75 ad art. 2. Von der Kinderhälfte kann aber der überlebende Ehegatte, falls er vor dieser Theilung nach dem Tode des Erststerbenden schon eins der Kinder aus dem Sammtgute abgesondert hat, den diesem zur Absonderung gegebenen Betrag für sich in Abzug bringen und braucht ihnen nur die Hälfte des Sammtguts nach Abzug der Abfindung des Abgesonderten zu geben; jedoch ist behufs der Constituirung des zu halbirenden Sammtguts zu dem, bei der Theilung vorhandenen, Gute noch der Abfindungsbetrag hinzuzurechnen, oder, was calculatorisch gleichbedeutend ist

$\left(\frac{a+b}{2} - b = \frac{a-b}{2}\right)$, von dem actuell noch bei der Theilung vorhandenen Sammtgute ist zunächst der gegebene Abfindungsbetrag abzurechnen, und nur die Hälfte des Restes hat der Ehegatte den unabgefundenen Kindern zu geben. Wenn jedoch Kinder schon bei Lebzeiten beider Eltern abgesondert sind, so ist die für sie gegebene Abfindung überhaupt nicht mehr zu berechnen. In dieser Weise sind Mevius ad art. 2 No. 91 seq., welcher überhaupt keine Rücksicht auf Abfindungen abgesonderter Kinder nehmen will, und Pauli II S. 199, welcher dem Ehegatten gestattet, deren Abfindungen von der Kinderhälfte abzurechnen, zu berichtigen und zu ergänzen. Denn nach den Artt. 2. 3. 6. 16. 28 muß die Theilung des Sammtguts unter den Kindern, welche zur Zeit des Todes vorhanden und nicht abgefunden sind, so erfolgen, daß die Kinder $^1/_2$ bekommen, und ist durch die vorgeschriebene Theilung die nicht erwähnte Abrechnung der vor dem Tode von den Eltern gegebenen Abfindungen ausgeschlossen. Wenn also Kinder bei Lebzeiten beider Eltern abgesondert sind, würde es dem lübischen Statute widersprechen, dennoch bei der Theilung zur Hälfte auf die abgesonderten Kinder Rücksicht zu nehmen. Dagegen gebührt das Sammtgut nach dem Tode des erststerbenden parens zunächst den, zur Zeit dieses Todes vorhandenen, unabgefundenen Kindern nebst dem überlebenden Ehegatten. Falls nun letzterer eins von diesen Kindern absondert, so ist dies nur eine theilweise Anticipation der bei späterer allgemeiner Theilung erfolgenden Erbregulirung; das abgesonderte Kind nimmt an dieser nicht mehr Theil; die andern Kinder haben aber kein Recht, mehr zu fordern, als wenn die Abfindungen der abgesonderten Kinder noch im Sammtgute vorhanden wären und nun erst daraus gegeben werden müßten. Andererseits kann eben deshalb in diesem Falle der überlebende parens nicht von der Kinderhälfte des nach Zahlung der Absonderungsabfindung vorhandenen Sammtguts noch die Abfindung für sich beanspruchen, weil er selbst nicht aus diesem Sammtgutsreste die Abfindung gab, sondern aus dem Gute, wie es mit Einschluß der inzwischen gegebenen Abfindung bestand.

Die von Pauli citirten Inscriptionen, in denen die spätere Abrechnung solcher Abfindungen vorbehalten wird, bezeichnen auch nur eine in vorgedachter Weise normirte Abrechnung; 1321: praeantecipabit tantum de omnibus bonis suis et puerorum praedictorum, also nicht von der Kinderhälfte allein; 1361: tantum debet **praeinante** recipere et sublevare, quando alios pueros a se voluerit separare, Pauli II. S. 199. 200. Der Unterschied, weshalb Abfindungen in dieser Weise abzurechnen sind, nicht aber sonstige Schulden, welche der parens während des Beisitzes abgezahlt hat, liegt darin, weil jene nicht eine Forderung Dritter, sondern eine, den andern Genossen gegenüber anticipirte Vorausnahme eines Genossenantheils sind. — Wenn ein Vater von einem, sich substantiell nicht wesentlich ändernden, Sammtvermögen von 1200 Thlrn., welches er mit sechs Kindern besitzt, nach und nach fünf Kinder sachgemäß jedes mit 100 Thlrn. absondert, so würde es bei der spätern Theilung mit dem sechsten Kinde eben so ungerechtfertigt sein, falls er (mit Mevius) diesem die Hälfte der 700 Thlr. Restvermögen geben müßte, als es dem Rechte des Kindes widerspräche, wenn er von dieser **Hälfte**, also von 350 Thlrn., erst die frühern Abfindungen — 500 Thlr. — für sich behielte und dem sechsten Kinde nichts gäbe.

Darüber, ob und wie die theilenden unabgefundenen Kinder erhaltene **Ausstattungen** und **Geschenke** zu konferiren haben, enthält das lüb. R. keine Bestimmungen; es ist daher auf das subsidiäre gemeine bez. preuß. Recht zurückzugehen. Das römische Recht (auch das preuß. Landr. II. 2. §§. 303. 323, Entsch. Bd. 10. S. 190) statuirt die Collation nur zur Ausgleichung unter den Descendenten und läßt nur Ausstattungen, welche der Erblasser (nicht der überlebende Ehegatte) gegeben hat, conferiren. Da das lüb. R. nicht bloß eine Theilung des Nachlasses des erstverstorbenen parens, sondern des Vermögens beider Eheleute anordnet, und die Kinder durch die Theilung auch für ihren Erbantheil hinsichtlich des letztlebenden abgefunden werden, so ergiebt sich daraus consequent, daß auch die, von letzterem gegebenen Ausstattungen und Geschenke zu konferiren sind. Dagegen ist es ungerechtfertigt, wenn Mevius No. 95—99 ad art. 2 nicht nur zur Ausgleichung der Kinder untereinander, sondern auch dem überlebenden Ehegatten gegenüber konferiren lassen will und dies durch aequitas et jus societatis, ex quo divisio nascitur, begründet. Dies würde dem Zwecke und der ratio der Collationspflicht widersprechen, welche nur die Ausgleichung der Kinder untereinander beabsichtigt. l. 17 Cod. de collat. Stein gestattet daher auch nur Collation der Kinder untereinander II. §§. 197. 198. Zwar ist auch sonst für das gemeine deutsche Güterrecht, abgesehen vom lüb. R., mehrfach die Ansicht aufgestellt, daß bei der Gütergem. die Collationspflicht nur in der Art eintreten könnte, daß die Kinder auch dem parens gegenüber zu konferiren hätten, weil ja auch der parens sein ganzes Vermögen einwürfe. Kind quaest. for. Tom. II. cap. 64. p. 278. Runde §. 118. Indessen kann, wenn das gemeine Recht als subsidiäres hinsichtlich der Collation überhaupt angewendet wird, diese Anwendung nur mit demselben Charakter erfolgen, wie ihn das gemeinrechtliche Rechtsinstitut hat. Die Bestimmung Art. 2, daß der Ehegatte die Hälfte des vorhandenen Guts bekommt und die Kinder die andre Hälfte, schließt eine derartige analoge Ausdehnung der Collation aus, daß der Ehegatte außer seiner Hälfte noch die Hälfte der früher gegebenen Ausstattungen oder Geschenke bekommen soll. Demnach kann auch die Collation des preuß. Landr. II. 2. §§. 303 ff. 323 nur dergestalt zur Anwendung kommen, daß die Kinder zur Ausgleichung unter einander conferiren. So wird auch in der Praxis verfahren. Krantz (in Gruchot's Beiträgen III. S. 225—235) will zwar für die landrechtliche Gütergem. ausführen, daß darnach der Ehegatte immer mindestens die Hälfte des Vorhandenen bekommen soll, daß er aber außerdem als Folge der Collation der Ausstattungen der Kinder auch noch die Hälfte der Ausstattungen erhalten soll und daß §. 323 auf gütergemeinschaftliche Ehen überhaupt nicht anwendbar sei. Aber sein Fundament, daß Ausstattungen (und Geschenke?) als Zahlung auf den künftig zu ermittelnden Erbtheil zu betrachten seien, S. 232 a. a. O, ist weder theoretisch noch praktisch richtig. — Die Bestimmungen des Landr. II. 2. §§. 370 bis 376, welche von Abfindungen auf den Nachlaß des erstversterbenden parens zu Gunsten des überlebenden Ehegatten handeln, finden für die ganz verschiedene, hier zu behandelnde, Totaltheilung keine, auch nur subsidiäre, Anwendung.

§. 81. 2. Stiefeltern und Stiefkinder.

Der Fall, daß Stiefeltern mit unabgefundenen Stiefkindern zu theilen haben, kann nur eintreten, wenn bei Eingehung der zweiten Ehe keine Theilung mit den Kindern erster Ehe gehalten ist. Aus dem Rechte der Kinder erster Ehe auf die Hälfte des Sammtguts würde konsequent, falls später einer der Eheleute zweiter Ehe stürbe, ihr Antheilrecht sich dahin gestalten, daß die Kinder erster Ehe die Hälfte des Sammtguts erster Ehe bekommen und ferner, da sie noch nicht abgesondert sind, also auch den überlebenden parens mitbeerben, noch die Hälfte von dessen Sammtgutshälfte. Die zweite

Hälfte dieser Hälfte (also $^1/_4$ des ganzen Sammtguts) würde als Antheil des letztlebenden parens erster Ehe nebst dem eignen Gute des zweiten Ehegatten das, auf diesen und die Kinder zweiter Ehe vererbende, Sammtgut der zweiten Ehe bilden.

Wenn die letzte Ehe unbeerbt ist, und der überlebende Mann erster Ehe vor seiner zweiten Frau stirbt, müßte letztere außer ihrem Eingebrachten die Hälfte des Vermögens des Mannes, also von jener Hälfte des Sammtguts erster Ehe die Hälfte erhalten. Falls endlich die überlebende Frau erster Ehe vor ihrem zweiten unbeerbten Manne stürbe, müßte letzterer ihren Erben, also ihren Kindern erster Ehe, die Hälfte ihres eingebrachten Vermögens, also ihre Sammtgutshälfte erster Ehe, herausgeben. Pauli II. S. 187.

Das lüb. R. II. 2. Artt. 28. 26 ordnet aber in entschiedener Abweichung hiervon eine andere Erbtheilung für diesen Fall an; und wenngleich die Bestimmungen des revidirten Statuts, so wie sie im Art. 28 vorliegen, ihre Redaktion mangelhaften Abschriften des Hamburger Rechts verdanken, Pauli II. §. 35, so sind sie doch im Inhalte des Art. 28 schon ältern Rechts und also immerhin maßgebend. Wahrscheinlich sind sie aus der Unbilligkeit entstanden, daß der zweite Ehegatte am Sammtgute erster Ehe nur zu $^1/_4$ theilnehmen sollte, obgleich zu dessen Gedeih auch das, von ihm eingebrachte, Vermögen direkt oder mittelbar beitrug. Der Art. 28 unterscheidet 3 Fälle, alle unter der Voraussetzung, daß bei Eingehung der zweiten Ehe „das Gut ungeschichtet und ungetheilt bleibt":

1. Erster Satz: Wenn die Mutter erster Ehe überlebt und mit Hinterlassung ihres zweiten Mannes und von Kindern aus beiden Ehen stirbt, so sollen die Kinder erster Ehe zuvor ihres Vaters Gut vorweg nehmen; das Gut der Mutter sollen die Kinder erster Ehe mit dem zweiten Manne und den Kindern zweiter Ehe „gleich theilen nach Hauptzahl". (Das Vermögen des zweiten Mannes bleibt ihm und kommt nicht als zu theilendes Objekt in Betracht.) Wenn Schulden vorhanden sind, so soll man sie zuvor „von dem gemeinen Gute bezahlen". (Abgesonderte Kinder nehmen an der Theilung keinen Antheil.)

2. Zweiter Satz: Ebenso „also auch", wenn der Vater erster Ehe überlebt, und mit Hinterlassung seiner zweiten Frau und von Kindern aus beiden Ehen stirbt, so nehmen die Kinder erster Ehe ihrer Mutter Gut; die Stiefmutter nimmt ihr zugebrachtes Gut; und das Gut des Vaters theilen die Wittwe und die Kinder beider Ehen nach Hauptzahl.

3. Dritter Satz: Wenn die letzte Ehe unbeerbt ist, und beide Ehegatten erster Ehe gestorben sind, so nimmt der überlebende Stiefparens sein zugebrachtes Gut; und ebenso nehmen die Kinder erster Ehe das Gut ihres erstverstorbenen parens; was alsdann von der Erbschaft wird überbleiben, also das Vermögen des letztverstorbenen parens erster Ehe, theilen dessen zweiter Ehegatte und die Kinder so, daß die Kinder die Hälfte davon und der zweite Ehegatte die andre Hälfte erhalten.

Hervorgehoben muß zunächst werden, daß der Art. 28 in allen drei Theilen nur die Fälle betrifft, wenn von den Ehegatten zweiter Ehe zuerst der aus der ersten Ehe überlebende conjux binubus (binuba) stirbt und der Stiefvater oder die Stiefmutter überlebender Ehegatte zweiter Ehe bleibt. Auch im dritten Abschnitte ist dies in den Worten ausgedrückt: „bleibt die letzte Frau oder der letzte Mann unbeerbt und soll theilen mit den Kindern erster Ehe." Wenn also von den Eheleuten der zweiten Ehe zuerst der Stiefvater oder die Stiefmutter stirbt, so sind die allgemeinen Vorschriften für ihren Nachlaß anzuwenden. War die letzte Ehe unbeerbt, so theilen den Nachlaß des Verstorbenen sein überlebender Ehegatte und seine Verwandten nach Art. 12 und werden dann die Kinder erster Ehe dabei nicht betheiligt. Art. 28 findet dann überhaupt nicht Anwendung und die Kinder erster Ehe, welche aus dem Nachlasse ihrer eignen Eltern noch nicht abgesondert sind, behalten ihre Rechte darauf. War die letzte Ehe beerbt, und stirbt der Stiefparens der ersten Kinder zuerst, so theilen dessen Kinder zweiter Ehe und der conjux binubus nach den allgemeinen Vorschriften der Artt. 2. 3. 8. 16. Mev. No. 3. ad art. 28. Die zu theilende Masse wird dann consequent aus dem Vermögen des Stiefparens und aus dem ideellen Antheil des conjux binubus am Sammtgute erster Ehe gebildet.

Für den Fall, daß Art. 28 wirklich anwendbar ist, wenn also der conjux binubus stirbt und der Stiefparens überlebt, ergiebt sich ferner aus dem Rechte der Kinder, bei zweiter Ehe Theilung des Sammtguts zu fordern, daß die Bestimmungen des Art. 28 nur anwendbar sind, wenn mit dem Willen der unabgesonderten Kinder erster Ehe eine solche Theilung unterblieben ist.

Nach den Ausdrücken und der Fassung der Bestimmungen tritt nun nach Auflösung der zweiten Ehe durch Tod keinenfalls eine Erbfolge in ein gesammtes, aus dem Vermögen aller Betheiligten gebildetes, Sammtgut nach ideellen Theilen ein. Das Vermögen ist nach seinem Ursprunge zu sondern, sowie dies auch bei jeder lüb. Erbfolge nach unbeerbter Ehe geschehen muß. Nur in Betreff des Vermögens von dem conjux binubus haben dessen zweiter Ehegatte und die Kinder Theilung zu halten. Nichts deutet darauf hin, daß das Vaters- oder Muttergut in einem idellen Antheil am frühern Sammtgute bestände. Vielmehr ist aus der Entgegensetzung des zugebrachten Gutes des Stiefparens und aus der, im zweiten Falle ausdrücklich erfolgten, Unterscheidung der 3 Vermögensmassen: Muttergut erster Ehe, Vatersgut und zugebrachtes Gut der Stiefmutter, offenbar, daß das Vermögen der 3 Ehegatten nach seinem ersten Ursprunge, ohne Rücksicht darauf, den wievielten Theil des Sammtguts erster oder zweiter Ehe es bildete, gesondert werden soll. In dieser Weise ist auch in der Praxis der Art. 28 stets verstanden. Mevius ad art. 28. No. 11—16. 41. Stein II. §§. 224 ff. 231 bis 233. Pauli II. §. 35. Das Vermögen der Mutter ist ihr eingebrachtes Gut, wie es im Art. 12 bei unbeerbter Ehe auszusondern ist, mit Einschluß ihres etwaigen Sonderguts. Der Erwerb während der ersten Ehe gehört hier, wie bei gleicher Sonderung des Vermögens nach Auflösung unbeerbter Ehe, zum Vermögen des ersten Mannes. Der Erwerb während der zweiten Ehe gehört zum Vermögen des zweiten Mannes. Etwaniger Erwerb aus der Zeit des Beisitzes zwischen der ersten und zweiten Ehe, gehört zum Vermögen des beisitzenden überlebenden Ehegatten erster Ehe, da dieser, auch die Wittwe, in dieser Zeit des Beisitzes das Nutzungsrecht der Masse hat. Mev. Nr. 17. 18. 33. Stein II. §. 232. Die Präsumtion dafür, daß vorhandenes Gut dem Manne und nicht der Frau gehört, gilt auch hier. Mev. addit. ad No. 33. Zum Vermögen des überlebenden Ehegatten erster Ehe ist ein Antheil am Vermögen seines erstverstorbenen Ehegenossen, welchen er erhalten hätte, wenn vor der zweiten Ehe Theilung gehalten wäre, in diesem entgegengesetzten Falle nicht zu rechnen; wenngleich man nicht berechtigt ist, dies mit Mevius und Mehlen aus einer gemeinrechtlichen Strafe zweiter Heirath als Strafverlust der Statutarportion zu erklären. Mev. No. 19—24. 102 seq. ad art. 28. No. 32. ad art. 11. Mehlen §§. 29. 37. Stein II. §. 233. Pauli II. S. 189. Runde Güterrecht §. 120.

Es folgt hieraus, daß eine Fortsetzung der Gemeinschaft auf Gedeih und Verderb zwischen den Kindern erster Ehe und den Ehegatten und etwanigen Kindern zweiter Ehe im Sinne des Beisitzes nach der ersten Ehe zum gemeinschaftlichen Vortheil oder Schaden

Aller nicht erfolgt. Der Beisitz wird beendet, wenn der überlebende Ehegatte zur fernern Ehe schreitet. Mevius (No. 5 seq. 9—11. ad art. 26. No. 2. ad art. 28) und Stein II. §§. 225 ff. betrachten das Verhältniß während der zweiten Ehe freilich als Fortsetzung der Gütergemeinschaft auf Gedeih und Verderb, Stein entschieden mit allen Wirkungen einer fortgesetzten Gütergemeinschaft, während Mevius Nr. 42 ff. Vorschriften der Societät mit anwendet. Dies wird durch das Resultat der Theilung widerlegt. Darnach nehmen die Eheleute und Kinder zweiter Ehe nicht aliquoten Antheil am Gedeih und Verderb des Vermögens des erstverstorbenen parens, welches sie nur als ein, dereinst den Kindern erster Ehe herauszugebendes, Sondereigenthum besitzen. Andrerseits nehmen die Kinder erster Ehe am Gedeih und Verderb vom Vermögen des Stiefparens keinen Antheil, welcher dasselbe als sein Sondereigenthum behält. Die nothwendige Folge hieraus ist, daß den Eheleuten zweiter Ehe die besondern, aus dem Beisitze folgenden, Rechte nur insoweit zustehn, als sie ihnen durch Statut oder Gewohnheitsrecht beigelegt sind. Demgemäß hat zwar der Ehemann zweiter Ehe die Verwaltung des gesammten Vermögens; dies ist im ersten Falle des Art. 28 und im Art. 26 vorausgesetzt: der Mann muß Theilung halten; der Mann muß die Schuld aus dem gemeinen Gute bezahlen. Dagegen hat der zweite Ehemann nach Artt. 26. 28. nicht unter allen Umständen das Recht, durch seine Schuld das gesammte Vermögen aller Betheiligten seinen Gläubigern gegenüber zu verpflichten, wie dies sonst der Ehegatte könnte, welcher Sammtgut in „fortgesetzter Gütergemeinschaft" verwaltet. Wenn die letzte Ehe nicht beerbt ist, Art. 28 letzter Abschnitt, so tritt nach den allgemeinen Grundsätzen über Schulden der Eheleute auch hier keine Verhaftung des beiderseitigen Gutes für die Schulden ein. Stein §. 230. Mev. No. 81. 82. ad art. 28. Für die Schulden eines kinderlosen Stiefvaters sind also weder das von ihm verwaltete Vermögen der Stiefkinder, noch dasjenige seiner Frau verhaftet. Wenn aber die letzte Ehe beerbt ist, so sollen die vorhandenen Schulden aus dem „gemeinen Gute zuvor" bezahlt werden, d. h. aus dem vorhandenen, allerseitigen, ungeschichteten Vermögen, so daß nicht nur das Frauengut, sondern auch das den Kindern erster Ehe gebührende Vermögen ihres erstverstorbenen parens dafür haftet, Artt. 26. 28, wie aus dem Gegensatze am Schlusse des Art. 26 unzweifelhaft hervorgeht. Nur die Hochzeitskosten der zweiten Heirath sollen vom zweiten Ehegatten getragen und den Kindern erster Ehe nichts davon zur Last gelegt werden, Art. 26. Mev. No. 5 — 11. ad art. 26. Stein II. §§. 229. 230. — Die Artt. 26. 28 erwähnen nicht, von wem die vom allerseitigen Vermögen zu tilgende Schuld contrahirt sein soll. Aus der allgemeinen Fassung: „die Schuld“, „ist da auch Schuld vorhanden“ muß geschlossen werden, daß für alle Schulden der Eltern oder Stiefeltern auch der Frauen, soweit sie überhaupt rechtsverbindlich kontrahirt sind, das gesammte Gut haftet. Stein II. §. 228 u. Anm. gegen Mev. addit. ad art. 26, welcher für die Schulden der Frau keine Verhaftung annimmt. Ungeachtet dieser gemeinsamen Verhaftung für die Schulden bleibt auch bei beerbter zweiter Ehe der Satz bestehn, daß keine Gemeinschaft auf Gedeih und Verderb besteht, und daß dies in der Sonderung des Vermögens bei Auskehrung dessen, was jedem Interessenten zusteht, sich zeigt.

§. 82. Rechte der Kinder erster Ehe wegen des Vermögens des Erstgeborenen.

In beiden Fällen, die zweite Ehe mag beerbt oder unbeerbt sein, sollen die Kinder erster Ehe ihres verstorbenen parens Vermögen zuvor nehmen, Art. 28. Sie sind also damit erst zu befriedigen, ehe Kinder und Gatte zweiter Ehe ihren Antheil bekommen; abgesehen von den Gläubigern, denen gegenüber alle Erbinteressenten mit Erbantheilen zurücktreten müssen. Mev. addit. ad No. 36 zu art. 28. Die ersten Kinder können also bei der Theilung nach Auflösung der zweiten Ehe das Vermögen ihres erstverstorbenen parens mindestens so ausgeantwortet verlangen, wie es sich dann befindet. Streitig ist, ob sie sich damit begnügen müssen, oder ob ihnen die Eheleute zweiter Ehe, namentlich der verwaltende zweite Ehemann, für das Vermögen, wie es zur Zeit der Eingehung zweiter Ehe vorhanden war, aufzukommen haben. Wir müssen annehmen, daß sie allerdings zu Letzterem mit den Pflichten eines Verwalters verpflichtet sind. Wenn Stein Recht hätte, daß während der zweiten Ehe alle Wirkungen fortgesetzter Gütergemeinschaft unter Verwaltung des Mannes zweiter Ehe einträten, so würde dieser aus dem Rechte fortgesetzten Beisitzes für seine schlechte Verwaltung eben so wenig verantwortlich sein, wie Wittwer oder Wittwe, welche mit ihren Kindern die Gemeinschaft auf Gedeih und Verderb fortsetzen. Dergleichen Rechte sind aber den Eheleuten zweiter Ehe nicht beigelegt und eine solche Gemeinschaft besteht nicht, wo die ersten Kinder von dem Vermögen des neueintretenden Ehegatten keinenfalls einen Vortheil haben. Eine analoge Anwendung des Beisitzes auf das Verhältniß zu Stiefeltern, welche zudem ihrerseits durch die Verpflichtung zur Herausgabe des Vermögens des erstversterbenden Ehegatten kein Interesse an dessen Erhaltung und Vermehrung haben, ist sachlich unstatthaft. Auch würde der, im ersten und letzten Abschnitt des Art. 28 ausdrücklich wiederholte, Zusatz: die ersten Kinder sollten das Vermögen zuvor nehmen, unnöthig sein, wenn sie unbedingt mit dem vorhandenen Reste sich begnügen müßten. Ferner ist im ersten Abschnitte nicht erwähnt, daß der Stiefvater sein Vermögen zurücknimmt, was seinen triftigen Grund hat, wenn er zuerst die Kinder erster Ehe wegen ihres Vaterguts und ihres Antheils am Muttergut befriedigen muß und also nur behalten kann, was dann von seinem Vermögen übrig ist. Auf eine gleiche Rücksicht deutet der Schlußsatz des Art. 28, wornach nur zu theilen ist, was nach Vorausnahme des andern Guts überbleibt. — Unrichtig will jedoch Mevius den Kindern erster Ehe alles, bei der Theilung nicht mehr vorhandene, Vermögen des erstverstorbenen parens, auch wenn es durch casus untergegangen ist, im Werthe zur Zeit des Todes ihres erstverstorbenen parens aus der Gesammtmasse einer beerbten zweiten Ehe erstatten lassen, weil es alsdann der Gesammtgemeinschaft untergegangen sei, für deren Schulden auch dies Vermögen der ersten Kinder hafte und aus deren Mitteln billig den ersten Kindern der, ihnen allein nicht zum Schaden zu legende, casus entschädigt werde. Mev. No. 42—45. ad art. 28. Selbst wenn eine solche Gesammtgemeinschaft rechtlich bestände, könnte sie nur dazu führen, daß der Schaden gemeinschaftlich von Allen, also antheilweise auch von den ersten Kindern getragen würde; nicht, daß ihnen voraus Alles ersetzt würde. Das lüb. R. kennt aber auch in diesem Falle keine solche Gemeinschaft. Mevius wird schon dadurch widerlegt, daß nach unbeerbter letzter Ehe, wo also von Mitverhaftung für Schulden keine Rede ist, doch ebenso wie nach beerbter letzter Ehe die ersten Kinder ihres Erstverstorbenen Gut „zuvor" bekommen sollen. Die Ehegenossen der zweiten Ehe können also hinsichtlich dieses Guts während der zweiten Ehe nur verantwortliche Verwalter sein, da ihnen das Gesetz keine Befreiung von den Pflichten des Verwalters einräumt. Sie haben daher den ersten Kindern verschuldete Deteriorationen und Verluste zu entschädigen; dagegen brauchen sie für casus nicht aufzukommen und können Auslagen für Meliorationen erstattet verlangen. Wenn das Vermögen des Erstverstorbenen dadurch verringert ist, daß es für Schulden der zweiten Ehe angegriffen ist, so müssen ihnen dies die Ehegenossen zweiter Ehe entschädigen; denn wenn auch den Gläubigern gegenüber die ersten Kinder ihr Gut von der Mitverhaftung für Schulden nicht entziehen können, so sollen doch wieder die ersten Kinder den Ehegenossen der andern Ehe gegenüber das Vermögen des Erstverstorbenen zuvor nehmen.

Wenn in Entsch. Bd. 35. S. 114 unter diesem Gute des Erstverstorbenen nur Gut oder Realitäten verstanden sind., welche „schon als Sondereigenthum der Kinder existirten oder als eine vom Vater eingegangene oder anerkannte Schuld aus der Nachlassenschaft ruhten", so ist dies darnach zu berichtigen und zu ergänzen, daß der Art. 28 voraussetzt, das Vermögen der Genossen und Erben erster Ehe sei noch ungeschichtet.

Erwähnt mag noch werden, daß nach einigen ältern Ausgaben des lüb. R. im Schlußsatze des Art. 28 des verstorbenen Vaters und Mutter Gut vorausgenommen werden soll; in den Ausgaben nach 1606 ist statt des „und" ein „oder" gesetzt; andernfalls müßte das „und" sachgemäß disjunctiv verstanden werden. Mev. Nr. 76—79.

§. 83. Vermögen des conjux binubus.

Eine wirkliche Gemeinschaft der Genossen und Erben beider Ehen tritt dagegen hinsichtlich des Vermögens des conjux binubus (binuba) ein, welches nach dessen Tode unter den Kindern erster und zweiter Ehe und dem Stiefparens getheilt wird und als dessen Miteigenthümer diese demnach anzusehen sind. Die Größe des ideellen Antheis der Einzelnen bestimmt sich zwar erst darnach, ob bei Auflösung der letzten Ehe diese beerbt oder unbeerbt ist und kann sich also bis dahin ändern. Dies hat jedoch nur Einfluß auf den Umfang des Rechts, nicht auf dessen Natur. Runde §. 59. Die Verwaltung dieses gemeinschaftlichen Vermögens gestattet die Praxis den Eheleuten zweiter Ehe mit den Befugnissen eines überlebenden Ehegatten, welcher die Gütergem. mit seinen Kindern fortsetzt. Dies ist nach Mevius und Stein anzunehmen und wird hinsichtlich dieses Vermögens durch den Inhalt der Artt. 26 und 28 nicht widerlegt, erleidet jedoch durch dieselben die Modifikation, daß bei unbeerbter letzter Ehe das Vermögen der conjux binuba für die Schulden des überlebenden Stiefvaters, welcher dies Sammtgut verwaltet, nicht verhaftet wird; sondern seine Gläubiger sich nur an seinen, ihm davon auszukehrenden, Antheil demnächst halten können.

Die Theilung des Vermögens des conjux binubus soll, wenn die zweite Ehe unbeerbt ist, dergestalt erfolgen, daß der überlebende kinderlose Stiefparens die Hälfte davon erhält und die Kinder erster Ehe die andre Hälfte. Wenn die zweite Ehe beerbt ist, so theilen der Stiefparens und die Kinder beider Ehen nach Köpfen, so daß jeder, einschließlich des Stiefparens, eine portio virilis bekommt. Mev. No. 14 seq. 34. 41. 72 seq. ad art. 28 und No. 12 ad art. 11. Stein §. 231. Zwar will Pauli II. S. 189. 190 ausführen: die Berechnung der Kopfzahl mit Einschluß des Stiefparens sei zwar zur Ermittelung der Antheile der Kinder erster Ehe vorgeschrieben; dagegen sei es nicht Zweck der 2 ersten Absätze unseres Artikels (beerbte Ehe), über das Erbrecht des zweiten Ehegatten im Verhältnisse zu seinen eignen Kindern etwas von den allgemeinen lüb. Vorschriften Abweichendes festzusetzen; er wolle nur bestimmen, nach welchem Princip das Vermögen des gemeinschaftlichen parens zwischen dessen Kindern erster Ehe einerseits und dem zweiten Ehegatten und dessen Kindern andererseits getheilt werden solle. Nur diese Theilung solle nach Kopfzahl erfolgen; hinsichtlich des Erbrechts des zweiten Ehegatten im Verhältniß zu seinen Kindern verbleibe es bei der allgemeinen Vorschrift, daß das Gut, welches den Genossen der zweiten Ehe aus jener Theilung zufällt, nebst dem Vermögen des überlebenden Ehegatten als Sammtgut zur Hälfte auf den letztern, zur Hälfte auf seine Kinder fällt.

Indeß der Wortinhalt des Art. 28 rechtfertigt die allerdings vom sonstigen lüb. R. abweichende Annahme, daß die Theilung auch rücksichtlich des zweiten Ehegatten und der Kinder beider Ehen nach Kopfzahl unter ihnen geschehen soll. Pauli selbst bestätigt auch II. S. 207. 208, daß letzteres ganz entschieden in die Praxis übergegangen ist. So auch Mehlen §. 30. Vergl. Pomm. Stat. R. §. 103.

Hinsichtlich der Pflicht der Kinder, einander zu konferiren — nicht dem Stiefparens gegenüber, Mev. Nr. 90—93, und hinsichtlich der Art der Theilungsrealisation des Nachlasses, Mev. Nr. 97—100. 113, kommen auch im Geltungsbereiche des Art. 28 die subsidiären allgemeinen Vorschriften zur Anwendung. — Ueber den Einfluß des Art. 28 auf die Absonderung der Kinder s. §. 88.

Mevius führt auch mit Recht gegen Cothmann aus, daß das aus dem Art. 28 sich ergebende Erbtheil der Kinder erster Ehe nicht ein unentziehbares Pflichttheil, sondern gemäß dem ganzen Tit. 2, welcher von Intestatsuccession handelt, nur ein Intestaterbtheil ist, Mev. Nr. 50—65; und daß auch vertragsmäßig anders bestimmt werden könne. Nr. 66—71.

§. 84. 3. Mündige Kinder.

Was haben mündige Kinder nach Art. 11 als „ihr Erbtheil" zu bekommen? Die abweichenden Vorschriften, welche Art. 28 für den Fall einer zweiten Ehe ohne vorangegangene Theilung giebt, sind ihrer sachlichen Natur nach nicht über einen solchen Fall auszudehnen. Abgesehen davon kennt aber das lüb. R. kein anderes Erbtheil der Kinder als einen aliquoten Theil der, den Kindern zusammen zustehenden, Hälfte des Sammtguts beider Eltern. Dies Erbtheil kann auch nur im Art. 11 gemeint sein. Der Zusatz des Art.: „ihr Erbtheil von dem verstorbenen Vater oder Mutter" hat aber in der lüb. Jurisprudenz zur Annahme geführt, daß im Falle des Art. 11 „mündige" Kinder nur eine Theilung des Nachlasses des verstorbenen parens verlangen und nur ein Erbtheil aus dessen Nachlasse fordern könnten. Mev. ad art. 11. No. 8—12. 15—17 addit. ad No. 30 alin. 3. 4. Stein II. §. 215. Pauli hat jedoch aus der Ausdrucksweise der ältern lüb. Testamente und Inscriptionen nachgewiesen, daß ganz derselbe Ausdruck, welchen der Art. 11. zur Bezeichnung des Erbtheils des Kindes gebraucht: a parte patris v. matris, üblich war, um das Erbtheil zu bezeichnen, welches ein Kind in Folge des Todes des erstverstorbenen parens und einer dadurch veranlaßten Theilung des Sammtguts erhielt. II. S. 163 bis 168. 124. 128. Der Zusatz, welchen zudem der entsprechende Art. 20. Cod. II. des alten lüb. R. überhaupt gar nicht hat, kann also nicht bedeuten, daß nur das Vermögen des Erststerbenden getheilt werden soll. Ohnehin würde es für diesen Fall auffälligerweise an jeder Bestimmung darüber fehlen, welchen Antheil am Vermögen des erstgestorbenen der überlebende Ehegatte haben soll. Trotzdem haben in Verbindung mit dem Umstande, daß öfter Kinder nur vom Gute des erststerbenden parens abgefunden wurden, zuerst Cothmann und Mevius, dann auch Stein II. §. 215, der Meinung Eingang verschafft, daß, wenn ein einzelnes großjähriges Kind sein Erbtheil nach Art. 11 haben wolle, der überlebende parens zwar die vollständige Theilung des Sammtguts dem Kinde gegenüber bewirken könne, aber auch eine partielle Abfindung desselben aus dem Vermögen des erstgestorbenen wählen könne und dann das Kind damit zufrieden sein müsse. Zur Bestimmung des Antheils wurde dann ferner von Mevius der, nur nach Eingehung einer zweiten Ehe anwendbare, Art. 28 herangezogen und dem überlebenden Ehegatten auch im Falle des Art. 11 ein Kindestheil vom Vermögen des erstverstorbenen zugebilligt, so daß, wenn 4 Kinder da waren, jedes Kind $1/5$ und Wittwer oder Wittwe $1/5$ haben sollten. Mev. No. 11. 12. 32 und addit. ad No. 30 alin. 2—4. Ebenso Stein II. §. 238. Mehlen §. 21. Zur Unterstützung dieser Ansicht ist auch wohl auf Art. 8. II. 1. lüb. R. Bezug genommen, obgleich dieser auch nur den Fall betrifft, wenn ein Wittwer bereits eine zweite Ehe eingegangen ist und ein Testament gemacht hat; und obgleich der Art. 8 dann nur über die Auslegung dieses Testaments disponirt. Diese Lehre von Mevius ist mit Pauli II. S. 205—208 entschieden als unrichtig zu erklären. Dem mündigen Kinde ist das Recht zu vindiciren, im Falle des Art. 11 (wenn nicht die Ausnahme des Art. 8 vorliegt, also wenn es nicht schon bei Lebzeiten der Eltern ausgestattet ist) seinen Kindestheil von der Hälfte des Sammtguts, ohne Theilnahme des überlebenden Ehegatten an der Kinderhälfte, als sein Erbtheil zu fordern.

Es könnte nur noch fraglich sein, ob die entgegengesetzte Theorie von Mevius durch die Praxis lübisches Gewohnheitsrecht geworden wäre. Pauli selbst scheint dies anzunehmen; er bemerkt: die Lehre sei ganz entschieden in die Praxis übergegangen, und bezeichnet die partielle Abtheilung vom Gute des erstverstorbenen Ehegatten als jetzt übliche, II. S. 208 und die dort cit. Schriftst. und S. 212. In Bruhn's lüb. Entsch. II. S. 255 ff. 262 zu III. ist eine Entscheidung von 1839 enthalten; in jenem Falle hatte der mündige Sohn gegen seine Mutter nur auf seinen Antheil am Nachlasse des verstorbenen Vaters geklagt und die Wittwe excipirte, daß ihr die Wahl zwischen der Auskehrung dieses Vatererbtheils und der Totaltheilung bleiben müsse. Dies wurde ihr als gegründet gestattet; aber ihr Einwand, Kläger habe schon alternativ so klagen müssen, verworfen; denn das Gesetz erlaube ihm lediglich die Forderung seines Antheils am Vatergute. Auch das pommersche Stat. R. §. 96 erklärt als Recht der mündigen Kinder nur das Recht, auf eine Theilung des Vermögens des zuerst verstorbenen Ehegatten anzutragen. Dessenungeachtet muß bestritten werden, daß der Begriff des Erbtheils, welcher nach Art. 11 gefordert werden kann, so wie er wissenschaftlich nach lüb. R. richtig ist, durch lübisches Gewohnheitsrecht mit allgemein verbindlicher Kraft geändert ist. Abgesehen davon, daß im Stolper Statut der richtige lübische Grundsatz der Theilung des Sammtguts zur Hälfte unter gänzlicher Abfindung des Kindes auch für das mündige, sein Erbtheil fordernde, Kind ausdrücklich aufgenommen ist, (vergl. Hofger. Cöslin von 1780 zu Art. 11), so wird auch sonst in der pommerschen Praxis, soweit sie mir bekannt geworden, alsdann wenn ein mündiges Kind ein Erbtheil fordert, ebenso, wie wenn der Ehegatte zur zweiten Ehe schreitet, das Erbtheil nach dem Princip der Halbirung des Sammtguts ermittelt. Freilich ist mir kein Fall erinnerlich, worin das mündige Kind im Prozeßwege seinen Sammtgutsantheil gefordert und ihm derselbe in judicando gegen den Einwand, daß er nur seinen Antheil am Vermögen des Erstverstorbenen fordern könne, zu- oder abgesprochen wäre. Die Ansichten der ältern lübischen Juristen sind allein natürlich nicht entscheidend, wenn ihre Gründe nicht richtig sind.

C. Erbfolge in der Were.

§. 85. Grundsatz.

Es entspricht dem deutschen Familienleben und Genossenschaftswesen, daß die Mitglieder der vermögensrechtlichen Hausgenossenschaft, wenn eins von ihnen stirbt, einander in den Anrechten an das Gemeinschaftsvermögen zunächst beerben. Die Were (auch Ausdruck für Besitz, Gewere) hat sich als Bezeichnung für eine abgeschlossene Hofstelle, dann für Haus und Hof, und davon abgeleitet für das Verhältniß der Hausgenossenschaft gebildet. Kinder „in der Were" hießen die Kinder, welche mit den Eltern oder nach ihrem Tode unter einander in ungetheiltem Sammtgute zusammensaßen; was später als „Samende" „im Samende sitzen" ausgedrückt wurde. Der erste und durchgreifendste Grundsatz des lübischen Erbrechts ist stets geblieben: „Was in der Were verstirbt, das erbt wieder an die Were" d. h. ein Mitglied einer vermögensrechtlichen Hausgenossenschaft vererbt seinen Antheil daran zunächst auf seine Mitgenossen. Dieser Grundsatz geht in Betreff des Sammtguts als Erbrecht auf Grund des Genossenschaftsrechts allen Erbrechten auf Grund des Geblütsrechts, der Verwandtschaft, vor. Letztere sind nur da anwendbar, wo der Verstorbene nicht in Sammtgutsgemeinschaft war; oder wo es sich um Beerbung von Sondergut handelt, welches er außer seinem Sammtgutsantheile hatte. Beseler §. 79. S. 283. §. 143. 144. Pauli III. S. 88 ff. 101.

Mevius: principii loco ex nostro jure: inter quos communio bonorum est, eos succedere; inter quos haec dissoluta est, eos invicem non succedere. No. 150 ad II. 2. art. 2. cfr. No. 1. 2. ad art. 6.

Stein II. §. 266. 268 stellt der ordentlichen Erbfolge aus dem Grunde der Blutsfreundschaft die successio ex capite communionis bonorum, wie er sie nennt, voran, weil „nach lüb. R. zur Erbfolge eines Verstorbenen vor Allen diejenigen zugelassen werden müssen, welche mit dem Verstorbenen in ungetheilten Gütern gesessen haben; denn sie seien als condomini der gemeinschaftlichen und der Eltern Güter anzusehen, welche ihnen nach dem Absterben eines oder des Andern jure accrescendi anheim fallen." Ebenso Mehlen §. 3—9. 19. 43.

Durchgreifend treten daher diejenigen, welche zur Sammtgutsgenossenschaft überhaupt nicht gehören oder daraus nach Gesetz oder eigener Willensbestimmung ausgeschieden, „abgesondert" sind, bei der Beerbung von Sammtgutsgenossen hinter die unabgesonderten zurück. Stein stellt für die successio ex capite communionis folgende Ordnung auf (II. §. 267 und Anm. ***): es succediren zunächst a) die unabgesonderten Descendenten, b) wenn deren nicht vorhanden sind, die Eltern (Ascendenten), welche ihre Kinder noch nicht von ihren Gütern abgetheilt haben, und wenn auch deren nicht mehr leben, c) die Geschwister und Seitenverwandten, welche mit dem Verstorbenen noch im gemeinschaftlichen Gute gesessen.

Man kann dies System gelten lassen, wenn man als selbstverständlich supponirt, daß zu b. der erbende parens den ererbten Sammtgutstheil des Kindes bei s. g. fortgesetzter Gütergem. nur als Sammtgutszuwachs gewinnt und bei demnächstiger Theilung immer nur die Hälfte des Sammtguts erhält. Vergl. §. 86. Außerdem ist die Erbbetheiligung des überlebenden Ehegatten jenem Systeme der Erbfolge der Blutsfreunde hinzuzufügen. §. 86.

§. 86. Elterliche Were.

So lange einer der Eltern lebt, oder es sich um den elterlichen Nachlaß handelt, ist abgesondert, wer vom Gute beider Eltern, nicht bloß eines derselben, abgesondert ist. §. 88. Aus dem Grundsatze der Genossenschaftsbeerbung folgt zunächst, daß, wenn eins der Eltern stirbt, das eheliche Sammtgut nur dem überlebenden Ehegatten und den Kindern, „so nicht abgesondert sein", gebührt, Revid. lüb. R. II. 2. Art. 6. Erster Satz und Art. 16. 34; nach alt.

lüb. R. II. Art. 19. „den kinderen in der Were". Diejenigen Kinder, welche von den Eltern bei ihren Lebzeiten etwa von dem Sammtgute „aus der Were" abgesondert sind, haben keinen Antheil am Sammtgute. Die im vorigen Abschnitte §. 70—84 dargestellte Beerbung beerbter Ehen ist also das erste und natürlichste Beispiel der Erbfolge in der Were. Sie ist in Verbindung mit dem Erbrechte der Ehegatten nur deshalb schon vorgetragen, weil sie zur Darstellung der Rechte des Ehegatten nothwendig war und weil der parens, so lange einer derselben lebt, der Hauptträger der Genossenschaft ist.

Fernere Folgen des Grundsatzes der Genossenschaftsbeerbung sind:

1. Wenn der überlebende Ehegatte mit seinen unabgefundenen Kindern im Sammtgute sitzt und wenn dann der **parens stirbt**, so wird derselbe d. h. sein Sammtgutsnachlaß von den unabgefundenen Kindern beerbt und Kinder, welche aus dem Sammtgute während des Beisitzes oder schon vorher während der Ehe abgesondert sind, erben nichts vom Nachlasse. Revid. lüb. R. II. 1. Art. 3: „bleibt die Frau mit den Kindern in Gedeih und Verderb besitzen; werden nun etzliche der Kinder aus dem gesammten Gute abgesondert, und stirbt alsdann die Frau, das Gut soll bleiben bei den Kindern, welche noch in dem gesammten Gute ungescheiden sitzen und nicht bei denen, welche abgesondert sein". Altes R. II. Art. 104: das Gut schall bliven bi den kindren, de in der Were sint unde nicht bi den de uth ghesundert sind.

2. Gebt der überlebende Ehegatte eine zweite Ehe ein, nachdem seine Kinder erster Ehe durch Theilung des Sammtguts abgesondert sind, und stirbt er dann unter Hinterlassung von unabgefundenen Kindern zweiter Ehe, so erben diese allein, unter Ausschließung der abgesonderten Kinder erster Ehe. Revid. Stat. II. 2. Art. 5.

3. Stirbt ein unabgesondertes Kind, während beide Eltern noch leben, so wird es von seinen Kindern, falls es deren hinterläßt, Artt. 2. 3, andernfalls von den Eltern beerbt, Artt. 6 (Schluß) und 13. Das elterliche Vermögen, an welchem das Kind noch keinen Antheil hat, kommt hierbei nicht in Betracht. Das Erbrecht des etwanigen Ehegatten am Vermögen des Kindes bleibt natürlich bestehen. §. 75.

4. Wenn von den Kindern, welche nach dem Tode eines parens mit dem überlebenden im Sammtgute sitzen, eins stirbt und selbst wieder Kinder und Ehegatten hinterläßt, so sahen wir schon

oben als Consequenz der Natur des ideellen Miteigenthumsantheils des Kindes, daß dann seine Kinder nebst seinem conjux superstes an die Stelle des verstorbenen Kindes in dessen Sammtgutsantheil eintreten. §. 75. Derselbe wird also in diesem Falle nicht an die Were des elterlichen Sammtguts des Erblassers vererbt. Der Grund, weshalb hierin die eignen Kinder und Ehegatten den Sammtgutsgenossen des verstorbenen Kindes vorgehn, ist an sich als Folge des Familienverhältnisses menschlich natürlich. Juristisch hat dies seine gleich natürliche Begründung darin, daß das verstorbene Kind mit seinen Kindern und dem überlebenden Ehegatten die nächste Hausgenossenschaft (Were) bildet und das Gut des verstorbenen Kindes verbleibt also nur der dem Erblasserkinde näheren Were, statt der gesammten weitern Gemeinschaft, der elterlichen Sammtgutsgemeinschaft des Erblasserkindes anheimzufallen. Der Grundsatz: was in der Were stirbt, erbt wieder an die Were, wird also hierdurch nicht durchbrochen, sondern er findet dahin seine Anwendung, daß die Hausgenossenschaft eines verheiratheten, in der Were sitzenden, Kindes selbst wieder eine engere Gemeinschaft innerhalb der weitern Genossenschaft, welcher das verheirathete Kind als Kind angehört, bildet. Da dieser engern Genossenschaft unzweifelhaft auch der überlebende Ehegatte des Kindes angehört, so ist der Grundsatz der Erbfolge in der Were ein weiterer Beweis für das Antheilrecht des Ehegatten an dem Sammtgutsantheile seines conjux und nicht ein Grund, dies zu bestreiten. Vergl. auch Entsch. Bd. 42. S. 239 und Bd. 13. S. 477 ff. Daß der Sammtgutsantheil des Kindes auf seine eignen ehelichen Kinder vererbt wird, ist auch von jeher unbestritten lübischen Rechtens gewesen: Pauli III. S. 101 ff.; der Streit hat nur die Folgen betroffen, ob der Ehegatte des Kindes miterbe. §. 75.

5. Wenn von den im Sammtgute sitzenden unabgefundenen Kindern ein Kind unverheirathet und kinderlos stirbt, so fällt sein Sammtgutsantheil wieder in die gemeinschaftliche Masse zurück; er wird von den Sammtgutsgenossen geerbt, also von seinen anderen unabgefundenen Geschwistern und dem überlebenden parens. Dies entspricht dem Grundsatze der Erbfolge in der Were. In Verbindung mit dem Grundsatze, daß das Sammtgut ideell zur Hälfte dem überlebenden Parens und zur Hälfte den Kindern gehört, und daß bei realer Theilung der Parens nie mehr als die Hälfte bekommt (Artt. 2. 3. 5.), ist die Folge des Todes eines Kindes während des Beisitzes,

daß dessen Antheil thatsächlich den andern unabgesundenen Kindern allein zufällt. Nach altem lüb. R. war dies unzweifelhaft.

Cod. I. art. VIII. Si non nupserit (conjux superstes) manebit cum pueris suis; et si quis liberorum moritur, hereditabit alteri liberorum, scilicet et proportionaliter divident, sive sint juvenes sive senes; et si singuli decesserint, hereditas spectat ad proximos heredes.

Cod. II. art. 19 . . stervet of der Kinderen en, dat erwet sin Del up de andern Kinder, de in der Were sint, to liken delege, se sin junc od. alt.

Im revidirten Statute veranlaßten die Artt. 6 und 13. II. 2. Bedenken gegen die Aufrechterhaltung dieses Grundsatzes. Der Art. 6 bestimmt: verstürbe ein Kind und (letzter Satz) hätten sich die Eltern nicht abgetheilt von den Kindern, so verfällt das Gut auf die Eltern, so noch am Leben. Desgleichen sagt der letzte Satz des Art. 13: Sofern sie (verstorbene Kinder, um deren Erbe es sich handelt) von den Eltern nicht abgesondert, so sind die Eltern näher, ihrer Kinder Erbe zu nehmen, denn Brüder und Schwestern. Das pomm. Stat. R. formulirt auch §. 155, daß ein nicht abgesondertes Kind von den Eltern, mit Ausschließung seiner Geschwister, beerbt werde, unter Berufung auf Artt. 6. 7. 13. Dies ist jedoch nur richtig, wenn beide Eltern leben. Wenn dagegen ein parens gestorben ist und der andere mit den Kindern im Sammtgute sitzt, so ist in jenen Artikeln keine Abweichung von jenem ältern Grundsatze enthalten. Denn der überlebende parens, welcher darnach das Gut eines unabgesonderten Kindes erben soll, erwirbt dies nur als einen Zuwachs des Sammtguts, und muß den ihm zufallenden Antheil des Kindes ebenso wie seinen sonstigen Erwerb während des Beisitzes bei der demnächstigen Theilung des Sammtguts ebenfalls mit den dann unabgesonderten Kindern theilen, Art. 16; so daß er selbst die Hälfte und die Kinder die andere Hälfte alles Sammtguts erhalten. Artt. 2. 3. Pauli sagt deshalb ganz richtig Bd. 3. S. 112. 113: es sei einerlei, zu sagen, etwas falle dem Sammtgute zu, oder: es falle dem überlebenden parens zu; vergl. S. 108. Das Obertribunal (Entsch. Bd. 22. S. 420) stimmt dem im Erkenntnisse vom 22. März 1852 bei und entscheidet demgemäß richtig, daß in diesem Falle der Erbtheil des Kindes in der Gesammtmasse bleibt und daß der überlebende parens nicht bei späterer Theilung außer seiner Hälfte noch von der Kinderhälfte Antheile der, während des Beisitzes verstorbenen, Kinder fordern könne.

Die Annahme S. 429, daß Art. 13 nur von dem Falle rede, wenn beide Eltern beim Tode des Kindes leben, dürfte zwar schwerlich haltbar sein; so wie es auch einflußlos ist, ob Brüder und Schwestern leben, oder im Falle des Art. 17, ob beide Großeltern oder Urgroßeltern leben. Jedenfalls betrifft der Schlußsatz des Art. 6, indem er die Eltern beruft, so am Leben, sowohl den Fall, wenn beide, als wenn nur noch einer lebt und die Kinder unabgesondert sind. Pauli findet die Bedeutung der Ausdrucksweise der Artt. 13 u. 6, daß die Eltern erben, treffend darin, daß solcher Nachlaß eines unabgesonderten Kindes den Geschwistern in der Were nicht ausschließlich zufällt und nicht Sondergut derselben wird. Letzteres (Sondergut der andern Geschwister) würde es werden müssen, wenn gesagt wäre: die andern unabgesonderten Kinder erbten den Nachlaß, weil deren Erwerb nicht dem Sammtgute zunächst. §. 76. Den Revisoren, welche in ihrer ganzen Terminologie beim Erbrecht der, inzwischen üblicher gewordenen, römischen Redeweise sich anschließend immer bestimmte Personen als Erben benennen, niemals die Interressenten eines Sammtguts, mußte es natürlich erscheinen, die Eltern, auch wenn nur einer lebte, als Erben zu benennen, da es ihnen auch ohne nochmaligen Hinweis geläufig war, daß der beisitzende parens jede Erbschaft, die ihm anfiel, als Sammtgut theilen mußte. Auch für Mevius ist dies so natürlich, daß er nur beiläufig Nr. 11 zu Art. 7 bei Behandlung der Beerbung in den Nachlaß eines abgesonderten Kindes erwähnt: wenn ein unabgesondertes Kind sterbe, werde der parens nicht ausgeschlossen, inter quem et defunctum remansit conjunctio. Bei dieser Bezugnahme auf die conjunctio als Fundament der Beerbung und da Mevius von der demnächstigen Theilung des Sammtguts zu Art. 16 davon keine dem parens zugefallene Erbschaft ausschließt, kann gerade Mevius, welcher bei der Auskehrung der Hälfte des parens nicht einmal die Abfindungen abgesonderter Kinder berechnen will, Nr. 91—94 zu Art. 2, nur annehmen, daß der Nachlaß eines in der Were sterbenden Kindes auf dessen parens als Zuwachs des Sammtguts, nicht aber als Sondergut des parens, vererbt. Auch Stein, obgleich er die Eltern mit Ausschluß aller Geschwister des Verstorbenen als Erben benennt, kann nichts anderes gemeint haben, da er dies als Erbrecht ex capite communionis charakterisirt und für den Art. 16, welcher jeden Erbschaftsanfall an den parens als Zuwachs des Sammtgus bezeichnet, keine Beschränkung erwähnt. Stein II. §. 213. 267. Nr. 2. — Mehlen schließt sich der Ausdrucksweise von

Stein lediglich an, §. 34. Anm. 1 und §§. 25. 26. In Bruhns lüb. Entsch. I. S. 274 ff. ist nur bei Gelegenheit eines Falles, in welchem beide Theile, Kinder und Vater, angenommen hatten, daß der Vater die aliquoten Antheile der nach der Mutter verstorbenen Kinder für sich allein erbe, erwähnt: das Günstigste, was sich für den Vater annehmen ließe, sei, daß die nach Abrechnung jener Antheile bleibenden Theile den andern Kindern gehörten. Die Streitfrage selbst ist dabei nicht entschieden.

6. Falls nur ein einziges Kind mit dem überlebenden parens im Sammtgut sitzt und stirbt, so folgt aus dem Gesagten, daß es unter Ausschließung seiner etwa abgesonderten Geschwister vom parens allein beerbt wird und dieser das Sammtgut in seiner Person vereinigt. Pauli III. S. 109.

7. Auch Enkel und Urenkel aus unabgesonderten Kindern des Erblassers schließen dessen abgesonderte Kinder von seinem Nachlasse aus. Obgleich bei der Erbfolge aus Geblütsrecht nach altem lüb. R. die Enkel von den Kindern ausgeschlossen wurden, §. 93, so bewirkt die Absonderung an sich den Ausschluß der abgesonderten Kinder zu Gunsten aller unabgefundenen Descendenten. Nachdem die Reichsschlüsse von 1498, 1500 und 1521 unter Aufhebung aller etwa entgegenstehenden Gewohnheiten angeordnet hatten, daß Descendenten und Geschwister jure repraesentationis — die Kinder an Stelle ihres parens tretend — in stirpes erben, war dies namentlich hinsichtlich der Descendenten auch im lüb. R. angenommen. Pauli III. S. 50 ff. 54. 74. 101—104. 123. Mev. No. 31—38. ad art 1.

Andrerseits bewirkt die Absonderung, daß eines abgesonderten Kindes Descendenten in Concurrenz mit unabgefundenen Kindern oder deren Descendenten nicht erben.

§. 87. Geschwister-Gemeinschaft.

Wenn nach dem Tode beider Eltern die Kinder in ungetheilten Gütern zusammensitzen, so bilden sie ebenfalls noch eine Genossenschaft, in welcher sie sich zunächst gegenseitig beerben. Selbstverständlich können auch hier Vorbehalte und Verabredungen bei der Absonderung deren Resultat ändern. Pauli S. 114 ff. Der Fall der Gemeinschaft der Geschwister unter einander kann sowohl dann vorkommen, wenn die Geschwister von ihren Eltern noch gar nicht abgetheilt waren, als auch, wenn sie zwar von den Eltern abgetheilt waren, etwa im Falle einer zweiten Ehe eines parens, unter einander aber noch in der Gemeinschaft ihres Erbgutes geblieben sind; wie Stein §. 267. Nr. 3 und S. 396 richtig hervorhebt. In Betreff der Succession in den Nachlaß solcher Geschwister kommt es natürlich darauf an, daß die Auszuschließenden auch aus dieser Geschwistergemeinschaft abgesondert sind; und ist es nicht allein entscheidend, ob sie von den Eltern und hinsichtlich des Elternerbtheils abgesondert sind. Dies giebt auch Art. 6 (zweiter Satz) ausdrücklich an. §. 95. Vergl. aber auch Mehlen §. 43 und Anm. 5 und das daselbst citirte Attest des Raths zu Lübeck vom 24. März 1758; ferner Stein II. S. 371 ff. 395—399.

1. Stirbt ein Kind, so erben die andern unabgesonderten mit Ausschluß der etwa abgesonderten Geschwister und deren Descendenten. Art. 6. Mev. No. 50 seq. 61 seq. ad art. 1. Pauli III. §. 15. Nr. 1 und S. 114 ff. Stein II. §. 267. Nr. 3. Eine Bestätigung hierfür ist mit Pauli auch im alten lüb. R. Cod. II. Art. 227 zu finden:

„Enes Mannes ofte (oder) ener vruwen sones kint ofte dochter kint is neger erve up to borende, den des Mannes unde der vruwen broder ofte süster, ofte (wenn) se ut der were afghesundert sind.“ (corrumpirt im revid. Stat. II. 2. Art. 23.) Den Schluß: wenn sie abgesondert sind, bezieht Pauli auf die unmittelbar vorher erwähnten „Bruder oder Schwester“ und setzt voraus, daß die Anfangs erwähnten Enkel Kinder aus abgesonderten Kindern sind; da letzteres immer angenommen werden müsse, wenn nicht ausdrücklich gesagt ist, daß es sich um unabgesonderte Kinder handle. §. 92. Pauli III. §. 15. Nr. 1. Dieser Grundsatz ist bei der lübischen Erbfolgelehre freilich richtig, da im Statute bei der Behandlung der Succession der Seitenlinie immer vorausgesetzt ist, daß nicht von der Erbfolge im Sammtgute die Rede ist, wo nicht ausdrücklich unabgesonderte Kinder erwähnt sind. Es giebt deshalb auch denselben Sinn, wenn das: „ofte se“ auf alle vorerwähnten Betheiligten bezogen wird, wie grammatisch am natürlichsten ist. Die Bedeutung des Art. 227 ist immer: wenn von der Erbfolge Abgesonderter die Rede ist, so werden Geschwister von Enkeln ausgeschlossen, wie auch nach revid. Stat. II. 2. Art. 1, und Pauli schließt mit Recht per argumentum e contrario: wenn die Geschwister des Erblassers mit diesem noch in ungetheilten Gütern sitzen, so sind die Geschwister näher als Erben, wie die Descendenz abgesonderter Kinder.

Ueber das Repräsentationsrecht bei Geschwistern und Geschwisterkindern s. §. 94.

2. Auch Halbgeschwister, welche mit dem Verstorbenen im Sammtgut sitzen, erben mit dem Vorrechte vor den Eltern des Erblassers, von welchen sonst bei Erbfolge nach Geblütsrecht die Halbgeschwister ausgeschlossen werden, was Pauli durch zwei Erkenntnisse von Lübeck von 1472 und 1476 belegt. S. 113.

3. Wenn Kinder aus verschiedenen Ehen nach dem Tode der Eltern zusammen im ungetheilten Sammtgute sitzen, und eins derselben stirbt, so erben ebenfalls dessen Sammtgutsgenossen sämmtlich, Halbgeschwister sowie Vollgeschwister; obgleich sonst die Halbgeschwister von Vollgeschwistern ausgeschlossen werden; und wenn einzelne der Geschwister abgesondert sind, so erben in nothwendiger Consequenz der Erbfolge in der Were nur die nichtabgesonderten, mit Ausschluß der abgesonderten, selbst wenn letztere Vollgeschwister und erstere nur Halbgeschwister sind. Pauli S. 122.

4. Wenn Vollgeschwister in ungetheiltem Gute saßen, die Kinder des einen zuerst sterbenden der Geschwister die Gemeinschaft fortsetzen und dann das andere (oder ein anderes) der Geschwister stirbt, so gehen jene Vollgeschwisterkinder, deren parens eben nicht abgesondert war (nebst den andern Sammtgutsgenossen) den etwa vorhandenen abgesonderten Halbgeschwistern des Erblassers nach Art. 22 vor, obgleich sonst nach Geblütsrecht Halbgeschwister vor Geschwisterkindern erben, was auch der zweite Satz des Art. 22 für den Fall ausspricht, wenn der parens der Geschwisterkinder abgesondert war. Pauli III. S. 124—127. Stein II. S. 395—397. Der Art. 22 lautet: „Volle Brüder und Schwesterkinder nehmen Erbe vor halben Brüdern und Schwestern, sofern der erbnehmenden Kinder (also der Vollgeschwisterkinder) Vater oder Mutter unabgesondert gewesen. Seind sie (der Vollgeschwisterkinder Vater oder Mutter) aber abgesondert gewesen mit ihrem Theil Gutes, so ist halber Bruder und Schwester näher Erbe zu nehmen, dann voller Bruder und Schwesterkinder". Der Art. sagt zwar nicht, daß die concurrirenden Halbgeschwister abgesondert sind, aber auch nicht, daß sie mit zur Gemeinschaft gehörten; und Cothmann sowie Mevius ad art. 22. No. 6—12 denken sich den Fall so, daß die Halbgeschwister nicht abgesondert wären. Pauli führt aber unter Bezug auf das alte R. Cod. II. art. 213, auf ältere Entscheidungen und das Princip der Erbfolge im Sammtgut mit Recht aus, daß von unabgesonderten Halbgeschwistern hier nicht die Rede sei. Andernfalls wären

dann auch im ersten Satze des Art. 22 die Halbgeschwister unabgesonderte und müßten trotzdem den unabgesonderten Geschwisterkindern nachstehn, was auffallend dem sonst entschieden durchgeführten Grundsatze des gleichmäßigen Vorzugs der Sammtgutsgenossen widersprechen würde. Der Art. 22 nöthigt nicht zu einer solchen Supposition, zumal, wie schon erwähnt, bei den Bestimmungen des lüb. R. über die Erbfolgeordnung überhaupt nicht anzunehmen ist, daß concurrirende Verwandte, welche erwähnt werden, in unabgesonderten Gemeinschaftsgenossen bestehn, wo dies nicht ausdrücklich bemerkt ist.

5. Dafür, daß vollbürtige Geschwisterkinder des Erblassers, falls sie nicht abgesondert sind, auch den (abgesonderten) halbbürtigen Oheimen und Tanten des Erblassers vorgehn, hat ein Erkenntniß des Oberhofes zu Lübeck von 1466 entschieden. Pauli III. S. 128.

6. Mit Recht erklärt Pauli S. 129 in Uebereinstimmung mit allen Commentatoren unter Berufung auf die Statutbestimmungen und Präjudicien für die häufigern Fälle, daß auch in allen andern Fällen von Sammtgutsverhältnissen die Genossen sich unter Ausschließung der Erbfolgeordnung des Geblütsrechts succediren, und das Genossenschaftserbrecht das besondere nächste Fundament der Erbfolge nach lüb. R. bildet. Der Umstand, daß in jetziger Zeit die Sammtgutsverhältnisse selbst unter Geschwistern seltener dauernd sind, entferntere Verwandte kaum noch betreffen und Absonderungen einzelner Kinder fast gar nicht mehr vorkommen, beinträchtigt nicht die Geltung der Grundsätze auch für das jetzige lübische Recht.

§. 88. Absonderung aus der Were.

Wann sind Kinder oder Geschwister abgesondert? Wenn es sich um die elterliche Were handelt, wird in allen Fällen behufs der Ausschließung der abgesonderten Kinder vorausgesetzt, daß sie vom ganzen Sammtgute, nicht bloß von einzelnen Theilen, abgesondert sind. Nur Kinder, welche von allem Gute ihrer Eltern „väterlichen und mütterlichen sowohl von dem Lebendigen als Verstorbenen" abgesondert sind, „sind und heißen nach unserem Rechte abgesonderte und abgetheilte Kinder." Falls aber bei der Erbtheilung oder einem Erbabfindungsvertrage entweder Vater- oder Muttererbtheil oder überhaupt Antheil am Sammtgute ausdrücklich vorbehalten wird, so ist das Kind kein abgesondertes Kind und behält also auch die Erbrechte unabgesonderter Kinder, lüb. R. II. 2. Art. 33. Entsch. Bd. 35. S. 106. Bd. 42. S. 219. Mehlen §. 7. Gleicherweise ist natürlich bei der Geschwistergemeinschaft die Absonderung vom ganzen Sammtgute zur Ausschließung des Abgesonderten nöthig.

Gesetzlich ist eine solche Absonderung vom Elterngut nothwendige Folge der Theilung des Sammtguts, wenn dies nach dem Tode eines parens nach Art. 2. 3 getheilt ist; ebenso wenn dann eine solche Theilung auch nur hinsichtlich eines der Kinder behufs seiner Abfindung erfolgt. Das Kind erhält durch solche Todtheilung, was ihm gesetzlich aus dem Sammtgute beider Eltern zukommt; und das lüb. Recht giebt ihm nirgends ein Recht, sich dabei noch Ansprüche auf das Sammtgut vorzubehalten.

Falls dagegen der Art. 11. II. 2. dahin verstanden wird, daß das mündige Kind nur ein Erbtheil aus dem Nachlasse des erstverstorbenen parens fordern kann und ihm nur nach diesem Grundsatze ein Erbtheil zugetheilt wird, §. 84, so ist dasselbe hierdurch nicht aus dem Sammtgute abgesondert. Es behält also als nicht abgesondertes Kind nach dem Begriffe des Art. 33 seinen Antheil am Sammtgute und das Recht, im Falle einer zweiten Ehe oder des Todes des letzten parens die Theilung des Sammtguts zu fordern. Wenn später das Sammtgut getheilt wird, weil auch der letzte parens stirbt oder das Sammtgut theilen will oder bei zweiter Ehe muß, so nimmt ein solches Kind an der Schichtung Theil und muß nur dabei das erhaltene Erbtheil bei Feststellung seines Sammtgutsantheils conferiren. Mev. No. 23—26. 31 ad art. 11. Pauli III. S. 91 ff. Mehlen §. 7.

Wenn Stiefkinder sich mit Stiefeltern nach dem Tode ihrer beiden rechten Eltern nach Art. 28 auseinandersetzen, so werden die Kinder erster Ehe dadurch zwar vom Vermögen ihres erstverstorbenen, wie ihres letztverstorbenen parens abgefunden und sind nach Art. 33 abgesondert; die Kinder der letzten Ehe sind dagegen vom Gute ihres noch lebenden parens nicht abgetheilt, werden seine Erben und nehmen daher, auch falls letzterer eine fernere Ehe eingeht und darin Kinder bekommt, mit diesen an seinem hinterlassenen Sammtgute Theil, wie aus Art. 23 folgt. Mev. No. 37—40 ad art. 28.

Außer der gesetzlich durch Theilung eintretenden Absonderung hebt das lüb. R. eine vertragsmäßige hervor. Die Eltern können, wenn beide leben, ebenso auch der überlebende allein, einem Kinde oder allen Kindern einen „Ausspruch" thun Art. 31. 33. 34. Daß dies Ausspruchthun einen Vertrag des Kindes mit den Eltern oder dem einzelnen parens bedeutet, geht daraus hervor, daß nur einem Ausspruche, mit welchem das Kind bez. dessen Vormünder zufrieden sind, die volle Wirkung der Absonderung in Art. 33. 34 zugeschrieben wird, und der Art. 33 ausdrücklich einen protestativischen Vorbehalt des Vater- oder Muttererbtheils erwähnt, welcher jene Wirkung aufhebt. Diese Vertragsnatur zeigt auch die Art, wie früher in Lübeck in öffentlicher Gerichtssitzung „vor dem Rath" das Aussprechen erfolgte: Es besteht in der Erklärung der Eltern oder des parens, den Kindern mit Bezug auf die anzugebende Sachlage mit deren Einwilligung bestimmte Sachen oder Summen auszusprechen, in der Consenserklärung der mitanwesenden Kinder bez. Vormünder und in der vom vorsitzenden Bürgermeister erklärten Bestätigung. Stein II. §. 250. Anm. Mev. No. 108—114 ad art. 33. Dasselbe bestätigen die von Pauli II. S. 165—167 und III. Nr. 224 citirten Inscriptionen. Sowohl Stein II. §. 235 ff. 249 als Pauli III. S. 93 zu b finden deshalb das Wesen solcher Aussprüche im Vertrage; Pauli namentlich hinsichtlich der fernern Erbausschließung in einem ausdrücklichen oder stillschweigenden Verzichte der Kinder. Stein erlaubt sich zwar, wie wir sehen werden, im Einzelnen manche Abweichungen von den Consequenzen der Vertragsnatur zu statuiren, — das gewöhnlich Vorkommende als gesetzlich Nothwendiges hinstellend. Im Wesentlichen erklärt er jedoch auch wiederholt die Absonderung und den Ausspruch für einen Vertrag, wie auch nach Art. 33. 34 und den ältern Urkunden über Aussprüche nicht zu bezweifeln ist. Mevius, der Theilung — divisio — die Absonderung — separatio seu segregatio — entgegensetzend, definirt die letztere: separatio est liberorum a parentibus per assignationem certae partis a communione facta exclusio. Er will einen Unterschied von Erbverzichten dahin aufstellen, daß die Erbausschließung bei Absonderungen nicht vi pacti, sondern vi assignationis et praeceptionis erfolge. No. 1—7 ad art. 33. Indeß die wirkliche Präception d. h. Aushändigung des Erbtheils ist zur Verbindlichkeit der Absonderung überhaupt nicht nöthig; auch das Schuldbekenntniß des parens genügt, wie die Vorschriften über die Priorität solcher Kindergelder im Konkurse zeigen: II. 2. Art. 31. — III. 1. Art. 12; Mehlen §. 4. Man kann nur einräumen, daß zur Absonderung durch Ausspruch die Anweisung eines bestimmten Erbtheils „sonderlich bescheidenen" d. i. als Sondergut ausgeschiedenen Theils, certa pars, competens portio, im Gegensatz zu einem unentgeltlichen

Erbverzichte gehört. II. 2. Art. 34. — II. 1. Art. 3. 6. Immerhin bleibt der Vertrag zwischen parens und Kindern und der darin liegende oder ausgesprochene Verzicht das wesentliche Requisit und der Erbausschließungsgrund solcher Absonderung. Auch Mevius legt diese Vertragsnatur in seinen speciellen Ausführungen zu Grunde, sowohl in Betreff der Nothwendigkeit des Consenses der Kinder als hinsichtlich der Entscheidung über die Höhe der Portion. Mevius No. 46—48. 83 seq. ad art. 33. — Mehlen bestätigt ebenfalls die Vertragsnatur der Absonderung §. 4—6.

Nach dem obigen Grundprincip muß gemäß Art. 33 auch die vertragsmäßige Absonderung von allem väterlichen und mütterlichen Gute erfolgt sein, um das Kind zum abgesonderten in erbrechtlicher Beziehung zu machen.

Es kann dahingestellt bleiben, ob, wie Pauli III. S. 97—100 meint, nach dem ältern lüb. R. nur bei Absonderungen, welche nach dem Tode eines parens aus dem Sammtgute erfolgen, die Vermuthung für eine Totalabfindung und Erbausschließung bestand; bei den, zu Lebzeiten beider Eltern erfolgten aber dagegen. Jedenfalls besteht jetzt nach dem Art. 33 des revid. Statuts, der wohl von den zur Regel gewordenen Rechtsverhältnissen ausging, für die Absonderungen beim Leben beider Eltern wie nach dem Tode eines parens die Vermuthung dafür, daß sie von allem Gute, väterlichen und mütterlichen, vom Verstorbenen und Lebendigen, verstanden wird.

Form. Die Art. 33 und 31 scheinen für diese Vermuthung und für die Wirkung der Erbausschließung noch ein ferneres Requisit dahin zu erfordern, daß die Absonderung gerichtlich „vor dem Rathe" erfolgen müsse. Stein II. §. 260. Aber die Worte des Art. 33: „das sind und heißen nach unserm Recht abgesonderte Kinder", beziehen sich nur darauf, daß sie von allem Gute abgesondert sein müssen. Dies geht aus dem Gegensatze hervor, wornach sie nicht abgesonderte Kinder sind, wenn Vater- oder Muttererbtheil vorbehalten bleibt. Der Art. 31 erklärt auch Aussprüche, welche nicht vor dem Rathe geschehen sind, nicht für absolut ungültig, sondern giebt nur bei der Confurrenz mit der Brautschatzforderung der Frau dieser den Vorzug, während sonst „Kindergeld vor dem Rathe ausgesprochen" im Conkurse das Vorrecht vor dem Brautschatze hat, wie III. 1. Art. 12 bestätigt. Mev. No. 17—31 ad art. 33. Vgl. Erkenntniß von Lübeck 1611 in Mev. No. 30. 31.

Demnach ist an sich jeder Absonderungsvertrag verbindlich und sind dafür die allgemeinen Vorschriften über Vertragsformen maßgebend. In dieser Beziehung gelten freilich im Gebiete des preuß. Landr. dessen Formvorschriften, §. 7 Nr. 9, und darnach müssen Verträge, wornach Kinder vom Nachlasse der Eltern ausgeschlossen oder im Pflichttheile verkürzt werden sollen, vor deren ordentlichen Gerichten geschlossen werden. Landr. II. 2. §. 484. Das andere, im §. 484 aufgestellte Requisit, daß die Kinder großjährig und aus der väterlichen Gewalt entlassen sein müssen, fällt für die lübischrechtlichen Absonderungsverträge der Kinder fort, indem in Art. 33. 34 durch die Erwähnung der Vormünder ausdrücklich auch deren Abschließung von minderjährigen Kindern zulässig erklärt ist. Pomm. Stat. R. §. 147. Zu Erbschafts-Entsagungsverträgen, welche nicht von Kindern über den elterlichen Nachlaß, sondern von Andern geschlossen werden, sind auch nach dem Landr. I. 12. §. 649 ff. und Entsch. Bd. 20. S. 152 die allgemeinen Vertragsformen genügend. Die Prioritätsvorschriften für den Concurs fallen ohnehin für das landrechtliche Gebiet fort.

Sonstige Eigenthümlichkeiten erwähnt das lüb. R. für derartige Verträge nicht und bleiben daher im Uebrigen, besonders hinsichtlich der Anfechtung seitens der Contrahenten oder seitens der Creditoren der Eltern die allgemeinen Vorschriften des subsidiären Rechts über Verträge anwendbar. Demgemäß erklären Mevius (No. 51 seq. ad art. 33) und Stein II. S. 321 einen solchen Vertrag ex l. 2 Cod. de rescind. vend. 4, 44, wegen Verletzung über die Hälfte anfechtbar, nachdem die gemeinrechtliche Jurisprudenz die römische laesio enormis über die Kaufgeschäfte auf andere onerosen Verträge ausgedehnt hatte; beide erklären die Anfechtung nur in der lübischrechtlichen Verjährungsfrist von Jahr und Tag zulässig. Das preuß. Landr. I. 11. §. 58 ff. gestattet dagegen den Rücktritt wegen laesio enormis nur bei Kauf, Tausch und Lieferungsverträgen. Entsch. Bd. 48. S. 171. Gruchot Bd. 1. S. 59.

Wie Art. 34 hervorhebt, reicht es zur Absonderung eines Kindes nicht aus, daß dasselbe von seinem Vater zur Ehe „mit sonderlichem bescheidenen Gute" ausgestattet ist, sondern es muß auch in diesem Falle hinzutreten, daß dies in der Absicht „der Meinung, daß also das Kind von ihm soll abgetheilt und abgesondert sein" geschehen ist, und daß „das Kind nebst Freunden und Vormündern der Zeit begnüget und friedlich ist." Mevius macht ohne Grund aus einer solchen Absonderung bei Gelegenheit der Aussteuerung eine besondere Art der Absonderung ad art. 34 und No. 14 ad art. 33. Er hebt aber selbst keine andere Abweichung von sonstigen Absonderungen hervor, als daß die Kinder dann die versprochene dos auch dann fordern können, wenn die beabsichtigte Heirath nicht erfolgt. No. 64—73 ad art. 34, — eine Consequenz davon, daß die Aussteuer zugleich Erbabfindung ist; und daß das Kind — wie er wegen der Schlußworte des Art. 34 meint — zwar vom Nachlasse der Eltern, nicht aber von dem seiner Geschwister ausgeschlossen sei. No. 80—86 ad art. 34. Letzteres ist unbegründet. Wenn die Schlußworte nur den Ausschluß vom Vater- und Muttergut ausdrücklich erwähnen, so ist dadurch das vorangestellte allgemeine Princip: „so ist solche Person abgesondert und abgetheilt" nicht aufgehoben oder eingeschränkt; und besteht die Absonderung auch den Geschwistern gegenüber. Um den, von Mevius behaupteten, Gegensatz aus dem Art. 34 herauszulesen, giebt die Erwähnung der einen am nächsten liegenden Consequenz der Absonderung keinen Grund; vielmehr liegt die Bedeutung des Art. 34 darin, daß nicht durch die Ausstattung zur Ehe allein, sondern nur in Verbindung mit einem Absonderungsvertrage eine Absonderung bewirkt wird. Deshalb ist auch nicht bloß nöthig, daß der Vater (oder nach dessen Tode die Mutter im Beisitz, Mev. No. 10—15) die „Meinung" der Absonderung hat; sondern daß auch das Kind dies weiß und eben hiermit einverstanden „begnüget und friedlich" ist. Stein II. §. 242. Mehlen §. 9. — Aus der Vertragsnatur des Verhältnisses folgt, daß kein Theil dazu gezwungen werden kann. Kommt keine Einigung zu Stande, so kann jeder Theil nur von seinen sonstigen gesetzlichen Rechten Gebrauch machen; also die Kinder können nur in den gesetzlichen Fällen Theilung des Sammtguts fordern und Wittwer oder Wittwe können nur Theilung nach den gesetzlichen Vorschriften anbieten oder verlangen; entweder rücksichtlich aller oder auch einzelner Kinder: Mehlen §. 6. Wenn auch im letzten Falle dem richterlichen Ermessen überlassen bleiben soll, ob der überlebende parens außer dem gesetzlichen Erbtheil noch mehr aussprechen solle, oder ob die Kinder wegen besonderer Umstände, z. B. früherer ungerechneter Zuwendungen mit weniger zufrieden sein müßten, wie Stein §. 238 Anm. meint, so entspricht dies nicht der juristisch aufrecht zu erhaltenden Natur des Verhältnisses; obgleich die Gewöhnung, solche Angelegenheiten meistens ohne Prozeß zu ordnen, mitunter dazu geführt haben mögen, wie in dem von Stein erwähnten Lübecker Dekret von 1697, worin der Vormund des Kindes erreichte, daß die Wittwe außer der gesetzlichen Abfindung von Vater- und Muttergut dem Kinde auch noch den Vorbehalt der Theilnahme an den, für die Mutter zu erwartenden, künftigen Erbfällen zulassen mußte. Die Höhe des Ausspruchs kann daher nur durch Einigung der Interessenten bestimmt werden, wenn nicht einer derselben gesetzliche Theilung verlangen kann und verlangt. Vergl. Mev. No. 146. 147 ad art. 33. Mehlen §. 7 zu IV.

Mit der irrigen Auslegung des Art. 11 (§. 84) hängt es zusammen, wenn Stein §. 237. 238 und Mevius No. 178—198 ad art. 33 dem überlebenden parens gestatten wollen, nur vom Vermögen des Erstverstorbenen auszusprechen und selbst von diesem Vermögen dabei Kindestheil für sich zu behalten.

Folge der Vertragsnatur ist es ferner, daß die Kinder nicht wider ihren Willen mit dem bloßen Schuldanerkenntnisse des parens oder der Eltern zufrieden zu sein brauchen; sondern ohne Auszahlung oder Sicherstellung auf den Ausspruch einzugehen nicht nöthig haben. Neben dem Aussprechen war in älterer Zeit besondere Sicherung durch Pfand oder Bürgschaft üblich; die neuere Zeit ließ es beim bloßen Schuldanerkenntniß bewenden. Im lüb. R. war auch kein Bedürfniß zu besonderer Sicherstellung, da demselben das gesetzliche Vorzugsrecht der Kindergelder genügte. Pauli II S. 210. 211. Stein II. §. 235. Mehlen §. 8. Das preußische Hypothekenrecht schafft indeß das Bedürfniß; und dadurch, daß das Kind und dessen Vormundschaftsbehörde sich nicht einen Ausspruch gefallen zu lassen braucht, mit dessen Bedingungen es nicht einverstanden ist, kann dem Bedürfnisse auch bei der vertragsmäßigen Absonderung genügt werden.

Mevius zählt noch als besondere Art die testamentarische Absonderung auf: No. 14 seq. ad art. 33. Ebenso Mehlen §. 5. Stein bemerkt aber mit Recht, daß der Vater zwar testamentarisch anordnen kann, daß seine Wittwe sofort nach seinem Tode theile, statt mit den Kindern in Gemeinschaft auf Gedeih und Verderb zu bleiben, daß aber immer nur die Theilung, möge sie auch auf Grund des Testaments erfolgen, die Absonderung bewirke. Stein II. Anm. zu §. 242.

§. 89. Folgen der Absonderung außer der Erbausschließung.

Der Charakter des Theils, welcher dem Kinde durch die Absonderung, wie durch die Theilung ausgeschieden wird, als seines Erbtheils und Antheils am Sammtgute macht ihn zum ausschließlichen Sondergute des Kindes. Das Kind bekommt seinen Theil zum alleinigen Eigenthum und Nutzungsrecht und nur mit seinem Willen kann er dem parens kreditirt oder zur Nutzung belassen werden. Mev. No. 120—132 ad art. 2 und No. 120—127 ad art. 33. Mehlen §. 8. Stein findet zwar eine charakteristische Unterscheidung zwischen der Theilung und dem Ausspruche darin, daß durch die Theilung den Eltern der Nießbrauch der Kindererbtheile entzogen werde, durch den Ausspruch aber das Kindestheil nur bestimmt und als Schuld von den Eltern anerkannt, aber nicht ausgeantwortet, auch nicht ihrem Nießbrauche entzogen wird. Stein II. §. 235 und Anm. und §. 119 Anm. Indeß seine Meinung, daß die Aussprüche angeordnet seien, um den Eltern den Nießbrauch zu erhalten und sie nicht zur Theilung zu nöthigen, und daß andernfalls Aussprüche unnütz und überflüssig wären, findet weder in einer positiven Bestimmung des lüb. R. noch in der Natur der Verhältnisse einen Anhalt. Im Gegentheil wird sie durch das Wesen des Ausspruchs als der vertragsmäßigen Ausscheidung eines Kindes aus dem Sammtgute vermittelst der Anweisung eines Antheils als Sondergut widerlegt. Stein scheint mehr dem Verfahren zu folgen, welches sich damals für die gewöhnlichen Fälle gebildet hatte (vergl. Pauli II. S. 211); indeß ist dies Verfahren nach dem Wesen der Verhältnisse nicht das einzig Nothwendige. Abgesehn davon, daß der Absonderungsvertrag seine praktische Bedeutung behält, wenn beide Eltern bei Lebzeiten Kinder absondern wollen oder wenn einzelne Kinder vorgerückten Alters aus dem Sammtgute unter Fortsetzung der Gemeinschaft der übrigen abgefunden werden sollen, so führt gerade das praktische Bedürfniß unserer Zeit dazu, die charakteristische Vertragsnatur zu betonen und deren Consequenzen zu ziehen. Selbstverständlich verbleibt den Eltern, namentlich dem Vater auch außerhalb der Vertragsbedingungen der Nießbrauch, soweit er ihm aus allgemeinen Gründen des subsidiären Rechts, etwa der fortdauernden väterlichen Gewalt, zusteht. Landr. II. 2. §. 156. 168. 231. 275.

Hinsichtlich der Nachlaßschulden muß nach der Theilung, sowie nach sonstiger Absonderung der parens dem Kinde gegenüber dafür aufkommen, daß letzteres nicht noch wegen Schulden angegriffen wird. Den Gläubigern gegenüber kann dagegen einem abgesonderten Kinde nicht (wie Stein II. §. 240 meint) unbedingt der Einwand zustehn, daß es selbst Gläubiger sei und seinen Platz im Conkurse einnehme, also nicht verhaftet sei. Dies ist nur hinsichtlich der spätern Schulden des abtheilenden parens richtig. Wegen der Nachlaß- und Sammtgutsschulden bleiben dem Gläubiger die

Rechte gegen das Kind als Miterben nach den allgemeinen Rechtsgrundsätzen über Rechte der Gläubiger gegen theilende Erben. Vergl. Runde S. 264. Mevius No. 195—198. 79—82. 66—69 ad art. 33.

Eine entschiedene Verkennung der Verhältnisse ist es, wenn Stein und Mevius (zwar hinsichtlich des Vorzugsrechts gegen die dos der zweiten unbeerbten Frau — Stiefmutter — uneinig) beide den, noch nicht abgetheilten, Kindern erster Ehe auch dann wegen ihres Mutterguts ein Gläubigerrecht und einen Rang im Confurse des Vaters nach lüb. R. III. 1. Art. 12 beimessen, wenn den Kindern selbst nicht einmal ein Ausspruch geschehen ist. Wenn der Vater mit dem Kinde nicht getheilt, sondern die Gemeinschaft fortgesetzt hat und wenn dasselbe auch nicht durch Ausspruch abgesondert ist, so muß es aus der Gemeinschaft auf Gedeih und Verderb die Sammtgutsschulden selbst von seinem Antheil mit bezahlen lassen, kann also nicht einen unverschuldeten Sammtgutsantheil aussondern lassen. Zu den, auf dem Sammtgute lastenden Schulden gehört ferner auch das eingebrachte Vermögen der zweiten unbeerbten Frau. Stein bemerkt zur Begründung seiner Ansicht nur: die Kinder müßten zwar wegen der continuirten Gemeinschaft eigentlich mit bezahlen; da der parens aber mit den Kindern übel verführe, wenn er sie mit in Verfall kommen ließe, statt gleich zu theilen, so sei es billig, daß die Kinder, sofern sie darthun könnten, wieviel vom Sammtgute ihres verstorbenen Vaters oder Mutter Gut sei, dies als Kindergeld nach Art. 12. III. 1 im Confurse fordern könnten! Stein II. §. 257 u. Anm. Mev. No. 1 seq. 10. 11. 35. 36 ad art. 31. Jedoch das Kindergeld, welches nach Art. 12. III. 1. und Art. 31. II. 2 aus dem Confurse gefordert werden kann, ist nur solches, welches als Sondergut ausgesprochen ist. Dieses wird bei richterlichem Ausspruche vor, und bei außergerichtlichem Ausspruche hinter den Brautschatz der Frau gestellt. Immer jedoch ist ein Ausspruch nöthig.

§. 90. Erbrechte abgesonderter Kinder am elterlichen Nachlasse.

Die Erbausschließung abgesonderter Kinder vom Nachlasse der Eltern ist keine absolute. Zwar hat der überlebende parens das Sammtgut nur mit den unabgesonderten Kindern zu theilen; sind also beim Tode des erstverstorbenen parens außer dem überlebenden nur abgesonderte Kinder vorhanden, so verbleibt das Sammtgut, da diese gesetzlich keinen Antheil mehr daran haben, dem überlebenden Ehegatten allein. Lüb. R. II. 2. Art. 6. 16. Stein II. §. 245. Anm. **. Pomm. Stat. R. §. 101. Dasselbe ist der Fall, wenn zwar beim Tode eines parens noch unabgefundene Kinder vorhanden sind, diese aber vom Ueberlebenden abgesondert werden. Die abgesonderten Kinder können auch den überlebenden parens nicht hindern, beliebig zu testiren. Sie können, da sie ihr Erbtheil schon ausgesondert erhalten haben, nicht noch ferner ein Pflichttheil fordern, Testamente des parens nicht als inofficiös anfechten, und haben keinerlei Anrechte auf Erbschaften oder sonstiges Vermögen, welches dem parens nach der Absonderung zufällt. §. 105. Stein II. §. 245. u. Anm. Mev. No. 169—178 ad art. 2. Entsch. Bd. 35. S. 115. Vergl. aber hinsichtlich des Pflichttheils §. 105. — Wie schon bemerkt, werden auch die abgetheilten Kinder erster Ehe nicht Erben des überlebenden Ehegatten, wenn derselbe zur zweiten Ehe schreitet und aus derselben unabgefundene Kinder hinterläßt. Letztere erben dann allein nebst dem etwa überlebenden Gatten zweiter Ehe. Wenn dagegen die zweite Ehe unbeerbt bleibt und der conjux binubus stirbt, so erben mit dem conjux superstes zweiter Ehe die abgesonderten Kinder erster Ehe den Nachlaß des conjux binubus, so daß davon die Kinder die Hälfte und der letzte unbeerbte conjux die Hälfte außer seinem eignen Vermögen bekommen. Revid. Stat. II. 2. Art. 5. Die Kinder erster Ehe erben dann also die Hälfte, welche nach lüb. R. II. 2. Art. 12 neben dem, die andere Hälfte erbenden, kinderlosen, überlebenden Ehegatten die nächsten Blutsfreunde und Erben des Erblassers haben sollen. §§. 63—69. Auch wenn der letztlebende Ehegatte nicht zu einer zweiten Ehe schreitet, und bei seinem Tode nur abgesonderte Kinder leben, so erben diese. In beiden Fällen erben sie als nächste Blutsfreunde des Erblassers nach Geblütsrecht aus Art. 1. II. 2, vorausgesetzt, daß der Erblasser nicht durch Testament anders bestimmt hat, und daß nicht von den Kindern ein unbedingter Erbverzicht auf den elterlichen Nachlaß für alle Fälle erklärt ist. Stein §. 245. Anm. Mev. No. 135—150 ad art. 2. Mehlen §§. 19. 32. 33.

Durch diese Bestimmungen bekommt der Charakter der Absonderung seinen Abschluß. Sie ist nicht die römische emancipatio liberorum (Mev. No. 112. ad art. 2 — No. 115 seq. ad art. 33. Stein II. §. 245. Anm. ***); auch werden nicht die Eltern rücksichtlich der Kinder unbedingt für gestorben und von ihnen beerbt angesehen, welche Anschauung als fictio statuti Mevius zu Grunde legt. No. 110. 111. 152—155 ad art. 2. Sie ist ein freiwilliger oder gesetzlich mit der Abschichtung verbundener Verzicht auf ferneren Antheil am Sammtgut und auf fernern Erwerb des überlebenden parens zu Gunsten dieses überlebenden parens und der, daran jetzt oder künftig theilnehmenden, unabgefundenen Kinder. Das Theilnahmerecht des Kindes am Sammtgute wird entweder durch dessen selbstgewollten Verzicht aufgehoben, oder diese Aufhebung wird gesetzlich durch Gewährung einer Abfindung für das Theilnahmerecht erreicht, welche dann in den gesetzlichen Fällen z. B. der Sammtgutsabschichtung nach dem Tode eines parens einen gesetzlich nothwendigen Verzicht enthält. Pauli III. S. 93. litt. b. Stein II. §. 241. Mev. No. 115 ad art. 33. Der Verzicht auf den Nachlaß des letztlebenden parens besteht aber nur zu Gunsten dieses überlebenden parens selbst und der unabgefundenen Kinder, namentlich der erwarteten Kinder zweiter Ehe, so daß, wenn weder der überlebende parens unter Lebenden oder durch Testament von der, für ihn freigewordenen, Disposition Gebrauch macht, noch bei dessen Tode unabgefundene Kinder vorhanden sind, das Intestaterbrecht der Kinder als nächster Blutsverwandten wieder eintritt.

In diesem Falle, wenn die abgesonderten Kinder aus Artt. 1. 5 doch succediren, brauchen sie das bereits Erhaltene unter einander nicht zu konferiren, weil sie dann, wie Mevius, No. 35 — 42 ad art. 5, sich ausdrückt, nicht als Kinder ex capite: unde liberi, sondern als nächste Verwandte ex capite: unde agnati succediren. Stein II. §§. 201. 245. Mehlen §§. 32. 33.

Im Falle einer beerbten zweiten Ehe nach Absonderung der Kinder aus erster Ehe wurde nach lüb. R. das Sammtgut zweiter Ehe von den Kindern zweiter Ehe und ihrem überlebenden parens geerbt, und es mag zur Zeit der Revision des lüb. R. der gewöhnliche Fall gewesen sein, daß die beerbte zweite Ehe eben eine solche lübischrechtliche gewesen ist. Dies hat vielfach zur Ansicht geführt, daß die abgesonderten Kinder erster Ehe durch die Todtheilung vom Nachlasse des überlebenden parens, auch wenn er unter Hinterlassung von Kindern zweiter Ehe stirbt, nur dann ausgeschlossen seien, wenn die zweite Ehe eine lübischrechtliche, beziehungsweise eine gütergemeinschaftliche war, nicht aber, wenn die letzte Ehe eine Dotalehe war und der Nachlaß des conjux binubus vom Vermögen seines zweiten Ehegatten in Ansehung der Succession gesondert war und blieb. Dies hat auch das Obertribunal, Entsch. Bd. 30. S. 150, für Brilon in Westphalen, wo ebenfalls Todtheilung stattfindet, aus allgemeinen Grundsätzen derselben angenommen. Dagegen geht die

Entscheidung des Obertribunals vom 5. Februar 1858, Entsch. Bd. 37. S. 237, für das lüb. R. davon aus, daß die abgesonderten Kinder erster Ehe durch Kinder und Ehegatten zweiter Ehe allemal und auch dann vom Nachlasse ausgeschlossen würden, wenn die zweite Ehe eine Dotalehe wäre. Es treten dieser letztern Entscheidung freilich gewichtige Autoritäten hinsichtlich der Folgen der Todtheilung entgegen. Runde §. 119 setzt den Zweck der Todtheilung darin, den Parens in den Stand zu setzen, sich durch eine zweite Ehe ein Familienverhältniß gleich dem der ersten Ehe zu begründen und seine Vermögenshälfte mit voller Wirkung in das neue Verhältniß hinüberzubringen, so daß diese Hälfte ein Bestandtheil des gütergemeinschaftlichen Vermögens der neuen Ehe und ausschließliches Eigenthum der Genossen dieser Ehe werde. Er hält die Folgen der Schichtung über ihre Absicht ausgedehnt, wenn man die abgeschichteten Kinder erster Ehe vom Intestaterbrecht auch da ausschlösse, wo „keine Genossen zweiter Ehe vorhanden sind, die mit Ansprüchen aus einem durch dieselbe entstandenen gesetzlichen Güterverhältnisse entgegentreten"; „nur wenn bei Auflösung der zweiten Ehe das Vermögen zu einer Masse vereint erscheine, könnten die abgeschichteten Kinder erster Ehe nicht mit den vorhandenen Erbgenossen aus der zweiten Ehe erben." In den Entsch. Bd. 30. S. 158 sind dieselben Grundsätze der Todtheilung aufgestellt. Auch v. Gerber (deutsch. Privatr. §. 236) läßt die abgeschichteten Kinder erster Ehe nur gegen die Kinder einer mit Gütergemeinschaft eingegangenen zweiten Ehe zurücktreten und begründet dies mit der, durch die Gütergemeinschaft eintretenden, Rechtsveränderung; das Vermögen des zur zweiten Ehe schreitenden Gatten höre auf, sein Vermögen zu sein und werde Vermögen der neuen Communion-Interessenten; beim Tode eines Ehegatten werde es nicht wieder ausgeschieden, sondern sei in seinem ideellen Antheile untergegangen, an welchem das Recht zunächst nur den Kindern aus dieser Ehe ein Erbrecht zuerkenne. Die Gründe der Entscheidung vom 5. Februar 1858 haben für das lüb. R. eine eingehende Entgegnung von Voigt in der preuß. Anwaltszeit. von 1862 Nr. 17. S. 129—136 erfahren. Allein so zutreffend auch darin manche Einzelheiten aus der Begründung des Obertrib. widerlegt sind, müssen wir doch das Resultat der Entscheidung vom 5. Februar 1858 für lüb. R. als richtig anerkennen. Entscheidend ist, daß das lüb. R. II. 2. Art. 5 unbedingt einmal dem überlebenden Ehegatten zweiter Ehe, er mag beerbt sein oder nicht, dasselbe Erbrecht einräumt, welches er haben würde, wenn keine erste Ehe seines verstorbenen conjux bestanden hätte, und ebenso unbedingt den Kindern zweiter Ehe, wenn dergleichen da sind, unter ausdrücklichem Ausschluß der abgeschichteten Kinder erster Ehe das Erbrecht einräumt; sowie daß ausdrücklich die Kinder erster Ehe nur dann zur Erbschaft berufen werden, wenn die letzte Ehe unbeerbt ist. Es kann nicht füglich deutlicher erklärt werden, daß die mit der Abschichtung der Kinder erster Ehe verbundene Abfindung von Mutter- und Vatergut des „lebendigen und verstorbenen" parens, Art. 33, allemal zu Gunsten des zweiten Ehegatten des lebendigen parens und seiner Kinder zweiter Ehe erfolge und nur alsdann diese Wirkung zu Gunsten der Kinder erster Ehe fortfällt, wenn keine Kinder zweiter Ehe da sind. Als Zweck der lübischen Todtheilung muß hiernach immer angesehen werden, den Vermögensantheil des überlebenden parens ihm zu seiner Disposition und frei von Ansprüchen der Kinder erster Ehe zu belassen, so daß, wenn der parens ohne letztwillige Verfügung stirbt, sein Vermögen dann seinem zweiten Gatten und seinen Kindern zweiter Ehe zufällt. Zumal nach lüb. R. ist erst der Tod des überlebenden parens und die, erst dann sich ergebende, Thatsache, ob alsdann die zweite Ehe beerbt ist, darüber entscheidend, ob die Vermögensmassen der Eheleute zweiter Ehe auseinanderfallen oder als Sammtgut beerbt werden. Von einer derartigen Rechtsveränderung schon bei Eingehung der zweiten Ehe, wie sie Gerber supponirt, kann also nach lüb. R. ohnehin nicht die Rede sein. Dafür, daß die Wirkung der Todtheilung dadurch bedingt sein soll, daß nach Auflösung der zweiten Ehe die Kinder zweiter Ehe nach denselben Principien ihre Eltern beerben, wie die Kinder erster Ehe, bietet auch die lüb. Praxis keinen Anhalt; und äußere Ungleichheiten, welche bei verschiedenen Vermögensverhältnissen zu Gunsten bald der einen bald der andern Ehe auch aus vielen andern Gründen möglich sind, geben keinen Grund, eine andre Absicht in das Statut hineinzulegen, als aus den deutlichen Worten hervorgeht. — Aus dem Preuß. Landr. ist über diese Frage, welche mit der größern Häufigkeit der Dotalehen in den wechselnderen neuern Verkehrsverhältnissen wichtig wird, nichts zu entscheiden, da es keine Todtheilung und nur vertragsmäßige Abfindungen kennt, bei denen der Vertrag und dessen Auslegung bestimmend ist und die Präsumtion für eine Abfindung nur aus dem Nachlasse des erstversterbenden der Eltern und nur zu Gunsten des überlebenden besteht. Landr. II. 2. §. 368 ff.

§. 91. Absonderung der Ehegatten. Ehescheidung.

Erwähnt ist bereits, daß nach dem Tode eines Ehegatten der überlebende sich vom Sammtgute absondern kann, indem zugleich alle Kinder vom bisherigen Sammtgute abgesondert werden und daß darum doch die Geschwister in Gemeinschaft unter einander bleiben können. Dasselbe Resultat kann erfolgen, wenn in Folge eines Testaments des Mannes, dessen Rechtsbeständigkeit oder Anerkennung vorausgesetzt, sofortige Theilung des Nachlasses angeordnet und der Wittwe einzelne Vermögensobjekte als Sondergut zugetheilt werden.

Bei Lebzeiten beider Eheleute kann durch Vertrag derselben ihr Güter- und Successionsverhältniß für den Todesfall autonomisch anders bestimmt werden, so durch Ausschließung der Gütergem. in beerbten Ehen, wie durch Einführung derselben in unbeerbten. In dieser Beziehung gelten beim Schweigen des lüb. R. die Bestimmungen des subsidiären gemeinen bez. preuß. Rechts. Landr. II. 1. §§. 418—433. Vergl. oben §. 60.

Außerdem tritt bei Lebzeiten der Eheleute eine Sonderung ihres Vermögens dann ein, wenn die Ehe durch Scheidung aufgelöst wird. Auch hierüber enthält das lüb. R. keine besondern Bestimmungen und ist daher das subsidiäre Recht anwendbar. Vergl. Entsch. Bd. 42. S. 224. Stein I. §. 131. Bei unbeerbter Ehe nimmt also jeder Theil sein Vermögen zurück; und der für schuldig erklärte Ehegatte muß aus demjenigen, was sonach sein Eigenthum ist, dem unschuldigen die gesetzliche bez. erkannte Scheidungsstrafe entrichten. In beerbten Ehen wird die Entscheidung der Streitfrage über lüb. Gütergem. maßgebend. §§. 40. 43. Bei nur formeller äußerer Gütervereinigung müßte nach consequenten Principien dasselbe Resultat eintreten; wogegen bei materieller innerer Gütergem. jeder Theil die Hälfte des Gesammtgutes als seinen Antheil daran real ausgesondert bekömmt und davon der Schuldige die Ehescheidungsstrafe dem Unschuldigen außer der Vermögenshälfte des letztern gewähren müßte. In dieser Weise stellt auch Runde §. 101 bei Scheidungen die Vermögenssonderung der Eheleute dar. — Das preuß. Landr., welches nur eine Gütergem. kennt, und als subsidiäres Recht für die beerbte lübische Ehe zur Anwendung bringt, giebt bekanntlich dem unschuldigen Theile die Wahl, die Hälfte des beiderseitigen Vermögens (ohne Scheidungsstrafe von der andern Hälfte) zu verlangen oder unter Absonderung des Vermögens beider

Theile das eigne Vermögen und als Strafe den vierten bez. sechsten Theil vom Vermögen des Schuldigen zu fordern. Landr. II. 1. §. 811 ff. Hiernach wird auch für lübischrechtliche beerbte Ehen in den Bezirken der Appellationsgerichte zu Stettin und Cöslin constant verfahren. Just. Minist. Bl. 1841 S. 12—14. Nach der frühern Erörterung über die subsidiäre Anwendung landrechtlicher Gütergem. ist dies auch als richtig anzuerkennen. §. 43.

Die Versuche der Anwendung andrer Rechtsgrundsätze sind nicht begründet. Am häufigsten ist verfochten, daß der schuldige Ehegatte von seinem Vermögen dem unschuldigen mindestens dasjenige gewähren müsse, was er erhalten haben würde, wenn die Ehe durch den Tod des schuldigen getrennt wäre; namentlich also bei unbeerbter Ehe außer dem Vermögen des unschuldigen die statutarische Erbportion vom Vermögen des schuldigen. Born. lüb. Rechtsfälle S. 155—158 und Cit. daselbst. Dies soll durch die Natur dieser Portion begründet werden, welche der überlebende Ehegatte nicht als eigentlichen Erbtheil, sondern titulo singulari gleichsam als Schuld bekomme, welche auf dem Vermögen des Erststerbenden zu Gunsten des Letztlebenden hafte, und mit dem Tode des Erstern fällig werde; da kein Ehegatte sie dem andern durch letztwillige Verfügung entziehen könne, so könne noch weniger der schuldige Ehegatte sie durch seine unerlaubte Handlung entziehn, wodurch er den Eintritt des Ereignisses, daß der unschuldige ein conjux superstes würde, unmöglich mache. Hiergegen muß auf die frühern Bemerkungen verwiesen werden, wornach die Erbfolgevortheile im lüb. R. in der That die Natur von Erbtheilen behalten. Jedenfalls sind sie auch nur für den Fall des vorgängigen Todes eines Ehegatten angeordnet und zu einer Fiction, daß im Falle der Scheidung der Schuldige gestorben wäre und beerbt würde, giebt das lüb. R., indem es über Privat-Ehescheidungsstrafen gar nichts bestimmt, durchaus keine Anleitung. Es ist daher nur anzunehmen, daß dasselbe es bei den Strafen des subsidiären allgemeinen Rechts hat bewenden lassen. Demgemäß ist auch in Lübeck erkannt. Hach Beiträge zur Erklärung des lüb. R. S. 35—37. 54 ff. Born. a. a. O. S. 156. 157. Selbst wenn die Statutarportion für testamentarisch unangreifbar erklärt wird, so betrifft dies immer nur den Fall, wenn wirklich der Schuldige vor dem Unschuldigen gestorben ist, während die Ehe bis zum Todesfalle unaufgelöst blieb.

Auf jenen irrigen Grundlagen beruhte auch die auf Anfrage der Regierung zu Stettin vom 2. Juni 1782 ergangene Entscheidung der Gesetzkommission vom 12. Juni 1782, bestätigt durch Rescr. vom 1. August 1782, desgleichen vom 7. September 1781, daß, wenn keine Kinder vorhanden sind, dem unschuldigen Manne nach seiner Wahl die vertragsmäßig für den Todesfall etwa bestimmten lucra oder die Hälfte des Vermögens seiner schuldigen Frau gebühre; wenn aber Kinder vorhanden, der unschuldige Mann die Wahl habe, die Hälfte des beiderseitigen Vermögens oder außer seinem eignen $^1/_4$ oder $^1/_6$ vom Vermögen der schuldigen Frau zu fordern; daß die unschuldige Frau die gleichen Rechte gegen den zur Scheidungsstrafe verurtheilten Mann habe; daß jedoch in den Fällen, wo Kinder vorhanden sind, dem unschuldigen Ehegatten von dem, loco poenae divortii erhaltenen, sein eignes Vermögen übersteigenden, Vortheile nur der ususfructus ad dies vitae, das Eigenthum aber den aus der Ehe erzeugten Kindern zustehe. Kleins Annalen Bd. 1. S. 39 und Bd. 3. S. 221. — Rabe Bd. 1. Abth. 7. S. 152. — Im pomm. Stat. R. §. 145 ist die so normirte Scheidungsstrafe des Ehemannes aus beerbter Ehe als geltendes lüb. R. aufgenommen. Die gesammte Aufstellung muß aber, als durch das lüb. R. nicht begründet, verworfen werden; und wird auch von der Praxis ignorirt. Die Kinder, welche bei Lebzeiten der Eltern noch keinen Antheil an deren Vermögen haben, sind bei der, durch die Scheidung veranlaßten, Sonderung des elterlichen Vermögens noch gar nicht betheiligt, und wird für dieselben noch gar kein Eigenthum ausgemittelt. Da das elterliche Sammtgut schon bei Lebzeiten beider Theile durch Sonderung aufgelöst ist, so erfolgt erst, wenn wirklich einer der Eheleute stirbt, eine Succession der Kinder in dessen Nachlaß ohne Mitbetheiligung des andern Ehegatten, welcher als geschieden eben kein Ehegatte mehr ist; und ohne daß in das Sammtgut beider Ehegatten, welches als solches schon durch Sonderung aufgehoben ist, succedirt wird. Die Kinder bleiben daher Pflichttheilserben jedes der Eltern, von dessen Vermögen und Nachlaß sie nicht abgesondert sind. Vergl. Landr. II. 2. §§. 457—480.

D. Intestaterbfolge aus Geblütsrecht. Abgesonderte Erblasser.

§. 92. Grundsätze.

Sofern es sich nicht um Succession in Sammtgutsverhältnissen handelt, also sofern der Erblasser ein „Abgesonderter" oder nicht Theilnehmer am Sammtgutsbesitz ist, oder sofern die Succession in das Sondergut eines, wenngleich am Sammtgut nicht abgesonderten, Erblassers bestimmt werden soll, findet die nachstehend behandelte lübische Intestaterbfolge aus Blutsfreundschaft Anwendung. Wenngleich im Falle einer Succession im Sammtgute die Erbfolge in der Were den unbedingten Vorzug hat, so besteht doch keine Vermuthung dafür, daß der Fall einer Succession im Sammtgute vorliegt; wie an sich keine Thatsache die Vermuthung für sich hat. Wenn daher von Erbfolge die Rede ist und nicht ausdrücklich festgestellt wird, daß Sammtgutsverhältnisse vorliegen, so ist vom Gegentheil, von abgesonderten Vermögensverhältnissen des Erblassers, auszugehn und ist ebenso anzunehmen, daß die Erben nicht als unabgefundene Sammtgutsgenossen, sondern als bei einem Sammtgute Unbetheiligte „Abgesonderte" in Betracht kommen. In gleicher Weise sind die Artikel des lüb. Statuts, wenn sie von der Intestaterbfolge reden, von Abgesonderten zu verstehn, falls nicht ausdrücklich Unabgesonderte erwähnt sind; so namentlich Art. 1. Stein II. §. 151. Anm. **. Pauli III. S. 106. Mevius No. 10—14 ad art. 17. II. 2. Mehlen Anm. 1 zu §. 17.

Alle civilisirten neuern Gesetzgebungen fangen die Intestaterbfolge bei Kindern und Ehegatten an und hören beim Fiskus auf. Die Mitte wird in der verschiedensten Folgeordnung ausgefüllt und besteht selten auch nur darüber Uebereinstimmung, ob nach den Kindern dem Erblasser seine Geschwister oder seine Eltern näher oder gleich nahe sind. Aus der allgemeinen Natur der Sache läßt sich hier also nichts ergänzen, sondern es lassen sich nur aus den positiven Bestimmungen des lüb. R. dessen Erbfolgegrundsätze entnehmen.

Das lüb. R. scheint nur einzelne Verwandtschaftsverhältnisse hinsichtlich der Erbfolge ungeordnet zu erwähnen, und im Statute einzelne, dem lüb. R. eigenthümliche, Abweichungen vom gemeinen Rechte aufzuzählen und faßt es so auch Mevius auf ad art. 17 seq. II. 2. Ebenso Mehlen, welcher in den, im Statute nicht erwähnten, weitern Verwandtschaften nach gemeinem Rechte nur die Nähe des Grades entscheiden lassen will, §§. 17. 34. 47. 48. und Anm. 3 zu §. 42.

Indeß schon Stein hebt den systematischen Zusammenhang der lübischen Bestimmungen hervor, II. S. 376 ff. 399—405. 417. Pauli hat demnächst in seiner gründlichen Abhandlung über das Erbrecht der Blutsfreunde, III. S. 36—88, das System der lübischen Erbfolge im Anschluß an das altgermanische, von Joh. Chr. Majer ermittelte, System nachgewiesen; und hat damit diese Lehre ihren wissenschaftlichen Abschluß gefunden, innerhalb dessen nur noch einzelne Detailfragen zweifelhaft sein könnten.

Das altgermanische System, wie es jetzt allgemein angenommen wird (Lineal-Gradual-System, Parentelen-Ordnung), beruft als Erben zunächst diejenigen, welche den Erblasser als unmittelbaren Stammvater haben, Kinder, Enkel; dann diejenigen, welche mit dem Erblasser den nächsten gemeinschaftlichen Stammvater haben, vor solchen Verwandten, welche einen entferntern gemeinschaftlichen Stammvater haben.

Innerhalb einer solchen Linie oder „Parentel", welche durch denselben gemeinschaftlichen Stammvater und dessen Descendenten gebildet wird, hat dann wieder der nähere Grad das Vorrecht vor entferntern Graden, dergestalt, daß in derselben Parentel zuerst die Stammeltern, dann die von denselben zunächst abstammenden Descendenten (Kinder) vor den entferntern Descendenten (Enkeln 2c.) der Stammeltern succediren. Die erste Parentel bildet die Nachkommenschaft des Erblassers; die zweite Parentel wird von den Eltern des Erblassers und deren Nachkommenschaft gebildet und folgen davon zuerst die Eltern, dann die Geschwister, dann die Geschwisterkinder des Erblassers. Die dritte Parentel besteht aus den Großeltern des Erblassers und ihren Nachkommen u. s. w. Dies System, welches insoweit für die Zeit des ältesten germanischen Rechts unzweifelhaft war, daß die entferntere Parentel ausgeschlossen blieb, so lange erbfähige Verwandte der nähern vorhanden waren, hatte zumal mit dem Eindringen des römischen Rechts und namentlich durch den, der vollen Geburt vor halbbürtigen Verwandten eingeräumten, Vorzug Abweichungen erlitten.

Im lüb. R. des revidirten Statuts hat sich zwar nicht ein absoluter, aber ein relativer Vorzug der Parentelen festgestellt, und es entscheiden darin 1. die Nähe des Verwandtschaftsgrades, 2. die Nähe der Parentel, 3. das Verhältniß der vollen und halben Geburt, nebst 4. einer besondern Abweichung hinsichtlich der Häupter (Ascendenten) einer Parentel. Die Grundsätze des revidirten Statuts sind folgende:

I. Die Descendenten des Erblassers aus allen Graden, also dessen eigne erste Parentel, schließt alle andern Verwandten aus. Kein Verwandter, wenngleich nähern Grades, kann als Blutsfreund berufen werden, so lange Descendenten des Erblassers vorhanden sind, Art. 1. Pauli III. S. 50 ff.

II. Unter den übrigen Verwandten des Erblassers entscheidet vor Allem die Nähe des Grades (römischer Computation = Zeugung). Außer dem Falle, wenn Descendenten vorhanden sind, kann kein Verwandter, welcher dem Erblasser dem Grade nach ferner steht, auch wenn er einer nähern Parentel angehört, den Verwandten nähern Grades ausschließen. Die Nähe der Blutsfreundschaft (Sippe) ist maßgebend. „Je näher dem Sippe, je näher dem Erbe." „Das nächste Blut erbt das Gut." Stein II. §. 268. Mev. No. 19 ad art. 1. Pauli III. S. 48.

III. Unter denen, welche in gleichem Grade mit dem Erblasser verwandt sind, succediren zunächst diejenigen, welche mit ihm durch volle Geburt (Abstammung von denselben beiden Eltern) verwandt sind; und erst wenn dergleichen vollbürtige Verwandte auch aus entfernteren Parentelen nicht vorhanden sind, folgen die halbbürtigen Verwandten desselben Grades. Der Vorzug der vollen Geburt ist durchgreifend und überwiegt auch den der Parentel (zu IV). Die halbe Geburt tritt einen halben Grad zurück, d. h. sie folgt nach der vollen Geburt desselben Grades, welcher Parentel diese auch angehöre, aber vor der vollen Geburt des entferntern Grades. Pauli II. S. 47. 48. Ueber das, von Mehlen §. 48. Anm. 3 erwähnte, entgegengesetzte Erkenntniß des Reichskammergerichts von 1756 und die, den Vorzug der vollen Geburt anerkennende, Entscheidung des O.A.Gerichts zu Lübeck von 1827 siehe Pauli III. S. 65. 66.

IV. In der Reihe der vollbürtigen Verwandten gleichen Grades, ebenso falls solche nicht vorhanden sind, in der Reihe der halbbürtigen Verwandten gleichen Grades schließt derjenige, welcher einer nähern Parentel angehört, die Verwandten entfernterer Parenteln aus. Die entferntere Parentel tritt um einen halben Grad zurück, d. h. sie folgt nach den Verwandten näherer Parentel und gleichen Grades, aber vor den Verwandten näherer Parentel und entferntern Grades. Pauli III. S. 46 ff.

V. Die Häupter der Parentel (Ascendenten) des Erblassers treten jedoch in der Erbfolge insofern zurück, als die Eltern des Erblassers von dessen vollbürtigen Geschwistern ausgeschlossen werden und die höhern Ascendenten in Konkurrenz mit Verwandten näherer Parentel von denselben Personen ausgeschlossen werden, denen auch ihre Kinder nachstehn. Pauli III. S. 47. 61.

Pauli weist eingehend aus dem ältern und neuern lüb. R. das Zutreffen dieser Grundsätze in den einzelnen Verwandtschaftsverhältnissen nach, und wird es genügen, auf seine specielle Begründung (Bd. III. S. 50—74) zu verweisen; und nur kurz die Artikel des revidirten Statuts lib. II. tit. 2 zu bezeichnen, welche die Stelle der einzelnen Verwandten nachweisen. Es folgen demnach:

1. Descendenten des Erblassers. Grundsatz I. Vorzug der Enkel vor vollbürtigen Geschwistern. Artt. 1. 23. Vergl. §. 93.

2. Vollbürtige Geschwister und zwar abgesonderte mit dem Vorzugsrechte vor unabgesonderten. §. 95. Art. 1. 7. 13. Grunds. II. III. IV.

3. Vater und Mutter. Art. 1. 13. Grunds. V.

4. Halbbürtige Geschwister. Art. 1. 13. 17. 22. Grundsatz III.

5. Kinder der Vollgeschwister. Art. 22. Vorrecht vor Onkeln und Tanten (7) nach Art. 18; also auch vor Halbgeschwisterkindern (8). Da Vollgeschwister den Eltern vorgehen, obgleich letztere um einen Grad näher in derselben Parentel stehn, so gehn auch Vollgeschwisterkinder den, um einen Grad näher, aber in der entfernteren Parentel stehenden, Großeltern vor. Grunds. V.

6. Großeltern, Art. 1. 17. Alt. R. Cod. II. Art. 39. „Eltervater und Eltermutter" des alten Rechts, hießen die Großeltern; die Annahme des daraus entnommenen revid. Art. 17, daß es die Urgroßeltern seien, ist irrthümlich und sind auch im Art. 1 den Vater- und Muttergeschwistern nur die Großeltern, nicht die Urgroßeltern vorgesetzt. Pauli S. 61—64.

7. Vollbürtige Oheime und Tanten (vollbürtige Geschwister von Vater und Mutter), Artt. 1. 18. Entscheidungen von Lübeck vom 17. August 1687 und 6. April 1827. Pauli S. 64—66. Mev. No. 6—8 ad art. 18.

8. Kinder der halbbürtigen Geschwister des Erblassers, Art. 19. Grunds. III. Mev. No. 6—8 ad art. 18.

9. Halbbürtige Oheime und Tanten, im dritten Grade verwandt, daher vor den Verwandten vierten Grades zu 10. 11 folgend. Entscheidungen von 1466 und 1472. Grunds. II. III. Pauli S. 68.

10. Enkel vollbürtiger Geschwister, der zweiten Parentel angehörig, also vor der dritten Parentel (11).

11. Vollbürtige Geschwisterkinder, Vettern, Artt. 1. 19. Pauli S. 69—72.

12. Urgroßeltern, Häupter der vierten Parentel.

13. Deren Kinder, vollbürtige Großoheime und Großtanten. Urtheil von 1477 Art. 23.

14. Enkel halbbürtiger Geschwister.

15. Halbbürtige Vettern.

16. Halbbürtige Großoheime und Tanten; und nach denselben Grundsätzen so weiter.

Anscheinend läßt zwar der Art. 1 nicht eine unbeschränkte Erbfolge aller Verwandten zu, indem er nur die zu 1—4. 6. 7. 11 Genannten aufzählt und dann schließt: „Hierin sind beschlossen alle Erben und Erbnahmen". Indeß sind nicht nur die, im Art. 1 nicht erwähnten, Kinder von vollbürtigen und halbbürtigen Geschwistern als Erben in den Artt. 18. 19. 22 ausdrücklich berufen; desgleichen noch andre Verwandte in Artt. 23. und 17. „Oheime und Vettern und ihre Kinder". Die lüb. Entscheidungen älterer und neuerer Zeit betrachten auch unzweifelhaft die übrigen Verwandtschaftsverhältnisse außer den im Art. 1 genannten als erbberechtigt. Mevius will gleichfalls die Erben nicht auf die im lübischen Statute Genannten beschränken und bemerkt ausdrücklich, daß dies auch der usus in Pommern und Mecklenburg bestätige und daß daselbst nach dem subsidiären gemeinen Rechte Descendenten und Ascendenten ohne Gradbeschränkung und Seitenverwandten bis zum 10. Grade succedirten. Mev. No. 84. 76—83 ad art. 1. Die abweichende Ansicht Steins, II. S. 407, daß über die, in Art. 1 noch erwähnten, Kinder von Vater- und Muttergeschwistern hinaus andere Verwandte nicht succedirten, ist nicht durchgedrungen. Vielmehr hat der Senat zu Lübeck 1759 (der Zeit nach anscheinend durch Steins Widerspruch veranlaßt) attestirt, „daß nach üblicher und in verschiedenen Fällen bewährter praxi forensi auch andre Personen, welche in Art. 1 wörtlich nicht enthalten, der Erbfolge fähig erklärt und dazu wirklich admittirt worden." Pauli III. S. 49. Auch Mehlen beschränkt die Erben weder auf die Grade des Art. 1, noch auf den zehnten Grad der Verwandtschaft. §. 47 und Anm. 1 zu §. 17.

Daß nach lüb. R. auch „Heergewette und Gerade" vom nächsten Erben geerbt werden, und daß die Unterscheidung des sächsischen Rechts unanwendbar ist, wornach das Heergewette von den nächsten Schwerdtmagen, männlichen Verwandten durch Männer, und die Gerade von den Nifteln, weiblichen Verwandten durch Weiber, geerbt werden, ist im Art. 15. II. 2 ausdrücklich hervorgehoben.

§. 93. Konkurrenz mehrerer Erben. Repräsentationsrecht der Descendenten.

Wenn mehrere Erben gleich nahe verwandt vorhanden sind, „so theilen sie das Erbe in capita nach Hauptzahl", auch wenn es Erben von verschiedenen Stämmen oder Seiten, von Vaters oder Mutters Seite sind. In gleicher Weise wird alles Vermögen des Erblassers gleichmäßig getheilt, ohne Rücksicht darauf, welcher Theil von Vaters oder von Mutters Seite gekommen ist und welche Seite erbt. Lüb. R. II. 2. Art. 20. Mev. No. 1—13 ad art. 20. Pauli III. S. 85 ff. Stein II. §§. 278. 268. Mehlen §. 47. Diese alte sächsische Rechtsregel: „Soviel Mund, soviel Pfund" ist auch noch im revid. Statute Art. 20 aufgestellt.

Die lübische Kopftheilung ist jedoch zugleich mit dem lübischen Vorzuge des nähern Grades durch das gemeine Recht auch im Lübischen zu Gunsten der Theilung nach Stämmen, in stirpes, für die Fälle der Beerbung, a. durch Descendenten und b. durch Geschwister und deren Kinder aufgehoben. Daß nach lüb. R. selbst in der ersten Klasse der Descendenten die Enkel (auch die Kinder vorverstorbener Kinder) nicht erbten, so lange lebende Kinder da waren, sondern von diesen ausgeschlossen wurden, geht aus dem Art. 1 hervor, welcher den Kindern im engsten Sinne, Söhnen und Töchtern, die erste Stelle unter den Kindern anweist; und erst nach ihnen den Enkeln die zweite. Ebenso erben nach dem ältern lüb. R. unzweifelhaft die Geschwisterkinder nicht mit den Geschwistern zusammen. Pauli III. S. 52 ff. 60 ff. 74 ff. Stein II. S. 382—385. 390. Bekanntlich hatte dagegen das römische Recht, Nov. 118, bei der Erbfolge von Descendenten und vollbürtigen oder halbbürtigen Geschwistern die Theilung in stirpes eingeführt, so daß in jeder dieser Klassen die Kinder von vorverstorbenen Descendenten bez. Geschwistern „in propriorum parentum locum succedentes" mit den etwa noch lebenden Descendenten bez. Geschwistern zusammen succedirten und daß dabei die Descendenten- oder Geschwister-Kinder je soviel erhielten, als ihr verstorbener parens, wenn er den Tod erlebt hätte, erhalten haben würde.

Dies gemeinrechtliche s. g. Repräsentationsrecht wurde zunächst durch die Reichskammergerichtsordnung von 1500 Tit. 18, „Succession der Diechter oder Enkeln" unter Aufhebung aller entgegenstehenden Lokalrechte hinsichtlich der Descendenten eingeführt: „daß Diechter und Enkeln nun hinführo an eines verlassenen Hab und Güter mit ihrer Vater und Mutter Geschwister anstatt ihrer Vater und Mutter zu erben nach Laut gemeiner geschriebener Kaiserlicher Rechte zugelassen werden sollen, der Gewohnheit, so an etlichen Orten dawider sein möchte, unangesehen, dann wir auch dieselbe Gewohnheit, als der Mildigkeit Rechten und Billigkeit widerwärtig und ungemäß, abthun und vernichtigen." Im Wormser Reichstagsabschiede von 1521 §. 17 wurde dies mit der nähern Bestimmung, daß Enkel nach Stämmen erben sollten, aufs neue eingeschärft. Dies verdrängte auch im lüb. R. die alten Grundsätze. Nach dem, schon 1561 und 1562 vom Rath zu Lübeck angenommenen, Grundsatze erben auch des verstorbenen Sohnes oder Tochter Kinder mit ihren Vater- oder Mutter-Schwestern oder Brüdern ihrer Großeltern Güter „jure repraesentationis" und ist dies trotz des, noch aus dem alten Rechte im Art. 1 des revidirten Statuts übernommenen, Vermerks des Vorzugs der Kinder vor Enkeln allgemeine lübische Praxis geworden. Pauli III. S. 54. Stein II. S. 386. Mev. No. 31—38 ad art. 1.

In dem Falle, wenn keine Kinder, sondern nur Enkel vorhanden sind, will Pauli S. 55 nach dem alten lüb. R. nur Kopftheilung zulassen, weil dasselbe in diesem Falle, wenn Enkel nicht mit Kindern concurrirten, nicht aufgehoben sei und weil auch noch 1570 für Kopftheilung erkannt sei. Stein II. S. 387 folgert dagegen, unter Berufung auf 2, nach Aktenversendung ergangene, auswärtige Erkenntnisse von 1678 und 1680, daß auch in solchem Falle die Enkel nach Stämmen zu theilen haben. Wir müssen hierin Stein Recht geben, weil dies eine konsequente Folge des einmal nach dem geschriebenen gemeinen kaiserlichen Rechte aufgenommenen Repräsentationsrechts ist. Dasselbe läßt die Enkel in locum proprii parentis dessen Erbportion erben, nicht bloß, wenn Kinder miterben, sondern auch, wenn nur Enkel erben, Nr. 118 Cap. 1, und dieser Grundsatz ist weder mit der Kammerger. O. von 1500 bloß theilweise eingeführt, noch auch im lüb. Rechtsgebiete nur theilweise aufgenommen. Indem die Kammerger. O. die Enkel mit den Kindern erben läßt und zugleich sagt, daß die Enkel „anstatt" ihres verstorbenen parens „nach Laut gemeiner Rechte" erben sollen, hat dadurch offenbar nur die Stelle und Art bezeichnet werden sollen, in welcher Enkel gleichberechtigt mit (etwanigen) Kindern in stirpes folgen sollen; nichts aber deutet darauf hin, daß die Succession der Enkel „anstatt" ihres parens nach Laut gemeinen Rechts lediglich in stirpes erfolgen soll, wenn wirklich Enkel zugleich mit Kindern erben. Auch die ältern Erkenntnisse, welche Pauli citirt, entscheiden um so weniger, als sie einer Zeit angehören, in welcher der gemeinrechtliche Grundsatz noch neu und nicht vollständig durchgedrungen war, wie auch das Stehenbleiben der alten Successionsordnung im Art. 1 des revidirten Statuts zeigt und worauf auch das gleiche Schwanken der damaligen Praxis hinsichtlich der Geschwisterkinder, §. 94, schließen läßt. Im Gegentheil zeigen nicht bloß die Erkenntnisse von 1678 und 1680, denen nach Stein im Manuscripte beigefügt ist: „wird also dieses in futurum pro pragmatica sanctione gehalten werden", sondern auch die, von Mevius (namentlich für Pommern No. 31—35 ad art. 1) und von Stein unbeschränkt bestätigte Aufnahme des Repräsentationsrechts, daß für unsre Zeit an eine Kopftheilung der Enkel in der Praxis nicht mehr gedacht wird. Dasselbe bestätigt Mehlen §. 18. In der That ist im lübischen Gebiet Pommerns bei Erbtheilungen die Stammtheilung, auch nach dem, mit dem gemeinen Rechte übereinstimmenden, preuß. Landr. II. 2. §. 348, allgemein praktisch, selbst, wenn nur Enkel succediren. In judicando ist die Frage in neuerer Zeit nur deshalb nicht zur Entscheidung gekommen, weil die Stammtheilung allgemein als unzweifelhaft zu Grunde gelegt wird.

Kinder aus verschiedenen Ehen dagegen beerben ihren gemeinschaftlichen parens noch jetzt nach Kopfzahl, was mit dem Repräsentationsrecht nichts zu thun hat, §. 83. Pauli III. S. 52.

§. 94. Repräsentationsrecht der Geschwisterkinder.

Ebenso wurde das gemeinrechtliche Repräsentationsrecht der Geschwisterkinder, Nov. 118. Cap. 3, durch den Reichsschluß von 1521 unter ausdrücklicher Aufhebung aller entgegenstehenden Gewohnheiten in Deutschland allgemein eingeführt. Schon 1564 ist darnach in Lübeck erkannt, „daß Bruder- und Schwesterkinder mit ihren Vater- oder Mutterbrüdern oder Schwestern jure repraesentationis zum Erben zugelassen werden sollen." Bis 1605 haben zwar noch die Erkenntnisse darüber gewechselt; seit 1605 hat sich dagegen die, vom Senate zu Lübeck am 4. März 1758 attestirte und von allen Schriftstellern bezeugte, Praxis festgestellt, „daß von 1605 her beständig und ohne die geringste Interruption das Vertretungsrecht bei Brüder- und Schwesterkindern allhier in Consideration gekommen, dergestalt, daß diese an ihrer Eltern Stelle getreten und ... mit ihrer verstorbenen Eltern Geschwistern zur Erbfolge gekommen." Pauli III. S. 74 ff. Stein II. S. 390 ff.

Gemeinrechtlich (auch nach dem preuß. Landr. II. 3. §. 35) gehen bekanntlich vollbürtige Geschwister und deren Kinder den halbbürtigen Geschwistern und deren Kindern vor. In jeder dieser Klassen ist die Einfügung des Repräsentationsrechts, welches auch das Landr. II. 3. §. 37 ff. 42 bei Geschwistern kennt, ohne Schwierigkeit, indem in beiden Klassen zwischen den Geschwistern und den Geschwisterkindern keine andere Erbenklasse besteht. Nach unserer lübischen Erbfolgeordnung §. 92 gehen aber die Halbgeschwister (4) nach Art. 22 den Vollgeschwisterkindern (5) vor; die Eltern (3) gehen nach Art. 13 den Halbgeschwistern vor; Vollgeschwister dagegen (2) gehen nach Art. 7 den Eltern vor. Daher stehen zwischen den Vollgeschwistern und den Vollgeschwisterkindern die Eltern und Halbgeschwister; und es fragt sich sonach, ob in Consequenz des Repräsentationsrechts die lübische Erbfolge nun dahin geändert ist, daß die Vollgeschwisterkinder, in Concurrenz mit Vollgeschwistern oder auch allein erbend, immer in die zweite Klasse der Vollgeschwister vortreten, und sonach den Eltern und Halbgeschwistern vorgehen. Dieselbe Frage entsteht für die Halbgeschwisterkinder (8. §. 92), welche sonst nicht unmittelbar nach den Halbgeschwistern (5), sondern erst nach den Großeltern und Onkeln und Tanten (6. 7) erben.

Diese Fragen haben den lübischen Juristen viele Zweifel verursacht und die Lösung wird um so schwieriger, als die Revision des Statuts 1586 in die Zeit fällt, in welcher die lübische Praxis hinsichtlich des Repräsentationsrechts nach Obigem noch schwankend war. Das revidirte Statut schiebt unter Ignorirung des Repräsentationsrechts bei Geschwistern in Art. 13. 22. 7 die Eltern und Halbgeschwister zwischen Geschwister und Geschwisterkinder, und läßt im Art. 17 vor den Großeltern zwar die Halbgeschwister erben, nicht aber die im Art. 19 zu einer spätern Klasse bestimmten Halbgeschwisterkinder. Es ist zwar fast von allen Schriftstellern behauptet, daß schon im revid. Statute II. 2. Art. 22. 18. 7. 1 das Repräsentationsrecht anerkannt sei. Diese Ansicht ist aber nicht haltbar. Zur Auslegung des Art. 22 müssen wir auf die Bemerkungen im §. 87 verweisen, wornach derselbe mit Rücksicht auf die Erbfolge in der Were (Geschwistergemeinschaft) ohne Hülfe des Repräsentationsrechts keine Erklärung findet. — Nach Art. 18 gehen die Vollgeschwisterkinder den Oheimen und Tanten vor; alle sind im dritten Grade mit dem Erblasser verwandt. Mevius (No. 1—3 ad art. 18) kann sich diesen Vorzug der Geschwisterkinder, welcher mit dem römischen Rechte übereinstimmt, wornach Geschwister und Geschwisterkinder allen andern Verwandten vorgehen, nur dadurch erklären, daß dies dem römischen Rechte nachgebildet sei und daß in Folge des Repräsentationsrechts die Geschwisterkinder an Stelle ihres parens erben, also durch diese Fiction um einen Grad näher als Onkel oder Tante verwandt seien. Vergl. Mev. No. 21 ad art. 1 und No. 23 ad art. 7. Auch Stein II. S. 392 findet im Art. 18 den Einfluß des röm. R. Der Art. 18 ist jedoch einfach eine Folge des Grundsatzes IV. §. 92, daß unter Verwandten gleichen Grades derjenige vorgeht, welcher der nähern Parentel angehört. Geschwisterkinder gehören zur zweiten, Oheime und Tanten zur dritten Parentel. — Hauptsächlich wird im Art. 7 das Anerkenntniß des Repräsentationsrechts und der Vorzug der Geschwisterkinder vor den Eltern gefunden. Der Art. 7, von der Erbfolge in den Nachlaß abgesonderter Kinder handelnd, sagt am Schlusse: „wäre kein abgesondertes oder unabgesondertes Kind oder derselben Leibeserben mehr im Leben, so fällt das Gut auf die Eltern." Hieraus wird gefolgert, daß, wenn noch Leibeserben, Kinder der Geschwister da sind, diese jure repraesentationis und nicht die Eltern erben. Stein II. S. 391. Mev. No. 20 ad art. 7. Wenn dies in der That die Bedeutung jener Worte wäre, so ständen sie im direkten Widerspruch mit den Art. 13 und 22, wornach Eltern den Halbgeschwistern und diese den Vollgeschwisterkindern vorgehn; und man könnte dann höchstens sagen, daß das revidirte Statut sich selbst widersprechend an einer Stelle das Repräsentationsrecht der Geschwisterkinder statuirt und an der andern verneint hätte. Krohn (Vorrecht der vollen Geburt S. 141) will deshalb auch im Art. 7 nur solche Geschwisterkinder, mit welchen der Erblasser in Communionverhältnissen gestanden habe, als den Eltern vorgezogen wissen. Dergleichen ist freilich im Art. nicht angedeutet. Pauli (III. S. 80) weist mit Recht auf den Anfang des Art. 7 hin, wornach ein abgesondertes Kind, wenn es ohne Leibeserben stirbt, von seinen Geschwistern beerbt wird; und er deutet den Schluß natürlich und dem lübischen Systeme entsprechend dahin: wenn auch das letzte vorhandene Kind stirbt, ohne Leibeserben oder abgesonderte oder unabgesonderte Kinder zu hinterlassen, so erben die Eltern. Immerhin bleibt die Fassung eine unglückliche und zweifelhafte. — Die Annahme von Mevius endlich, daß die Geschwisterkinder im Art. 1 deshalb nicht erwähnt wären, weil sie in Folge des Repräsentationsrechts unter den Geschwistern mit einbegriffen wären, Nr. 18. 19. 24 zu Art. 7. — Nr. 82 zu Art. 1, könnte nur dann auf Beachtung Anspruch machen, wenn anderweit die Sanctionirung jenes Rechts im revidirten Statute feststände und ihm darin wenigstens nicht widersprochen würde.

Obgleich hiernach das revidirte Statut jedenfalls keine entschiedene Anerkennung des Repräsentationsrechts der Geschwisterkinder enthält, so wenig wie das der Enkel, so ist hierdurch für unsere Frage nur das negative Resultat gewonnen, daß sie aus dem revidirten Statute nicht zu entscheiden ist. Nachher — seit 1605 — ist die Aufnahme des Repräsentationsrechts in die lübische Rechtspraxis nicht zu bezweifeln und es sind dadurch die entgegenstehenden Bestimmungen des lübischen Statuts aufgehoben. Die Frage kann sonach nur sein, wie weit diese Aufhebung wirkt, also was als nothwendige Folge des Repräsentationsrechts anzusehen ist. Pauli will in einem, bei eingehender Beschäftigung mit dem lüb. R. natürlichen, Bestreben möglichster Erhaltung das Repräsentationsrecht nur dann anwenden, wenn bloß Geschwister und Geschwisterkinder concurriren und wenn keine andern Verwandten (z. B. Eltern) vorhanden sind, denen die Geschwisterkinder sonst nachstanden, als eben nur solche Geschwister, mit denen sie vermöge des Repräsentationsrechts zur Erbschaft zugelassen werden. Er will es sonach nur zulassen, wenn:

1. Vollgeschwisterkinder mit Vollgeschwistern,
2. Halbgeschwisterkinder mit Halbgeschwistern,
3. Vollgeschwisterkinder mit Halbgeschwistern des Erblassers concurriren. Pauli III. S. 77—85.

Dies würde jedoch weder der Consequenz des, nach dem Reichsschlusse von 1521 einmal eingeführten, Repräsentationsrechts, noch der seit 1605 bestandenen lübischen Praxis entsprechen. Das Recht der Geschwisterkinder aus Nov. 118. Cap. 3 besteht eben darin, an Stelle ihres parens und indem jedesmal die Kinder die Erbportion ihres parens bekommen, in der Erbfolgeklasse desselben zu succediren und den nachfolgenden Klassen vorgezogen zu werden, so daß alle Vollgeschwister und Vollgeschwisterkinder vor Halbbürtigen folgen und alle Halbgeschwister und Halbgeschwisterkinder vor den sonst berechtigten Verwandten. Denselben Charakter und dieselbe Tragweite hat das Repräsentationsrecht der Geschwister im preuß. Landr. Es liegt in der Natur dieses Rechts, daß, indem es die Kinder von vorverstorbenen Geschwistern an Stelle ihres parens beruft, dadurch nicht bloß die Theilung innerhalb einer Klasse, sondern auch die Folgeordnung der Erbklassen unter einander bestimmt wird. Nachdem daher das sog. Repräsentationsrecht im lübischen Erbfolgesysteme aufgenommen ist, hat dies zur nothwendigen Consequenz, daß dadurch die ursprüngliche lübische Folgereihe zu Gunsten der Geschwisterkinder eine Aenderung erlitten hat. Und zwar werden folgerichtig die Vollgeschwisterkinder in die zweite Klasse der Vollgeschwister §. 92 vorgerückt und die Halbgeschwisterkinder in die vierte Klasse der Halbgeschwister mit dem Princip der Theilung nach Stämmen in diesen Geschwisterklassen. Die Geschwisterkinder haben diesen Vorzug sonach auch dann, wenn sie allein und nicht mit Geschwistern erben, wie in gleicher Lage und gleicher Consequenz auch die Enkel. Demgemäß gehen die Vollgeschwisterkinder den Eltern und Halbgeschwistern vor, und die Halbgeschwisterkinder den Großeltern, Oheimen und Tanten. Die entgegenstehenden Vorschriften des Statuts sind durch die durchgreifende Aufnahme des subsidiärrechtlichen Repräsentationsrechts aufgehoben.

Hiermit stimmt auch die lübischrechtliche Praxis überein. Schon die, theils der Praxis folgenden, theils sie wesentlich bestimmenden, Ansichten von Mevius No. 11—25. 66 ad art. 2. No. 18—27 ad art. 7 und Stein II. S. 391—398 und das von Mevius citirte Greifswalder Erkenntniß von 1639 (Mev. No. 27 ad art. 7) zeigen dies. Der Lübecker Senat attestirt 1758 in der schon oben citirten Weise die unterbrochene Geltung des Vertretungsrechts der Geschwisterkinder, so daß sie an Stelle ihrer Eltern treten und — wie ausdrücklich hinzugefügt wird — kraft dieses Rechts Halbgeschwister von ihnen ausgeschlossen werden. Pauli (III. S. 81—83) greift dies, vom Lübecker Syndicus v. Brockes concipirte, Attest zwar hart an, weil demselben im Gutachten von Brockes Observ. Nr. 519. 520 theoretisch die unrichtige Mevianische Auslegung des Art. 22 (vergl. §. 87) zu Grunde liege. Indeß wenn auch diese theoretische Begründung der damaligen Praxis nicht richtig ist, so ist doch im Atteste entschieden bezeugt, daß die Praxis das Vertretungsrecht in jener vollen Ausdehnung aufgenommen hat. Hierin wird man dem Atteste, welches mit der positiven Erklärung schließt, daß man sich darnach „allhier von solcher Zeit an (1605) beständig im Sprechen gerichtet und keine andere Meinung angenommen" den Glauben nicht versagen können, zumal dem Syndicus von Brockes auch die Gerichtsakten aus der Zeit vor seiner Anstellung vorgelegen haben und bekannt gewesen sein müssen. Für das Bestehen dieser Praxis spricht auch, daß, wie Pauli selbst S. 78. 81 hervorhebt, alle lübischen Juristen, außer Krohn, das Repräsentationsrecht und den Vorzug der Geschwisterkinder vor Eltern schon im revidirten Statut finden. Es würde schon deshalb auffällig sein, wenn trotzdem eine andere Praxis geltend geworden wäre. Mehlen beruft die Kinder von Geschwistern ebenfalls in den Klassen der Geschwister zur Erbfolge und stellt dies als unzweifelhafte Folge des Repräsentationsrechts für die lübische Intestaterbfolge aus Geblütsrecht hin. Mehlen §. 17. 34. 35. 42. Pauli selbst stützt seinen vereinzelten Widerspruch auch nur auf die theoretische Ausführung, daß das Repräsentationsrecht dem lübischen Erbfolgesystem entgegen gewesen ist, und erklärt hinsichtlich der Praxis nur sehr unsicher: „er möchte fast bezweifeln, daß eine ganz entschiedene weiter gehende Praxis seinen Vorschlägen auf beschränkte Anwendung des Repräsentationsrechts entgegenstehe." S. 78. Unserer Ausführung und der, von allen Autoren außer Pauli allgemein angenommenen, Ausdehnung des Vertretungsrechts schließt sich auch die Entscheidung der preuß. Gesetzkommission vom 16. Juli 1789, bestätigt durch Rescr. vom 27. dess. Monats, an, daß Halbgeschwister durch Vollgeschwisterkinder von der Erbfolge ausgeschlossen werden. Klein Annalen Bd. 5. S. 194. Auch das pomm. Stat. R. §. 152—156. 162 will Vollgeschwisterkinder in der Klasse der Vollgeschwister vor Eltern und Halbgeschwistern berufen wissen, und nach den Eltern die Halbgeschwisterkinder in der Klasse der Halbgeschwister vor den Halbgeschwistern.

Dagegen ist das gemeine Recht in einer Beziehung im lübischen Rechte nicht mit aufgenommen. Wenn nemlich Geschwisterkinder des Erblassers allein erben und alle Geschwister des Erblassers schon gestorben sind, so erben nach lübischer Praxis die Geschwisterkinder zwar in der Geschwisterklasse unter Ausschluß der fernern Klassen; sie succediren dann aber in capita, nicht in stirpes theilend. Dies bestätigt ein Attestat des Raths zu Lübeck vom 17. Mai 1693 (Bünekau bibl. j. lub. p. 87) und Mehlen führt es als unbestrittene lübische Praxis an. §. 35. Anm. 2. Freilich bildet die Erhaltung der lübischen Kopftheilung in diesem speciellen Falle einen Gegensatz zu der vollständigern Aufnahme des Repräsentationsrechts in der Descendentenklasse, worin auch allein erbende Enkel in stirpes theilen. §. 93. Da jedoch das Partikularrecht sich unzweifelhaft in jenem Punkte erhalten hat, so wird es darin auch anzuwenden sein. — Bemerkt mag noch werden, daß das gemeine röm. Recht Nov. 118. Cap. 3 nur den Geschwister**kindern**, nicht den Enkeln und weitern Descendenten von Geschwistern das Repräsentationsrecht giebt, Mev. No. 30 ad. art. 7; das Landr. II. 3. §. 35 ff. 42 läßt dagegen alle Abkömmlinge von Geschwistern in derselben Klasse nach Linien erben und Vollgeschwister und deren Abkömmlinge den Halbgeschwistern, sowie Halbgeschwister und deren Descendenz den übrigen Verwandten vorgehen. Da die Einfügung des Repräsentationsrechts in das lübische System nicht auf lübischem Localrecht, sondern auf dem allgemeinen deutschen Reichsrechte beruht, so wird da, wo das preuß. Landr. subsidiäres Recht ist, auch dessen weitere Ausdehnung des sog. Repräsentationsrechts maßgebend sein müssen, so sehr auch dadurch das ursprünglich lübische System noch mehr entstellt wird. Indeß bleibt auch hier die statutarrechtlich gebliebene Besonderheit, daß, wenn nicht Geschwister, sondern nur Geschwisterkinder erben, dieselben in capita succediren. Außerdem werden, wenn weder Geschwister, noch Geschwisterkinder leben, sondern nur Geschwisterenkel, diese nicht schon in der Geschwisterklasse erben können, da in diesem Falle ihr Erbrecht im preuß. R. nicht auf dem Repräsentationsrechte beruhen kann, sondern auf der Erbfolgeordnung, welche dann nach dem lüb. R. bleibt.

Unter Berücksichtigung der durch das Repräsentationsrecht bewirkten Aenderung der altlübischen Erbfolge folgen nunmehr:

1. Descendenten mit Stammtheilung;
2. Vollgeschwister und Vollgeschwisterkinder, mit Stammtheilung; wenn jedoch nur Geschwisterkinder leben, mit Kopftheilung;
3. Vater und Mutter;
4. Halbgeschwister und Halbgeschwisterkinder mit Stamm- und Kopftheilung wie zu 2;
5. Großeltern;
6. Vollbürtige Oheime und Tanten;
7. Halbbürtige Oheime und Tanten;
8. Vollgeschwisterenkel, und zwar unbedingt da, wo gemeines Recht gilt; dagegen nach preuß. Landr. nur dann erst in dieser Klasse, wenn sie nicht mit Geschwistern oder Geschwisterkindern zusammen in der zweiten Klasse erben;
9. vollbürtige Geschwisterkinder (Vettern und Basen) u. s. w., von Klasse 5 an nach Kopfzahl theilend.

§. 95. Vorzug abgesonderter Geschwister vor unabgesonderten.

In der Klasse der Geschwister giebt das lüb. R. den abgesonderten Geschwistern noch ein besonderes Vorzugsrecht vor den nicht abgesonderten. Wenn ein abgesondertes Kind stirbt, — von welchem Falle hier allein die Rede ist — so vererbt es sein Gut auf die andern abgesonderten Geschwister, falls dergleichen vorhanden sind; wo dergleichen nicht vorhanden, auf die unabgesonderten, Art. 7. Stein II. S. 388. Mevius No. 17—21 ad art. 6 und No. 10 —13. 14—17 ad art. 7.

Mevius nimmt zwar ohne Grund an, daß im Art. 7 nur vom Nachlasse solcher Kinder gehandelt werde, welche durch eine Absonderung nach Art. 33 abgesondert seien, nicht durch eine Erbtheilung, von welchen abgetheilten Kindern Art. 6 spreche. No. 3 ad art. 6 und No. 1. 3 ad art. 7. Er deducirt aber auch für den Nachlaß der abgetheilten Kinder dasselbe Vorzugsrecht der abgesonderten Geschwister aus dem Art. 6. Nr. 20, 21. Da nach dem Schlußsatze des Art. 6 den nicht abgesonderten Kindern die Eltern succedirten, so folge daraus per argumentum e contrario, daß den abgesonderten die Eltern nicht succediren; die Abtheilung von den Eltern bedeute dann im Art. 6 nur den Unterschied der Geschwister in der Erbfolge; der zweite Satz wolle nicht die nicht im Sammtgute sitzenden Geschwister ausschließen oder den Eltern nachsetzen, sondern nur die im Sammtgute Sitzenden den übrigen Geschwistern vorziehen. Das Resultat, daß der Nachlaß eines abgetheilten oder abgesonderten Kindes zunächst von den andern abgesonderten oder abgetheilten Kindern beerbt wird, und nur wenn solche nicht vorhanden sind, von den unabgesonderten; ferner nur, wenn auch solche nicht vorhanden, von den Eltern, ist nach Litteratur und Praxis unzweifelhaft lübisches Recht. Mehlen §. 34. Zur Erläuterung der Gedankenfolge in Art. 6. 7 mag nur noch bemerkt werden: der Art. 6 handelt nur von der Erbfolge im Sammtgut (in der Were) und bestimmt im ersten Satze: wenn ein parens stirbt, erben der andere parens und die unabgesonderten Kinder; im zweiten Satze: wenn ein Kind stirbt, welches zwar von den Eltern abgesondert ist, aber noch mit den Geschwistern oder einzelnen davon „im gesammten Gute" sitzt, so erben nur diese Genossen der Geschwistergemeinschaft; und im Schlußsatze: wenn dagegen ein Kind stirbt, welches auch von den Eltern noch nicht abgesondert ist, so wird das Gut auf die Eltern vererbt. Der Art. 7 handelt dann von der Erbfolge in den Nachlaß eines Kindes, welches von den Eltern abgesondert oder abgetheilt ist, und welches auch nicht mehr in Geschwister-Gutsgemeinschaft lebt, da der Fall der Geschwistergemeinschaft hier nicht erwähnt und schon im Art. 6 geordnet ist; also von der reinen Erbfolge aus Geblütsrecht.

Wenn in diesem Falle nach den Leibeserben zunächst die „mitabgesonderten" Geschwister als Erben genannt sind, so hat dies nur die Bedeutung, daß die ebenfalls abgesonderten zunächst erben sollen, nicht aber, daß nur diejenigen, welche gleichzeitig uno actu abgesondert sind, dies Vorrecht haben sollten. Für Letzteres würde es an jedem Grunde fehlen; auch würden dann solche, welche zu andern Zeiten vorher oder nachher abgesondert wären, weder unter den „mitabgesonderten", noch unter den unabgesonderten, also gar nicht erben. Daß nur die Absonderung, nicht aber deren Gleichzeitigkeit entscheidet, geht auch aus Art. 1 „Brüder und Schwestern, wenn sie abgesondert sein" hervor.

Durch die Einschiebung der Geschwisterkinder als Folge des Repräsentationsrechts haben consequent auch die Kinder von abgesonderten Geschwistern das Vorrecht vor den unabgesonderten Geschwistern und es folgen also:

1. die abgesonderten Geschwister und die Kinder von vorverstorbenen abgesonderten Geschwistern; und nur wenn solche nicht vorhanden sind,
2. unabgesonderte Geschwister und Kinder vorverstorbener unabgesonderter Geschwister.

§. 96. Uneheliche Kinder. 1. Actives Erbrecht.

„Uneheliche Kinder nehmen kein Erbe, aber derselben verlassen Gut erben ihre nächsten Blutsfreunde, die darzu gehören." Rev. Stat. II. 2. Art. 9.

1. Active Erbfähigkeit. „Uneheliche Kinder nehmen kein Erbe." Nach lüb. R. kann ein uneheliches Kind weder seinen Vater, noch seine Mutter oder deren Verwandte beerben. Sie können überhaupt nicht als Blutsfreunde erben. Mev. No. 57—77 ad art. 9. Stein II. §. 273—276. Pauli III. S. 11 ff. Mehlen §. 18. Dieser Rechtsgrundsatz hat sich aus dem altgermanischen Rechte Sachsensp. I. 38. §. 1 erhalten. Das Eindringen des röm. Rechts, welches den naturales ex concubina nati, nicht andern, Intestaterbrecht gegen die Mutter gab, hatte zunächst schon im alten lüb. R. die Aufstellung des Gegensatzes veranlaßt: A. L. R. Cod. I. art. 11: Qui natus est de concubina, nullam percipiet hereditatem. Cod. II. art. 7: „de van ener amyen (französ. amie) is geboren, dene nimt neghen erve." Der Art. 9 revid. Stat. sprach dies dann von allen unehelichen Kindern aus.

Die hierin erhaltene germanische Bestimmung gründet sich darauf, daß deutsche Verwandtschaft nur durch Geburt aus rechter Ehe vermittelt wird. Unehelich Geborene gehören keiner Familie an, und haben keine Familienrechte und keinen Familienschutz, so insbesondere früher in Betreff des Wehrgeldes und der Eideshülfe und so noch jetzt in Betreff der Vertretung vor Gericht und der Succession. Weil ihnen die Familienrechte fehlten, bis sie sich selbst eine eigne Familie gründeten, hatten sie kein Familienerbrecht gegen ihre Eltern und deren Verwandte. Dieser Ansicht gegenüber, welche namentlich von Pauli III. S. 11—14. 22 ff. verfochten wird, gründet eine andere Auffassung den Mangel activer Erbfähigkeit für Unehelichgeborene auf ihre mittelalterliche sog. Rechtlosigkeit. So noch das Lübecker Erkenntniß von 1836 in Bruhn's lüb. Entsch. II. S. 203 bis 207. Die Rechtlosigkeit im Sinne des germanischen Rechts bedeutete aber überhaupt nicht die absolute Unfähigkeit, Rechte im Allgemeinen oder speciell Erbrechte zu erwerben, sondern nur die Unvollkommenheit hinsichtlich des Mangels einzelner Rechte. In Betreff der Unehelichen bezeichnete sie namentlich die rechtsunvollkommene bürgerliche Stellung, Unzulässigkeit der Mitgliedschaft an Zünften, der Theilnahme an städtischen Aemtern u. dergl. Dagegen hingen ihre mangelhaften Successionsrechte hiermit nicht zusammen. Dies erweist treffend der Umstand, daß, wenn die mangelnde active Erbfähigkeit ihren Grund in einer, durch die uneheliche Geburt entstandenen, persönlichen Qualität verminderter Rechtssubjectivität hätte, derselbe Grund den Unehelichgeborenen auch hindern müßte, Erbe seines eigenen ehelichen Kindes oder Gatten zu werden, worin jedoch unzweifelhaft seine Rechte nicht beschränkt waren. Der Grund kann also nicht im Mangel persönlicher Rechtsfähigkeit liegen, sondern nur in seinem Verhältnisse zu denen, in deren Nachlaß sie nicht erben sollten; sonach darin, daß sie keine Familienrechte gegen diejenigen hatten, denen sie ihre Geburt verdanken. Der anscheinend triftigste Grund hiergegen wird in der, im §. 97 zu erörternden, fernern Bestimmung des Art. 9 gefunden, wornach der Nachlaß der Unehelichgebornen von ihren „Blutsfreunden", „Magen" beerbt wird, diese also zu ihren Verwandten gerechnet werden. Indeß kann an sich diese positive Bestimmung, daß die Mutter und deren uneheliche Verwandte ein Familienerbrecht gegen den Unehelichgebornen haben, sehr wohl neben der andern bestehn, daß er selbst keine gleichen Rechte gegen Jene hat; und wenn Jene mit Rücksicht auf ihre sonst mit der Blutsfreundschaft verbundenen Erbrechte als Blutsfreunde bezeichnet werden, so ist bei dem ausdrücklich erklärten Gegensatze nicht ausgeschlossen, daß in diesem Falle die Blutsfreundschaft keine eigentliche und gegenseitige und daß der juristisch ungenaue Ausdruck nur der Kürze halber zur Bezeichnung einer praktisch bekannten Kategorie dienen sollte.

Der Umstand, daß sich die mangelnde Erbfähigkeit auf den Mangel der Familienrechte stützt, ist in verschiedener Hinsicht praktisch wichtig. Einmal ist es der Grund, weshalb Unehelichen durch Testament allerdings Zuwendungen gemacht werden konnten, was für das lüb., wie überhaupt für das deutsche Recht unzweifelhaft ist. Es beweist dies zugleich, daß den Unehelichen nicht allgemein die Fähigkeit zu succediren mangelte, sondern nur das Familienerbrecht als gesetzliches Intestaterbrecht. Mev. No. 74. 75 ad art. 9. Stein II. §. 276. Mevius führt für das testamentarische Erbrecht zwar nur den äußern Grund an, daß der Tit. II, welcher den Art. 9 enthalte, nur von Intestaterbrechten handle; sowie auch Stein, daß das lüb. R. kein Verbot für Testamente enthalte. Pauli III. S. 284 beruft sich auf viele ältere Testamente, in denen illegitime Kinder bedacht sind.

Mit der Ansicht, daß die s. g. Rechtlosigkeit Grund des Mangels an Erbfähigkeit sei, fällt ferner auch der, mitunter geltend gemachte, aber praktisch nicht durchgedrungene, Einwand, daß mit der Gleichstellung Unehelicher in der bürgerlichen Stellung auch das Verbot der Beerbung für die Unehelichen fortgefallen sei. Vergl. Entsch. Bd. 30. S. 168 ff.

Hauptsächlich endlich giebt der richtige Grund mangelnder Familienverwandtschaft das Maß dafür, wieweit die Erbunfähigkeit in Folge der unehelichen Geburt reicht. Außer vom Nachlasse der Mutter schloß die mangelnde Verwandtschaft die Unehelichen auch vom Nachlasse der Verwandten der Mutter, und ebenso andrer unehelichen Kinder der Mutter aus. Mehrere uneheliche Kinder derselben Mutter sind keine Halbgeschwister, überhaupt keine Verwandte, und beerben sich nicht; wie zu Lübeck 1505 und 1606 und vom Obertribunal zu Berlin 1855 erkannt ist. Pauli III. S. 14. Stein II. S. 412. Entsch. Bd. 30. S. 165.

Aus demselben Grunde steht auch dem ehelichen Descendenten eines Unehelichen kein Erbrecht gegen die Eltern des Unehelichen und deren Verwandte zu. Denn sowenig der Uneheliche selbst den Familien seiner Eltern angehört, ebensowenig können seine Nachkommen in ihre Familien eintreten und deren Blutsfreunde werden. Pauli III. S. 15 — 25.

Dagegen steht dem unehelichen Kinde allerdings ein Erbrecht

gegen seinen eigenen Ehegatten zu, weil dies nicht auf Verwandtschaft, sondern auf dem ehelichen Verhältniß beruht; ebenso gegen seine eigene eheliche Descendenz, weil er gegen diese in der, von ihm selbst begründeten, Sippe Familienrechte hat. Seiner selbstbegründeten Familie steht er nicht als ein unehelich Geborener, sondern als ein in rechter Ehe Lebender gegenüber; und dies auf den Fundamentalsätzen des lübischen Familienrechts beruhende Erbrecht, welches auch für einen unehelich geborenen parens niemals bezweifelt ist, ist so selbstverständlich, daß es vom Verbote des Art. 9 nicht berührt sein kann. Präcise ausgedrückt, müßte der Satz des Art. 9, sowie er gilt, dahin lauten: Uneheliche nehmen außer in der, von ihnen selbst etwa begründeten, Familie kein Erbe.

Mit Rücksicht auf die Bemerkung in den Entsch. Bd. 30. S. 173, welche annimmt, daß Mevius in den Noten 16. 30 zu Art. 9 aus römischrechtlichen Gründen sich für ein Erbrecht unehelicher Kinder im Nachlasse ihrer Mutter im lüb. R. ausgesprochen habe, mag noch darauf aufmerksam gemacht werden, daß Mevius Nr. 1—56 überhaupt nur das gemeine Recht behandelt. Erst in der zweiten Hälfte seiner Noten zum Art. 9, Nr. 57—82 behandelt er die Abweichungen des lüb. R. und führt ausdrücklich aus, daß nach lüb. R. uneheliche Kinder weder ihrem Vater noch auch ihrer Mutter succediren. Nr. 57—60.

Daß die Lehre des lüb. R. darüber, wem uneheliche Kinder nicht succediren, noch jetzt praktische Geltung hat, kann keinem begründeten Zweifel unterliegen. Das pomm. Stat. R. bemerkt auch im §. 160 wenigstens, daß nach lüb. R. uneheliche Kinder auf den Nachlaß ihrer Mutter kein gesetzliches Erbrecht haben. Der Bericht des Hofgerichts zu Cöslin vom 9. Oktober 1780 nimmt zwar den Art. 9 als geltend mit der Bemerkung auf: „daß uneheliche Kinder nicht succediren, nemlich dem Vater" und das pommersche Statutarrecht bemerkt S. 125: in den Städten des Cösliner Departements sei nach Bl. 139 u. Act. gener. Vol. IV. die Vorschrift des lüb. R. dahin gedeutet, daß das uneheliche Kind nur dem Vater nicht succedire, ohne daß daraus Zeit und Grund dieser Deutung constirt. Indeß bemerkt der Cösliner Bericht von 1780 zum Titel von der Intestaterbfolge S. 18 ausdrücklich: „dieser wegen gelten noch lib. 2. tit. II. art. . . . 9 . . n a c h i h r e m g a n z e n I n h a l t, n e m l i c h Art. 1" u. s. w. und läßt dann in seiner Reihenfolge den Art. 9 in obiger Fassung folgen. Hiernach beruht jene Beschränkung des Verbots nur auf unrichtiger Auslegung des Inhalts vom Art. 9 und kann hieraus allein keine gewohnheitsrechtliche Aenderung des lüb. R. geschlossen werden.

Darüber, welche Wirkung eine Legitimation unehelicher Kinder hat, enthält das lüb. R. keine Bestimmung und ist deshalb die Entscheidung hierüber aus den subsidiären gemeinen und preuß. Rechten zu finden. Darnach stehen Kinder, welche per subsequens matrimonium legitimirt sind, den ehelichen Kindern hinsichtlich der Erbfähigkeit gleich, und ist dies auch im lübischen Rechtsgebiete aufgenommen. Nov. 12. c. 4. Mev. No. 61—66. 71—73 ad art. 9. Stein II. §. 275. Mehlen §. 18. Pauli III. S. 26—31. Preuß. Landr. II. 2. §. 596. — Auch hinsichtlich der Legitimation durch Rescript deduciren die lübischen Juristen nur aus dem gemeinen Rechte, ob und wieweit sie Erbrechte giebt; die entschiedene Aufnahme im lübischen Rechtsgebiete constatirend. Pauli III. S. 29. 31. Mev. Nr. 67—70. Stein II. S. 413. Mehlen §. 18. Vergl. L. R. II. 2. §. 601—611.

Ueber die Verpflichtung der natürlichen Eltern zur Alimentation ihrer unehelichen Kinder gilt unzweifelhaft das gemeine bez. preuß. Recht. Mev. Nr. 76. 77. Stein II. §. 276.

Wegen des Erbrechts unehelicher Kinder in Anclam, Treptow a. R. und T., Stargard und Gollnow vergl. Pomm. Stat. R. S. 124.

§. 97. 2. Passive Beerbung in den Nachlaß Unehelicher.

A. L. R. Cod. I. art. 11: Suam vero hereditatem propinquiores sui percipient. Cod. II. Art. 7: mer sin erve nemet de negesten Maghe de dar to horen. Rev. Stat. II. 2. Art 9: „Aber derselben verlassen Gut erben ihre nächsten Blutsfreunde, die darzu gehören." Daß in den Nachlaß eines Unehelichen sein Ehegatte und seine eheliche Descendenz erben, ist unzweifelhaft und natürliche Folge der durch die Ehe des Unehelichen neu begründeten Familienrechte, innerhalb welcher die uneheliche Geburt des parens nicht weiter rechtsbestimmend ist. Außerdem sind unter den nächsten Blutsfreunden des Unehelichen im Art. 9 nach entschiedener Annahme der lübischen Juristen und der Praxis (mit Ausschließung des Vaters und seiner Verwandten) die Mutter des Unehelichen und deren eheliche Verwandte zu verstehn. Stein II. §. 277. Pauli III. S. 24. 25. 3. 4. Mev. Nr. 79. 80. Daß — ungeachtet der entgegenstehenden Annahme des O. A. Gerichts zu Lübeck, Bruhn lüb. Entsch

II. S. 203 ff. — die unehelichen Verwandten (andere unehelichen Kinder) der Mutter nicht unter den Blutsfreunden verstanden sein können, geht aus den Bemerkungen über die active Erbfähigkeit Unehelicher hervor. §. 96. Entsch. Bd. 30. S. 175. Dagegen kann das Erbrecht in den Nachlaß der Unehelichen und ihre Blutsfreundschaft hier nicht, wie Entsch. Bd. 30. S. 174. 175 beiläufig bemerkt wird, auf ihre Mutter und die eheliche Descendenz, unter Ausschluß andrer mütterlichen Verwandten, (welche von dem, damals vorliegenden, Falle freilich nicht betroffen wurden) beschränkt werden. Da der erste Satz des Art. 9 die Bedeutung hat: Uneheliche nehmen außer in der von ihnen selbst begründeten Familie kein Erbe und erben nicht hinsichtlich ihrer Mutter und deren Familie, §. 96, so folgt für den Schlußsatz, welcher mit „aber" eingeleitet wird und einen Gegensatz ausdrücken soll, die gegensätzliche Bedeutung: der Nachlaß Unehelicher wird auch außer in der von ihnen begründeten Familie von der Mutter und deren Verwandschaft beerbt. Die eigene eheliche Descendenz unter den „Blutsfreunden" hier zu verstehen, ist nicht thunlich, da sie auch im ersten Satz nicht ausgeschlossen sein sollte, in dieser Beziehung also kein Gegensatz bestand. Für die Mutter allein würde aber die Bezeichnung durch das Wort: Blutsfreunde seltsam gewesen sein. Mevius deducirt deshalb auch, das lüb. R. erkenne in dieser Beziehung eine durch außereheliche Geburt begründete Verwandtschaft an und da nicht näher angegeben sei, worin sie bestehe, so sei diese Bestimmung aus dem jus civile dahin zu ergänzen, daß zwar nicht der Vater erbt, quia pro patre non habetur; daß aber bona ad solam matrem et ex ejus linea conjunctas personas pervenient. No. 79. 80. Auch sonst hat kein lüb. Jurist einen andern Umfang der Erbberechtigten in den Nachlaß Unehelicher aufgestellt. Mehlen §. 18. Anm. 4 bestätigt die lüb. Praxis, so wie sie vorstehend angegeben ist. Auch das pomm. Stat. R. §. 160 läßt den Nachlaß unehelicher Kinder auf ihre Mutter und mütterliche Verwandte erben.

Freilich kommt hiernach in das lüb. R. der Gegensatz, daß der Uneheliche seine Mutter und deren Verwandte nicht beerbt, und in dieser Beziehung nicht als ihr Blutsfreund gilt, daß aber der Nachlaß des Unehelichen von seiner Mutter und deren Verwandten beerbt wird und dieselben in dieser Beziehung als seine Blutsfreunde gelten. Dieser Grundsatz und diese besondere Ausdehnung des Rechts der Blutsfreunde im letztern Falle hat aber eben im Art. 9 ausgedrückt werden sollen; zumal dies gerade den Gegensatz gegen den

Sachsenspiegel I. 38. §. 1. bildete. Aus sachlichen Gründen ist es auch erklärlich, daß das lüb. R. hinsichtlich der Nichtbewilligung von Familienrechten an Uneheliche zwar keine Ausnahme vom altgermanischen Rechte anordnete; dagegen der Mutter und ihren Verwandten Erbrecht der Blutsfreunde gegen sie gab.

§. 98. Fiskus.

„Stirbt jemand ohne kündige Erben, sein nachgelassen Gut soll man dem Rathe überantworten zu bewahren Jahr und Tag. Würde sich aber binnen Jahr und Tag niemand angeben, noch, wie Recht dazu zeugen lassen, so ist das Erbgut dem Rathe anheimgefallen." Rev. Stat. II. 2. Art. 14. Der Rath ist der Senat der freien Reichsstadt Lübeck und der Art. enthält neben der Verjährung, welche schon im §. 32 besprochen ist, die Bestimmung, daß erblose Verlassenschaften dem Staatsfiskus zufallen. Ueber dessen Verhältniß zu den Nachlaßgläubigern, und die Nothwendigkeit, den Nachlaß, wenn er sich in den Händen Dritter befindet, im Rechtswege zu erstreiten, gelten die subsidiären allgemeinen Rechte. Mev. No. 67—85 ad art. 14. — Stein II. §. 293. Mehlen §. 49. 50. Landr. II. 16. §. 24 ff.

Dies jus fisci hatten auch mehrfach die pommerschen Städte, so Anclam, Demmin, Stolp, Treptow a. T., Usedom, auf Grund des Art. 14 und der Bewidmung mit lüb. R. für sich in Anspruch genommen. Es kann jedoch als Gerichtshoheitsrecht nur dem Königl. Fiskus vindicirt werden, seitdem diesem die Gerichtshoheit allein zusteht und die Städte sie verloren haben; und eine Stadt würde das Recht nur durch ausdrückliches Privileg oder durch einen speciellen Titel, welcher zur Erwerbung dieses Regals nach allgemeinen Rechtsgrundsätzen geeignet ist, erwerben können. Die bloße Verleihung des lüb. R. reicht nicht aus. Der Sachsenspiegel I. 28 spricht das Recht dem Gerichtsherrn zu. Vergl. Entsch. Bd. 13. S. 427. Die Stadt Lübeck selbst hatte nach dem ältesten Privilegium des Kaisers Friedrich I von 1188 nicht das Recht auf erblose Verlassenschaften, sondern es gehörte nach demselben und nach den ältesten lateinischen Aufzeichnungen des lüb. R. zu den königl. Gefällen; so der Gütschowsche und Breslauer Codex. Vergl. A. L. R. I. Art. 19 und Varianten dazu. Spätere Aufzeichnungen lassen erbloses Gut zur Hälfte an die königl. Gewalt, zur Hälfte an die Stadt fallen. A. L. R. I. Art. 19. Cod. II. Art. 26. Erst in den neuesten Recensionen und dann im revid. Statut wird es der Stadt allein zugesprochen. Varianten zu Cod. II. Art. 26 und Cod. III. Art. 132. Vergl. §. 1 und Pauli III. §. 22. Schon hieraus geht hervor, daß das Recht als Hoheitsrecht nicht durch die Verstattung des lüb. R. zur Rechtsprechung verliehen sein kann. Auch hat schon Cothmann den Provinzialstädten, welche unter der Souveränetät eines Fürsten stehen, superiorem recognoscentibus, das Recht bestritten, weil auf sie das jus publicum nicht übergegangen sei; dies sei auch interpretum communis sententia. Mit der wachsenden Macht der Städte im Mittelalter waren Versuche anderer Städte zur Erlangung dieses Hoheitsrechts natürlich und Mevius bestätigt, daß zu seiner Zeit 1663 allgemein auch den nicht souveränen Städten diese jura fisci zuerkannt sind, Nr. 57—65; er bemerkt: usus quotidianus refellit objecta et civitates tuebitur. No. 65. In seinen quaest. praelim. No. 8 spricht Mevius den Städten, welche durch fürstliches Privileg mit lüb. R. bewidmet sind, auch die Hoheitsrechte als Folge davon zu; andere Städte, welche das lüb. R. auf Grund der Reception gebrauchten, will er das Hoheitsrecht nur durch Verjährung erwerben lassen. — Auch Stein erkennt noch dies Recht der lübisch-rechtlichen Städte an, auf den Ursprung aus der Gerichtsherrlichkeit verweisend. Er bemerkt aber auch, daß der Inhalt der Privilegien und Concessionen wesentlich sei. Stein II. §. 295. I. §. 20.

Die Stadt Colberg hat auch auf Grund der Ansicht von Mevius 1829 das Recht auf erblose Verlassenschaften im Prozeßwege rechtskräftig erstritten; und im revidirten Entwurfe des altpomm. Provinz. R. 1836 wurde dies Recht der Städte als Vermuthung im §. 337 aufgestellt; zufolge des Beschlusses der ständischen Deputirten; aber unter Widerspruch der Regierung. Vergl. Motive S. 122—124. Dagegen erklärte schon das O. A. Gericht zu Greifswald 1789, daß durch die bloße Bewidmung mit lüb. R. das jus bonorum vacantium nicht übertragen sei. Born. S. 145. Das pomm. Stat. R. von Zettwach zu §. 170 und das Obertribunal Präj. Nr. 468 vom 14. Mai 1838 stellten dann denselben Grundsatz auf. Vergl. Calow in Hinschius Wochenschrift 1840 S. 269 bis 279. Nachdem durch Art. 40 der Verfass. Urk. vom 5. December 1848 und Art. 42 der Verfass. vom 31. Januar 1850 die Gerichtsherrlichkeit der Städte ohne Entschädigung aufgehoben ist, soweit dies nicht schon früher geschehen, zerfällt damit jeder Anspruch einer lübisch-rechtlichen Stadt, welchem nicht ein ausdrückliches Privileg oder ein specieller Rechtstitel zur Seite stände.

E. Testamente.

§. 99. Allgemeines. Form. Testamentsfähigkeit.

Während das röm. R. das testamentarische Erbrecht als das hauptsächlichste in den Vordergund stellt, kennt das altgermanische Recht keine Testamente. Nach altem germanischen R. konnte Niemand etwas anordnen, was erst mit seinem Tode rechtliche Bedeutung bekommen sollte. Vor der Reception des röm. R. wurde der gleiche Zweck in anderer jedoch unwiderruflicher Form durch die deutschen s. g. Vergabungen erreicht, d. h. durch Ueberlassungen, welche bereits unter Lebenden ausgeführt wurden, und bei denen der Vergebende sich für seine Lebenszeit Rechte auf Nutzung, Mitnutzung oder auch beschränktes Eigenthum vorbehielt. Leibgedinge. Seit der Mitte des dreizehnten Jahrhunderts kennt das lüb. R. auch eigentliche Testamente, deren Errichtung von der Geistlichkeit befördert und später sehr häufig wurde. Pauli III. 156 ff. Das Testament hatte indeß im lüb. R. niemals die römischrechtliche Bedeutung, daß unbedingt die Einsetzung eines Universalerben in alle Activa und Passiva nöthig gewesen wäre und daß nemo pro parte testatus pro parte intestatus decedere potest; sondern jede letztwillige Anordnung, also auch ein Codicill, war ein Testament und auch ohne eigentliche Erbeseinsetzung gültig. Stein II. 60. 61. 74. Pauli III. 228—234. Damit fiel auch für die lüb. Testamente das Recht des Erben fort, den Legatarien die s. g. Falcidische Quart abzuziehen, weil ein heres im röm. Sinne nicht existirte, jeder Bedachte Erbe war, von der Existenz eines röm. Erben die Rechtsbeständigkeit der Legate hier nicht abhing und die nächsten Erben, wie unten zu erwähnen, mit 8 Schill. 4 Pf. zufrieden sein mußten. Pauli III. S. 229. Stein II. §. 154. Dagegen Mev. No. 26 ad II. 1. art. 7. Vergl. Bruhn I. 307. 308.

Daß hinsichtlich der Form der Testamente (vergl. darüber lüb. R. II. Tit. 1. — Mevius ad h. t. — Stein II. S. 131—153. Pauli III. S. 202—228) im landrechtlichen Gebiete die Vorschriften der Gerichtsordnung und des Landr. gelten, ist schon §. 7 Nr. 9 erwähnt. Dasselbe gilt von der formellen Fähigkeit, ein Testament zu errichten.

In Betreff der Frauenzimmer enthält das revidirte lüb. R. besondere Beschränkungen: Frauenzimmer, unverehelichte und verehelichte, sollen nicht das Recht haben, Testamente zu errichten; ausgenommen, 1) Wittwen, denen ihre verstorbenen Männer dazu in ihrem Testamente die Erlaubniß gegeben haben, hinsichtlich der Güter, welche ihr der Mann gegeben und zu vertestiren vergönnt hat, und nicht hinsichtlich der Erbgüter, 2) Kauffrauen hinsichtlich ihres wohlgewonnenen Gutes, unter Consens ihres Vormunds und der nächsten Erben. Lüb. R. II. 1. Art. 14. 10.

Pauli hat in seiner gründlichen Abhandlung III. S. 369—464 nachgewiesen, daß diese Bestimmungen dem ältern lüb. R. fremd waren, daß sie durch Mißverständniß der Revisoren in das revidirte Statut von 1586 aufgenommen sind, daß nach älterm lüb. R. Frauenzimmer gleich den Männern zur Testamentserrichtung befugt waren und diese Befugniß ausübten, und daß die in ältern Testamenten von den Männern für ihre Frauen erklärte Erlaubniß, über vermachte Güter auch letztwillig zu verfügen, nur die volle Eigenthumsübertragung des zur Abfindung Vermachten bezeichnen sollte, im Gegensatz zu Gütern, wovon der Frau nur Leibzucht, Nutzung vermacht wurde, sowie daß Erwähnung von wohlgewonnenem Gute, welches Kauffrauen erwarben, nur die Bedeutung hatte, festzustellen, daß das Gut nicht Erbgut sei. Pauli will mit Rücksicht darauf, daß die Revisoren nicht den Auftrag gehabt hätten, neues Recht zu geben und daß das Statut aus dem damals unzweifelhaft geltenden ungeschriebenen Gewohnheitsrechte zu ergänzen und auszulegen sei, jene Vorschriften dahin anwenden, daß Frauen über das, von ihren Männern Ererbte nur dann frei testiren dürfen, wenn diese es ihnen mit der Macht, darüber ein Testament zu machen oder frei zu verfügen, hinterlassen haben; daß aber Frauen, unverehelichte, Ehefrauen und Wittwen auch über Vermögen testiren können, welches ihnen von Andern als frei disponibles Gut hinterlassen ist; und daß ferner Kauffrauen, aber auch sonst alle andern Frauen, über erweislich Erspartes, Selbsterworbenes, Gewonnenes letztwillig zu verfügen berechtigt sind. S. 430—446. — (Ueber Kauffrauen und die Nothwendigkeit des Einzeugens vergl. Bruhn I. S. 73—80. Born. S. 136.) Jedenfalls sind diese Bestimmungen in den pommerschen Städten lübischen Rechts niemals recipirt gewesen, Mev. ad art. 14. cit. No. 30. — ad art. 10. No. 60. Pauli III. S. 372. — Entsch. Bd. 18. S. 410. Pomm. Stat. R. S. 42, auch namentlich im Berichte des Hofgerichts Cöslin vom 9. Oktober 1780 nicht als geltendes lüb. R. angeführt; sondern überhaupt nur in Lübeck angewendet. Pauli l. c.

Nach dem revid. Statut II. 1. Art. 10 sind auch wechselseitige Testamente von Eheleuten für ungültig erklärt, dergestalt, daß dann auch die darin enthaltene Disposition des Mannes ungültig sein würde. Mev. No. 59 ad art. 10 cit. Indeß auch diese Bestimmung ist in Pommern niemals recipirt und sind hier wechselseitige Testamente von Eheleuten bis heute stets errichtet und als gültig erklärt. Mev. No. 60. ad art. 10. — Pauli III. S. 449. Pomm. Stat. R. S. 43.

§. 100. Objekte.

Sachlich kann Niemand über Vermögen testiren, welches nicht ihm gehört. Dagegen kann über das Seinige Jeder letztwillig verfügen, soweit nicht Beschränkungen in der Natur des Vermögensrechts an bestimmten Objekten begründet oder durch specielle Vorschriften bestimmt sind. So war die letztwillige Verfügung nach lüb. R. darin beschränkt, daß Niemand über s. g. Erbgüter testiren konnte, §. 12—14.

In unbeerbter Ehe kann also jeder Ehegatte über dasjenige testiren, was bei seinem Tode seinen Nachlaß bildet, und in Ermangelung eines Testaments als Nachlaß seinen Intestaterben anheimfällt. Etwanige Erbvertragsrechte und die, unten besonders zu erörternden, Pflichttheilsrechte des andern Ehegatten bleiben natürlich zu berücksichtigen. Dagegen kann der Mann über das Eingebrachte seiner Frau und das diesem gleichstehende Vermögen überhaupt nicht testiren. Pauli II. §. 18. 19. — III. S. 241. Runde §. 173.

In beerbter Ehe würde selbst die Annahme unbedingter materieller Gütergem. nicht schon durch die Natur des Verhältnisses der Zulässigkeit letztwilliger Verfügung entgegenstehn; jeder Ehegatte kann bei ehelicher Gütergem. einseitig letztwillig über den ideellen Theil des Sammtguts, der ihm als Miteigenthümer zukommt, testiren; — dagegen nicht über die andere Hälfte des Ehegenossen. Runde §. 172. 173. Das Rechtsverhältniß erscheint complicirter im lüb. R., wenn nach unserer Ansicht die Ehegatten während der Ehe in nur äußerer Gütervereinigung leben, jeder also Eigenthümer seines Vermögens bleibt, und erst mit dem Tode des Einen durch Einwerfung der Vermögensmasse des Andern eine, von Frau und Kindern ab intestato zu beerbende, Sammtgutsmasse entsteht. Es scheint alsdann kein Ehegatte über die Sammtmasse, auch nicht über eine ideelle Hälfte daran, ohne Genehmigung des andern Ehegatten testiren zu dürfen; weil ihm selbst bei Lebzeiten weder das Sammtgut noch dessen ideelle Hälfte gebührt. Andrerseits erscheint ein Testament über das Einzelvermögen des Testators unzulässig, weil das Intestaterbrecht und deshalb auch die Pflichttheile von Ehegatten und Kindern sich nach der, aus dem beiderseitigen Vermögen gebildeten, Gesammtmasse richten, und weil beim Tode eines Ehegatten unvermeidlich auch das Vermögen des andern in Mitleidenheit gezogen wird. Indeß setzt das lüb. R. II. 1. Art. 6. 8 unzweideutig letztwillige Verfügungen des beerbten Mannes über das Sammtgut als zulässig voraus. Siehe §. 103. Unbeschadet der, später zu erörternden, Pflichttheilsrechte von Frau und Kindern werden daher solche Testamente als an sich lübischrechtlich statthaft auch ohne Genehmigung der Frau anzusehen sein. Da die Frau durch ihr Testament dem Manne keins der Rechte entziehen darf, welche ihm im Falle der Intestaterbfolge zustehn, wie wir sehen werden, so folgt aus diesem materiellen Rechte des Mannes freilich zugleich, daß ein Testament der beerbten Frau der frühern oder spätern Genehmigung des Mannes bedarf, welchem ohne seine Genehmigung nicht einmal das Recht entzogen werden kann, mit seinen Kindern in Gemeinschaft des Sammtguts zu bleiben.

Ein fernere sachliche Beschränkung entsteht aus den Sammtguts-Gemeinschafts-Verhältnissen. Kinder, welche mit ihrem überlebenden parens, Vater oder Mutter, im ungetheilten Sammtgute sitzen, s. g. nicht abgesonderte Kinder, können über den ihnen zustehenden ideellen Antheil letztwillig nicht verfügen; sondern nur über ihr sonstiges etwaniges Sondergut. §. 75. Pauli II. S. 145. 148. 122 ff. III. S. 241. Vergl. dagegen Runde §. 173. S. 374. Kinder, welche vom überlebenden parens abgetheilt sind, aber unter einander noch in ungetheilten Gütern sitzen, können jedes über seinen ideellen Antheil daran, aber auch nur über diesen, nicht über specielle Objekte, letztwillig verfügen, weil ihnen eben die Verfügung über specielle Objekte überhaupt nicht zustand. Pauli III. S. 241. Stein II. S. 301.

Auch der überlebende Vater, welcher mit seinen Kindern im Sammtgute sitzt, kann nur über seine ideelle Hälfte desselben testiren. Pauli II. S. 140 ff. 122 ff. III. S. 241—246. Stein II. §. 151. 153. — arg. lüb. R. I. 6. Art. 1. In der Natur des Verhältnisses liegt es, daß er über die andere ideelle Hälfte nicht testiren kann, da sie nicht ihm, sondern den Kindern gehört, auch nicht über specielle einzelne Objekte, weil ihm der Beisitz nur das Recht zur

Verfügung während seines Lebens davon einräumt. Dagegen liegt in der Sammtgutsgemeinschaft kein sachlicher Grund, ihm letztwillige Verfügungen über seine ideelle Hälfte zu versagen, indem diese für eine Zeit getroffen werden, wo durch seinen Tod ohnehin gesetzlich jene Gemeinschaft beendet ist. Runde §. 173. S. 374. Gutachten des Obertrib. vom 24. August 1840. Just. Minist. Bl. S. 374. Daß dies Recht durch das Pflichttheilsrecht der Kinder beschränkt ist, ist eine Einschränkung, welche nicht im Rechte der Kinder als Sammtgutsgenossen ihren Grund hat. Entsch. Bd. 13. S. 477. Gesetzcomm. vom 4. April 1789.

Die im Beisitze mit ihren Kindern lebende lübische Wittwe darf dagegen weder über bestimmte Objekte des Sammtguts, noch auch über ihren ideellen Sammtgutsantheil ohne Genehmigung ihrer Kinder testiren oder von Todeswegen verfügen. Der Grund liegt in der Eigenschaft ihrer Rechte am Sammtgute, §. 74, wovon sie nur die Verwaltung und den Nießbrauch hat, aber nichts veräußern oder „vergeben" darf. II. 2. Art. 8. Daß unter dem Vergeben in unserm Stadtrechte (dare) nicht bloß das Verschenken, sondern auch und zwar selbst vorzugsweise Verfügungen von Todeswegen verstanden werden, muß jetzt als unzweifelhaft angesehen werden. §. 101. Pauli III. S. 157 ff. 374 ff. 439. Das Verbot der Wittwe, über Sammtgut letztwillige Verfügungen zu treffen, wird auch durch das revid. Statut I. 9. Art. 4 unterstützt. Sie kann also nur über Sondergut testiren, und daher auch über das, bei Theilung des Sammtguts für sie ausgeschiedene, Vermögen. Um in Betreff des Sammtguts letztwillig zu verfügen, muß sie sonach dessen Theilung erst veranlassen oder die Genehmigung der Kinder erwirken. Pauli II. S. 143. 212. III. S. 387. 394. Die Beschränkung hängt eben wegen ihres angegebenen Grundes nicht mit der, im revidirten Statute II. 1. Art. 14. 10 erst eingeführten, in Pommern nicht recipirten, Beschränkung der Testamentifaction der Frauen, §. 99, zusammen und kann daher für Pommern nicht abgelehnt werden. Dieselbe Einschränkung der Wittwen hinsichtlich der letztwilligen Verfügung über Sammtgut gehört vielmehr schon dem ältern lüb. R. an, A. L. R. Cod. I. art. 22, Cod. II. art. 27. Pauli a. a. O., und ist aus demselben als ächt lübische Qualification des Rechts der Wittwe am Sammtgute im neuern lüb. R. nur bestehn geblieben, wenngleich es die lübischen Juristen mitunter mit jener allgemeinen mangelhaften Lübecker Testamentsbeschränkung der Frauen in Zusammenhang gebracht haben. Stein II. §. 91 ff. S. 124.

Ueber Sondergut kann natürlich jeder Parens ohne weitere Genehmigung verfügen, soweit er nicht durch Pflichttheilsgesetze oder Erbverträge beschränkt ist.

Erwähnt mag noch werden: daß die Bestimmung des lüb. R., daß Legate ad pias causas auch dann gültig bleiben sollen, wenn das Testament aus formellen Gründen nicht gilt, lüb. R. II. 1. Art. 13, Stein II. S. 231, Pauli III. S. 220 ff., im Gebiete des preuß. Landr. nicht anwendbar ist. Hier sind vielmehr auch für solche Legate die landrechtlichen Formvorschriften gültig und mit einem Testamente fallen alle Bestimmungen desselben.

Auch die Bestimmung, falls der Nachlaß nicht ausreiche, sollten nächst Berichtigung der Nachlaßschulden zuerst das ad pias causas „zu Gottes Ehr und milden Sachen" Vermachte gegeben und nur das Uebrigbleibende nach den sonstigen testamentarischen Vorschriften verwendet werden (lüb. R. II. 1. Art. 7, Stein II. S. 71. 229 ff.), ist den landrechtlichen Vorschriften zu Gunsten der Gleichstellung der Bedachten gewichen und nicht recipirt.

Die Vorschrift des spätern lüb. R.: kein Testament solle gültig sein, worin nicht etwas ad pias causas vermacht ist, gehört erst der Zeit nach dem revidirten Statut an, Pauli III. S. 277, und ist in Pommern (außer in Anclam und Treptow a. d. Rega) nicht recipirt; — und das frühere Verbot, Kirchen und Klöstern Immobilien zu vergeben, war nach der Reformation schon außer Observanz gekommen und bereits im revidirten Stat. nicht mit aufgenommen. Pauli III. S. 279—284.

Als besondere Specialitäten erwähnt das pomm. Stat. R. S. 43. 44, daß nach der Bürgersprache von Anclam von 1566 ein dort errichtetes Testament nur gültig ist, wenn darin etwas zu frommen Zwecken oder zur Erhaltung des Peenedamms vermacht ist und daß in Treptow a. d. Rega in jedem Testamente dem Armenhause, der Marienkirche und der Hafen- und Brunnenkasse etwas vermacht werden muß. — Ueber Pflichttheil und Notherbenrecht ist besonders zu verhandeln. §. 101 ff. Im Uebrigen enthält das lüb. R. keine besondern in Pommern recipirten Vorschriften über die Wirkungen von Testamenten, Anfechtung derselben, und über das Verhältniß testamentarischer Erben und Legatarien zu einander und zu den Nachlaßgläubigern, und sind also in allen diesen Beziehungen die subsidiarisch geltenden gemeinen Rechte, bez. das Landr. anzuwenden.

§. 101. Rechte der Intestaterben.

1. Präterition.

In Betreff der Rechte der nächsten Intestaterben gegenüber einem Testamente des Erblassers ist vorweg zu bemerken, daß die Dispositionsbeschränkungen hinsichtlich der Erbgüter und hinsichtlich der Rechte am Sammtgute als auf besondern Gründen beruhend hier von der Betrachtung ausgeschlossen bleiben müssen; und daß es sich hier nur noch darum handeln kann, welchen Beschränkungen außerdem ein Erblasser zu Gunsten seiner Intestaterben unterworfen ist. Wesentlich sind in dieser Beziehung die beiden zu sondernden Fragen:

1) wie sich ein Testament formell in Betreff der Erwähnung der nächsten Erben verhalten müsse;
2) ob und was ihnen als Pflichttheil materiell vom Testator zu hinterlassen sei.

Geschichtlich giebt Pauli III. S. 246—276, II. S. 84—88. 215—224 folgende Aufklärungen: Wie schon erwähnt, kannte das lüb. R. nicht den Begriff des heres in der römischrechtlichen Bedeutung als eines Repräsentanten des Nachfolgers des Erblassers in allen vermögensrechtlichen Beziehungen. Ein Notherbenrecht, d. h. ein Recht gewisser Personen, als Erben eingesetzt zu werden, war dem ältern lüb. R. unbekannt; ebenso auch ein Recht, aus dem Nachlasse einen bestimmten Pflichttheil zu bekommen. Außer der Dispositionsbeschränkung hinsichtlich der Erbgüter, welche schon den natürlichen Erben einen bedeutenden Vermögenstheil sicherte, außer den gesetzlichen Rechten, welche Ehegatten, Kinder beziehungsweise Geschwister am gemeinschaftlichen Sammtgute hatten, und außer dem Rechte der Frau gegen letztwillige Verfügungen des Mannes hinsichtlich ihrer dos hatten weder Ehegatten, noch Kinder, noch Ascendenten oder Seitenverwandten einen Anspruch auf Pflichttheil. Indeß mit der Zeit wurde es üblich und dann gewohnheitsrechtlich, daß den nächsten Verwandten, um dem Vorwurfe der Präterition zu begegnen und den Gedanken an sie zu documentiren, ein Legat vermacht wurde, auf 8 Schill. 4 Pf. beschränkt, so daß die nächsten Erben, auch wenn sie wirklich übergangen waren, nur diesen Betrag fordern, nicht aber das Testament umstoßen konnten. Aus diesem Gewohnheitsrechte machten die Revisoren im revidirten Stat., I. 9. Art. 2 und II. 1. Art. 12, ein Gesetz und veranlaßten, indem sie es unter dem Namen institutio heredis als ein inneres solenne des Testaments hinstellten die Gerichtspraxis und die Schriftsteller des lüb. R., die vorgeschriebene Anordnung für so nothwendig zu erklären, daß ihre Unterlassung die Nichtigkeit des Testaments zur Folge hätte.

Zugleich haben die gemeinrechtlichen Lehren über die Pflichttheilsberechtigung vielfach dazu geführt, daß sie als neben dem lüb. R. geltend angesehen sind, ohne daß sich bei der Verschiedenheit der Ansichten der Autoren ein entschiedenes Gewohnheitsrecht darüber (nach Pauli's Ansicht) gebildet haben soll.

Für das jetzt geltende lüb. R. sind für die erste Frage der Erwähnung der nächsten Erben im Testamente maßgebend die im alten lüb. R. (vergl. Cod. I. art. 1. Cod. II. art. 44. 103 und Varianten dazu) noch nicht enthaltenen Bestimmungen des revid. Stat. I. 9. Art. 2 erster Satz:

„Wer sein wohlgewonnen Gut vorgeben will, muß zuvor seinen nächsten Erben geben 8 Schilling 4 Pfennig."

II. 1. Art. 12. „Nach lüb. R. muß ein jeglich Testament institutionem heredis haben, welche in diese Clausul in forma begriffen sein soll: und giebt seinen nächsten Erben, sie seien 1, 2 oder mehr, die sich wie recht die Nächsten zeugen lassen werden, N. N." (als die Nächsten durch Zeugen ausweisen werden).

Zur Auslegung muß zuvor erinnert werden, daß unter dem Vorgeben im Art. 2 alle letztwillige Verfügungen zu verstehen sind; und nicht, wie noch in den Entsch. Bd. 18. S. 404 verstanden wird, bloß Schenkungen. Vergl. §. 36. Für die letztere beschränkende Auslegung scheint die jetzige Bedeutung des Vergeben, der lateinische Ausdruck donare und hauptsächlich der Umstand zu sprechen, daß die Codification des lüb. R. die Folgeordnung der Justinianeischen Institutionen hat (Stein Vorber. §. 15) und daß lib. I. tit. 9 des lüb. R. dem tit. 7. lib. II Instit. de donat., sowie lib. II. tit. 1. lüb. R. den tit. 10—25. lib. II. Instit. von Testamenten entspricht. Indeß abgesehen davon, daß die Inst. II. 7 de donat. auch die donationes mortis causa behandeln, so ist mit Stein III. S. 180. I. S. 103 als richtig anzunehmen, daß das „Vergeben" und Geben und der Tit. 9. lib. I. lüb. R. nicht nur von sofort ausgeführten Ueberlassungen, den altdeutschen Vergabungen, vorzugsweise für den Todesfall, sondern auch von letztwilligen Verordnungen gelten und in der Praxis verstanden werden. Im Berichte des Hofgerichts Cöslin von 1780 ist denn auch geradezu gesagt: „das lüb. R. verordne I. 9. Art. 2, daß den nächsten Erben 8 Schill. 4 Pf., oder 5 Gr. 8 Pf., als Pflichttheil ausgesetzt werden müsse und dieser Artikel nur bei Testamenten und dispositionibus mortis causa Anwendung habe." — Der Art. 2. cit. spricht im zweiten Satze selbst von einem Vergeben im Testamente und die Commentatoren Stein II. S. 50. 217. 220 und Mevius ad I. 9. No. 14 und ad II. 1. art. 12. No. 7 finden den Art. 2 nicht nur auf Schenkungen des ganzen Vermögens unter Lebenden, sondern auch auf Testamente und donationes mortis causa anwendbar, ohne auch nur Bedenken hiergegen zu erwähnen. So auch Pauli III. S. 157 ff. 374 ff. 439.

Als Vorschrift des revidirten Statuts hinsichtlich der Form des Testaments gilt hiernach die Nothwendigkeit des Bedenkens der nächsten Erben mit wenigstens 8 Schill. 4. Pf. mit der Wirkung, daß andernfalls das Testament unkräftig ist. Dies wird auch von allen Autoren angenommen. Stein folgert es aus der Unbedingtheit der Vorschrift und aus lüb. R. II. 1. Art. 8. Stein II. §. 152. I. §. 173. Mevius bemerkt zu II. 1. art. 12. No. 3—6. 10—14: „Hic exigitur, non deberi testamentum confici, nisi certi quid detur proximis consanguineis. In dispositione de omnibus bonis non debere silentio praeteriri proximos cognatos, sed certi quid relinquendum esse . . . quod haud infra 8 S. 4 den. fore alibi statuitur. I. 6. art. 2, I. 9. art. 2." Hiernach ist anzunehmen, daß auch Mevius bei wirklicher Präterition das Testament für hinfällig hält. Er fügt aber hinzu: der Artikel betreffe nicht parentes et liberos, diesen sei der Pflichttheil zu geben. No. 10 bis 14 ad h. t. Mevius und ebenso Stein erklären, daß nicht eine förmliche Erbeseinsetzung nöthig sei, sondern das Vermachen, dare, relinquere des Werthbetrages ein instituere bedeute. Die im Art. 12. II. 1 verlangte institutio heredis bedeutet nicht die Einsetzung eines Universalerben im römischen Sinne. §. 62. Auch das O.A.Ger. zu Greifswalde war 1812 nach Born. Rechtsf. f. lüb. R. S. 94 ff. der Ansicht, daß die Vermachung von 8 Schill. 4 Pf. an die nächsten Erben ein zur innern Form des Testaments gehöriges nöthiges Requisit sei, daß die Unterlassung bei der kategorischen Vorschrift des Art. 12 das Testament nichtig mache und letzteres mit der Nullitätsklage anzufechten sei, S. 94—103. 113, welche binnen Jahr und Tag nach erfolgter Publication des Testaments verjähre, S. 105—114. (Wegen der Verjährung s. §. 32.)

Für Neuvorpommern ist die Nichtigkeit eines Testaments, welches jenes Vermächtniß nicht enthält, bei der kategorischen Vorschrift des Art. 12 aus den zutreffenden Gründen in Born. S. 94—103, als geltendes Recht anzunehmen. — In Lübeck ist durch Dekret vom 22. März 1717 der Betrag wegen der veränderten Geldverhältnisse auf einen Dukaten erhöht. Pauli III. S. 260. Stein II. S. 185.

Für Altvorpommern und Hinterpommern ist diese Vorschrift nicht mehr im Gerichtsgebrauch, wenngleich noch häufig vorsichtige Testatoren ihren nächsten Erben bis in die neueste Zeit 8 lüb. Schill. 4 Pf. oder „den gesetzlichen Pflichttheil" vermachen. Nachdem die Vorschriften der preuß. Gerichtsordn. und des Landr. über die Form der letztwilligen Verfügungen seit der Publikation der Gerichtsordn. maßgebend sind, muß mit den lübischrechtlichen Formvorschriften auch jene Bestimmung als aufgehoben angesehen werden. Sie ist offenbar nur eine formale Vorschrift, welche erweisen soll, daß der Testator sich seiner nächsten Erben erinnert hat; wie auch der unbedeutende Betrag (10 lüb. Schill. sind 7 $^1/_2$ Sgr.) bestätigt. Die Autoren bezeichnen sie auch als zur „innern Form" gehöriges Requisit, in dessen Ermangelung das Testament nach Art. 13 h. tit. nicht konfirmirt, d. h. nicht bei Kräften erhalten, sondern für unkräftig erklärt werden soll; so auch Born. S. 98. l. c. unter Bezugnahme auf die Bemerkungen von Mevius über Formvorschriften in quaest. praelim. 9. No. 4. 7—10. Daß das Recht der Intestaterben, die Erbschaft beim Mangel jenes Requisits ab intestato zu verlangen, ein materielles Recht ist, entscheidet nichts, sowenig wie im gleichen Falle gegenüber Testamenten, welche wegen Verletzung äußerer Formvorschriften nichtig sind. Wesentlich ist, daß der Grund dieses Rechts nur jene formale Vorschrift ist. Gesetzlich wird auch zwischen nothwendigen äußern oder innern Formalien kein Unterschied gemacht und rechnet das preuß. Landr. I. 12. §§. 139. 135 z. B. die Unmöglichkeit, eine der beim Testamente mitwirkenden Personen darin zum Erben einzusetzen, ebenfalls zur Form des Testaments. In den Entsch. Bd. 18. S. 404 wird gegen die Anwendung der Vorschrift (in Gollnow) noch eingewendet: daß sie nicht dem ältern lüb. R., sondern erst dem revidirten Statute angehöre und der Nachweis geführt werden müsse, daß dieser Grundsatz in Gollnow recipirt und zur Observanz geworden sei. Ueber die Hinfälligkeit dieses Grundes ist auf die frühern Bemerkungen §§. 5. 6. Nr. 1 zu verweisen.

Was vorstehend von Testamenten gesagt ist, gilt auch von

Schenkungen des ganzen Vermögens, lüb. R. I. 9. Art. 2. Dies ist indeß im Cösliner Departement nach dem Berichte des Hofgerichts Cöslin von 1780 immer nur auf Schenkungen von Todeswegen und andere letztwilligen Verfügungen angewendet; in Anclam, Demmin, Usedom und Stargard überhaupt nicht; und in Treptow a. Tollense dahin, daß observanzmäßig statt 8 Sch. 4 Pf. der Betrag von 5 Thlrn. zu gewähren ist. Treptow a. Tollense ist überhaupt die einzige Stadt von Altvor- und Hinterpommern, wo noch bis zur neuern Zeit jene Vorschrift mit der erwähnten Maßgabe observanzmäßig für anwendbar erachtet wird. Pomm. Stat. R. §. 35.

§. 102. 2. Pflichttheilsrechte

a. der Ehegatten.

Wichtiger und streitiger ist die Entscheidung der materiellen Rechtsfragen, ob nach lüb. R. den Ehegatten und nächsten Erben ein Pflichttheil hinterlassen werden muß oder durch letztwillige Verfügung jedes Recht auf den Nachlaß entzogen werden kann.

a. Pflichttheil der Ehegatten.

Die meisten Rechtslehrer behaupten, daß nach allgemeinem deutschen und namentlich auch nach lübischem Rechte ein Ehegatte dem andern seine portio statutaria nicht durch letztwillige Verfügungen enziehen könne, wovon nur zu Ungunsten der beerbten lüb. Ehefrau eine, später zu erwähnende, specielle Ausnahme zu machen ist. Mehlen gesetzl. Erbfolge nach lüb. R. S. 42. 43. Stein I. §. 114. II. S. 156—215. Dieser Ansicht ist auch das Appell.Ger. zu Greifswald 1810 beigetreten. Born. S. 114—124. Für Neuvorpommern ist dies überhaupt als allgemeine Gerichtspraxis anzusehen. Die Commission zur Redaktion des neuvorpommerschen Provinzialrechts rechtfertigt es als Folge der, von ihr auch für unbeerbte Ehen angenommenen, Gütergem. v. Kamptz Jahrb. Bd. 49. S. 386 bis 405. Auch die Universität zu Kiel stellt 1822 in einer Lübecker Rechtssache als richtig und als allgemein angenommen den Grundsatz auf, daß die statutarische Portion durch Testamente nicht entzogen noch geschmälert werden kann. Bruhn lüb. Entsch. Bd. 1. S. 84. Dagegen nimmt Mevius ad II. 1. art. 8. No. 41 seq. 61—81 für den Ehegatten das unbedingte Recht in Anspruch, dem andern Gatten die portio statutaria durch letztwillige Verfügungen zu beschränken oder zu entziehen, und Pauli II. S. 84—88. 215—224. III. 248 ist ebenfalls der Ansicht, daß abgesehen von den Dispositionsbeschränkungen über Erbgüter, über Sammtgut und das Eigenthum der Frau an ihrem eingebrachten Brautschatze, die Ehegatten in der letztwilligen Verfügung durch einander nicht beschränkt seien. Die Streitfrage, welche namentlich bei unbeerbten Ehen häufig zur praktischen Entscheidung kommt, ist beiderseits in ausführlichen Deductionen erörtert.

Man muß der allgemeinen Rechtsansicht beitreten, daß nach lüb. R. ein Ehegatte nicht durch letztwillige Verfügungen einseitig dem Andern seine Statutarportion d. h. dasjenige, was ihm durch Statutarrecht für den Todesfall seines Ehegenossen bestimmt ist, ganz oder theilweise entziehn darf; — und zwar dem unbeerbten Ehegenossen niemals; ebenso nicht dem beerbten Ehemanne; und daß nur der Ehemann seiner beerbten Ehefrau ihr Erbrecht bis auf den Kindestheil beschränken kann, und auch anordnen darf, daß sie nicht mit den Kindern in Gemeinschaft auf Gedeih und Verderb (Beisitz) bleibt, sondern sofort theilt. Wenn gerade zwei bedeutende lübische Commentatoren Mevius und Pauli dem Manne ein ganz willkürliches letztwilliges Verfügungsrecht rücksichtlich des Erbtheils seiner Frau einräumen, so wird man der Prüfung ihrer Gründe zwar durch die Entschiedenheit der übrigen Schriftsteller und der Praxis noch nicht überhoben. Obgleich Mevius in seiner Neigung, das subsidiäre römische Recht anzuwenden und daraus deutsche Rechtsinstitute zu erläutern, an sich schon mit größerm Mißtrauen anzusehen ist, so ist dagegen der Widerspruch des tüchtigen Germanisten Pauli von besonderm Gewichte. Dennoch sind seine Gründe unseres Erachtens nicht geeignet, die gemeine Meinung umzustoßen.

Runde hebt dafür, daß die Statutarportion des Ehegatten nach deutschem Rechte, abgesehn von speciellen lübischen Bestimmungen, nicht testamentarisch geschmälert werden dürfe, mit Recht die historische Entstehung solcher Statutarvorschriften hervor. Durch häufige Wiederholung von Ehe- und Erbverträgen bildete sich das locale Herkommen, was dem überlebenden Ehegatten nach dem Tode seines Ehegenossen verbleiben müsse. Dies gewann als Rechtsherkommen eine gleiche Wirksamkeit, wie wenn es vertragsmäßig festgesetzt, also der Verfügung eines Contrahenten entzogen wäre; und wurde dann in den Statuten als Recht verzeichnet, um den Ehegenossen gegen das eindringende fremde Recht zu sichern. Runde S. 375—377. Beseler §. 153. S. 643—645. Hiernach haben die Statutarbestimmungen nicht bloß die Bedeutung, daß sie ein Intestaterbrecht anordnen, welches nur dann gilt, wenn kein Testament vorliegt, sondern daß die Portion unbedingt unter allen Umständen dem Ehegatten belassen werden muß. Dies wird auch durch die Fassung des lüb. Stat. über Erbfolge bei unbeerbten Ehen, II. 2. Art. 12, wie sie auch schon den ältern Statuten Cod. I. art. 8. 9. und Cod. II. art. 21 angehört, nicht widerlegt, sondern im Gegentheile unterstützt. Si viro moritur mulier sua, et si pariter liberos non habuerint, vir refundere tenetur proximis heredibus mulieris medietatem substantiae, quam cum muliere acceperat. Cod. I. 9 ... de man schal weder keren der vruwen negesten Erben dat halve del des ghudes, dat he mit de vruwen genomen havet. Cod. II. 21. Daß der Mann die andre Hälfte, seine Statutarportion, für sich behalten soll und unter keinen Umständen den Erben herauszugeben braucht, ist dabei als so selbstverständlich vorausgesetzt, daß nur die Hälfte erwähnt wird, auf welche die Erben Anspruch machen können. Auch wenn die (unbeerbte) Frau überlebt, ist ihr Recht, ihr eingebrachtes Vermögen vorweg zu verlangen, welches ihr auch Pauli als testamentarisch unantastbar beläßt, und ihr Recht, das übrige Vermögen zu gleichen Theilen mit den Erben des Mannes zu schichten, in gleicher Linie und Weise neben einander in denselben Artikeln ausgedrückt. Der Umstand, daß eine constante Gerichtspraxis Jahrhunderte hindurch die Nichtentziehbarkeit der Statutarportion festgehalten hat, bestätigt dabei das entschiedenste Rechtsbewußtsein für diese Bedeutung des Statutarrechts.

Das Greifswalder Erkenntniß von 1810, Born a. a. O., hebt hervor: im Art. 12 seien Mann und Frau nicht als Erben, sondern im Gegensatze zu den „Erben" genannt; was sie bekämen, erhielten sie also nicht als Erben, sondern als einen, ihnen in Folge des ehelichen Verhältnisses zustehenden, Vermögensantheil; nur an Stelle von Intestaterben könne der Testator Testamentserben ernennen, nicht in ein Vermögensrecht, welches dem Intestaterbrecht nicht unterworfen sei. Anderweit ist das Recht des Ehegatten auf die Statutarportion als Schuld des Nachlasses an den conjux superstes betrachtet, auch aus der ehelichen Gütergemeinschaft abgeleitet und als gütergemeinschaftlicher Vermögensantheil an der Sammtmasse behauptet. So auch Stein a. a. O. Indeß bedarf das absolute Recht des Ehegatten weder der Herleitung aus der Gütergemeinschaft, welche freilich zumal für unbeerbte Ehen im lüb. R. unhaltbar ist, noch ist durch die Widerlegung der Gütergem. zugleich das unbedingte Recht des Ehegatten widerlegt, welches sich als solches auf das statutarisch festgesetzte Rechtsherkommen stützt. Ebenso kann die Entgegensetzung der Ehegatten und der „Erben", worunter wie im Art. 1 die Blutsfreunde verstanden sind, freilich nicht die Bedeutung haben, daß dasjenige, was der Ehegatte vom Nachlasse seines verstorbenen Ehegenossen erhält, eine andere rechtliche Qualität, wie die eines Erbtheils, haben müsse. Vielmehr ist Alles, was ein Ehegatte nach dem Tode seines Genossen aus dessen Nachlasse erhält, immer materiell ein Erbtheil §. 63. Hieraus kann aber wieder nicht gefolgert werden, daß es nur ein entziehbarer, der Disposition des Erblassers unterworfener, Intestaterbtheil sein müßte. Es ist ein Erbtheil, welcher hinsichtlich der Entziehbarkeit zugleich Pflichttheil ist und hinterlassen werden muß. Die äußerliche Stellung der, die Erbfolge der Eheleute betreffenden, Artikel 2. 3. 6. 12. 28 des revid. Stat. II. 2 im Titel de successionibus ab intestato, welche namentlich Mevius urgirt, kann den festgesetzten Erbrechten der Ehegatten nicht die Bedeutung geben, daß sie nur als Intestaterbrechte und vorbehaltlich der aus dem gemeinen subsidiären Rechte zu ergänzenden Pflichttheilslehre bewilligt seien. Die Erbrechte der Ehegatten gehören in der That zur Lehre vom Intestaterbrechte, auch wenn sie zugleich so absolut sind, daß sie von andern Ehegatten nicht einseitig geschmälert werden dürfen.

Den anscheinend gewichtigsten Gegengrund gegen die Pflichttheilseigenschaft der Statutarportion und gegen ein desfallsiges lüb. Rechtsherkommen bringt Pauli aus den alten Lübecker Testamenten bei. Er citirt eine Reihe von Testamenten aus der Zeit vor dem revid. Stat., worin die Männer testamentarisch ohne Beschränkung durch eine portio statutaria ihrer Frauen disponirt haben, während Testamente von Ehemännern, welche ihren unbeerbten Frauen nicht einmal ihr eingebrachtes Vermögen lassen wollten, nicht bestätigt seien. Man kann aber nicht zugeben, daß Alles, was in Testamenten bestimmt ist, als rechtlich zulässig anzusehen ist oder auch nur, daß die Testatoren und die Rechtsverständigen ihrer Zeit es für rechtlich zulässig gehalten haben. Jeder Praktiker weiß, wie unzählige Testamente gemacht (in Preußen auch von Richtern zu gerichtlichem Protokoll aufgenommen) werden, in welchen ohne Rücksicht auf entschiedene Pflichttheilsrechte der Kinder anders disponirt, z. B. der Frau der lebenslängliche Nießbrauch des ganzen Nachlasses gegeben wird. Solche Testamente, welche auch in unzähligen Fällen aus Pietäts- und andern Gründen von den Betheiligten befolgt werden und in Erwartung dessen errichtet sind, lassen keinen Schluß zu, daß der Testator nach dem Rechtsbewußtsein der Zeit befugt gewesen sei, dergestalt zu testiren. Auch die gerichtliche Confirmation derartiger Testamente kann dies nicht beweisen, da kein Grund ist, sie aus rein theoretischen Gründen zu versagen, wenn kein Betheiligter widerspricht und da die Confirmation ohne Prozeß den erweislichen Rechten Dritter nicht präjudizirt, Pauli III. S. 347; wie aus gleichem Grunde auch preußische Richter kein Bedenken tragen, Testamente aufzunehmen, auch wenn sie sich bewußt sind, daß demnächst wohl Andere zu widersprechen befugt wären. Daß in beiden Fällen das Gericht befugt wäre, seine Autorität zu verweigern, wenn der Testator entschieden gesetzwidrig verfügte, z. B. über fremdes Gut, Eingebrachtes der Frau, und daß diese Befugniß in solchen Fällen auch mitunter ausgeübt wird, kann darin keinen Unterschied machen. Die Confirmation war nur die vorläufige Erklärung, daß das Testament zum Gericht gebracht und mit keinen sichtbaren Mängeln behaftet war. II. 1. Art. 13. — Pauli III. S. 346. Mev. No. 2—4 ad art. 13. II. 1. Entscheidend könnte es nur sein, wenn derartige Testamente Gegenstand des Widerspruchs und Rechtsstreits geworden wären und in judicando die Befugniß des Testators zur Beschränkung der Statutarportion festgesetzt wäre. Vergl. Beseler S. 582. Anm. 5. Solche Fälle sind aber für das lüb. R. aus den letzten Jahrhunderten schwerlich nachzuweisen. Wenn Mevius einige ältere Prozeßentscheidungen für seine Ansicht anführt, Nr. 65 ff. 81. 82 zu II. 1. Art. 8; so würde dies höchstens beweisen, daß diese Frage immer schon controvers gewesen ist, was auch aus seinem ausführlichen Referat über den von ihm besonders hervorgehobenen Harderschen Prozeß bestätigt wird.

Die unbedingte Testirungsbefugniß, welche Pauli und Mevius dem Manne als gesetzlich vindiciren wollen, würde auch der deutschen und speciell der lübischen Rechtsstellung der Frau nicht entsprechen, welcher das Gesetz, wenn sie nach dem Tode des Mannes im Beisitze mit ihren Kindern sitzt, die fast unbedingte Verwaltung des Sammtguts anvertraut.

Von beiden Theilen ist noch versucht, aus einigen Bestimmungen des ersten Titels Buch II. des revid. Stat. (über Testamente) Folgerungen für unsere Frage zu ziehen. Die Art. 3. 6. II. 1. erwähnen einen „bescheidenen Theil", womit der Testator seine Frau testamentarisch bedacht hat. Die Commentatoren sind darüber einverstanden, daß dies den Theil bedeutet, welcher ihr „bescheiden" ist (assignata). Streitig ist, ob der vom Gesetz oder vom Testator beschiedene Theil gemeint ist. Pauli und Mevius wollen darunter das Letztere verstehen. Pauli II. S. 223. Mev. No. 72 ad II. 1. art. 8. Pauli findet die Auslegung, daß der Frau ein Theil nach der Bestimmung des Testators an bestimmten, ihr beschiedenen, Gegenständen oder Summen als Sondergut „sunderlik Gut" zur Absonderung der Frau von den Kindern überlassen ist und ihr allein competiren soll, als die ungezwungenste. Indeß würde eine Auslegung, welche die Höhe des Theils lediglich dem Ermessen des Mannes überließe, an sich nicht wahrscheinlich sein. Mevius selbst versteht auch an einer andern Stelle No. 50 ad art. 6. II. 1 unter dem „bescheiden Theil" denjenigen, quae legibus assignata est. Jedenfalls gewinnen die Art. 3. 6 eine sachgemäße und gleich ungezwungene Bedeutung, wenn darin als selbstverständlich vorausgesetzt ist, daß der Frau soviel ausgesetzt sei, als ihr ausgesetzt werden mußte, und ist in jenen Artikeln unter allen Umständen die Frage wenigstens nicht ausdrücklich entschieden, wieviel der Mann seiner Frau mindestens zuwenden müsse.

Auch der Art. 7 dess. Tit. ist herangezogen, ohne daß aus dessen Schlußsatze auch nur eine indirecte Beweisführung möglich ist. Es mag dahin gestellt bleiben, ob im Art. 7 nur beabsichtigt ist, das Vorzugsrecht der Schulden und der Legate ad pias causas zu bestimmen. Immerhin ist es nicht zulässig, auf jenen Artikel die Ausschließung aller Pflichttheilsrechte zu gründen. Keinesfalls kann derselbe den Zweck haben, zu sanctioniren, daß alle möglichen Bestimmungen, welche ein Testament enthalten könnte, unbedingt verbindlich sein sollen.

Ebenso ist Art. 10. II. 1 für beiderlei Ansichten benutzt. Die Intention des Art. 10 ist offenbar: wenn beide Eheleute sich etwas zuwenden wollen, so können sie dies in gesonderten Testamenten, jeder zu Gunsten des andern Theils, thun; sie sollen aber kein wechselseitiges Testament machen. Es folgt daraus, daß es sich hier, wie allemal, wo wechselseitige Testamente zumal in unbeerbter Ehe errichtet werden sollen, besonders darum handelt, wie der eine Theil zu Gunsten des andern diesem mehr als den gesetzlichen Theil zuwenden kann, nicht, auf welche Weise und wieviel ihm entzogen werden kann. Der Ausdruck: der Mann mag für sich ein besonder Testament machen und seiner Frau, was er ihr gönnet, geben und legiren, kann in diesem Zusammenhange nur darauf hindeuten wollen: er könne in einem besondern Testamente ihr soviel, als er wolle, vermachen, nicht aber, er brauche ihr nur so wenig, als er wolle, zuzuwenden. Auch die, für die Frau gebrauchte, Ausdrucksweise: sie mag ihrem andern Mann oder wem sie will, legata verordnen, ist nur im Gesammtzusammenhange dahin zu verstehen: ein testamentum reciprocum der Eheleute ist nicht zulässig, sondern wenn die Frau testiren kann, muß sie ein besonderes Testament machen, in welchem sie zu Gunsten ihres Mannes oder Anderer, welche sie bedenken will, verfügen kann. Der Hauptnachdruck liegt auch hier darauf, daß jeder Theil ein besonderes Testament machen muß; und wenn bei Erwähnung des für Testamente gewöhnlichen Inhalts bei der Frau hervorgehoben ist, daß sie auch Andere außer ihrem Manne bedenken kann, so kann dies bei der gewählten unbestimmten Fassung höchstens bedeuten sollen: sie brauche dem Manne nicht Alles zuzuwenden, sondern könne testiren, wie sonst gewöhnlich testirt wurde; nicht aber, sie brauche dem Manne nichts zuzuwenden, — woran bei Eheleuten, welche wechselseitig testiren wollen, nicht zu denken ist.

Für unbeerbte Eheleute hat sonach die Statutarportion des überlebenden Ehegatten die Eigenschaft eines unbedingt zu hinterlassenden Pflichttheils. Ebenso enthält das lüb. R. keine Bestimmung oder Andeutung, wornach dem beerbten Ehemanne von seiner Frau seine gesetzliche Statutarportion entzogen werden könnte, und ist auch das Recht des beerbten Mannes darauf in Uebereinstimmung mit der allgemeinen deutschrechtlichen Qualität solcher Statutarportionen als ein unbedingtes anzusehen. Die Frau kann ihn also durch ihr Testament auch nicht zur sofortigen Theilung nach ihrem Tode zwingen, weil sie ihm den Beisitz nicht entziehen darf. Stein II. §. 119.

§. 103. Fortsetzung. (Rechte beerbter Frauen).

Dagegen lassen Art. 6. 8. II. 1 darauf schließen, daß der beerbten Frau durch Testament ihres Mannes ihr Erbrecht am Sammtgute bis auf einen Kindestheil beschränkt werden darf. Stein II. §. 117. 124 ff. Zwar ist in den Art. 8. II. 1 viel mehr hineininterpretirt, als der klare Inhalt des Artikels enthält. Derselbe (Satz 2 und 3) bestimmt, wie Pauli ganz richtig erörtert, an sich nicht, was der Testator der Frau und den Kindern hinterlassen muß, sondern nur, wie ein Testament auszulegen und wie zu theilen ist, wenn der Mann seine Kinder erster Ehe abgesondert hat, und sein Vermögen seiner zweiten Frau und den Kindern zweiter Ehe vermacht, ohne eine vollständige Theilung unter ihnen im Einzelnen anzuordnen, namentlich ohne auszudrücken, ob die Frau nur Kindestheil haben solle, wie — nach Pauli's Meinung — in diesem Falle gewöhnlich testirt wurde, oder ob sie die Hälfte haben solle, was sonst Rechtens war, falls keine testamentarische Bestimmung vorlag. Mev. Nr. 37—40 ad art. 8. — Pauli II. S. 221. Bei diesem Inhalte des Art. 8 kann derselbe zwar nicht als direkte statutarische Bestimmung darüber angesehen werden, wieviel der Mann seiner Frau von der Statutarportion entziehen dürfe. Andererseits enthält der Art. 8, eben weil er nur Interpretationsregel ist, auch nicht, wie Pauli meint, eine Bestätigung des ganz willkürlichen Dispositionsrechts des Mannes. Dagegen gestattet und erzwingt der Art. 8 durch das darin enthaltene materielle Resultat der gesetzlichen Auslegung allerdings einen Schluß auf den Umfang der gesetzlichen Testamentsbefugniß des beerbten Mannes. Der Art. bestimmt, daß, wenn im gegebenen Falle der Mann seiner Frau eine Gabe von mindestens 8 Schill. 4 Pf. zum Voraus gemacht hat, ihr außerdem nicht mehr als ein Kindestheil zukommen soll; wenn er ihr aber kein solches praecipuum vorausvermacht hat, kann sie „das halbe Gut und den Trauring", also das ganze sonst gesetzliche Intestaterbrecht nach Art. 3. II. 2 nehmen. Es müßte auffallen, daß im ersterwähnten Falle eine Beschränkung der Frau auf den Kindestheil als beabsichtigt angenommen wird, wenn nicht eine solche Beschränkung als gesetzlich zulässig und üblich angesehen werden müßte. Daß letzteres in der That richtig ist, wird auch durch den Art. 6. II. 1 unterstützt. Derselbe bestimmt: wenn ein Vater zur Zeit seiner Testamentserrichtung schon beerbt ist und eine, ohne sein Wissen schwangere, Frau hinterläßt, welche nach seinem Tode ein, im Testamente mithin nicht bedachtes, Kind gebiert, so soll dies Kind eben soviel haben, als die andern Kinder; wenn der Mutter im Testamente auch Kindestheil gegeben ist, soll „alles das Gut nach Hauptzahl" getheilt werden. Offenbar setzt auch diese Bestimmung voraus, daß der Erblasser das Erbrecht der beerbten Frau bis auf Kindestheil beschränken kann. Pauli III. S. 265. 266. Mit Recht ist daher nicht nur für die zweite Frau (aus Art. 8), sondern für jede beerbte Frau die Zulässigkeit dieser testamentarischen Beschränkung als lübisches Statutarrecht aufgestellt. Born. S. 120. Pomm. Stat. R. §. 105. Stein II. §. 117. 124. Mit Unrecht versteht Stein die Art. 6 und 8 nur von Testamenten über das Vermögen des Mannes, nicht über das Sammtgut beider Eheleute. (Auch Mevius versteht den Art. 8 addit. ad No. 37 ebenso, nicht aber den Art. 6. Nr. 35. 36). Wenn der Art. 8 nur von seinem Gute (des Mannes) spricht, so kann darauf um so weniger Gewicht gelegt werden, als er ausdrücklich bestimmt, daß die Frau sonst „das halbe Gut und den Trauring" erhält, was nur vom halben Sammtgut verstanden eine statutarische Bedeutung hat. In gleicher Weise kann auch nur „alles das Gut" im Art. 6 aufgefaßt werden. Pauli II. S. 222. Anmerk. 264. Die Zulässigkeit testamentarischer Beschränkung muß daher bis auf einen Kindestheil vom Sammtgute anerkannt werden.

Ebenso hat die beerbte Frau kein unbedingtes Recht, mit den Kindern in Gemeinschaft auf Gedeih und Verderb zu bleiben, sondern der Mann kann ihr testamentarisch den Beisitz entziehen und anordnen, daß sie sofort nach seinem Tode mit den Kindern theilen muß. Dies ist nach Stein II. §. 212. 120, welcher es aus Art. 6. II. 1 folgert, und Pauli II. S. 216, welcher sich dafür auf alte Testamente bezieht, als lübischen Rechtens anzusehen. Der Art. 3. II. 1 scheint zwar der Wittwe zu gestatten, daß sie trotz einer solchen testamentarischen Vorschrift des Mannes mit den Kindern in Gemeinschaft bleibt, und Mehlen spricht dies als Recht der Wittwe aus, §. 6 und Anm. 5. S. 15. 16. Indeß ist alsdann vorausgesetzt, daß die Kinder damit einverstanden sind. Der Art. 3 bestimmt nicht dispositiv, ob die Wittwe ein Recht hat, sondern erwähnt als Voraussetzung des zu entscheidenden Falles, daß der Mann im Testamente der Frau ihr bescheiden Theil bestimmt hat, letztere aber mit den Kindern in Gedeih und Verderb sitzen bleibt. Auch der, von Mehlen citirte, Mevius legt den Art. 3 dahin aus, daß die Wittwe in Gemeinschaft bleiben könne, weil sie auf Rechte, die ihr testamentarisch zugesprochen sind, verzichten durfe, Nr. 2, und daß die Kinder damit einverstanden sein können, aber nicht müssen, sondern ihrerseits Absonderung verlangen können. Nr. 3 ff. 8. 9. ad art. 3 cit.

Die gemeinrechtlichen Lehrer haben theilweise die Behauptung aufgestellt, daß die statutarische Portion des Ehegatten aus Gründen, welche eine Ehescheidung rechtfertigen würden, letztwillig entzogen werden könne; Runde läßt dies aber ohne besondere gesetzliche Bestimmung mit Recht nicht gelten, falls die Ehe bis zum Tode fortdauerte, und gestattet nur sie dem ehebrecherischen Weibe zu entziehen, welchem sie das canonische Recht c. 10. X. de consuetud.

gesetzlich entzieht. Runde S. 377. — Auch Stein II. S. 214 gestattet nur eine Entziehung, wenn eine Scheidung wirklich erfolgt ist.

Aus der unbedingten Natur der Statutarportion folgt ferner, daß sie nicht mit Vermächtnissen beschwert werden darf. Dagegen hat der verletzte Ehegatte nicht das Recht, die Beseitigung des ganzen beschwerenden Testaments zu verlangen, sondern er kann nur mit der condictio ex lege auf Gewährung des widerrechtlich Entzogenen oder Wegfall der beschwerenden Bestimmungen klagen, während das Testament im Uebrigen seine Gültigkeit behält. Born. S. 122. 123. Runde S. 377. Mev. No. 17—20 ad art. 6. II. 1.

Bei Konkurrenz mit Kindern und Ascendenten, welchen ein Pflichttheil zu gewähren ist, ist die Statutarportion des Ehegatten vom reinen Vermögen erst abzurechnen, und nur vom Reste ist Jenen ihr Pflichttheil zu berechnen, da auch nur nach dem Reste ihr Intestaterbtheil bestimmt wird. Runde S. 377.

Die Bestimmungen des preuß. Landr. II. 1. §. 497—499, welche für Altvor- und Hinterpommern entscheidend sind, schließen sich der, zur Zeit der Redaktion des Landrechts verbreiteten, gemeinrechtlichen Doktrin an. Darnach gilt in zweifelhaften Fällen die Vermuthung, daß der, dem überlebenden Ehegatten durch Statutar- oder Provinzialgesetze bestimmte, Erbtheil durch Testamente nicht genommen oder geschmälert werden kann, und daß, wenn das Ausgesetzte weniger beträgt, die Ergänzung des Fehlenden aus dem Nachlasse gefordert werden kann; nur wenn der überlebende Ehegatte sich Handlungen zu Schulden kommen läßt, welche eine Scheidung begründen würden, kann ihm sein statutarischer Erbtheil durch letztwillige Verordnungen geschmälert oder genommen werden. Daß für das lüb. R. die Entscheidung der Frage eine zweifelhafte ist, ist nach Obigem unbestreitbar. Stein II. S. 191 nennt sie einen rechten Zankapfel unter den Gelehrten; Mevius No. 62 ad II. 1. art. 8 sagt: admodum controvertitur. Das Obertribunal (Entsch. Bd. 34. S. 226. 1856) hat demgemäß auch in einem Rechtsfalle, der zu Rügenwalde schwebte, zu Gunsten einer unbeerbten Wittwe die Bestimmungen des Landr. II. 1. §. 497 ff. angewendet, und tritt auch über die Frage selbst der Ansicht Stein's bei. S. 232 und Striethl. Arch. Bd. 51. S. 195. Vergl. Bd. 52. S. 44.

Daß einer beerbten Frau das Recht des Beisitzes genommen und ihr Erbrecht bis auf Kindestheil entzogen werden kann, wird auch im landrechtlichen Gebiete anzunehmen sein, da im lüb. R. nicht sowohl dies streitig ist, als vielmehr nach Pauli's Ansicht, ob der Mann ihr nicht auch dies Kindestheil noch entziehen könne und dagegen ihr eingebrachtes Vermögen lassen müsse. Eher kann es mit Rücksicht auf die Ansichten von Stein und Mevius als zweifelhaft angesehen werden, ob ihr das Kindestheil vom Sammtgute oder nur vom Vermögen des Mannes zu lassen ist; und ist nach der Intention des Landr. zu Gunsten der größern Vortheile der Frau auch auf Grund des §. 497 cit. ihr im landrechtlichen Gebiete der Kindestheil vom Sammtgute zu belassen.

§. 104. b. Pflichttheilsrechte der Kinder.

I. Der unabgesonderten.

Wenn einer der Ehegatten stirbt und der überlebende mit den Kindern noch in ungetheilten Gütern sitzt, so kann der überlebende parens nicht unbedingt über das Sammtgut testiren, sondern nur über seinen ideellen Antheil daran, indem er im Uebrigen durch die Rechte der Kinder am Sammtgute beschränkt ist. §. 100. Andererseits kann der Vater bei Lebzeiten seiner Frau unzweifelhaft Legate vom beiderseitigen Vermögen anordnen, und Kinder und Frauen können nicht verlangen, daß ihnen das gesammte Vermögen unverkürzt belassen wird. So setzt Art. 8. II. 1 voraus, daß nach Absonderung der Kinder erster Ehe, welche nun ab intestato gesetzlich nicht mehr mitzuerben haben, der Vater nicht Alles der zweiten Frau und ihren Kindern läßt, sondern ihnen einen Theil entzieht und seinen abgesonderten Kindern Legate vermacht.

Darüber, wieviel durch solche oder andere Weise die Eltern den Kindern entziehen können, und ob und wieweit die Kinder einen unentziehbaren Pflichttheil beanspruchen können, enthält das revidirte Statut keine Bestimmung. Die Autoren des lüb. R. und die Gerichtspraxis haben daher von jeher angenommen, daß die Pflichttheilsbeschränkungen des gemeinen Rechts zu Gunsten der unabgesonderten Kinder gelten; weil das lüb. R. sie nicht ausschließt und andererseits nichts darüber bestimmt und daher das subsidiäre allgemeine Recht eintritt. Eine völlig freie Verfügung des Vaters könne die Gesetze eludiren und dies sei um so weniger zulässig, als Testamente überhaupt nicht germanischen, sondern fremden Ursprungs, also auch nur mit den Beschränkungen des fremden Rechts recipirt seien. Dies wird auch jetzt allgemein als lübischen Rechtens für unabgesonderte Kinder angesehen. Mevius ad II. 1. art. 8. No. 1 — 11. Stein II. §. 125—130. 151—153.

Pauli weist historisch nach III. S. 248 ff. 264 ff.: im alten lüb. R. war im Bardewikschen und Thidemann-Güstrowschen Codex II. Art. 251 bestimmt, daß, wenn ein kinderloser Mann ein Testament macht und dann Kinder bekommt, das Testament machtlos bleibt, außer wenn er es nochmals (in der gehörigen lübischen Testamentsform: vor zwei Rathmännern) wiederholte (bevolworthete). Pauli folgert daraus mit Recht, daß der Vater über den „Kaufschatz" (Nicht-Erbgüter) ohne Beschränkung durch seine Kinder nach freiem Willen im alten Rechte verfügen konnte. Im revid. Stat. ist nun jener Artikel in II. 1. Art. 5 zwar aufgenommen, aber absichtlich sind daraus jene Schlußworte fortgelassen. Hiernach wird nun das Testament durch nachgeborene Kinder unbedingt ungültig gemacht, selbst wenn er es nachher nochmals wiederholen, also wissentlich Kinder übergehen wollte. Die Folgerung Pauli's hieraus, daß sonach jedes Testament, worin unabgesonderte Kinder übergangen seien, ungültig sei, ist ganz richtig. Seine fernere Ausführung, daß sich kein entschiedenes Gewohnheitsrecht darüber ausgebildet habe, ob sich Kinder mit einer Erwähnung oder einem Vermächtnisse von 8 Schill. 4 Pf. nach I. 9. Art. 2 und II. 1. Art. 12 begnügen müßten oder ein Pflichttheil nach den Grundsätzen des subsidiären gem. R. verlangen könnten, kann indeß nur für abgesonderte Kinder als richtig anerkannt werden. Für unabgesonderte nimmt die Gerichtspraxis mit allen Autoren unbedingt an, daß ihnen ein Pflichttheil nach gemeinem Rechte zu belassen sei. Pauli selbst III. S. 273 erklärt:

Wenn der Testirer die Kinder nur vom Muttergute abgetheilt habe, wie jetzt gewöhnlich geschehen, — also wenn sie nicht völlig abgesondert sind, — möchte ihnen ein Pflichttheil zuzugestehen sein. Mithin muß dies um so mehr geschehen, wenn auch nicht einmal eine theilweise Abfindung stattgefunden hat.

Was vom Testamente des Vaters gilt, gilt auch vom Testamente der Mutter, soweit sie testiren kann. —

Für die Berechnung bemerkt Pauli mit Recht: Der Pflichttheil sei ein aliquoter Theil dessen, was der Berechtigte gesetzlich erhielte, wenn kein Testament da wäre, nicht dessen, worüber testirt werde; und da der überlebende Ehegatte, mit Kindern concurrirend, die Hälfte des Sammtguts erhielte, so könne der Pflichttheil jedes Kindes nur in einem aliquoten Theile der Intestatportion der andern

Hälfte bestehn. S. 273. 274. Hiernach ist die unrichtige Berechnung von Stein II. §. 127 zu berichtigen. Derselbe will von allen gemeinschaftlichen Gütern den Betrag des eingebrachten Gutes der Mutter abziehen; der Rest werde für des Mannes Gut gehalten und der gesetzliche aliquote Theil dieses Restes sei der Pflichttheil der Kinder nach dem Tode ihres Vaters. Der Irrthum liegt darin, daß nur im Falle unbeerbter Ehe nach II. 2. Art. 12 das eingebrachte Vermögen zur Berechnung der Intestaterbportion abzurechnen ist, im Falle der Hinterlassung von Kindern aber nicht.

§. 105. II. Abgesonderte Kinder.

Eine gehörige Absonderung der Kinder vom Sammtgute hat eben zur Folge, daß sie hinsichtlich aller Ansprüche an das Sammtgut zu Gunsten des überlebenden parens und seiner etwanigen andern unabgesonderten Kinder durch die Absonderung befriedigt und abgefunden sind. §. 88—90. Sie haben deshalb auch hinsichtlich des Restes vom Sammtgute kein Intestaterbrecht mehr, wenn unabgesonderte Kinder da sind, und dieser Rest fällt rücksichtlich ihrer nach consequenter Folge des lübischen Absonderungsrechts den Eltern zur freien Verfügung unter Lebenden und von Todeswegen zu. Lüb. R. II. 2. Art. 33. Stein und Pauli haben daher ganz Recht, wenn sie den abgesonderten Kindern kein Pflichttheilsrecht gegen die Eltern nach lüb. R. bewilligen, und es ihnen namentlich dann versagen, wenn sie trotz der Absonderung in Ermangelung unabgesonderter Kinder Intestaterben sein würden, falls kein Testament gemacht wäre. Stein II. §. 153. S. 224. 225. Pauli II. S. 212—215. III. S. 267—272.

Mevius weicht zwar ab und billigt den abgesonderten Kindern ein Pflichttheil zu, falls sie in Ermangelung unabgesonderter Kinder Intestaterben sein würden. Nr. 30—36 zu II. 1. Art. 8. Er verkennt jedoch Natur und Folgen der Absonderung, wenn er sie für eine so bedingte Abfindung erklärt, daß ihre Kraft für den Todesfall des absondernden parens bloß beim Eintreffen seiner angeblichen Voraussetzung bestehe, er werde noch in einer zweiten Ehe Kinder bekommen. Die Motive der Absonderung sind für ihre unbedingte Wirksamkeit unerheblich; und diese tritt hinsichtlich der freien Verfügung des parens ein, auch wenn er gar keine zweite Ehe eingehen wollte oder einging. Dasselbe gilt von dem gleichen Grunde von Runde, welcher ebenfalls abgesonderten Kindern da, wo sie ein Intestaterbrecht haben, das Pflichttheilsrecht zuspricht, weil der Vater durch die Schichtung nur zum Zwecke der zweiten Ehe Dispositionsfreiheit erlangt habe. Runde §. 119. S. 267. Der Zweck der Schichtung ist eben nicht lediglich, dem parens nur zu Gunsten der Genossen zweiter Ehe Verfügungsfreiheit zu geben, sondern das Kind überhaupt mit seinen Erbansprüchen an Vater- und Muttergut abzufinden, was die pommersche Bauernordnung vom 30. December 1764 Tit. 4, §. 3 als Folge gleicher Todtheilung ausdrücklich ausspricht. Der parens bekommt dagegen hierdurch sein Vermögen zur völlig freien Verfügung. Wenn er nicht verfügt hat, und bei seinem Tode auch nicht andere unabgefundene Kinder vorhanden sind, so folgt zwar aus dem Verhältnisse der abgesonderten Kinder als nächster Verwandten ihr Intestaterbrecht. Dagegen läßt dies keinen Schluß zu, daß sie, obgleich vom Erbgut schon abgefunden, nochmals ein Pflichttheil fordern können.

Die Gerichtspraxis hat auch ein Pflichttheilsrecht abgesonderter Kinder aus dem röm. R., welchem die Sammtguts- und Absonderungsverhältnisse unbekannt waren, nicht aufgenommen. Außer dem Rechte der Kinder an den Erbgütern genügte die Absonderungsabfindung praktisch für die Zwecke des röm. Pflichttheils. Dem entsprechend bemerkt der Bericht des Hofgerichts Cöslin vom 9. Oktober 1780:

„6. de donationibus, in specie wegen des Pflichttheils. Das lüb. R. verordnet I. 9. Art. 2, daß den nächsten Erben 8 lüb. Sch. 4 Pf. als Pflichttheil ausgesetzt werden müssen. Dies ist aber nur in Absicht der Seitenverwandten recipirt. Hingegen in auf- und absteigender Linie bleibt es bei Vorschrift der gemeinen Rechte (hinsichtlich des Pflichttheils) und hat obiger Artikul auch nur bei Testamenten und dispositionibus mortis causa Anwendung. Jedoch werden abgesonderte Kinder, die nemlich durch einen Ausspruch abgefunden sind, als extranei oder collaterales considerirt und so auch deren Eltern intuitu der Kinder.“ D. h. abgesonderte Kinder können nicht noch einen gemeinrechtlichen Pflichttheil beanspruchen, sondern müssen sich mit 8 Sch. 4 Pf. begnügen. Das Obertribunal zu Berlin hat auch Entsch. Bd. 35. S. 115—121. 1857 einen abgesonderten Sohn mit dem Anspruch auf den landrechtlichen Pflichttheil aus dem Nachlasse seiner, im Wittwenstande nach erfolgter Absonderung verstorbenen, Mutter abgewiesen. — Falls jedoch ein Kind nur ein Erbtheil aus dem Nachlasse des erstverstorbenen parens erhalten und hinsichtlich des Vermögens des überlebenden nicht abgefunden ist, wenn also keine Todtheilung des Sammtguts stattfand, muß dem Kinde von dem letztlebenden parens sein Erbtheil nach den subsidiären allgemeinen Rechten belassen werden. Pauli II. S. 214. 215.

§. 106. c. Eltern und Geschwister.

1. Kinder, welche mit ihrem überlebenden parens in ungetheiltem Sammtgute sitzen, können nach lüb. R. auch nicht einmal über ihren ideellen Antheil daran letztwillig verfügen, sondern dieser fällt im Falle ihres Todes unbedingt den Sammtgutsgenossen, dem parens und den Geschwistern, zur gemeinschaftlichen Masse zu. §. 100 u. S. 199. In dieser Beziehung fällt daher der Begriff des Pflichttheils ganz fort und es ist eine sachwidrige Auffassung, wenn Stein II. S. 226 meint: bei unabgesonderten Kindern, Eltern und Geschwistern sei das, was die gemeinen Rechte von der portio legitima disponiren, insofern gemeinschaftliche wohlgewonnene Güter vorhanden seien, applicabel. Vergl. Pauli III. S. 241 ff. II. S. 145. 148.

2. Die unabgesonderten Kinder können nur über ihr Sondergut letztwillig verfügen, welches sonst in Ermangelung eines Testaments ab intestato deren Geschwister und erst, wenn dergleichen nicht da sind, die Eltern erben. In dieser Beziehung muß mit Stein II. §. 153 und Pauli III. S. 260—264 behauptet werden, daß das gemeinrechtliche Pflichttheilsrecht von Ascendenten und Geschwistern im Gebiete des lüb. R. nicht recipirt ist, sondern daß diese sich materiell mit 8 Sch. 4 Pf. begnügen müssen. Andernfalls würde auch die Einführung jenes Pflichttheilsrechts zu offenbaren Widersprüchen führen, da nach gemeinem Rechte die Ascendenten ein unbedingtes Pflichttheilsrecht haben, die Geschwister aber nur, wenn eine turpis persona eingesetzt ist; nach lüb. R. aber die Geschwister, also die im Pflichttheil auf einen Ausnahmsfall reducirten Erben in der Intestaterbfolge den Eltern vorgehn. Im Gebiete des preuß. Landr. würde der Widerspruch zwischen Intestat- und Pflichttheilsrecht noch größer sein, da nach demselben die Geschwister niemals einen Pflichttheil fordern können. Dasselbe, wie zu 2, muß natürlich auch

3. für die Beerbung des Nachlasses eines abgesonderten Kindes seitens der Geschwister bez. der Eltern gelten.

Die Praxis im Pflichttheilsrecht von Eltern und Geschwistern ist keine ganz entschiedene. Die meisten Fälle mögen gütlich erledigt sein. Hach's prakt. Beiträge zur Erläut. des lüb. Privatr. 1801 S. 7 enthalten ein Urtheil des Obergerichts zu Lübeck vom 17. November 1797, worin einem Ascendenten die römische legitima zuerkannt ist. Pauli III. S. 263 meint, dies scheine die erste und letzte Streitentscheidung über die Frage zu sein und könne darnach allein keine Gerichtspraxis und keine bestimmte Aenderung des frühern Rechts angenommen werden, was auch wohl richtig ist. — Nach dem Berichte des Hofgerichts zu Cöslin (s. §. 105) sollen bei Ascendenten die gemeinrechtlichen Pflichttheilsbestimmungen recipirt sein; die Eltern abgesonderter Kinder aber kein Pflichttheil fordern können, sondern nur 8 Sch. 4. Pf.; ebenso Geschwister ohne Rücksicht auf Absonderung.

§. 107. Nachgeborene Kinder.

Schließlich sind noch die schon im §. 104 erwähnten Bestimmungen des lübischen Rechts über den Einfluß nachgeborener Kinder auf die Gültigkeit früherer Testamente hervorzuheben. II. 1. Art. 5. 6. Darnach wird das Testament eines Kinderlosen unkräftig, wenn ein Kind nachgeboren und das frühere Testament nicht geändert ist. Art. 5. Wenn der Testator aber schon zur Zeit der Testamentserrichtung ein eheliches Kind hatte und seine Frau ohne sein Wissen schwanger ist, so soll das nach seinem Tode geborene Kind ebensoviel bekommen, wie die frühern Kinder. Art 6. A. L. R. Cod. II. Art. 252.

Der Grund der Bestimmungen und ihres Unterschiedes liegt offenbar darin, daß im letztern Falle anzunehmen ist, der Testator würde, wenn er von der Existenz des nachgebornen Kindes gewußt hätte, dasselbe ebenso bedacht haben, wie seine andern Kinder; während im ersten Falle keine Vermuthung möglich ist, wie der Testator testirt haben würde, wenn er die Geburt eines Kindes berücksichtigt hätte. Pauli III. S. 229. 231. Mev. No. 1—6. ad art. 6 cit. Stein II. §. 176—178. Mit Rücksicht auf diese ratio legis ist unbedenklich mit Pauli dem letztern Falle auch der andere gleichzusetzen, wenn die Frau erst nach der Testamentserrichtung schwanger wird, ohne sein Wissen und ohne daß es ihm möglich ist, sein Testament noch zu ändern. Aus derselben ratio kann man selbst mit Mevius noch weiter gehn und ohne Rücksicht auf die Möglichkeit einer Testamentsänderung alle Fälle gleichstellen, in welchen ein Kind nachgeboren wird, wenn der Testator zur Zeit der

Testamentserrichtung von der Schwangerschaft nichts wußte. Mev. No. 7—10. ad art. 6.

Ebenso deducirt Mevius aus der präsumtiven Absicht des Testators und der Fassung des Art. 6 wohl mit Recht, daß, wenn die frühern Kinder ungleiche Theile bekommen, das nachgeborene Kind soviel zu erhalten hat, als es bei gleicher Theilung unter den Kindern bekommen haben würde. Mev. No. 13—15.

Das pomm. Stat. R. nimmt den Inhalt der Art. 5. 6. im §. 151 (nicht ganz correct) auf; meint aber, daß sie anscheinend außer Gebrauch und dafür das Landr. II. 2. §. 454 ff. zur Anwendung gekommen sei, weil keiner der neuern Berichte der Gerichte ihre Anwendbarkeit angäbe. Indeß kann aus diesem negativen Verhalten für die vorliegende praktisch seltene Frage kein Schluß auf ein abänderndes Gewohnheitsrecht gezogen werden und ist noch die heutige Anwendbarkeit jener lüb. Vorschriften zu behaupten.

Verlag von J. Guttentag in Berlin.
(Guttentag und Bahlen.)

Druck von Fr. Frommann in Jena.

FSC
www.fsc.org
MIX
Papier | Fördert
gute Waldnutzung
FSC® C083411

Kolibri 360 GmbH
Ferdinand-Jühlke-Straße 7
99095 Erfurt, Deutschland
produktsicherheit@kolibri360.de